T0271239

الإسلام في مواجهة الغزو
الفكري الاستشراقي والتبشيري

الطبعة الأولى

1432هـ - 2011 م

المملكة الأردنية الهاشمية رقم الإيداع لدى دائرة المكتبة الوطنية (2011/4/ 1651)

245

مهدي، محمد حسن

الإسلام في مواجهة الغزو الفكري الاستشراقي التبشيري/محمد حسن مهدي

.-عمان: دار مجدلاوي للنشر والتوزيع، 2011

( ) ص.

ر.أ: (2011/4/ 1651)

الواصفات:/دفع المطاعن عن الاسلام //الاستشراق والمستشرقون والاسلام /

* أعدت دائرة المكتبة الوطنية بيانات الفهرسة والتصنيف الأولية

* يتحمل المؤلف كامل المسؤولية القانونية عن محتوى مصنفه ولا يعبّر هذا المصنف عن رأي دائرة المكتبة الوطنية أو أي جهة حكومية أخرى.

دار مجدلاوي للنشر والتوزيع

تليفاكس : ٥٣٤٩٤٩٧ - ٥٣٤٩٤٩٩

ص . ب ١٧٥٨ الرمز ١١٩٤١

عمان - الأردن

Dar Majdalawi Pub.& Dis.

Telefax: 5349497 - 5349499

P.O.Box: 1758 Code 11941

Amman- Jordan

www.majdalawibooks.com

E -mail: customer@majdalawibooks.com

الآراء الواردة في هذا الكتاب لا تعبّر بالضرورة عن وجهة نظر الدار الناشرة.

الإسلام في مواجهة الغزو الفكري الاستشراقي والتبشيري

تأليف

محمد حسن مهدي بخيت

أستاذ العقيدة والفلسفة بجامعة الأزهر

٢٠١١

الفصل الثاني

التبشير وخطره على الإسلام ويشتمل على تمهيد وتسعة مباحث:

مقدمة

الحمد لله رب العالمين، أرسل رسوله، صلى الله عليه وسلم، بالهدى ودين الحق ليظهره على الدين كله ولو كره الكافرون، فلك الحمد يا رب، هديت قلوب المؤمنين بالإيمان بك، فقلت وقولك الحق: ﴿وَمَن يُؤْمِنۢ بِٱللَّهِ يَهْدِ قَلْبَهُۥ﴾[1]. وشرحت صدور المسلمين بنورك فقلت: ﴿أَفَمَن شَرَحَ ٱللَّهُ صَدْرَهُۥ لِلْإِسْلَٰمِ فَهُوَ عَلَىٰ نُورٍ مِّن رَّبِّهِۦ﴾[2]، وجمعتهم على كلمة سواء فلم يعبدوا غيرك، ولم يعرفوا رباً سواك، فقلت في كتابك العزيز: ﴿قُلْ هُوَ ٱللَّهُ أَحَدٌ ﴿١﴾ ٱللَّهُ ٱلصَّمَدُ ﴿٢﴾ لَمْ يَلِدْ وَلَمْ يُولَدْ ﴿٣﴾ وَلَمْ يَكُن لَّهُۥ كُفُوًا أَحَدٌۢ﴾[3].

وأصلي وأسلم على الرسول الخاتم والنبي الأعظم، الذي أرسلته على فترة من الرسل بعد أن ضلت الإنسانية طريق الرشاد والحق، وتخبطت في ظلمات الجهل والشرك، فكان صلوات الله وسلامه عليه نوراً وهداية للخلق أجمعين، وزودته بكتاب مبين يهدي إلى الحق وطريق مستقيم، فلك الحمد يا رب على ما هديت، ولك الثناء والشكر على ما أنعمت به علينا وأوليت.

وبعد:

فقد تتابعت رسالات الحق تبارك وتعالى للبشر على مر الأجيال حتى لا يكون للناس على الله حجة بعد الرسل، وحتى يكون بين يدي الناس نور الله هادياً لهم إلى الحجة الواضحة، والطريق السوي، وكانت رسالة الإسلام هي الرسالة الخاتمة

---

(1) سورة التغابن آية: 11.

(2) سورة الزمر آية: 22.

(3) سورة الإخلاص كاملة.

كما صرح بذلك الحق تبارك وتعالى في قرآنه المجيد حيث قال وقوله الحق: ﴿ مَّا كَانَ مُحَمَّدٌ أَبَآ أَحَدٍ مِّن رِّجَالِكُمْ وَلَٰكِن رَّسُولَ ٱللَّهِ وَخَاتَمَ ٱلنَّبِيِّـۧنَ ﴾ (1)، وبهذا الإعلان الواضح قطع الطريق على كل مدع ومخادع يتخذ من مسرح النبوة مظهراً يخفي وراءه بعض أهدافه ومآربه الهابطة المنحرفة.

وديار الإسلام كانت ولا تزال مسرحاً لحملات الغزو الفكري الاستشراقي والتبشيري، حيث تهب علينا الرياح السامة من الغرب تارة ومن الشرق تارة أخرى، بل ربما انفجرت براكين هذه السموم من داخل بلاد الإسلام نفسها، فتكون أشد خطراً وأبلغ أثراً، وعلى مدى أربعة عشر قرناً من الزمان لم تسلم البلاد الإسلامية من المحاولات المعادية للإسلام وأهله، بكل أساليب الحرب الفكرية، أملاً في زعزعة العقيدة في نفوس البعض، والقضاء عليها كلية إن أمكن في نفوس البعض الآخر.

وليس بخاف ما لقيه رسول الله، صلى الله عليه وسلم، وأصحابه الأبرار، رضي الله عنهم، من صنوف النعت من أعداء الدين الإسلامي في مبدأ الدعوة الإسلامية، بل توالت صنوف كيدهم إلى أن بدأ الناس يدخلون في دين الله أفواجاً، فارتد كيد الكائدين إلى نحرهم، بفضل تفاني المسلمين في التأسي بتوجيه حضرة المصطفى صلوات الله وسلامه عليه في كل صغير وكبير.

وكانت مصابرة الصحابة – رضي الله عنهم – ومثابرتهم في سبيل الذب عن دين الله والدفاع عن رسول الله، صلى الله عليه وسلم، فوق كل وصف حتى شمل النور، وبرزت هذه الأمة حاملة لمشعل الهداية تنشر الدين الإسلامي في شعوب العالم حتى تم ما تم مما بهر عيون البشر وما زلنا به نفخر، ولا عجب إذ لقينا بعض أتعاب في سبيل الله في آخر الزمن، ولا طريق إلى التغلب على تلك المتاعب إلا

---

(1) الأحزاب آية: 40.

باتخاذ النبي صلى الله عليه وسلم، والصحابة، رضوان الله عليهم أجمعين، أسوة حسنة في وجوه المثابرة إزاء الأحداث، فاستذكار صنوف الكيد من الأعداء يجعلنا نأخذ حذرنا وأسلحتنا في كل موقف بما يناسبه.

ألا وإن خطر ما تعرضت وتتعرض له العقيدة الإسلامية إلى يومنا هذا هو تلكم الدعوات الإلحادية المنحرفة التي نبتت وترعرعت في ديار المسلمين، ولقد ظهرت هذه الدعوات المعادية للإسلام في مختلف العصور تحت أسماء شتى، ومنذ لحق الرسول، صلى الله عليه وسلم، بالرفيق الأعلى وتولي خليفته الراشد أبو بكر الصديق، رضي الله عنه أمر المسلمين من بعده، كانت حركة المرتدين أبلغ دليل على اشتعال نار الحقد في قلوب أعداء الله، وإعلانهم التمرد على أوامره ونواهيه في سفور فاضح ومجاهرة بالعصيان لا تعرف الحياء، ويومها سميت "ردة".

وأما بعد ذلك فإن كل حركة معادية للإسلام كانت تتستر وراء اسم زعيمها ولكن حينما يناقشها العلماء لا تلبث أن تكشف القناع المزيف وتمزق الخيوط الدقيقة فيظهر الوجه القبيح على حقيقته، وحينئذ يطلق العلماء عليها الاسم الحقيقي، وهو الإلحاد، أخذاً من قوله تعالى: ﴿ إِنَّ ٱلَّذِينَ يُلۡحِدُونَ فِيٓ ءَايَٰتِنَا لَا يَخۡفَوۡنَ عَلَيۡنَآۗ ﴾[1].

هذا الجو المضطرب فكرياً وسياسياً أتاح الفرصة لظهور الأفكار الهدامة والتيارات المنحرفة التي ظهرت في البلاد الإسلامية[2]. ولم تكن حملات الصليبيين وأساطيل الاستعمار إلا جزءاً من مخطط كبير لحرث الأرض وتمهيد التربة لبذر بذور الإلحاد، وبث العقائد والأفكار الهدامة للإسلام جهاراً نهاراً، ولكن الحق تبارك وتعالى قد تكفل بحفظ دينه، وجعل من قوة الإسلام الذاتية

---

(1) فصلت آية: 40.

(2) بين البهائية والماسونية ص11: 12.

عنصر بقائه مهما تآمر الملحدون وتغنى الجبابرة الظالمون، فكان دائماً الصخرة التي تحطم كل الموجـات العاتية فتردها على أعقابها مهزومة خاسرة، وتبقى رسالة الإسلام خالدة شامخة يشع نورها في العـالمين وصدق الله العظيم إذ قال: ﴿ إِنَّا نَحْنُ نَزَّلْنَا ٱلذِّكْرَ وَإِنَّا لَهُۥ لَحَٰفِظُونَ ﴾ [1].

فمما لا شك فيه أن العالم الإسلامي هدف لمخطط رهيب، وغرض لمطامع قوى حاقدة كالصليبية والشيوعية والصهيونية، وغيرهم ممن يضمرون العداوة للإسلام وأهله، ولقد كان في الماضي الغزو العسكري هو السبيل الوحيد إلى تحقيق هذه الغاية، أما في العصر الراهن فهناك طريقة أخرى لكسر ـ العالم الإسلامي من داخله، وقد وضعت هذه الطريقة في اعتبارها الأول الغزو الفكري بوسائله المختلفة، وباعتباره الأسلوب المتطور والملائم لطبيعة عصر بات فيه أسلوب الاستعمار الاستيطاني، والاحتلال العسكري بقوة السلاح من الأمور التي تضر بالغزاة أكثر مما تحقق لهم أهدافهم، لأن أبسط ما تخلفه أنها تحرك في الشعوب المغزوة ـ في أحيان كثيرة ـ عاطفة الولاء للوطن، وتحرك فيهم حسن العمل من أجل الاستقلال والتحرر، ومن هنا كان التغيير الجديد في استراتيجية الغزاة بأن يتخلوا عـن استعمار الأراضي ويستعمروا بـدلها العقول والقلوب، وذلك ما تُعورف على تسميته "بالغزو الفكـري"، وهو أخطر ألف مـرة مـن أساليب الاستعمار السـابقة، العسكرية والسياسية، لأن نجاح الغزو الفكري للعقول والقلوب المسلمة، معناه الإجهاز نهائياً وبطريقة ماكرة على كل أثر يمكن أن يصنعه الإسلام في حياة الفرد أو حياة الأمة، وذلك أقصى مـا يطمح الغزاة إليه، لأنهم يدركوا سلفاً مدى استمساك المسلم بدينه، واستحالة تخليه عنه، ومن ثم فهم يكتفون من نتائج الغزو الفكري بأن يشلوا فاعلية الإسلام في

---

[1] الحجر آية: 9

حياة المسلم، ويتركوه في الحال التعسة لا هو مسلم ولا هو غير مسلم، لأن النتيجة النهائية ستكون لحسابهم في كل الأحوال.

ويحضرني في هذا المعنى ما ذكر عن المبشر "زويمر" حينما عقدوا أحد مؤتمراتهم التبشيرية لتقويم الجهد الذي تبذله الإرساليات في منطقة الشرق الأوسط وشمال إفريقيا، وقف أحدهم ليهاجم "زويمر" باعتباره المشرف المسؤول عن جهاز التبشير وليتهمه بالفشل، وكانت حجة هذا الرجل أنه على الرغم مما أنفق من مال وما بذل من جهود فإنه لم يدخل المسيحية شخص واحد، ولم تنجح الجهود جميعاً في صرف مسلم واحد عن عقيدته، فأجاب "زويمر" قائلاً: بأن تنصير المسلمين ليس غايتنا، لأننا لا نستطيعه ولكن الغاية هي أن نبعد المسلمين عن الإسلام، وحسبنا ذلك ولو لم ينضموا إلى صفوفنا[1]، وهكذا يؤكد ما قررناه من أن الغزو الفكري أخطر على أمتنا من الغزو بالجيوش والسلاح، ومن كل استعمار مهما يكون لونه.

والغزو الفكري، إنما يمتد ابتداء من داخل الأمة، الفاقدة للمعيار ومركز الرؤية، الذي تعرف في ضوئه ماذا تأخذ وماذا تدع، فكيف والحالة هذه يمكن أن تسقط الأمة المسلمة ثقافياً وحضارياً؟ لذلك تتركز اليوم وسائل الغزو الفكري في محاولة إخراج الأمة عن دينها وقيمها المعيارية، لتصبح مهيأة لتقبل ما يلقى إليها، دون القدرة على اختباره ومعايرته بالشكل المطلوب.

ولعل أخطر وسائل الغزو الفكري، إنما تكمن في محاولات الاختراق للمؤسسات الإسلامية، ومواقع العمل الإسلامي ومحاولة الانحراف بها من الداخل، لإخراجها من الإسلام أو لحملها على ممارسات تشوه صورتها، تأتي نتيجة للضغوط الاجتماعية، وردود الأفعال في محاولة لتشويه البديل الإسلامي المأمول، بعد أن

---

(1) الغزو الفكري أهدافه ووسائله، د. عبد الصبور مرزوق، ص10-11، ط: رابطة العالم الإسلامي 1394هـ

سقطت القيم الثقافية والسياسية التي تغرى بالحضارة الغربية، وتبين أن طرحها في البلاد الإسلامية كان لوناً من الغزو الفكري، الذي عمل على ما شغل الناس بكل ما هو بعيد عن الفهم الصحيح لمبادئ الإسلام.

ولا يخفى على أحد أن الاتجاهات الغازية تعمل بكل ما تملك من إمكانات على غزو المجتمعات الإسلامية غزوا يفتت الأمة ويضعف من انطلاقها، ويقيد حركتها ويبعدها عن الواقع، ولا زال الغزو الفكري يستهدف الجذور ويركز على تشويه الأصول.

والغزو الفكري الذي نحن بصدد الحديث عنه، يشمل كل المذاهب والاتجاهات الهدامة التي أسهمت في غزو العالم الإسلامي فكرياً وثقافياً في العصر الحديث كالماسونية والعلمانية والوجودية. – وقد تناولت هذه الاتجاهات بالدراسة والبحث في كتاب تحت عنوان: "التيارات الفكرية المعاصرة وخطرها على الإسلام" – والاستشراق والتبشير..الخ.

وقد أفردت هذا البحث للحديث عن الاستشراق والتبشير لما لهما من خطورة على الساحة الفكرية الإسلامية، فالفكر الاستشراقي يمثل قوة باغية من القوى المضادة للإسلام والمسلمين، فمنذ نشأته قد وضع نفسه في خدمة الأهداف المشبوهة، والتي تعمل لإذابة المسلمين وانسلاخهم عن شخصيتهم الإسلامية، وما فتئت مدارس الاستشراق تعد التقارير والدراسات لكل ما هو إسلامي ويتصل بالمسلمين وتضع كل ذلك أمام المعاهد الصليبية والصهيونية، ليكون القرار السياسي الذي يتخذ حيال القضايا الإسلامية قائماً على ما جاء بها.

والاستشراق في مفهومه ينسحب على كل فكر غربي أو شرقي غير إسلامي، عرض لتراث الشرق الديني والحضاري، وبخاصة الشرق الإسلامي بالدراسة والبحث، ويعد هذا الفكر ظاهرة فريدة في تاريخ الفكر الإنساني، فلم يعهد

أن توافر مثل هذا الجمع الغفير من الباحثين على دراسة دين لا يؤمن به كما فعل المستشرقون بالإسلام.

والتبشير حركة دينية سياسية استعمارية، بدأت بالظهور إثر فشل الحروب الصليبية بغية نشر النصرانية بين المسلمين، بهدف إحكام السيطرة عليهم وإبعادهم عن الإسلام. والتبشير بما له من أبعاد دينية واجتماعية وأخلاقية وسياسية وغيرها، وجد من الغرب المسيحي المستعمر الاهتمام البالغ والجدية الفائقة والجهد الجبار الذي بلغ أقصاه، وذلك من أجل السيطرة على الشرق الإسلامي بالكلية والوقوف أمام انتشار الإسلام بكل الأساليب والوسائل، حتى يمنعوا هذا الانتشار ويوقفوا زحفه التلقائي الذي كان يتقدم به رغم عدم وجود الدعاة القادرين على ذلك.

والمجتمع الإسلامي أكثر المجتمعات تعرضاً للتبشير، نظراً للمقاومة التي يلقاها المبشرون من المسلمين أفراداً قبل المؤسسات والجماعات. ذلك أن المسلم يتربى على الفطرة وعلى التوحيد، ويصعب حينئذ أن يتقبل أي أفكار فيها تعارض مع الفطرة، وفيها خلل في الجوانب العقدية وفي مخاطبة العقل ما دام يملك البديل الواضح، ومع هذا تستمر حملات التبشير على المجتمعات الإسلامية آخذة وسائل عديدة ومفهومات متجددة عن المفهوم الأساسي، وهي محاولة إدخال غير المسيحيين في المسيحية.

ومن ثم كان لزاماً على المفكرين والعلماء أن يكشفوا اللثام عن أعمال هؤلاء المبشرين وما يقومون به من تخطيط وتدبير ضد الإسلام والمسلمين في شتى أرجاء المعمورة، بهدف إحباط هذا التدبير وذاك التخطيط وإثارة حماس الروح الإيمانية في نفوس المسلمين كي يستيقظوا من ثباتهم وينتبهوا من غفلتهم، فقد أخذت أوروبا تغزو العالم الإسلامي غزواً فكرياً عن طريق التبشير باسم العلم والإنسانية، ورصدت لذلك الميزانيات الضخمة، وذلك لتمكين دوائر الاستخبارات السياسية ودوائر الاستعمار

الثقافي، وبهذا فتح باب العالم الإسلامي على مصراعيه وانتشرت الجمعيات التبشيرية في كثير من البلدان الإسلامية.

وكان معظمها جمعيات إنجليزية وفرنسية وأمريكية فتغلغل النفوذ البريطاني والفرنسي ـ عن طريقها، وأصبحت هذه الجمعيات مع الزمن هي الموجهة للحركات القومية وأصبحت هي المسيطرة، على توجيه المتعلمين من المسلمين، أو توجيه القومية العربية، والقومية التركية لغرضين رئيسيين: الأول: فصل العرب عن الدولة العثمانية المسلمة للإجهاز عليها، وأطلقوا عليها اسم تركيا لإثارة النعرة العنصرية، والثاني: إبعاد المسلمين عن الرابطة الحقيقية التي لم يكونوا يعرفون سواها وهي رابطة الإسلام.

قد انتهوا من الغرض الأول، وبقي الثاني قائماً، وقد مرت هذه المنظمات التبشيرية بأدوار عديدة، وكان أثرها بليغاً في العالم الإسلامي، ومن نتائجه ما نعانيه اليوم من ضعة وانحطاط، لأنها كانت اللبنة الأولى التي وضعت في السد الذي أقامه الاستعمار بيننا وبين النهوض، والذي حملهم على إنشاء هذه المنظمات التبشيرية ما عانوه في الحروب الصليبية من صلابة المسلمين وصبرهم على الجهاد.

وليس هناك من سبيل أمام المسلمين اليوم إزاء تكثيف عوامل الهدم إلا العودة إلى الوحدة الجامعة بين مختلف عناصر المسلمين، والتخفيف من الخلافات العقيدية والمذهبية والالتقاء على القرآن والسنة في إقامة نظام الإسلام الموحد كعامل أساسي في إعادة المسلمين إلى الأخوة الجامعة، وهذه العودة هي وحدها السلاح القادر على دفع مؤامرات أعداء الإسلام من المبشرين والمستشرقين.

هذا وقد سميت الكتاب: "**الإسلام في مواجهة الغزو الفكري الاستشراقي والتبشيري**" وهو يمثل ركيزة في الدفاع عن عقيدة المسلم وما يتعرض له من غزو وتحديات يقوم بها الإعلام المعادي للإسلام ورسالته السمحاء في الحياة والسلوك

والمعتقد، إذ أن الحاجة إلى مثل هذه الكتابات قائمة وملحة لأن الأفكار التي يروج لها دعاة التغريب والتشريق بين الأمة الإسلامية ما زالت تواصل الهدم والتخريب في تراث هذه الأمة ومعتقداتها، حيث نجح الأعداء في خلخلة كثير من القيم والمبادئ التي يتوقف على الإيمان بها كيان أمتنا، وذلك عن طريق ترويج الأفكار الهدامة في الثقافة وأجهزة الإعلام، ومناهج التربية والتعليم ووسائل النشر وغيرها.

ويقوم منهج الدراسة في هذا الكتاب على: مقدمة وتمهيد وفصلين وخاتمة:

أما المقدمة: فقد تحدثت فيها عن أهمية هذا الموضوع، والباعث على الكتابة فيه، والمنهج الذي اعتزمت السير عليه.

وأما التمهيد: فقد عرفت فيه بالغزو الفكري.

وأما الفصل الأول: فقد عقدته عن "الاستشراق وأثره على الإسلام والدراسات الإسلامية" تحدثت فيه عن مفهوم الاستشراق، ونشأته وتطوره، ودوافعه وأهدافه، ووسائله، وأصناف المستشرقين، ثم عن أهم القضايا التي تناولها الاستشراق ثم ختمت هذا الفصل بالتعقيب والنقد للفكر الاستشراقي الذي يحاول هدم مفاهيم الإسلام في نفوس أتباعه.

وأما الفصل الثاني: فقد تكلمت فيه عن "التبشير وخطره على الإسلام" تناولت في هذا الفصل مفهوم التبشير ونشأته، وأهدافه، ووسائله، وسبل مواجهته، ثم أردفت هذه النقاط بالتعقيب والنقد للفكر التبشيري.

وأما الخاتمة: فقد تناولت فيها أهم الحقائق التي توصلت إليها من خلال تتبعي ودراستي لهذا الموضوع.

وبعد:

فهذا ما هداني الله تعالى إليه في بحثي هذا، فإن كنت قد وفقت فذلك بفضل الله تعالى، وإن تكن الأخرى فعذري أنني بشر أخطئ وأصيب، والكمال لله وحده،

وحسبي أنني ما ابتغيت إلا وجه الحق والصواب.

وأخيراً ندعو الله تعالى أن ينفع بهذا البحث طلاب العلم والمعرفة، وأن يرزقنا الإخلاص فيما نكتب ونعمل إنه نعم المولى ونعم المجيب، وما توفيقي إلا بالله عليه توكلت وإليه أنيب، وصلى اللهم وسلم وبارك على سيد الخلق وحبيب الحق سيدنا محمد بن عبد الله الرحمة المهداة.

المؤلف: أ.د. محمد المهدي

أستاذ العقيدة والفلسفة بجامعة الأزهر الشريف وجامعة العلوم الإسلامية العالمية الأردنية

تم بحمد الله تعالى وتوفيقه

يوم الثلاثاء الموافق 15 شعبان 1420هـ

23 نوفمبر 1999م

تمهيد

التعريف بالغزو الفكري

يواجه الإسلام حملة ضارية من أخطر حملات الحرب النفسية والتشكيك وتشويه المفاهيم والقيم، مستهدفة التأثير على أمتنا، وحملها على الاستسلام والهزيمة، مصدر هذه الحملة خصوم هذا الدين، من اليهود والنصارى، الطامعون في السيطرة. والحق أننا في حاجة دائمة إلى أن نتعرف على هذه الأساليب، وأن نكشف عن خفاياها وأهدافها وخططها وأساليبها، إذ أن هدف العدو تحويل فكرنا الإسلامي العربي عن قيمه الأساسية، وأن يدخل عليه كثيراً من الزيوف والشبهات والأباطيل، هذه الزيوف إذا ما تقبلها فكرنا واستقرت فيه، حولت مفاهيمه، وأسلمتنا إلى الخضوع للنفوذ الاستعماري، ومسخت شخصيتنا، وقضت على الذات الأصلية، ذات الوجود المستقل المطبوع بطابع الدين الإسلامي.

علينا أن نواجه هذه الخطة التي رسمها الاستعمار لاستبقاء نفوذه في عالمنا الإسلامي، هذا النفوذ الذي لا يبقى إلا إذا تحطمت القيم الأساسية لأمتنا الإسلامية، وحلت محلها قيم أخرى، تجعلنا أكثر استسلاماً وضعفاً، وسلاح هذه الخطة هو هدم مفاهيمنا في اللغة العربية، والإسلام، والتراث عن طريق الشبهات المثارة والمذاهب والتيارات الهدامة.

فهمتنا إذن: تصحيح المفاهيم وتحرير القضايا من شبهات الاستعمار والتبشير والاستشراق، وأن ندفع بقوة وعزم حملة الغزو الفكري، ولا ندعها تدمر قيمنا وعقيدتنا حتى نقع صرعى للغزو الفكري المسموم، الذي هو أخطر بكثير من الغزو العسكري.

مفهوم الغزو الفكري:

إن هذا المصطلح لم يسمع به قبل القرن العشرين الميلادي/ الرابع عشر الهجري، ولكن ليس معنى عدم وجود المصطلح، أو عدم استخدام المصطلح، قبل القرن العشرين أن معنى الغزو الفكري ومفهومه، وموضوعه، لم يكن موجوداً، لأن المستقرئ لأحوال الأمم والشعوب، يجد أن مفهوم الغزو الفكري كان موجوداً في القديم والحديث.

وكلمة "**الغزو**" في اللغة العربية تعطي معنى: القصد والطلب والسير إلى قتال الأعداء في ديارهم، وانتهابهم وقهرهم[1].

و"**الغزو الفكري**" مصطلح قصد به: "إغارة الأعداء على أمة من الأمم، بأسلحة معينة، وأساليب مختلفة، لتدمير قواها الداخلية، وعزائمها ومقوماتها، وانتهاب كل ما تملك"[2].

وبهذا يظهر ما بين المصطلح واللغة من صلة، حيث أن كلمة "الغزو" استعملت في معناها، وهي الإغارة على أمة من الأمم للاعتداء عليها، وانتهابها، ولكن عن طريق الفكر، وتدمير القوى المفكرة فيها، وهذا ما أشارت إليه كلمة "الفكر" التي تطابق معناها في العربية معناها في الاصطلاح[3].

وبذلك يتضح لنا: أن الغزو الفكري مهمته تصفية العقول والافهام، لتكون تابعة للغازي، بينما مهمة الغزو العسكري القهر وتحقيق أهداف استعمارية، دون

---

(1) القاموس المحيط، للفيروز آبادي 362/4 فصل الغين باب الواو والياء، ط: الهيئة المصرية العامة للكتاب 1980م، وقارن مختار الصحاح، للرازي، ص417 ط: بيروت 1989م.

(2) الحضارة الإسلامية مقارنة بالحضارة الغربية، د. توفيق يوسف الراعي، ص680، ط: دار الوفاء، المنصورة 1408هـ.

(3) المصدر السابق، ص681.

رغبة الشعوب المستعمرة.

ويمكن أن يقال: إن المصطلح استعار كلمة "الغزو" لما بينها وبين الغزو في الحرب من علاقة في نهب الشعوب وتدميرها والسيطرة عليها، ويمكن أن يقال: إن مصطلح "الغزو" مجاز على التشبيه بالحرب الفعلية في: التدمير والتخريب والانتهاب والسيطرة على الشعوب، ولهذا شاع استعمال هذا المصطلح واضرابه من المصطلحات التي تدل دلالة واضحة على هذا المعنى، وتدور في فلكه"[1].

وبهذا يتضح أن هناك "غزو فكري" يعمل لإذابة الشعوب وانسلاخها عن عقائدها، ومذاهبها، وحضاراتها، لتصبح مسخاً شائعاً تابعاً لغيره، يؤمر فيطيع، ولقد عمل هذا الغزو على تضليل المجتمعات الإنسانية وخداعها والتمويه عليها وقلب الحقائق وتشويه الحقيقة عن طريق زخرفة القول، والدخول إلى المخاطب من نقطة الضعف، والاستغفال لإغرائه، والإيقاع به والإيحاء إليه بسلامة الفكرة، وصحة المفهوم المزيف الذي تحمله كلمات الغزو.

ولكم تهاوت أمم وشعوب وأجيال، وتساقطت في هاوية الضلال والانحراف والفساد الخلقي والعقدي، والاجتماعي بسبب تصورات الغزو المزخرفة الخداعة التي يرقص السذج والجهال على نغم إيقاعها، ويفتنون بسماعها وأناقة ظاهرها[2].

إن هذا الغزو الفكري قد مورس ضد الإسلام منذ زمن بعيد، ومع هذا بقي الإسلام، وسيبقى بإذن الله - تعالى - لكن طبيعة العصر الذي نحن فيه؛ وما طرأ عليه من وعي الشعوب وحساسيتها ورفضها للغزو المسلح، جعل "الغزو الفكري" هو الأسلوب الأكثر ملائمة لتحقيق الأهداف ذاتها دون إراقة دماء ودون اضطرار إلى

---

(1) نفس المصدر، ص681.
(2) الغزو الفكري في التصور الإسلامي، د. أحمد عبد الرحيم السايح، ص14-15، ط: الأزهر 1414هـ

21

استخدام الجيوش فبالغزو الفكري تتم خديعة الشعب المطموع فيه عـن حقيقتـه وعـن أهدافـه، وتنعـدم أمامه الرؤية الصحيحة للأحداث والحقائق فلا يحسن التمييز بين عدو وصديق، وهـذه هـي أكـثر الحـالات ملاءمة لاحتوائه بهدوء في القبضة الغازية.

ولقد كان للغزو الفكري في كل جيل، وفي كل عصر دوره التخريبي في حياة الناس إلا أن البشرية لم تشهد في مرحلة من مراحل حياتها وضعاً كان فيه للغزو الفكري خبراء ومتفلسفون وأجهزة ومؤسسـات كعصرنا الحاضر هذا، الذي اتخذ فيه الغزو الفكري صبغة الفلسفة، والنظرية والمبدأ، الـذي يعتنقـه الأتبـاع، ويدافعون عنه وينقادون له"(1).

وبذلك أصبحت قضية "الغزو الفكري" اليوم من أشد القضايا خطراً، وتبدو ظواهر هذا الغزو المدمر في قلوب وعقول كثير من المثقفين في هذا العصر واضحة بينة، والسلاح الذي يستعمله الغزو الفكري مدمر قتال، يؤثر في الأمم والمجتمعات أكثر مما يـؤثر المـدفع والصـاروخ والطـائرة، وقد ينـزل إلى الميـدان ويعظم خطره حين تخفق وسائل الحديد والنار في تحقيق الهدف والوصول إلى الغاية، وخطر الغزو الفكري أكثر بكثير من قتل الأفراد، بل من قتل جيل بأسره، إذ يتعدى ذلك إلى قتـل أجيـال متعاقبـة، والسـلاح الـذي يستعمله هذا الغزو هو سلاح الحيلة والشبهات وتحريف الكلم والخديعة في العرض(2).

وقبل أن نضرب الذكر صفحاً عن مفهوم "الغزو الفكري" نريد أن ننبه إلى حقيقـة ذات أهميـة بالغة في هذا الموضوع، وهي: أنه لم يواجه دين من الأديان، ولا عقيدة من العقائد، مثل ما واجه الإسلام من تحديات، فقد واجه الإسلام منذ فجر تاريخه، تحديات عتيدة من مخالفيه.

---

1. في الغزو الفكري، د. أحمد عبد الرحيم السايح، ص2، كتاب الأمة، ط: قطر 1994م.

2. المسلمون أمام تحديات الغزو الفكري، إبراهيم النعمة، ص7، ط: العراق، 1986م.

إن أعداء ديننا بعد محاولاتهم الكثيرة والمريرة لإخماد الدعوة الإسلامية ومحو آثارها من الوجود بكل ما عرف من تاريخ الصراع بيننا وبينهم عبر الزمن، ابتداء من تحزب الأحزاب يوم "الخندق" وما صحبه من تآمر اليهود في قريظة وبني النضير وغيرها، وانتهاء بتحطيم الرمز الذي كان باقياً لدولتنا الإسلامية ممثلاً في الخلافة العثمانية، وما تبع ذلك من بسط النفوذ الصهيوني الصليبي على المسلمين أرضاً وشعوباً في كل مكان.

إن أعداءنا بعد محاولاتهم المريرة هذه وبعد ما أحرزوه في الكثير منها من انتصارات سياسية وعسكرية قد عجزوا عن إخماد جذوة هذا الدين والفراغ من أمره، وفي كل مرة يتصورون فيها أن المعركة كانت مع الإسلام فاصلة، وأنهم قد انتهوا من أتباعه ومنه، يخرج عليهم دعاة الحق ليقولوا لهم: نحن هنا، وأن الإسلام ما زال حياً وقادراً على الاستمرار والتأثير وتوجيه أتباعه لمجابهة الباطل، حدث هذا بعد وفاة الرسول، صلى الله عليه وسلم، حين أشاع المرتدون أن وفاة النبي، قد تعني نهاية دعوته، ومنعوا الزكاة، وظهر بينهم أدعياء النبوة وتوهموا آنذاك أن الدعوة يمكن أن تنتهي، فإذا الخليفة الراشد "أبو بكر الصديق" رضي الله عنه، يواجههم بقوة وعزم، جاهراً بكلماته التي تدل دلالة واضحة على عمق إيمانه وثقته في الله قائلاً: "من كان يعبد محمداً فإن محمداً قد مات، ومن كان يعبد الله فإن الله حي لا يموت، ثم يعد لهم من بأس الله جيوشاً تذهل الأعداء، وتعلي راية الحق والدين.

وحدث هذا بعد الضربة الخطيرة التي أنزلت بالمسلمين على يد التتار حين سقطت بغداد في أيديهم عام 656هـ/ 1258م، وأخذت الجحافل الغازية تتوسع في أرض المسلمين حتى كأن من المستحيل أن يمتنع عليها شيء، وخيل للأعداء جميعاً أنها نهاية الإسلام، ومع هذا تحرك الإسلام ودفع بأتباعه ليمنعوا تدفق الطوفان، وحدث هذا بعد ما امتد الزحف الصليبي على ديار المسلمين، وخيل للغزاة أنهم في

مطلع القرن العشرين قد فرغوا من أمر الإسلام، وقال قائلهم: الآن انتهت الحرب الصليبية، وإذا هم بعدها يفاجئون بالروح الإسلامي الكامن يحرك أتباعه للانتفاضة والثورة على الغزاة في كل مكان، وحدث مثله في دولة الخلافة العثمانية بعد ما عزلها "مصطفى كمال آتاتورك" نهائياً وبعنف عن عالم المسلمين، وتوهم كثيرون أن الإسلام يوشك هنا أن يختنق، وإذا الأيام تكشف عن حيوية الروح الإسلامي الذي ينشط أتباعه اليوم ليطالبوا بإعادة النظر في الكثير مما حدث من قبل[1].

والأمثلة في هذا الباب كثيرة ومتنوعة وكلها تثبت للأعداء والأصدقاء أن الإسلام ثبت أمام هذه التحديات وانتصر عليها، وأنه جاء ليبقى، وأن الضربات القاصمة التي أنزلت بأتباعه لم تصرفهم عنه، ولم تكتب نهايته، بل هي على العكس من ذلك تزيده توهجاً في نفوسهم، وتحرك فيهم وازع العمل لنصره وإعلاء كلمته، فقد كان المجتمع الإسلامي آنذاك يعي الإسلام وعياً كاملاً، ويدرك أخطار الأفكار والاتجاهات التي كان يطرحها أعداء الإسلام، وما تحمله من شبهات، وهي في جملتها تعمل على نقل الفكر من مجال أصالة الفطرة ومنطق العقل الصحيح، وطريق التوحيد، وطابع الإيمان، إلى مجال الإلحاد والإباحية، غير أن المجتمع تصدى لهم وأخذ يكشف زيفهم، ويبين ما انطوت عليه قلوبهم من كيد، ولم تستطع أن تنال من الإسلام عبر العصور والأزمان.

وإذا كان الأعداء تأخذهم الدهشة من هذا الدين الذي لا يريد أن يمحى أو يموت، فما ذلك إلا لرفضهم الإيمان بما آمنا به من أن هذا الدين إنما جاء ليبقى وينتصر، وليكون مصدقاً لما سبقه من كتب الله ومهيمناً عليها وأنه محفوظ بأمر الله، رضي الآخرون أم كرهوا، وصدق الله إذ يقول في محكم التنزيل: ﴿يُرِيدُونَ أَن

---

(1) الغزو الفكري أهدافه ووسائله، د. عبد الصبور مرزوق، ص17-18.

﴿يُطْفِـُٔواْ نُورَ ٱللَّهِ بِأَفْوَٰهِهِمْ وَيَأْبَى ٱللَّهُ إِلَّآ أَن يُتِمَّ نُورَهُۥ وَلَوْ كَرِهَ ٱلْكَٰفِرُونَ
٣٢ هُوَ ٱلَّذِىٓ أَرْسَلَ رَسُولَهُۥ بِٱلْهُدَىٰ وَدِينِ ٱلْحَقِّ لِيُظْهِرَهُۥ عَلَى ٱلدِّينِ كُلِّهِۦ وَلَوْ
كَرِهَ ٱلْمُشْرِكُونَ﴾[1].

وإذا كان الأعداء لا يريدون أن يؤمنوا بأن الإسلام جاء ليبقى وينتصر كما هو وعد الله، فإنهم لم يستطيعوا إغلاق أعينهم وأفئدتهم عن أثره الخطير في أتباعه، وكيف أنه يخلق فيهم طاقات نضالية غير عادية تجعل خطوات الباطل على الطريق حافلة بالمصاعب والمشقات، كما أنها تفسد على الغزاة أطماعهم الاستعمارية والاستغلالية في الأرض الإسلامية، ولم يستطع الغزاة إغلاق أعينهم عن هذه الحقائق، بل خرجوا منها بالاقتناع الكامل بأن الإسلام لو خلى بينه حقيقة وبين المسلمين لما اقتصر تأثيره في تحويلهم من الضعف إلى القوة، بل لأصبحوا بالإسلام خطراً جارفاً يهدد هؤلاء الغزاة الطامعين في عقر ديارهم، وفي هذا المعنى نذكر بالكلمة الخطيرة ذات الدلالة البالغة، وهي التي قالها **المستر غلادستون** وزير بريطانيا الأول، وأحد المؤسسين الكبار للاستعمار البريطاني في الشرق الأوسط، يقول **غلاد ستون:** ما دام هذا القرآن موجوداً فلن تستطيع أوروبا السيطرة على الشرق، بل ولا أن تكون هي نفسها في مأمن[2].

وفي هذا المعنى يقول القس **"سيمون"**: إن الوحدة الإسلامية التي تجمع آمال الشعوب السمر، وتعبر عن أمانيهم هي التي تساعده على رفض السيطرة الأوروبية والتخلص منها، ويقول **لورانس براون:** أن الخطر الحقيقي كامن في نظام الإسلام، وفي قدرته على التوسع والإخضاع وفي حيويته، إنه الجدار الوحيد في وجه

(1) التوبة آية: 32-33.

(2) أضواء على الثقافة الإسلامية، د. نادية شريف العمري، ص167، ط: بيروت 1406هـ.

الاستعمار الأوروبي، ثم يستطرد قائلاً فيقول: إذا اتحد المسلمون في إمبراطورية واحدة أمكن أن يصبحوا لعنة على العالم أما اللورد **كرزون** المتعصب فيقول: إن أمواج التبشير تضرب عبثاً في حائط الإسلام الصخري الـذي لا يهدم، حيث أنه نظام شامل لكل ناحية، وموافق لطقس وعوائد، وأعمال أهل البلاد التي وضع عليها يـده الحديدية[(1)].

وهكذا يعميهم حقدهم عن الاعتراف بفضل الإسلام على الحضارة الغربية خاصة، وعلى الإنسانية قاطبة، وهذا يؤكد لنا بكل وضوح أن أعـداء ديننا يـدركون مصادر القوة الكامنة في إسلامنا، ويقـدرون خطرها، ومن هنا كانت مخططاتهم لمحاربة الإسلام، فالنصوص سالفة الـذكر التي جـاءت على ألسنة المبشرين أو رجال الفكر والسياسة من الغربيين، إنما تمثل موقف كل القوى المعادية للإسلام وأهله، سواء في ذلك الصليبية أو الشيوعية، أو الطاقة العدائية المحركة لها جميعاً، وأقصد بها الصهيونية العالمية. فهذه القوى على ما قد يبدو بينها من عداء ظاهري، أو تنازع على المصالح، أو تعارض في بعض وجهات النظر السياسية، إلا أنها جميعاً تتخذ من الإسلام موقفاً موحداً في معاداته، وتتعاون جميعاً في العمل على تصفيته والقضاء عليه باعتباره الخطر الذي يتهددهم كما يزعمون.

نخلص مما تقدم أن مفهوم الغزو الفكري: هو المحاولات التي يقوم بها خصوم أي أمة ضد أخرى، بقصد فرض ثقافتها عليهم ومسخ هويتهم وانطوائهم تحت لوائهم، والسيطرة عليهم بالتبعية، هـذا بالمعنى العام، أما بالمعنى الخاص، فهو تلك المحاولات التي يقوم بها أعـداء الإسلام مـن يهـود ونصارى وشيوعيين ووثنيين ضد الإسلام من التشكيك في مبادئه وتعاليمه، فالغزو الفكري إذن حرب يشنها العدو على الإسلام، إلا أن الأسلحة فيها أسلحة معنوية، القصد منها تشويه تاريخ وعقيدة

---

(1) الغزو الفكري وأهدافه ووسائله، ص19-20.

الإسلام، وإبعاد المسلمين عن دينهم وعقيدتهم.

إذن فالغزو الفكري يتضمن مخططات مدروسة وهادفة ضمن أعمال كنسية وصهيونية عالمية، ومؤتمرات استشراقية دولية، ودراسات نظرية وميدانية لأوضاع المسلمين، وقضايا الإسلام، الهدف منها تشويه الحقيقة الفكرية بطرح شبهات وأفكار مزيفة في الثقافة الإسلامية وبخاصة الجذور الفكرية التي تمس العقيدة والوجود الحضاري للمسلمين. ورغم أن الإسلام قد واجه منذ فجر تاريخه الكثير من التحديات العنيدة من مخالفيه إلا أن أخطر هذه التحديات، هي تلك التي تواجهها المجتمعات الإسلامية اليوم، وهي تحديات تتمثل بالمواجهة السافرة حيناً، والمستترة أحياناً، هذا التحدي الذي يتمثل حالياً بالغزو الفكري المسموم، فالإنسانية بحق كما يقول أحد الباحثين: لم تشهد مرحلة من مراحل حياتها وضعاً كان فيه للغزو الفكري خبراء ومتفلسفون كما تشهد في هذا العصر الذي اتخذت فيه الحركات الغازية نظريات وفلسفات بعيدة عن الصواب(1).

---

(1) الغزو الفكري في التصور الإسلامي، ص4.

الفصل الأول

الاستشراق وأثره على الإسلام والدراسات الإسلامية

ويشتمل على تمهيد وثمانية مباحث:

المبحث الأول: مفهوم الاستشراق

المبحث الثاني: نشأته وتطوره

المبحث الثالث: مراحل الاستشراق

المبحث الرابع: بواعث الاستشراق ودوافعه

المبحث الخامس: أهداف الاستشراق

المبحث السادس: الوسائل التي انتهجها المستشرقون لتحقيق أهدافهم

المبحث السابع: أصناف المستشرقين وفئاتهم

المبحث الثامن: افتراءات المستشرقين حول الإسلام وأهم قضاياه

تمهيد:

إن المتتبع لأحداث التاريخ عبر العصور والأزمان يتضح له أن ديناً من الأديان لم يلق من المقاومة والمجابهة لمده وانتشاره أو معاداة أهله والمؤمنين به، مثل ما لقي الدين الإسلامي فقد واجه منذ ظهوره أعداء ألداء حاولوا إطفاء نور الله بأفواههم ويأبى الله إلا أن يتم نوره ولو كره الكافرون.

لقد تنوعت أساليب الكيد والمكر، وتألبت طوائف ودول على هذا الدين، تريد أن تجتث جذوره، وتقوض بنيانه، بيد أن ما قام به هؤلاء من محاولات لم تؤثر في الإسلام ذاته، فمصدره الأساسي وهو القرآن الكريم لم ينله ما نال الكتب السابقة، كالتوراة والإنجيل، وظل محفوظاً من التغير والتحريف، وسيبقى كذلك إلى يوم الدين، محفوظاً ومصاناً من قبل الحق تبارك وتعالى، وقد صدق الله إذ يقول في محكم التنزيل، وهو أصدق القائلين: ﴿ إِنَّا نَحْنُ نَزَّلْنَا ٱلذِّكْرَ وَإِنَّا لَهُۥ لَحَٰفِظُونَ ﴾[1].

والاستشراق يعد من أخطر الظواهر المضادة للإسلام فما عرف التاريخ الإنساني عبر مراحله المتباينة أن طوائف من أمم مختلفة، تنوعت ثقافاتها ولغاتها وأعراقها، التقت كلمتها، واتحدت أهدافها، حول العكوف على دراسة دين لا تؤمن به، لا تريد من ذلك معرفة الحق من الباطل، وإنما تريد العمل دون كلل من أجل تشويه صورة الإسلام، وحضارته الإنسانية.

وينسحب مفهوم الاستشراق على كل فكر غربي أو شرقي غير إسلامي، عرض لتراث الشرق الديني والحضاري، وبخاصة الشرق الإسلامي، بالدراسة والبحث، وهو يمثل حرب الكلمة التي شنها الغرب على الشرق الإسلامي، منذ قرون عديدة، وما زال يستخدمها ضدنا الآن، وإن لبست أثواباً مختلفة على مر العصور

---

(1) الحجر آية: 9.

تحت شعار الموضوعية والمنهجية، كي يحقق أهدافه.

ولقد اندفع تيار الاستشراق بقوة منذ هزم القائد الإسلامي صلاح الدين الصليبيين في موقعة حطين وهو في اندفاعه لا يحمل غير الغثاء والزبد الذي يذيع بين المسلمين الفساد والضرر، وقد ينتهي بهم إلى غربة كاملة عن دينهم ما لم يقفوا أمام هذا التيار سداً منيعاً يحول بينه وبين ما يسعى إليه.

فأسلوب المجابهة للإسلام قد تغير بانتهاء الحروب الصليبية، وأصبح يعتمد على الحرب الفكرية، التي تعتمد على التشويه والتشكيك في محاولة لتنفير الناس من أعتاق هذا الدين، وبالتالي وقف تقدمه وانتشاره، ولقد تحمل المستشرقون وأعوانهم مهمة تحقيق هذا الهدف وذلك عن طريق دراسة الإسلام فكراً وثقافة وحضارة، ثم الكتابة عنه وإظهاره في قالب يبرز المفهوم الغربي، ويخفي ما عداه من المفاهيم، وكانت الفتوحات الإسلامية من أهم القضايا التي شغلت الفكر الاستشراقي، وقد كان لهذا الفكر وما يزال موقفه العام من تلك الفتوحات، إنه موقف الاتهام الباطل، والحكم الجائر، بأنها ظاهرة استعمارية.

لقد تطرق الاستشراق إلى جميع مناحي الحياة الشرقية والإسلامية، ولم يدع مجالاً إلا وأدلى فيه بدلوه، ولم يترك شاردة ولا واردة إلا وقال فيها كلمته، ولم يهمل جزئية، أو رأياً مهماً كان تافهاً إلا وأشبعه بحثاً وتحليلاً، ومن هنا تبدو خطورة عمل المستشرقين وأبحاثهم، ومن هنا أيضاً تبدو ضرورة اليقظة والانتباه منا نحن المسلمين، الذي يجب علينا أن نتتبع أبحاث الغربيين التي تمتلأ بها الصحف والمجلات والكتب يومياً.

وهذا أمر ليس بمستغرب لأن الاستشراق في حقيقة الأمر كان ولا يزال جزءاً لا يتجزأ من قضية الصراع الحضاري بين العالم الإسلامي والعالم الغربي، بل يمكن أن نذهب إلى أبعد من ذلك ونقول: "إن الاستشراق يمثل الخلفية الفكرية لهذا

الصراع، ولهذا فلا يجوز التقليل من شأنه بالنظر إليه على أنه قضية منفصلة عن باقي دوائـر هـذا الصـراع الحضاري، فقد كان للاستشراق من غير شك أكبر الأثر في صياغة التطورات الأوروبية عن الإسلام، وفي تشـكيل مواقف الغرب إزاء الإسلام على مدى قرون عديدة[1].

لذا فإن الاطلاع على آراء المستشرقين، والنظر فيما كتبوه عن الإسلام والمجتمعات الشرقية، هو مـن الأهداف الرئيسية لدراستنا هذه، ذلك أن هؤلاء الناس ينظرون إلى هذه الأمور بمنظار يختلـف عـما عهـدناه وآمنا به، وسلمنا بصحته، ومن حقنا، بل من واجبنا التعرف على ما يقولـه هـؤلاء النـاس عنـا، خاصـة فيـما يتعلق بعقيدتنا وأخلاقنا، وتقاليدنا، وحضارتنا، حتى نتمكن من الرد على ما يخالفنا، لأن السكوت عـن تلك الآراء المغايرة لنا هو اعتراف ضمني منا بصحتها، خاصة إذا عرفنا أن كل المواقف المعادية للإسلام والمسـلمين قديماً وحديثاً كان الفكر الاستشراقي من ورائها، فهو الذي غرسها ونماها حتى أتت أكلها في تلك التصرفات التي تقضي على الحضارة المعاصرة بالجاهلية والعنصرية والمادية، وإن زعم المستشرقون غير ذلك.

---

(1) الإسلام والغرب، د. محمود حمدي زقزوق، 9/4، ط: المجلس الأعلى للشؤون الإسلامية، 1994م.

المبحث الأول

مفهوم الاستشراق

إن كلمة الاستشراق مشتقة من الشرق، وهي تعني مشرق الشـمس، ومـن ثـم تـدل الكلمـة عـلى الاهتمام بما يحويه الشرق من علوم ومعارف وسمات حضارية متنوعة، ويكون المستشرق: هو الإنسان الـذي وهب نفسه للاهتمام بما يدور في الشرق من مجالات مختلفة وفي المقابل أيضاً نجد كلمتي "مستغرب" و"استغراب" تدلان على الميل نحو الغرب إعجاباً أو تقليداً أو دراسة[1].

ومصطلح الاستشراق ليس له مفهوم محدد متفق عليـه، فهنـاك مـن يطلقـه عـلى كـل مـن يقـوم بدراسة الشرق، حتى وإن كان ليس من المتخصصين في الدراسات الإسلامية، ولكنهم بصفتهم يعنون بالمسائل والقضايا الشرقية دون أن يكونوا هم من هذه الأصقاع، ومنهم مـن ينظر إليه عـلى أنه تلك الموضوعات والدراسات الإسلامية والمشرقية التي يعالجها المستشرقون بمناهج وطرق علمية، كتلك التي يتبعها الغربيـون في دراساتهم، ومنهم من اعتبر القائمين بتلك الدراسات لتحديد مفهوم الاستشراق حتـى وإن كـانوا يتقنـون اللغات الشرقية، ولا يعرفون تاريخ الشرق، وحضارته وخصائصه[2].

والمستشرق - كما يقول أحد الباحثين - هو عالم غربي يهتم بالدراسات الشرقية، فلا بـد أن يتـوافر في هذا المستشرق الشروط الواجب توافرها في العالم

---

(1) ظاهرة انتشار الإسلام وموقف بعض المستشرقين منها، محمـد فتـح اللـه الزيـادي، ص55، ط1، المنشـأة العامـة، طـرابلس 1983م.
(2) الظاهرة الاستشراقية وأثرها على الدراسات الإسلامية، د. سياسي سالم الحاج، 22/1، ط1: مركز دراسـات العـالم الإسـلامي 1991م.

المتخصص المتعمق، حتى ينتج ويفيد البشرية والحضارة بإنتاجه العلمي، ولا بد أن ينتمي هذا العالم إلى الغرب، ولو كان هذا العالم يابانياً أو إندونيسياً أو هندياً لما استحق أن يوصف بالمستشرق، لأنه شرقي بحكم مولده، وبيئته وحضارته وقد تكون الدراسات الشرقية التي يقوم بها المستشرق تاريخاً أو فلسفة أو آثاراً، أو اقتصاداً ولكنها ترتبط بالشرق[1].

ويقول آخر: إن كلمة مستشرق بالمعنى العام تطلق على كل غربي يشتغل بدراسة الشرق كله، أقصاه ووسطه وأدناه، في لغاته وآدابه وحضارته وأديانه[2].

والذي يعنينا هنا هو المعنى الخاص لمفهوم الاستشراق الذي يعنى بالدراسات الغربية المتعلقة بالشرق الإسلامي في لغاته وآدابه وتاريخه وعقائده، وتشريعاته وحضارته بوجه عام، وهذا المعنى هو الذي ينصرف إليه في عالمنا العربي الإسلامي عندما يطلق لفظ استشراق أو مستشرق، وهو الشائع أيضاً في كتابات المستشرقين المعنيين[3].

ويذهب أحد الباحثين إلى أن المستشرق: كل من تجرد من أهل الغرب إلى دراسة بعض اللغات الشرقية كالفارسية والتركية والهندية والعربية، وتقصى آدابها طلباً لمعرفة شأن أمة أو أمم شرقية من حيث أخلاقها وعاداتها وتاريخها وديانتها أو علومها وآدابها إلى غير ذلك[4].

---

(1) المستشرقون والتاريخ الإسلامي، د. علي حسني الخربوطلي، ص11، ط: المجلس الأعلى للشؤون الإسلامية 1970م.
(2) الاستشراق والخلفية الفكرية للصراع الحضاري، د. محمود حمدي زقزوق، ص18، ط: قطر 14-4هـ كتاب الأمة، وقارن: أجنحة المكر الثلاثة، د. عبد الرحمن حبنكة، ص83.
(3) السابق ص18.
(4) من زلات المستشرقين، أ. عبد الوهاب حمودة، مقال في مجلة لواء الإسلام مجلد 4، عدد 6، نوفمبر 1950م.

ومع أن الباحثين يكادون يجمعون على تحديد المستشرق بأنه كل من تخصص في دراسة الشرق، أو في جانب من جوانب علومه المختلفة، إلا أنهم يختلفون في هوية الذي يمكن أن يسمى مستشرقاً، فهمنهم من يخصص الكلمة لكل من يتخصص في دراسة الشرق سواء كان غربياً أم شرقياً، ومنهم من يخرج الشرقي من دائرة المستشرقين باعتبار أنه غير غريب على الشرق حتى يستحق مصطلحاً خاصاً.

والذي أود الإشارة إليه هنا هو أن المتبادر إلى الذهن وخصوصاً لدى غير المتخصصين هو: أن المستشرق من تخصص في دراسة الإسلام والعرب من غير المسلمين، ولعل هذا راجع إلى أن معظم بحوث هذه الفئة تركزت حول العرب والإسلام، وكانت في بدايتها ذات طابع حاقد مما شد انتباه المسلمين، وجعلهم يطلقون لفظ المستشرق على كل من يتناول علومهم ومعارفهم وحضارتهم بالبحث والتحليل[1].

ونخلص مما تقدم إلى: أن الاستشراق هو الاتجاه إلى معرفة ما عليه الشرق الإسلامي من لغة وآداب وثقافة، والمستشرق هو الذي يعني بالدراسات الغربية المتعلقة بالشرق الإسلامي.

والاستشراق في دراسته للإسلام ليس علماً بأي مقياس علمي، وإنما هو عبارة عن "أيديولوجية" خاصة يراد من خلالها ترويج تصورات معينة عن الإسلام، بصرف النظر عما إذا كانت هذه التصورات قائمة على حقائق، أو مرتكزة على أوهام وافتراءات[2].

---

(1) ظاهرة انتشار الإسلام، ص60-61.

(2) الاستشراق في ميزان نقد الفكر الإسلامي، د. أحمد السايح ص15، وقارن: نحن والمستشرقون، د. حسين الهروي مجلة المعرفة، ص40، يوليو 1922م وقارن: الاستشراق والخلفية الفكرية، ص28.

إن معظم المهتمين بالدراسات الاستشراقية من المستشرقين ومن شايعهم، إنما يعتنون بتحريف الإسلام وتشويه جماله، فالمستشرقون إما من رجال الدين الذين يحرفون الكلم عن مواضعه، أو من رجال الاستعمار والملحدين الذين يهتمون بزعزعة الاستقرار والسلام والطمأنينة وإثارة القلاقل، لتكون السيطرة والهيمنة لهم، فيسومون الناس سوء العذاب[1].

والدارس لأعمال المستشرقين لا يحتاج إلى بذل جهد كبير، ليرى تعمدهم تزييف الحقائق واللجوء إلى منطق فاسد للوصول إلى نتائج تهدف في النهاية إلى رسم صورة مشوهة سقيمة عن الإسلام في نظر الغربيين، وإلى زلزلة عقيدة الإسلام وتمييعها في أعين أبنائها المسلمين.

---

(1) الاستشراق والمستشرقون وجهة نظر، د. عدنان محمد وزان، ص20، ط: رابطة العالم الإسلامي 1984م.

المبحث الثاني

نشأته وتطوره

اختلف الباحثون في تحديد بداية الاستشراق ونشأته، حيث لا يوجد دليل قاطع يدل على البداية الحقيقية للاستشراق فالمصادر التي تعرضت لهذا الموضوع تختلف في تحديدها لبداية الاستشراق.

فبعض الباحثين يرى أن الاستشراق بدأ في الأندلس - إسبانيا - بمحاولات فردية منذ أواخر القرن العاشر الميلادي، أي منذ قيام الدولة الإسلامية في الأندلس، حين قصد بعض الرهبان الغربيين الأندلس إبان عظمتها ومجدها، وتثقفوا في مدارسها وترجموا القرآن والكتب العربية إلى لغاتهم، وتتلمذوا على علماء المسلمين في مختلف العلوم، وبخاصة في الفلسفة والطب والرياضيات.

ومن أوائل هؤلاء الرهبان، الراهب الفرنسي "جربرت" الذي انتخب بابا لكنيسة روما عام 999م، بعد تعلمه في معاهد الأندلس، وعودته إلى بلاده، وبطرس المحترم 1092-1156م وجيراردي كريمون 1114-1187م وبعد أن عاد هؤلاء الرهبان إلى بلادهم نشروا ثقافة العرب، ومؤلفات أشهر علمائهم، ثم أسست المعاهد للدراسات العربية...واستمرت الجامعات الغربية تعتمد على كتب العرب، وتعتبرها المراجع الأصلية للدراسات قرابة ستة قرون[1].

ويذهب بعض آخر من الباحثين إلى أن الاستشراق بدأ في أعقاب الحروب الصليبية التي استمرت زهاء قرنين من الزمن، 1097-1295م[2]. حين اشتدت

---

(1) الاستشراق والمستشرقون ما لهم وما عليهم، د. مصطفى السباعي، ص13-14، ط1: المكتب الإسلامي 1985م، وقارن المستشرقون، نجيب العقيقي، 10/1، ط: دار المعارف 1946، وقارن: مفتريات على الإسلام، د. أحمد محمد جمال ص10، ط: القاهرة، 1975م.

(2) مفتريات على الإسلام، د.أحمد محمد جمال، ص15، ط: القاهرة 1975. صور استشراقية، د. عبد الجليل شلبي، 28/1/ط: مجمع البحوث الإسلامية، 1978م.

حملة الصليبيين الأسبان على المسلمين، فدعا "الفونس" ملك قشتالة ميشيل سكوت ليقوم بالبحث في علوم المسلمين وحضارتهم، فجمع سكوت طائفة من الرهبان في بعض الأديرة بالقرب من مدينة طليطلة وشرعوا يترجمون بعض الكتب من اللغة العربية إلى لغة الفرنجة، ثم قدمها سكوت لملك صقلية، الذي أمر باستنساخ نسخ منها وبعث بها هدية إلى جامعة باريس[1].

ومع الزمن توسع الأوروبيون بالنقل والترجمة في مختلف الفنون والعلوم من إلهيات وطب وهندسة وفلك وغيرها، واهتموا بدراسة اللغات الشرقية، وفي مقدمتها اللغة العربية.

وإذا كانت الحروب الصليبية لم تؤت ثمارها في القضاء على الإسلام وأهله، فإن الغرب ظل يضمر العداوة، ويدبر المؤامرات للتشكيك في دين الإسلام، ومن هنا اندفعت رغبات المستشرقين الجامحة في الكتابة ضد الإسلام والطعن فيه بروح الغيظ والتشفي، والنيل من مكانة الرسول، صلى الله عليه وسلم، دون سند من الحقيقة أو الواقع[2].

وهكذا تحولت المعركة من ميدان السلاح إلى معركة في ميدان العقيدة والفكر بهدف تزييف عقيدة المسلمين الراسخة التي تحمل طابع الجهاد وتدفع المسلمين إلى الاستشهاد.

وقد سار الأوروبيون في طريق تنفيذ وصية القديس "لويس" ملك فرنسا، وقائد الحملة الصليبية الثامنة، في تزييف العقيدة الإسلامية، وامتصاص ما فيها من

---

(1) أساليب الغزو الفكري، د. علي محمد جريشة ومحمد شريف الزيبق، ص19، ط: دار الاعتصام، القاهرة، 1978.
(2) التبشير والاستشراق أحقاد وحملات على النبي وبلاد المسلمين أ. عزت الطهطاوي، ص38، ط: مجمع البحوث الإسلامية 77.

قوة وجهاد وإيمان عن طريق التفرقة بين العقيدة والشريعة، وتصوير الإسلام بصورة الدين الذي يبذل غاية همه في العبادة كالمسيحية، إلى أن وصلوا إلى الفصل بين الدين والدولة، وفقد المسلمون ذلك السر الخطير الكامن في أصالة عقيدتهم وجوهر دينهم(1).

فالفكر الاستشراقي إذن نشأ في رعاية الكنيسة، وخضع فيما صدر عنه لتوجيهاتها، ومن ثم لم يكن عملاً علمياً على نحو من الإنحاء، وإنما كان لوناً من ألوان المقاومة للمد الإسلامي.

ويشير بعض الباحثين إلى أن الغرب المسيحي يؤرخ لبدء وجود الاستشراق الرسمي بصدور قرار مجمع "فينا" الكنسي عام 1312م، بإنشاء عدد من كراسي اللغة العربية في عدد من الجامعات الأوروبية(2).

والإشارة هنا إلى الاستشراق الرسمي تدل على أن هناك استشراقاً غير رسمي قبل هذا التاريخ، وليس ثمة شك هناك في أن الانتشار السريع للإسلام في المشرق والمغرب قد لفت أنظار رجال اللاهوت المسيحي إلى هذا الدين، ومن هنا بدأت عنايتهم بالإسلام ودراسته، لا من أجل اعتناقه، وإنما من أجل تشويه صورته.

وهناك من يربط بين ظهور الاستشراق وبداية الأطماع الأوروبية الاستعمارية في العالم الإسلامي في القرن الثامن عشر الميلادي، حين ضعفت قبضة الدولة العثمانية التي كانت تضرب سياجاً من العزلة، منع الأوروبيين من الاتصال بالشرق فترة، ثم ما لبثت أوروبا أن تدخلت في شؤون الشرق، فكان ذلك بداية

---

(1) الإسلام في وجه التغريب: مخططات الاستشراق والتبشير، أ. أنور الجندي، ص: 7، 8، دار الصحوة، القاهرة.

(2) المستشرقون، نجيب العقيقي، 72/1، وقارن: الاستشراق والخلفية الفكرية، ص19.

الاستشراق[1].

والعلاقة بين الاستشراق والاستعمار من الحقائق التي لا ريب فيها، لقد مهد الاستشراق للاستعمار، وكان عوناً له في رسم سياسته واتخاذ مواقفه حتى الآن، فالمستر "ايدن" رئيس الوزراء البريطاني الأسبق لم يكن ليضع قراراً سياسياً في شؤون الشرق الأوسط قبل أن يجتمع بأساتذة من المستشرقين في جامعة اكسفور وكلية العلوم الشرقية[2].

ولم يظهر الاستشراق كعلم له أهميته العظمى، وتخصص ضروري إلا عندما شعرت الحكومات الغربية بحاجتها إلى دراسة أحوال البلاد الشرقية التي استعمرتها، من حيث لغتها وديانتها واقتصادها وحضارتها، فأخذت هذه الحكومات تنفق الأموال الطائلة على أبحاث المستشرقين، وترصد الميزانيات للمنظمات والهيئات التي يعملون من خلالها، بغية الحصول على دراسات شاملة يمكن عن طريقها التكيف مع طبائع البلدان المستعمرة، وبالتالي تثبيت أقدام الاستعمار في تلك المناطق.

وتشير بعض المصادر التاريخية إلى وجود تعاون وثيق بين كبار المستشرقين والمسؤولين في وزارتي الخارجية والمستعمرات في الكثير من البلدان الغربية، وهذا التعاون وتلك الدراسات لا يزالان إلى يومنا هذا، كما أن الدراسة في أقسام الدراسات الشرقية في الجامعات الغربية، هي دراسة موجهة توجيهاً سياسياً واستعمارياً لخدمة أغراض معينة[3].

_____

(1) المستشرقون والتاريخ الإسلامي، د. علي حسني الخربوطلي، ص21، ط: المجلس الأعلى للشؤون الإسلامية، 1970م.
(2) التبشير والاستشراق أحقاد وحملات، ص43.
(3) ظاهرة انتشار الإسلام، ص69-70.

وهكذا نجد أنه ليس هناك اتفاق على تحديد بداية معينة لنشأة الاستشراق ويبدو أن هذه الآراء منقولة عن آراء المستشرقين أنفسهم نقلها عنهم تلاميذهم الذين تعلموا في مدارس الغرب أو في مدارس العالم الإسلامي، الخاضعة للمنهج الاستشراقي، والذي يؤيده الواقع خلاف ذلك، إذ يؤكد أن الاستشراق بدأ في القرن الثامن عشر الميلادي/ الثاني عشر الهجري - أعني الاستشراق الرسمي - باتفاق أهل الكتاب الشرقيين والغربيين على السواء في آن واحد[1].

وعلى أية حال فإن الدافع لهذه البدايات المبكرة للاستشراق كان يتمثل في ذلك الصراع الذي دار بين العالمين الإسلامي والمسيحي في الأندلس وصقلية، كما دفعت الحروب الصليبية بصفة خاصة إلى اشتغال الأوروبيين بتعاليم الإسلام وعاداته.

وقد نشط اللاهوتيون المسيحيون في ذلك الوقت ضد الإسلام، وزعموا فيما زعموا أن الإسلام قوة خبيثة شريرة، وأن محمداً - صلى الله عليه وسلم - ليس إلا صنماً أو إله قبيلة أو شيطاناً، وغدت الأساطير الشعبية والخرافات خيال الكتاب اللاتينيين ولم يكن الهدف بطبيعة الحال هو عرض صورة موضوعية عن الإسلام، فقد كان هذا أبعد ما يكون عن أذهان المؤلفين في ذلك الزمان.

(1) أضواء على الاستشراق والمستشرقين، د. محمد أحمد دياب، ص14، ط: دار المنار، القاهرة 1989م.

المبحث الثالث

مراحل الاستشراق

وإلى هنا نستطيع أن نقول: إن الفكر الاستشراقي قد مر بعدة مراحل تاريخية، نصنفها على النحو التالي:

المرحلة الأولى:

وتبدأ بعد فتح الأندلس، وازدهار الحياة العلمية فيها وتنتهي هذه المرحلة بانتهاء الحروب الصليبية، وأنصار هذا الاتجاه يرون أن الاستشراق بدأ منذ أن دقت جيوش الفتح الإسلامي أبواب أوروبا، وقيام الدولة الإسلامية في الأندلس، التي أسست نهضة وحضارة إسلامية لم تشهدها أوروبا من قبل، وحينذاك أخذ الأوروبيون الغارقون في الجهل والتخلف الحضاري يبحثون عن أسباب نهضة المسلمين وبلوغهم هذا المجد العظيم، فبدأ يدرسون علوم المسلمين ولغاتهم، لعلهم يظفرون بما يوقفون به هذا التيار الجديد، أو يكتسبون من علومهم ما ينفعهم في إنقاذهم من تخلفهم وجهلهم.

وكان من أبرز سمات هذه المرحلة الاتجاه إلى ترجمة الكثير من أمهات الكتب العربية إلى اللاتينية، ونتيجة للرغبة الشديدة في ترجمة الكتب العربية أنشأ دونراسوندو الأول رئيس أساقفة طليطلة مكتب المترجمين سنة 1130م، حيث تم بواسطته نقل أمهات كتب الرياضيات، والفلك، والطب والكيمياء والطبيعة وما وراء الطبيعة وعلم النفس والمنطق والسياسية...الخ[1].

وقد استمرت حركة الترجمة قوية من العربية إلى اللغة اللاتينية، فاطلع الأوروبيون على هذه الكنوز العلمية الزاخرة، وعلى أساسها بنوا حضاراتهم الحديثة،

---

(1) المستشرقون، نجيب العقيقي، 99/1.

وفي هذه المرحلة أيضاً تمت أول ترجمة للقرآن الكريم، باللغة اللاتينية، وقد تمت بإيعاز وإشراف رئيس دير "كلوني" بجنوب فرنسا الراهب "بطرس المبجل" وكان ذلك سنة 1143م، على يد راهب إنجليزي يدعى "روبرت الرتيني" وراهب ألماني يدعى "هرمان" ولكن هذه الترجمة لم تظهر إلى حيز الوجود نظراً لخوف الكنيسة من تأثيرها في الرأي العام المسيحي، بما تعطيه من مفاهيم إسلامية ربما تساعد في انتشار الإسلام بين المسيحيين بدلاً من أن تخدم الهدف الذي سعت إليه الكنيسة أصلاً وهو محاربة الإسلام، ولذلك ظلت هذه الترجمة حبيسة دير "كلوني" ولم تظهر إلا في عام 1543م، أي بعد مئات من السنين على وضعها، حتى قيض لها الظهور في مدينة "بال" بسويسرا على يد الطابع "ثيودور بيبلياندر"[1].

والغرض الذي هدف إلى تحقيقه "بطرس المبجل" من وراء ترجمة القرآن الكريم إلى اللغة اللاتينية هو هداية المسلمين ـ حسب اعتقاده ـ إلى محاسن الديانة المسيحية وهذا الهدف نراه تبشيرياً بالدرجة الأولى، ويعتبر هذا الراهب من أوائل المبشرين الذين استخدموا العلم لرد المسلمين عن دينهم وفي هذا يقول: عندما اعتقد أن الإسلام لا يشكل خطراً عسكرياً مباشراً ولكنه يشكل في حقيقة الحال خطورة فكرية لا يستهان بها، لذا فلا بد من التعرف عليه أولاً، ثم مكافحته ثانياً[2].

فالهدف من ترجمة القرآن إذن ليس الاطلاع عليه والاستفادة منه، بل لمحاربته بعد الوقوف على مضمونه، وقد عبر الدكتور "البهي" عن هذا الواقع بقوله: إن الاستشراق كمنهج وكمحاولة فكرية لفهم الإسلام، حضارة وعقيدة وقرآناً كان

---

(1) المستشرقون وترجمة القرآن الكريم، د. محمد صالح البنداق، ص95، ط2: دار الآفاق بيروت 1983م، وقارن: موسوعة المستشرقين، د. عبد الرحمن بدوي، ص68، ط1: دار العلم للملايين بدون تاريخ.
(2) الظاهرة الاستشراقية وأثرها على الدراسات الإسلامية 44/1.

دافعه الأصيل العمل من أجل إنكار المقومات الثقافية والروحية في ماضي هذه الأمة، والتنديد والاستخفاف بها[1].

إن الاستشراق في بداية أمره ما هو إلا أداة من أدوات التبشير، فسعى الرهبان القساوسة إلى تعلم اللغة العربية، والتضلع في الدراسات الإسلامية بغية فهم هذا الدين ثم نقضه من أساسه ورد أتباعه إلى ديانتهم، فالغرض الأساسي هو محاولة تنصر المسلمين وردهم عن دينهم، وهكذا اتخذت الدراسات الإسلامية في الغرب منذ بدايتها الوجهة التبشيرية الصرفة، وأهم الأدوات التي تساعد على تحقيق هذا الهدف هم المستشرقون المتخصصون في هذه الدراسات لمجابهة الإسلام بالحجة والبرهان.

فالفكر الاستشراقي إذن نشأ في رعاية الكنيسة، وخضع فيما صدر عنه لتوجيهاتها، ومن ثم لم يكن عملاً علمياً على نحو من الأنحاء وإنما كان لوناً من ألوان المقاومة للمد الإسلامي إذ لم يكن الدافع إلى هذه الدراسات الاستفادة العلمية فقط، ولكن هدفها الحقيقي يتمثل في الاطلاع على التراث الإسلامي والثقافة الإسلامية، لمقارعة المبادئ والقواعد الإسلامية بغية دراستها أولاً، وتفهمها ثانياً، ثم دحضها والرد عليها.

هذه بعض ملامح المرحلة الأولى للاستشراق، كان الهدف الأساسي من الدراسات والكتابات فيها، تبشير المسلمين بالديانة المسيحية، والعمل على ردهم عن دينهم بكل الوسائل، والانتقام من الفتوحات العربية التي استولت على أجزاء واسعة من أوروبا.

المرحلة الثانية:

وتبدأ بعد الحروب الصليبية، وتمتد إلى منتصف القرن الثامن عشر الميلادي

---

(1) المبشرون والمستشرقون في موقفهم من الإسلام، د. محمد البهي، ص1، ط: القاهرة.

تقريباً، فقد سبق أن بيّنا أن الكنيسة في أوروبا كانت وراء كل المواقف المضادة للإسلام منذ دخل هذا الـدين تلك القارة، فقد بذلت كل ما استطاعت من جهد في سبيل الحيلولـة بـين الأوروبيين والوقوف إلى تعـاليم الإسلام وآدابه ولكنها لم تحقق ما تسعى إليه وظل الأوروبيون يقبلون على تعلم العربية والهجرة إلى مواطن الثقافة الإسلامية، وظل للفكر الإسلامي تأثيره في عقول ومشاعر الأوروبيين، فهم ما زالوا يدرسونه ويترجمـون آثاره، بل تضاعف نشاطهم في هذا. ولما بدا للكنيسة أن ما قامت به لم يكفل لها بلوغ الغاية في مقاومة المـد الإسلامي فكرياً وحضارياً، اتجهت نحو إثارة العامة ضد المسلمين وشد أزرها في هـذا بعـض النبلاء والحكـام الطامعين في كنوز الشرق وخبراته.

وأتاح التمزق الذي شهده العالم الإسلامي في القرن الخامس الهجري، وظهور بعض الدول المستقلة عن الخلافة في بغداد، للكنيسة فرصة تحويل تلك الإثارة إلى حملات مسلحة تعبر البحر المتوسط لمهاجمـة المسلمين في الشرق تحت ستار حماية الصليب، وإنقـاذ القبر المقدس مـن أيـدي البرابـرة المتوحشـين – أي المسلمين – كما كانت تعبر عنهم الكنيسة، وتعددت الحملات التي عرفت باسم "الحملات الصليبية" لأن الصلبان وزعت على الحاضرين في مجمع "كلرمونت" سنة 1059م، حيث ألقى البابا "أوربان" الثاني موعظته التي حث فيها العالم المسيحي على الحرب، لتخليص القبر المقدس من المسلمين، ووعدهم بـأن تكون رحلتهم إلى الشرق بمثابة غفران كامل لـذنوبهم، وكانت هـذه الموعظة الشرارة التي أشعلت نار الحملات الصليبية التي استطاعت أن تحتل منطقة الشام، وتدخل القدس، وترتكب من الجرائم البشعة مـا لا يصدقه عقل، إذ قتل نحو سبعين ألفاً من المسلمين في المسجد الأقصى، ما بـين رجـل وامـرأة وطفـل، حتـى خاضت الخيول في دماء الشهداء.

ومكث الصليبيون في أرض الإسلام نحو مائتي عام، وتمكن القائد المسلم

صلاح الدين بعد أن وحد بين بعض البلاد العربية من أن يهزم هؤلاء البغاة في موقعة "حطين" عام 583هـ وكانت هذه الهزيمة بداية نهايتهم وطردهم من ديار الإسلام، وعلى الرغم من أن الصليبيين عرفوا المسلمين عن كثب، ونقلوا كثيراً من مؤلفاتهم العلمية، وانتفعوا بها في بلادهم، على الرغم من كل هذا لم تتغير صورة الإسلام والمسلمين لدى أوروبا وظلت مشاعر التعصب متأججة في نفوس أهلها، وزادت الهزيمة في "حطين" من مواقف العداء وأيقن الأوروبيون أن الإسلام هو مصدر الخطر على مطامعهم في الشرق، ومع هذا تعد نهاية الحملات الصليبية بداية مرحلة جديدة للفكر الاستشراقي امتدت إلى نحو منتصف القرن الثامن عشرـ الميلادي[1].

وفي أعقاب الحروب الصليبية اتسمت علاقة الغرب الاستعماري بالتناقض والازدواجية، فمن جانب ظهر الموقف الإيجابي من الفكر الفلسفي والعلمي والجمالي الإسلامي، ومن جانب آخر ظهر الموقف العدائي من الإسلام كدين ونظام اجتماعي وأخلاقي، فدخلت الثقافة الإسلامية عصر النهضة بوصفها ركناً أساسياً مـن أركان النهضة الثقافية، سواء في تأثير إنجازاتها العلمية والفنية المباشرة بوصفها الجسرـ الذي عـن طريقـه تعرفت أوروبا على منجزات الحضارات القديمة، وخاصة اليونانية – والرومانية – والإسلامية[2].

وقد كان للحروب الصليبية أبلغ الأثر في نشوء الاستشراق وما شابه من ظاهرة التبشير خاصة وأن كنوز المعرفة الشرقية انتقلت إلى الغرب إبان فترة

(1) الفكر الاستشراقي تاريخه وتقويمه، د. محمد الدسوقي، ص27، 28، ط: دار الوفاء، المنصورة، 1995م.
(2) الاستشراق في ميزان الفكر الإسلامي، د. محمد إبراهيم الفيومي، ص32، ط: المجلس الأعلى للشؤون الإسلامية 1994م.

الاحتكاك المتمثلة في الكتب والمخططات القيمة التي سطا عليها الأوروبيين ونقلوها إلى ديارهم، أصبحت القاعدة العلمية التي بنى عليها الاستشراق إلى يومنا هذا، بل أن أوروبا تدين بنهضتها الحديثة إلى ذلك التراث العلمي والأدبي، حيث كانت تعيش فترة يسمونها العصور الوسطى، ويعدونها عصوراً مظلمة.

وقد ساعد على تقدم الدراسات الاستشراقية في نهاية العصر الوسيط تلك الصلات السياسية والدبلوماسية مع الدولة العثمانية التي اتسعت رقعتها حينذاك، وقد كان للروابط الاقتصادية لكل من إسبانيا وإيطاليا مع كل من تركيا وسوريا ومصر، أثر كبير في دفع حركة الدراسات الاستشراقية. وفي القرن السادس عشر وما بعده أدت النزعة الإنسانية في عصر النهضة الأوروبية إلى دراسات أكثر موضوعية من ذي قبل، ومن جهة أخرى ساندت البابوية الرومانية دراسة لغات الشرق من أجل مصلحة التبشير[1].

وفي القرن السابع عشر بدأ المستشرقون في جمع المخطوطات الإسلامية، وأنشئت كراسي للغة العربية في أماكن مختلفة، وفي نهاية القرن الثامن عشر وبالتحديد في عام 1795م، أنشئت في باريس مدرسة اللغات الشرقية الحية، وبدأت حركة الاستشراق في فرنسا تتخذ طابعاً علمياً على يد سلفستر دوساسي الذي أصبح أمام المستشرقين الأوروبيين في عصره، وفي عام 1779م ظهر في إنجلترا مفهوم "مستشرق" وسرعان ما ظهر بعد ذلك في فرنسا عام 1799م، وأدرج مفهوم الاستشراق في قاموس الأكاديمية الفرنسية عام 1838م[2].

والأمر المهم بالنسبة لتطور الاستشراق كان الاقتناع بضرورة تعلم لغات المسلمين، إذا أريد لمحاولات تنصير المسلمين أن تؤتى ثمارها بنجاح، ومن بين من

---

(1) الإسلام والغرب، د. زقزوق، 13/4.

(2) المصدر السابق، ص16.

تبنى هذا الرأي الذي فرض نفسه بالتدريج "روجربيكون" و"رايموندلل" وقد صادق جمع "فيينا" الكنسي-عام 1312م، على أفكار "بيكون" و"للل" بشأن تعلم اللغات الإسلامية واللغة العربية على وجه الخصوص، وقد تم تنفيذ ذلك في جامعات باريس وبولونيا وأكسفورد وسلمنكا[1].

وقد تميزت هذه المرحلة بما يلي:

أولاً: أدرك الغرب من خلال حروبه الصليبية أن الشرق يتفوق عليه فكرياً وحضارياً وأنه يجب على الغربيين أن يسيروا في نفس الطريق الذي سارت فيه شعوب الشرق، لكي ينهضوا ويتقدموا.

ثانياً: تضاعف الاهتمام باللغة العربية، وإنشاء الكراسي العلمية الخاصة بها، كما تضاعف الاهتمام بإنشاء المدارس والمعاهد والجامعات، لدراسة الحضارة الإسلامية، كذلك قويت حركة نقل التراث العربي إلى أوروبا، وتسابق أهلها في الحصول على أكبر قدر منه واشترك في هذا الحكام والمستشرقون وبعض الرحالة والمغامرين الذين كانوا يلجأون إلى السرقة والخداع والتضليل.

ثالثاً: إذا كانت الكنيسة في المرحلة الأولى للاستشراق قد جندت بعض الرهبان لدراسة الإسلام، بقصد تنفير الأوروبيين منه، وإذا كانت أيضاً قد أنشأت بعض المدارس لتخريج من يتصدى لتأثير الإسلام النفسي-على الأوروبيين، فإنها في المرحلة الثانية قررت مواجهة هذا الدين على نطاق واسع، ولا سيما بعد أن فتح الأتراك مناطق البلقان، وحاصروا (فينا)، وأنها بعد أن نجحت في العمل على انحسار المد الإسلامي في شبه جزيرة إسبانيا لم تنس هزيمتها المنكرة في حطين وأزعجها المد الجديد للإسلام في شرق أوروبا، وأخذت تخطط لمقاومة

(1) الإسلام والاستشراق، د. زقزوق، ص75، ط: المعرفة، جده.

الإسلام لا بين الأوروبيين فحسب، وإنما بين المسلمين أنفسهم، فأكثرت من إنشاء المدارس والمعاهد التي تدرس العربية والعقيدة الإسلامية لإعداد مبشرين يعملون على تنصير المسلمين، أو تشكيكهم فيما هم به مؤمنون.

ومن ثم عرفت هذه المرحلة الاستشراقية التبشير بالمسيحية بين المسلمين، وكان يرحل من أجل ذلك إلى البلاد الإسلامية بعض المستشرقين لجمع المخطوطات من جهة وللتبشير من جهة أخرى، وأصبحت شخصية المستشرق تجمع بين الباحث والمبشر[1].

رابعاً: عرفت المرحلة الثانية للاستشراق بداية التحالف الظالم بين اليهود والنصارى للقضاء على الإسلام والمسلمين، ففي عام 1505م، كتب أحد اليهود مشروعاً لذلك التحالف وقدمه إلى البابا وضمنه النقاط التالية:

1. احتلال العالم الإسلامي.

2. انتزاع الأرض المقدسة من المسلمين.

3. احتلال اليهود لفلسطين[2].

والظاهر كما يقول الدكتور البهي أن اليهود أقبلوا على الاستشراق لأسباب دينية وهي محاولة إضعاف الإسلام والتشكيك في قيمه بإثبات فضل اليهودية على الإسلام، بادعاء أن اليهودية في نظرهم هي مصدر الإسلام الأول، ولأسباب سياسية تتصل بخدمة الصهيونية فكرة أولاً، ثم دولة ثانياً[3].

ولهذا دخل اليهود ميدان الاستشراق، وقدموا إلى الدول الأوروبية المسيحية كل ما عرفوه عن المسلمين من مواطن الضعف والقوة، ومن ثم كانوا عوناً لهذه

---

(1) الفكر الاستشراقي تاريخه وتقويمه، ص28 وما بعدها بتصرف.
(2) التبشير والاستشراق أحقاد وحملات، ص107.
(3) الفكر الإسلامي الحديث، د. محمد البهي، ص543، ط: دار الفكر، بيروت.

الـدول عـلى احـتلال الشـعوب الإسـلامية، وتحقيـق الحلـم الصـهيوني باغتصـاب فلسـطين، كـما أنهـم فـاقوا المستشرقين المسيحيين في إذاعة الافتراءات حول الفكر الإسلامي.

وقـد اسـتطاع اليهـود أن يكيفـوا أنفسـهم ليصـبحوا عنصراً أساسـياً في إطـار الحركـة الاستشراقية الأوروبية المسيحية، فقد دخلوا الميدان بوصفهم الأوروبي لا بوصفهم اليهودي، وقـد اسـتطاع جولدتسـيهر في عصره - وهو يهودي مجري - أن يصبح زعيم الإسلاميات في أوروبا.

وهكذا لم يرد اليهود أن يعملوا داخل الحركة الاستشراقية بوصفهم مستشرقين يهوداً حتى لا يعزلوا أنفسهم، وبالتالي يقل تأثيرهم، ولهذا عملوا بوصفهم مستشرقين أوروبيين، وبذلك كسـبوا مـرتين: كسـبوا أولاً فرض أنفسهم على الحركة الاستشراقية كلها، وكسبوا ثانياً تحقيق أهدافهم في النيل من الإسلام، وهي أهداف تلتقي مع أهداف غالبية المستشرقين المسيحيين[(1)].

وكراهية اليهود للإسلام والمسلمين واضحة كالشمس في رابعة النهار، لا تحتاج إلى دليل لإثباتها، وقد بين الحـق تبـارك وتعـالى ذلـك في محكـم التنزيـل حيـث قـال: ﴿لَتَجِدَنَّ أَشَدَّ ٱلنَّاسِ عَدَٰوَةً لِّلَّذِينَ ءَامَنُواْ ٱلۡيَهُودَ وَٱلَّذِينَ أَشۡرَكُواْۖ﴾[(2)].

وقد ظل اليهود طوال تاريخهم يتحينون كل فرصة متاحة ليكيدوا للإسلام والمسـلمين، وقـد وجـدوا في مجال الاستشراق باباً ينفثون منه سمومهم ضد الإسلام، والمسلمين، فدخلوا هـذا المجـال مسـتخفين تحـت رداء العلم، كما وجدوا في الصهيونية باباً آخر يفرضون منه سيطرتهم على العرب والمسلمين[(3)].

---

(1) الإسلام والغرب، ص18.

(2) المائدة آية: 82.

(3) الاستشراق والخلفية الفكرية، ص50، وقارن: الإسلام والغرب، 19/4.

المرحلة الثالثة:

تعد هذه المرحلة من أخطر مراحل الفكر الاستشراقي وهي تلك المرحلة التي بـدأت في منتصف القرن الثامن عشر الميلادي – تقريباً – وظلت إلى نهاية الحرب العالمية الثانية، إذ أن الاستشراق فيها استطاع أن يقوم بدوره كاملاً في خدمة السياسة الاستعمارية، وبلبلة الأفكار حول الكثير من قضايا الفكر الإسلامي، وأن يتعاون القائمون به في كل قارات العالم على الإثم والعدوان.

وقد عمد المستشرقون في أواخر القرن الثامن عشر الميلادي إلى تغيير أسـاليبهم وأرادوا أن يظهـروا بمظهر جديد هو ما زعموه من تحرير الاستشراق من الأغراض التبشيرية والاتجاه به وجهـة البحـث العلمـي البحت، فأنشئت كليات لتدريس اللغات الشرقية في عواصـم أوروبـا مثل لنـدن، وبـاريس، وبـرلين، وغيرهـا، وظهرت فيها أقسام خاصة لدراسة اللغة العربية، وبعض اللغات الإسلامية كالفارسية والتركية، وكـان الغـرض الأول منها تزويد السلطات الاستعمارية بخبراء في الشؤون الإسلامية ثم أخذ الطلاب المسلمون يؤمون هـذه الكليات الأوروبية للدراسة فيها وبذلك تأثر الفكر الإسلامي بما يلقيه المستشرقون في أذهان هـؤلاء المبعـوثين من أبناء المسلمين ثم تسلل المستشرقون إلى الدوائر العلمية والجامعات في الدول الإسلامية، بـل إلى المجامـع في القاهرة ودمشق وبغداد، وقامت المؤسسات الدينية والسياسية والاقتصادية في الغرب بما كـان يقـوم بـه الملوك في الماضي من الإغداق على المستشرقين وتقديم المنح والمعونات لهم[1].

وإذا كان المستشرقون في المرحلة السابقة قـد عكفوا علـى دراسـة الشرق دون تنظيـم أو تعـاون وتنسيق بينهم، فهو نشاط فردي غالباً، وإن كان للكنيسة دورها في

---

[1] أساليب الغزو الفكري ص21.

التوجيه العام لهذا النشاط، فإنهم في المرحلة الثالثة أخذوا يعملون على جمع شملهم وتنسيق جهدهم، وتجلى هذا في المؤتمر الاستشراقي الدولي الذي عقد لأول مرة في باريس 1873م، وكان بعد ذلك يعقد كل سنة، ثم كل سنتين، ثم كل ثلاث سنوات على الأغلب[1].

وفي هذه اللقاءات التي كانت تضم ممثلين عن كل المستشرقين في مختلف البلدان، وأيضاً بعض الأساتذة العرب، كانت تلقي الأبحاث والدراسات التي تدور حول الشرق، وبخاصة الإسلامي، وتاريخه وتراثه العقائدي والفكري، وما كانت بوجه عام تعرض لوسائل النهوض به والحرص على تقدمه واستقلاله. وكان من وسائل التنظيم والتنسيق إنشاء الجمعيات الاستشراقية في مختلف البلدان، وهذه الجمعيات كانت تدعو إلى عقد المؤتمرات الاستشراقية، وتضع لها جداول أعمالها..على أن تأسيس الجمعيات من جهة أخرى أدى إلى تجميع القوى المتفرقة للدراسات الشرقية، وازدياد نشاطها واشتداد التنافس بينها، لتحقيق الآمال الغربية في الهيمنة على الشرق، ونهب ثرواته واستعمار شعوبه[2].

وقد أنشأت الدول الاستعمارية عدة مؤسسات في البلاد الإسلامية التي خضعت لنفوذها لخديعة الاستشراق ظاهرياً وكان هدفها الحقيقي خدمة الاستعمار والتبشير الكاثوليكي، والبروتستانتي، من هذه المؤسسات في مصر: المعهد الشرقي بدير الدومينيكان، والمعهد الفرنسي، وندوة الكتاب، ودار السلام، والجامعة الأمريكية، وفي لبنان: جامعة القديس يوسف – وتعرف الآن بالجامعة اليسوعية وهي جامعة بابوية كاثوليكية والجامعة الأمريكية ببيروت، وكانت تسمى من قبل الكلية السورية الإنجيلية وهي بروتستنتية، وفي سورية: مدارس اللابيك والفرير، ودار

---

(1) الدراسات العربية والإسلامية في أوروبا، د. ميشال جحا، ص278، ط: بيروت.
(2) الفكر الاستشراقي، د. الدسوقي، ص47-48 بتصرف.

السلام، وغيرها[1]. وهكذا في كل أقطار العالم الإسلامي.

وقد اتسمت هذه المرحلة بتوحيد العلاقة بين الاستشراق والاستعمار، بل إن الاستشراق أصبح الطريق العلمي لاحتلال الشعوب الإسلامية، وأصبح المستشرقون بوجه عام موظفين في دوائر الاستخبارات في وزارتي الخارجية والمستعمرات، وكانوا مستشارين لدولهم فيما يتعلق بمواقفها السياسية والحربية، من الدول الإسلامية، وقام بعضهم بأدوار التجسس تحت ستار مزيف من الإسلام، أو البحث الأكاديمي، ومنهم من دخل مكة والمدينة باسم ذلك الستار[2].

لقد مهد الاستشراق للاستعمار وكان عوناً له في رسم سياسته، واتخاذ مواقفه حتى الآن، فنحن نعرف أن المستشرقين في كل البلاد الاستعمارية - تقريباً - يتبعون وزارة الخارجية مما يدل على أن مهمتهم سياسية وليست علمية "فانتوني ايدن" رئيس وزراء إنجلترا السابق لم يكن يتخذ قراراً سياسياً يتصل بالشرق الأوسط إلا بعد الرجوع إلى المستشرقين من أساتذة جامعة أكسفورد، وكلية العلوم الشرقية[3].

ولم يظهر الاستشراق كعلم له أهميته العظمى، وتخصص ضروري إلا عندما شعرت الحكومات الغربية بحاجتها إلى دراسة أحوال البلاد الشرقية التي استعمرتها، من حيث لغتها وديانتها واقتصادها وحضارتها، فأخذت هذه الحكومات تنفق الأموال الطائلة على أبحاث المستشرقين، وترصد الميزانيات للمنظمات والهيئات التي يعملون من خلالها، بغية الحصول على دراسات شاملة يمكن عن طريقها التكيف مع طبائع البلدان المستعمرة، وبالتالي تثبيت أقدام الاستعمار في تلك

---

(1) أساليب الغزو الفكري، ص21.

(2) أيام مع طه حسين، محمد الدسوقي، ص53، ط: المؤسسة العربية للدراسات والنشر، بيروت.

(3) التبشير والاستشراق أحقاد وحملات، ص43.

المناطق.

وكنتيجة لإنفاق الأموال الطائلة على أبحاث المستشرقين تميزت هذه المرحلة بظهور العديد من الكتب والموسوعات التي تناولت الثقافة العربية والإسلامية في مختلف نواحيها، كما ازدحمت المجلات العلمية أيضاً بالمقالات التي كتبها المستشرقون عن التاريخ والحضارة والفكر الإسلامي والملاحظ على هذه الكتابات عموماً، بل على هـذه المرحلة بكاملها أنها تميزت بتغير شكلي في الأسلوب الـذي كان ينتهجه المستشرقون في الهجوم على الإسلام، حيث أنهم انتقلوا من الهجوم المباشر إلى الهجوم المستتر، أو الخفي، فإذا كنا في المراحل السابقة نرى كتابات لا تتورع في إظهار حقدها على الإسلام، فإننا في هـذه المرحلة نـرى أسلوباً جديداً قد يفهم منه الإنصاف، ولكن عنـد التـدقيق فيـه لا نكـاد نجـد إلا التشـكيك والـدس والكيـد للإسلام وأهله[1].

فالاستشراق في هذه المرحلة ردد نفس الأفكار في مرحلته السابقة، وزاد علـى ذلـك اتسـاع نشـاطه وكثرة أعماله ودقة تخطيطه، وتغلغله في حياة الشرق وأفكاره، وتعاونه الوثيق مع الاستعمار، ثـم اسـتعلاؤه، وطغيانه، وانحرافه، وبعده عن الدقة والموضوعية.

إن نظرة جادة على مؤلفات بعض مستشرقي العصر الحديث والمعاصر وكتاباتهم عن الإسلام تشير إلى أن بعض هذه الكتابات قد تغيرت شكلاً، ولم تتغير مضموناً، بينما ظل البعض الآخـر مـن هـذه الكتابات على نفس النهج السابق الذي سلكه مستشرقوا المراحل السابقة، فمنذ بدأت كتابات المستشرقين عن الإسلام لم تكن كتابة علمية ولا بحوثاً تتوخى حقائق التاريخ، وإنما كان سلاحاً مـن أسـلحة الدعايـة الحربيـة، لـذلك حرصت على ترويج أكاذيب ومختلقات عن الإسلام. فالذين مارسوا

---

(1) ظاهرة انتشار الإسلام، ص70.

دراسة استشراقية لم يمارسوها لبحث ما في الإسلام مـن حقائق، ولكنهم زاولوها كلـون مـن ألـوان الفكر التاريخي، وهم قد لقنوا من قبل مبادئ وأفكاراً خاصة عن الإسلام، فهم يبذلون جهداً واسعاً لإقامة الأدلة على صحتها.

انظر إلى أحد المستشرقين وهو يقول: لكي نقدر عمل محمد صلى الـلـه عليه وسلم، مـن الوجهة التاريخية، ليس من الضروري أن نتساءل عما إذا كان تبشيره ابتكاراً وطريفاً من كل الوجوه ناشئاً عن روحه، وعما إذا كان يفتح طريقاً جديداً بحتاً فتبشير النبي العربي ليس إلا مزيجاً منتخباً مـن معارف وآراء دينية، عرفها واستقاها بسبب اتصاله بالعناصر اليهودية والسميحية وغيرها التي تـأثر بها تـأثراً عميقاً[1]. ويقول آخر: إن أفكار محمد - صلى الـلـه عليه وسلم - غير متجانسة، وغير منسجمة ومضطربة أشد الاضطراب[2].

وإذا كان هناك مـن المستشرقين الـذين يمثلون الاستثناء في الموقـف المضـاد للفكر الإسلامي أو المتحامل عليه والممتهن لذويه، وكانوا يتمتعون بقسط وافر من الشجاعة الأدبية، والأمانة العلميـة، ومـنهم من ارتضى الإسلام ديناً، فإن صوت هؤلاء الذين احترموا عقولهم وصدقوا مع أنفسهم، كـان أشـبه مـا يكـون بالهمس وسط المكائد والتصدية، أو الضجيج الهائل، فلا يسمعه أحد، وإذا سمعه لا يأبه بـه، أو يـركن إليـه، لأن الضجيج الذي ساد جو الاستشراق غطى على مثل تلك الهمسات، وجعل عامة الناس لا تطمئن إليها، بـل ترى مروقاً من العقيدة الصحيحة إلى دين الشرق الملفق، ومن ثم لم تستطع أن تصد تيار الافتراء، أو التشويه أو تحدث ثغرة في الجدار السميك الذي أقامه الفكر الاستشراقي بين الإسلام وغير المسلمين، وفضلاً عن ذلك

---

(1) العقيدة والشريعة في الإسلام، للمستشرق جولد تسهير، ترجمـة د. محمـد يوسـف مـوسى وآخرين، ص5، ط: دار الكتاب المصري القاهرة 1946م.

(2) المستشرقون والإسلام، د. عدنان عبد الحميد ص17، ط: الإرشاد، بغداد 1969م.

كان أصحاب هذا الصوت يلقون العنت والاضطهاد، أو اللوم والعتاب في مجتمعهم، لأنهم تجاوزوا حدود ما كان ينبغي عليهم ألا يتجاوزوها[1].

أما رد فعل النشاط الاستشراقي بين المثقفين المسلمين، فإنه كان متفاوتاً، حيث أن كثيراً منهم، وبخاصة أولئك الذين تعلموا في المدارس الرسمية أو الأجنبية، أو سافروا لطلب العلم على أيدي المستشرقين في بلادهم، هؤلاء بوجه عام رددوا ما قاله الفكر الاستشراقي، إما إيماناً به، أو محاولة للظهور بمظهر التجديد ومواكبة العصر في التفكير والبحث العلمي، ولأنه أتيح لهم أن يوجهوا الثقافة والتربية في أوطانهم، فقد نقلوا ذلك الفكر بصورة مباشرة إلى الجيل الذي قاموا على تثقيفه وتعليمه مما أدى إلى غربة عامة المثقفين المسلمين عن دينهم، وأصبح انتماؤهم إليه مجرد تقليد عاطفي لا يحميه فكر يعي دقة المبادئ العقدية التي ينتمي إليها.

ومن المثقفين المسلمين الذين قدر لهم أن يتزودوا في مراحل تعليمهم بفكر إسلامي صحيح، من نبه إلى خطر الاستشراق ووجوب التصدي له، وتفنيد أباطيله ومنعه مما يريد بنا، محذراً من عقدة الخواجة، التي دفعت بنا إلى التقليد الجاهل، الذي لا يميز بين ما يجب أن ننقله عن غيرنا أو نتأسى به فيه، وما لا يجب أن نأخذ به، لأنه لا يكفل لنا نهضة مادية، ولا نبقى معه أمة معتصمة يدينها، ومحافظة على أصالتها في القيم والفكر والسلوك[2].

ومهما يكن من أمر فإن هذه الدراسات على تنوعها تؤكد مدى تغلغل الفكر الاستشراقي في حياتنا، وأنه في أحسن أحواله ليس فكراً منصفاً ولا مستقيماً، وأنه استعمار فكري يمهد للاستعمار العسكري، أو يعزز سلطانه والأفكار التي تشيع في كتابة المستشرقين بوجه عام، تدور حول أفكار خاصة أهمها أن محمداً (صلى الله

---

(1) الفكر الاستشراقي، ص58.
(2) المصدر السابق، ص58-59.

عليه وسلم) تلميذ للكتابيين من اليهود والنصارى، وأن القرآن صورة تلمودية وأنه صدى لما انفعلت به نفس محمد، صلى الـلـه عليه وسلم، من الأحداث التي واجهها.

المرحلة الرابعة:

بدأت هذه المرحلة، بعد الحرب العالمية الثانية، وما زالـت مستمرة حتى وقتنا الحـاضر، وقد شهدت للاستشراق عدة تطورات في مفهومه وحركته، وفي هذه المرحلة، عاد طابع العداء ليغلب على الغرب للشرق[1]، بل إن المنهج الاستشراقي في الكتابة والبحث في هذه المرحلة لا يـزال – حتى يومنا هـذا – يسير على نفس المنهج الذي بدأ به، كما أن الارتباط بين المستشرقين وبين الـدوائر الاستعمارية والكنيسة لا يـزال قائماً حتى الآن، بل ربما زاد هذا الارتباط كثيراً نتيجة للدعم المستمر من الحكومات الغربية، والـذي استطاع معه المستشرقون تغير أساليبهم ووسائلهم، وتطويرها بتطور الظروف والأحوال.

وقد اعتمد الاستشراق المعاصر على المصادر الاستشراقية بحيث لا يثق في غيرها من المصادر الإسلامية، هذا من ناحية ومن ناحية أخرى يحاول أن يتخذ أسلوباً جديداً في عرض آرائه يتوخى فيه مراعاة ماجد على العالم الإسلامي من تغيرات فكرية وسياسية حتى يكون امتداداً متطوراً للاستشراق القديم[2].

ومع أن الاستشراق ظل بعد الحرب العالمية الثانية يسلك نفس الطريق الذي سار فيه مـن قبل، فإن دعوى تحرره من آثار السياسة والاستعمار والتعصب، وإثارة الشبهات حـول المسلمين، وتـراثهم، وأن عمل المستشرقين أصبح علمياً خالصاً، دعوى لا تسلم لهؤلاء الذين يزعمون ذلك، وأوضح دليل يـرد عليهم دعواهم تلك،

---

(1) الاستشراق وأثره على الثقافة العربية، د. محمد إبراهيم حسن مقال في مجلة رسالة الخليج العربي عدد 23، ص38.
(2) الفكر الاستشراقي، ص65.

الكتابات المعاصرة التي لا تختلف في جوهرها عما كتبه المستشرقون في أخطر أيامهم وأشدها هجوماً على الفكر الإسلامي[1].

ومع ما يحاوله الاستشراق المعاصر من انتهاج طرائق جديدة تختلف في الشكل عما كان ينتهجه الاستشراق القديم، تغلب عليه طبيعته العدوانية السافرة، وتصدر عنه أقوال وآراء تتفق شكلاً ومضموناً مع ما صدر عن الاستشراق في مراحله السابقة، لأن الاستشراق ما دام ينطلق في أبحاثه من النظرة القائمة على أن الإسلام ليس ديناً صحيحاً، وأن محمداً صلى الله عليه وسلم، ليس نبياً مرسلاً، والقائمة أيضاً على التوجيه المقصود نحو بلبلة أفكار المسلمين وغيرهم حول الإسلام، فإن دعوى الاتجاه العلمي الخالص للاستشراق في العصر الحديث لا يمكن التسليم بها.

لأن الاستشراق إذا كان قد بدأ بدراسة الإسلام، فإن الدافع لذلك لم يكن دافعاً علمياً خالصاً، لدى جمهرة المستشرقين، لأن من طبيعة الدافع العلمي أن يكون نزيهاً عادلاً، حريصاً على استجلاء الحقيقة، بتجرد وصدق وإنصاف، لا تتحكم فيه موروثات أو رواسب ثقافية مما صنعتها البيئة الخاصة، أو أملته وقائع تاريخية معينة تتسم بتسجيل فترات الخصومات الدموية والنزاع العدواني[2].

ذلك أن موقف الأوروبي من الإسلام ليس موقف كره في غير مبالاة فحسب، بل هو كره عميق الجذور يقوم في الأكثر على صور من صور التعصب الشديد، وهذا الكره ليس عقلياً فحسب، ولكنه يصطبغ بصبغة عاطفية قوية، فقد لا تتقبل أوروبا تعاليم الفلسفة البوذية أو الهندوكية، ولكنها تحتفظ دائماً – فيما يتعلق بهذين

---

(1) ظاهرة انتشار الإسلام، ص75.
(2) لمحات في الثقافة الإسلامية، د. عمر عودة الخطيب، ص189، ط: مؤسسة الرسالة، بيروت 1977م.

المذهبين - بموقف عقلي متزن، ومبني على التفكير، إلا أنها حالما تتجه إلى الإسلام، يختل التوازن، ويأخذ الميل العاطفي بالتسرب، حتى أن أبرز المستشرقين الأوروبيين جعلوا من أنفسهم فريسة التحذب غير العلمي في كتاباتهم عن الإسلام ويظهر في جميع بحوثهم على الأكثر، كما لو أن الإسلام لا يمكن أن يعالج على أنه موضوع بحث في البحث العلمي، بل على أنه متهم يقف أمام قضاته، إن بعض المستشرقين يمثلون دور المدعي العام الذي يحاول إثبات الجريمة، وبعضهم يقوم مقام المحامي في الدفاع، فهو - مع اقتناعه شخصياً بإجرام موكله لا يستطيع أكثر من أن يطلب له مع شيء من الفتور اعتبار الأسباب المخففة[1].

فالبحث العلمي الخالص ليس إذن الدافع الرئيسي للاستشراق لأنه لا يحرص على الحقيقة، بل يحاول تشويهها، بباعث من تعصب راسخ عميق الجذور، يعود إلى النزعة العدوانية الحاقدة التي دفعت الأوروبيين إلى شن الحروب الصليبية على بلاد الإسلام.

وقد اتسمت هذه المرحلة بالاستمرار في عقد المؤتمرات وتطوير أسلوبها، وتوسيع دائرة عضويتها، وكذلك زيادة عدد المجلات العلمية التي بدأت تصدر في كل بلد أوروبي - تقريباً - وكذلك ازدياد نشاط أقسام الدراسات الشرقية في الكثير من الجامعات الغربية، وذلك نتيجة للأعداد الكبيرة من الطلاب الوافدين على هذه الأقسام للدراسات العليا.

ففي الفترة ما بين 1873 حتى عام 1964م تم عقد 36 مؤتمراً دولياً ضم الواحد منها مئات المستشرقين وتلامذتهم من العرب، بالإضافة إلى بعض الشرقيين، وكان المؤتمرون يتخذون العديد من القرارات والتوصيات، كما دأب هؤلاء على نشر

---

(1) الإسلام على مفترق الطرق، محمد أسد، ص53، ترجمة عمر فروخ ط: دار العلم للملايين - بيروت 1987م.

المقالات في الصحف والمجلات الأسبوعية أو الشهرية أو السنوية وتأليف الكتب التي تطفح سماً وحقداً على الإسلام، وتوهين الروابط وتفتيت وحدة الشعوب الإسلامية[1].

ومن الملاحظ على هذه المرحلة أيضاً هو الانخفاض الواضح في مستوى عمل المستشرقين، حيث لم نعد نرى ذلك النوع من المستشرقين الذين يفنون أعمارهم في تحقيق مخطوط أو في جمع شتات مؤلف مندثر في أماكن متفرقة على أن المنهج الاستشراقي في الكتابة والبحث لا يزال – حتى يومنا هذا – يسير على نفس المنهج الذي بدأ به[2].

وبهذا يتأكد لنا أن الفكر الاستشراقي بعد الحرب العالمية الثانية لم يتغير عن الفكر الاستشراقي القديم في الغاية، وإن حاول أن يغير من الوسيلة، لأنه لم يتخل عن طعن الإسلام، وتلمس مواطن للهجوم عليه منها، وإن حاول أن يتخلى عن الأسلوب القديم من حيث الشكل، حيث اتخذ أسلوب التمويه والتضليل، والبعد عن المواجهة الصريحة.

(1) أضواء على الاستشراق، د. محمد عبد الفتاح عليان، ص4، ط: دار البحوث العلمية، 1980م.
(2) ظاهرة انتشار الإسلام ص72.

المبحث الرابع

بواعث الاستشراق ودوافعه

لقد كان الاستشراق في الأصل محاولة لوقف التيار الإسلامي ثم تطور بعد ذلك للقيام بعمل مضاد للإسلام في دياره، وفي سبيل تحقيق هذا الهدف تعاونت معه قوى الشرـ الاستعمار والتبشـير والصهيونية، وهي كلها تعمل من أجل غايـة واحـدة، هـي إضعاف المسـلمين وتشـويه عقيـدتهم، والازدراء بهـم في كـل المحافل الدولية.

والذي يتتبع ما كتبه المستشرقون، وما يسعون لتحقيقـه مـن مـآرب، ومـدى صـلتهم بالاستعمار والتبشير، يجد أن دوافعهم وبواعثهم متنوعة ومتعددة، منها مـا هـو دينـي، ومـا هـو استعماري، ومـا هـو سياسي، وما هو علمي...الخ.

أولاً: الباعث الديني:

يكاد يجمع جمهور الباحثين في موضوع الاستشراق على أنه بدأ بدافع ديني محض، نشأ إثر شعور المسيحيين بالخطر نتيجة الانتشار السريع والواسع للإسلام، ثم ازداد هذا الشعور قوة إثر فشل الصليبيين في حملاتهم العسكرية المتكررة ضد الإسلام والمسلمين، الأمر الذي جعلهم يفكرون في غزو من نوع آخر، يثأرون به لهزيمتهم العسكرية، ويحققون به سيطرة فكرية من شأنها أن تساعد في وقف التيار الإسلامي، وذلك عـن طريق إعطاء صورة خاطئة عن الإسلام تشكك المسـلم في دينـه، وتبعـد غير المسـلم عـن التفكير في اعتنـاق الإسلام [1].

فالدافع الديني إذن كان وراء نشأة الاستشراق، ودعم الدراسات الإسلامية والعربية في أوروبا، وقد بدأ بالرهبان ـ كما رأينا ـ الذين تثقفوا في الأندلس، وهؤلاء كان يهمهـم أن يطعنـوا في الإسلام ويشوهوا محاسنه ويحرفوا حقائقه ليثبتوا

---

(1) ظاهرة انتشار الإسلام، ص76.

لجماهيرهم التي تخضع لزعامتهم الدينية أن الإسلام - وقد كان يومئذ الخصم الوحيد للمسيحية في نظر الغربيين - دين لا يستحق الانتشار، وأن المسلمين قوم همج لصوص وسفاكو دماء يحثهم دينهم على الملذات الجسدية، ويبعدهم عن كل سمو روحي، وخلقي، ثم اشتدت حاجتهم إلى هذا الهجوم في العصر ـ الحاضر بعد أن رأوا الحضارة الحديثة قد زعزعت أسس العقيدة عند الغربيين وأخذت تشككهم بكل التعاليم التي كانوا يتلقونها عن رجال الدين عندهم فيما مضى فلم يجدوا خيراً من تشديد الهجوم على الإسلام لصرف أنظار الغربيين عن نقد ما عندهم من عقيدة وكتب مقدسة، وهم يعلمون ما تركته الفتوحات الإسلامية الأولى، ثم الحروب الصليبية، ثم الفتوحات العثمانية في أوروبا بعد ذلك في نفوس الغربيين من خوف من قوة الإسلام وكره لأهله، فاستغلوا هذا الجو النفسي ـ وازدادوا نشاطاً في الدراسات الإسلامية[1].

وهناك الباعث التبشيري الذي لم يتناسوه في دراساتهم العلمية وهم قبل كل شيء رجال دين، فأخذوا يهدفون إلى تشويه سمعة الإسلام في نفوس رواد ثقافتهم من المسلمين لإدخال الوهن إلى العقيدة الإسلامية، والتشكيك في التراث الإسلامي والحضارة الإسلامية وكل ما يتصل بالإسلام من علم وأدب وتراث[2].

وقد حرص أغلب المستشرقين في الدراسات التي قاموا بها على تحقيق هذا الهدف التبشيري إذ صور هؤلاء الإسلام في صورة الدين الجامد الذي لا يصلح للتطور، ومن كيدهم في هذا الصدد أنهم يحكمون على الإسلام دائماً من واقع المسلمين الحالي فهم لا يصورون الإسلام من منابعه ومصادره، بل يصورونه من واقع المسلمين السيء، وهم يعمدون إلى اختيار البيئات الإسلامية التي نالها أكبر

---

(1) الاستشراق والمستشرقون ما لهم وما عليهم، ص16، وقارن: لمحات في الثقافة الإسلامية، ص91.
(2) السابق ص16.

قسط من الضعف والهزال ويجعلونها نموذجاً للإسلام[1].

وقد نسي هؤلاء الحاقدون أن المسؤول عن هذا الواقع السيء للمسلمين هو عدم تمسكهم بالإسلام من جهة، واستنزاف الاستعمار لخيراتهم وتخريبه لقيمهم وثقافتهم الأصلية من جهة أخرى.

فالباعث الديني للاستشراق، كما يقول الدكتور "زقزوق" كان يسير منذ البداية في اتجاهات ثلاثة متوازية، تعمل معاً جنباً إلى جنب، وتتمثل هذه الاتجاهات فيما يأتي:

1. محاربة الإسلام، والبحث عن نقاط ضعف فيه وإبرازها والزعم بأنه دين مأخوذ من النصرانية واليهودية، وانتقاص من قيمه والحط من قدر نبيه، صلى الله عليه وسلم.

2. حماية النصارى من خطره، بحجب حقائقه عنهم، واطلاعهم على ما فيه من نقائص مزعومة، وتحذيرهم من خطر الاستسلام لهذا الدين.

3. التبشير ومحاولة تنصير المسلمين[2].

وإذا كان الباعث الديني لم يعد ظاهراً الآن في الكثير من الكتابات الاستشراقية، فليس معنى ذلك أنه قد اختفى تماماً إنه لا يزال يعمل من وراء ستار بوعي أو بغير وعي، فمن الصعب على معظم المستشرقين النصارى المشتغلين بدراسة الإسلام، وأكثرهم متدينون أن ينسوا أنهم يدرسون ديناً ينكر عقائد أساسية في النصرانية ويهاجمها ويفندها، مثل عقيدة التثليث وعقيدة الصلب، كما أنه من الصعب عليهم أيضاً أن ينسوا أن الدين الإسلامي قد قضى على النصرانية في كثير من بلاد

---

(1) المستشرقون، الخربوطلي، ص83.

(2) الاستشراق والخلفية الفكرية، ص72.

الشرق وحل محلها[1].

ولقد ظل رجال الدين المسيحي يذكرون هذا الباعث في دراساتهم، باعتبارهم ناشئين في الكنائس ومشبعين بتعاليمها وثقافتها، فعالجوا القضايا التي تتعلق بالإسلام بهذه الروح الكنسية، متخلين عن روح البحث العلمي الموضوعي لإدخال الوهن إلى التراث الإسلامي، ولقد صرح بهذه الحقيقة وبشكل واضح بعض المستشرقين، وعلى رأسهم بروكلمان وماسينيون وكوفين يقول بروكلمان - مثلاً - عن عقيدة التوحيد التي يدين بها الإسلام: إن الوحدانية التجريدية التي كانت إلى حد كبير أساس قوة الإسلام إلى غزو القلوب واكتساب الأتباع لم تنشأ إلا تدريجاً، ولقد سبقت منها الإشارة إلى نزوع النبي، صلى الله عليه وسلم، الأولى إلى الاعتراف بالآلهة المكية الرئيسية شفعاء عند الله[2].

ويقول ماسينيون: أن الطلاب الشرقيين الذين يأتون إلى فرنسا يجب أن يلونوا بالمدينة المسيحية[3]. ويقول "كوفين": إن الشريعة الإسلامية التي دان بها وقدسها مائتان وثلاثة وثلاثون مليوناً من الناس قد حفظت في تضاعيفها شروراً اجتماعية تئن منها الإنسانية، ومع هذا قدست الشريعة هذه الشرور باسم الدين[4].

هذه نماذج من أقوال بعض المستشرقين، وهي لم تصدر إلا بدافع الحقد الصليبي الذي غرسته الكنيسة في قلوب هؤلاء الباحثين منذ نعومة أظافرهم، حتى

---

(1) المستشرقون، ملحق مجلة الأزهر، د. إبراهيم اللبان، ص34، ط: الأزهر 1390هـ.

(2) تاريخ الشعوب الإسلامية، كارل بروكلمان، ترجمة نبيه فارس والبعلبكي، ص70، ط6: دار العلم للملايين - بيروت 1974م.

(3) لمحات في الثقافة الإسلامية، ص192.

(4) الإسلام والحضارة العربية، محمد كرد علي، 15/1، ط3: لجنة التأليف والترجمة والنشر، القاهرة.

يشبوا كارهين لهذا الدين الحنيف، حاملين لواء الحرب ضده، فهم لم يحاولوا إخفاء نزعتهم الدينية المعادية للإسلام وأهله، الأمر الذي يجعلنا نؤكد على أن هذا الباعث يعد الهدف الأول في أغلب كتابات المستشرقين، وقد اعترف بهذا العداء بعض المستشرقين فهذا "بانارد شو" يقول: لقد طبع رجال الكنيسة في القرون الوسطى دين الإسلام بطابع أسود حالك، إما جهلاً وإما تعصباً، إنهم كانوا في الحقيقة مسوقين بعامل بغض محمد، صلى الله عليه وسلم، فعندهم أن محمداً، صلى الله عليه وسلم، كان عدواً للمسيح، ولقد درست سيرة محمد، الرجل العجيب وفي رأيي أنه بعيد جداً من أن يكون عدواً للمسيح، وإنما ينبغي أن يدعى منقذ البشرية[1].

وإذا كان الباعث الرئيسي المباشر الذي دفع الأوروبيين إلى الاستشراق هو باعث ديني وتبشيري، فإننا لا ننكر أن هناك بواعث أخرى للاستشراق قد تكون استعمارية وسياسية، وقد تكون علمية، إلا أن الباعث الديني من أكثر البواعث عداء للإسلام والمسلمين. فمن باعث الحقد والتعصب - كما يقول الأستاذ عمر عودة في كتابه لمحات في الثقافة الإسلامية - تحرك كثير من المستشرقين لتحقيق عدد من الأهداف الدينية والسياسية والعلمية المشبوهة واتخذوا لذلك نهجاً في التشكيك والمغالطة وتشويه الحقائق، والافتراء والتزوير، وهو نهج لا يسلم منه أو من بعضه إلا عدد يسير منهم، كما اتبعوا لبلوغ ما يريدون كل وسيلة تتيح لهم بث سمومهم ونشر أباطيلهم[2].

ومن هنا نخلص إلى أن الباعث الديني للاستشراق يهدف إلى اتجاهات مختلفة منها:

---

(1) الاستشراق والدراسات الإسلامية، د. عبد القهار العاني حولية كلية الدراسات الإسلامية، بغداد 1973م.

(2) لمحات في الثقافة الإسلامية، ص200.

1. الوقوف في وجه الإسلام حتى لا يتحول أحد من المسيحيين إلى الإسلام.

2. محاربة الإسلام والبحث عن نقاط الضعف وإبرازها والتشكيك في العقيدة الإسلامية.

3. خلق التخاذل الروحي، وشعور المسلم بالنقص، وذلك بحملهم على الخنوع والرضا للمدنية الغربية.

4. نشر الآراء المسيحية بين المسلمين ومحاولة تنصيرهم[1].

ثانياً: الباعث الاستعماري:

لقد اتخذ الاستشراق طابعاً استعمارياً، وإن كان قد بدأ لاهوتياً محضاً، إلا أنه ما لبثت الحكومات الاستعمارية أن استخدمته كوسيلة من وسائل السيطرة على البلاد الإسلامية، ولهذا فقد أدرك المستشرقون أن تحقيق رغبة حكومتهم لن تتحقق إلا بزعزعة أهل هذه البلاد عن عقيدتهم.

ولما انتهت الحروب الصليبية بهزيمة الصليبيين، وهي في ظاهرها حروب دينية، وفي حقيقتها حروب استعمارية لم ييأس الغربيون من العودة إلى احتلال بلاد العرب، فبلاد الإسلام فاتجهوا إلى دراسة هذه البلاد في كل شؤونها من عقيدة وعادات وأخلاق وثروات، ليتعرفوا على مواطن القوة فيها فيضعفوها، وعلى مواطن الضعف فيغتنموها، ولما تم لهم الاستيلاء العسكري والسيطرة السياسية كان من دوافع تشجيع الاستشراق إضعاف المقاومة الروحية والمعنوية في نفوسنا، وبث الوهن والارتباك في تفكيرنا، وذلك عن طريق التشكيك بفائدة ما في أيدينا من تراث، وما عندنا من عقيدة وقيم إنسانية، فنفقد الثقة بأنفسنا، ونرتمي في أحضان الغرب نستجدي منه المقاييس الأخلاقية والمبادئ العقائدية، وبذلك يتم لهم ما يريدون من

---

(1) الغزو الفكري، أبعاده ومواجهته، د. عبد العزيز تمام، ص46-47، ط1: دار الطباعة المحمدية، 1990م.

خضوعنا لحضارتهم وثقافتهم خضوعاً لا تقوم لنا من بعده قائمة[1].

ونلمس من الدراسات التي قام بها هؤلاء المستشرقون، أن كثيراً منهم سخروا أقلامهم لخدمة الاستعمار، وأنهم أرادوا فصل المسلمين عن جذورهم الثابتة الأصلية، ومن خلال تشويه تلك الأصول، وعزلها عن مصادرها، وهدم المقومات الأساسية للكيان الفردي والاجتماعي والنفسي والعقلي للمسلمين، وليس ثمة شك في أن ذلك من شأنه أن يفتح أبواب البلاد الإسلامية على مصاريعها أمام الاستعمار الغربي وثقافته وفكره[2].

ولعل أخطر هدف استعماري حاول المستشرقون وأتباعهم تنفيذه، هو محاولة القضاء على اللغة العربية باعتبارها لغة القرآن، وأحد المقومات الأساسية للوحدة العربية، فلقد تعرضت هذه اللغة لمحاولات عديدة كادت أن تعصف بها وتطمسها في أجزاء كثيرة من بقاع العالم العربي، وأخص بالذكر "تونس" و"الجزائر" و"المغرب" ومحاولات الفرنسة في هذه الدول وفي الوقت الحاضر يقوم المستشرقون بتبني ما هو أخطر من ذلك وأفظع، فهم يحاولون إجهاض اللغة العربية عن طريق توجيه الدراسات العليا في كثير من الجامعات العربية والغربية من دراسة الفصحى إلى دراسة العامية وتعميق البحث في اللهجات المحلية التي يتعامل بها كل قطر فالمستشرقون الذين يحتلون كراسي الدراسات الشرقية في الكثير من الجامعات الغربية يرفضون أي اتجاه يرمي إلى تعميق البحث في الفصحى، ومحاولة تجديد أساليب وطرق تدريسها، ويشجعون ويرعون كل دراسة تقوم في الاتجاه المقابل[3].

وقد ظهر هذا الدافع الاستعماري واضحاً جلياً، واتسع مداه باتساع رقعة

---

(1) الاستشراق والمستشرقون، ص17. وقارن: لمحات من الثقافة الإسلامية، ص195.
(2) أساليب الغزو الفكري، ص22.
(3) ظاهرة انتشار الإسلام، 82-83.

الاستعمار الغربي للعالم الإسلامي في القرنين التاسع عشر والعشرين، واضطرت الدول الاستعمارية أن تعلم موظفيها في المستعمرات لغات تلك البلاد، وأن تدرس لهم آدابها ودينها ليعرفوا كيف يسوسون هذه المستعمرات ويحكمونها.

وغير خاف أيضاً أن بعضاً من المستشرقين قد عرف لهم نشاطات سياسية في البلاد المستعمرة أو الواقعة ضمن النفوذ الأجنبي فلقد كان المستشرق الفرنسي لويس ماسينيون مستشاراً لوزارة المستعمرات الفرنسية في شؤون شمال إفريقيا، والراعي الروحي للجمعيات التبشيرية الفرنسية في مصر [1].

ولقد عمل ماسينيون قدر جهده وطاقته على تنفيذ مخطط الاستعمار الفرنسي ـ في فصم العقلية الجزائرية عن طريق الدعوى إلى تمجيد التصوف الكاذب وإشاعة الخرافات والأباطيل لصرف الناس عن الجهاد وأعمال الفكر، يبين ذلك في كتاباته عن الحلاج بأسلوب يساعد على تحقيق الأهداف الاستعمارية.

لقد خصص ماسينيون حياته للكتابة عن الحلاج وجعله صورة من المسيح في الإسلام، وأعتقد أن ماسينيون ما كان يعني بالحلاج قدر عنايته بتنفيذ مخطط استعماري أحكم صنعه [2].

وغير ماسينيون جمع غفير من المستشرقين كانوا في خدمة السياسة الاستعمارية لتمكين سلطان المستعمر في البلاد الإسلامية بعد تفتيت وحدة المسلمين وتشتيت شملهم وإضعاف المقاومة الروحية في نفوسهم، وبث الوهن والضعف في تراثهم عن طريق إشاعة القوميات بين أبناء المسلمين، كالفرعونية في مصر

---

(1) الفكر الإسلامي الحديث وصلته بالاستعمار الغربي، د. محمد البهي، ص556.
(2) المستشرقون والتراث، د.عبد العظيم الديب، ص18، ط2: دار الوفاء للطباعة، المنصورة، 1988م، نقلاً عن الإمام عبد الحميد بن باديس الزعيم الروحي لحزب التحرير الجزائري، د.محمود قاسم، ص7.

والفينيقية في سوريا ولبنان وفلسطين، والآشورية في العراق، وهكذا ليتسنى لهم تشتيت شملنا كأمة واحدة، وليعوقوا قوة الاندفاع التحررية عن عملها في قوتنا وتحررنا وسيادتنا على أرضنا وثرواتنا، وعودتنا من جديد إلى قيادة ركب الحضارة.

ثالثاً: الباعث السياسي:

وقد تجلى هذا الدافع في عصرنا الحاضر بعد استقلال أغلبية الدول العربية والإسلامية من الاستعمار الغربي، وعند ذلك أقيمت علاقات دبلوماسية بين البلاد الغربية والإسلامية واقتضى- التفكير الاستعماري أن يكون في قنصليات الدول الغربية وسفارتها رجال لهم باع طويل في ميدان الدراسات الاستشراقية وذلك لكي يتحمل هؤلاء مهمة الاتصال برجال الفكر والثقافة للامتزاج بهم، وبث الاتجاهات السياسية المختلفة بينهم حتى يكونوا أداة منفذة لكل مخططات الاستعمار وأساليبه، وكم كان هذا العامل أساساً في تفجير الكثير من الصراعات الفكرية التي نتج عنها تغير في الحكومات أو تغير في بناء هيكل الدولة، والمثل واضح في الانقلابات العسكرية في إثارة الفتن التي تحدث من آن لآخر في المنطقة العربية والإسلامية[1].

يقول أحد الباحثين: لقد كان المستشرقون على اتصال دائم بوزارة الخارجية ووزارة المستعمرات، يترددون على رجالاتها لمعرفة ماجد وتغير من القرارات، وأن هذه البعثات التي يقومون بها إلى بلاد الشرق بين حين وآخر ليست بعثات علمية كما يزعمون تقصد وجه العلم خالصاً، وإنما هي في الحقيقة بعثات سياسية مصدرها هذه الرؤوس المفكرة الجاثمة في الوزارتين المذكورتين، تطوف أنحاء الشرق باسم العلم منقبة باحثة، حتى إذا ما ملأت حقائبها بما تريد عادت إلى وزارة الخارجية ووزارة المستعمرات تصب فيها معلوماتها طروبة فخورة[2].

---

(1) ظاهرة انتشار الإسلام، ص82.

(2) أغراض المستشرقين، محمد روحي فيصل، ص1331، مقال في مجلة الرسالة، عدد 111، السنة الثالثة أغسطس 1935م.

رابعاً: الباعث العلمي:

هناك قلة قليلة من المستشرقين الذين أقبلوا على دراسة العلوم العربية والإسلامية بدافع من حب الاطلاع على حضارات الأمم وأديانها وثقافاتها ولغاتها، وهؤلاء كانوا أقل من غيرهم خطأ في فهم الإسلام وتراثه، لأنهم لم يكونوا يتعمدون الدس والتحريف، فجاءت أبحاثهم أقرب إلى الحق وإلى المنهج العلمي السليم من أبحاث الجمهرة الغالبة من المستشرقين، وأثبتت بكل وضوح للعالم الغربي حقيقة هذا الدين وأصالة هذه الحضارة وأثبتت في المقابل زيف افتراء بقية المستشرقين وحقدهم.

على أن هؤلاء لا يوجدون إلا حين يكون لهم من الموارد المالية الخاصة ما يمكنهم من الانصراف إلى الاستشراق بأمانة وإخلاص، لأن أبحاثهم المجردة عن الهوى لا تلقى رواجاً لا عند رجال الدين، ولا عند رجال السياسة، ولا عند عامة الباحثين، ومن ثمة فهي لا تدر عليهم ربحاً ولا مالاً، ولهذا ندر وجود هذه الفئة في أوساط المستشرقين[1].

والباحثون عن العقيدة الدينية الصحيحة من هؤلاء المستشرقين، هم أناس ساورتهم الشكوك في عقيدتهم التي ولدوا عليها، وغلب على وجدانهم أن الشرق هو مصدر الأديان وأنه مرجع الباحثين عن العقائد الروحية في الزمن الحديث كما كان الحال في الزمن القديم، وكان لما قام به هؤلاء من أبحاث ومقارنات بين الأديان أثر ملموس في اهتداء كثير منهم إلى الإسلام[2].

---

(1) الاستشراق والمستشرقون ما لهم وما عليهم، ص19، وقارن: لمحات من الثقافة الإسلامية، ص197.

(2) أضواء على الاستشراق، ص46-47، نقلاً عن ما يقال عن الإسلام، أ. عباس محمود العقاد، ص8.

يقول المستشرق كارلايل في كتابه (الأبطال): لقد أصبح من أكبر العار على كل فرد متمدن في هذا العصر أن يصغي إلى ما يظن من أن دين الإسلام كذب، وأن محمداً، صلى الله عليه وسلم خداع مزور، وآن لنا أن نحارب ما يشاع من مثل هذه الأقوال السخيفة المخجلة، فإن الرسالة التي أداها ذلك الرسول، صلى الله عليه وسلم، ما زالت السراج المنير مدة اثنتي عشر قرناً لنحو مائتي مليون من الناس أمثالنا، خلقهم الله الذي خلقنا. أكان أحدكم يظن أن هذه الرسالة التي عاش بها ومات عليها هؤلاء الملايين الفائقة الحصر والإحصاء أكذوبة وخدعة؟ أما أنا فلا أستطيع أن أرى هذا الرأي، فلو أن الكذب والغش يروجان عند خلق الله هذا الرواج، ويصادفان منهم ذلك التصديق والقبول فما الناس إلا بله ومجانين وما الحياة إلا سخف وعبث وأضلولة، كان الأولى بها ألا تخلق[1].

خامساً: الباعث التجاري:

وهو من الدوافع التي كان لها أثرها في تنشيط الاستشراق حيث رغب الغرب في التعامل معنا لترويج بضائعهم وشراء مواردنا الطبيعية الخام بأبخس الأثمان، ولقتل صناعتنا المحلية التي كان لها مصانع قائمة مزدهرة في مختلف بلاد العرب والمسلمين[2].

ومن أجل هذا وجدوا أن الحاجة ماسة للسفر إلى البلاد الإسلامية للتعرف عليها، ودراسة جغرافيتها الطبيعية، والزراعية والبشرية حتى يحسنوا التعامل مع تلك البلاد، وتحقيق ما يصبون إليه من وراء ذلك من تحقيق فوائد كثيرة تعود على تجارتهم وصناعتهم بالخير العميم[3].

---

(1) الإسلام والحضارة الغربية، ص65.

(2) الاستشراق والمستشرقون، ص18.

(3) الاستشراق والخلفية الفكرية، ص74.

ودخل بعض الغربيين ميدان الاستشراق من باب البحـث عـن الـرزق، عنـدما ضـاقت بهـم سـبل العيش العادية، فلجأ هؤلاء إلى إشباع رغبة قرائهم في الغرب بنقلهم صوراً خرافية عن البلاد الشرقية، توافـق ما تخيلوه من أطواره وأعاجيبه التي ترد في قصص مثل: ألف ليلة وليلة و: رباعيات الخيام و: رحلات الرواد في القرون الوسطى، ولا يستهويهم عن الشرق غير ما تخيلوه، فهواهم كله نحو الأحاديث الشرقية التـي تعـرض شرقاً كالذي قرأوا عنه في أساطير الخيال[1].

_____

(1) أضواء على الاستشراق، ص46، نقلاً عن ما يقال عن الإسلام للعقاد، ص11.

المبحث الخامس

أهداف الاستشراق

إن معرفة الدوافع الحقيقية للاستشراق هي التي تحدد الهدف الـذي يسعى إليه المستشرقون بعنايتهم بدراسة الإسلام والمسلمين، فهذا العدد الهائل من المستشرقين، في كثير من بلاد العالم الـذين سخروا كل جهودهم، بل وأفنوا أعمارهم في دراسة وتحليل حضارة غريبة عنهم، بالتعاون مـع الـدوائر الاستعمارية التي تغدق عليهم الأموال، وتمدهم بكل الإمكانيات كل ذلك يحمـل في طياتـه أهدافاً كبيرة يسعى هـؤلاء لتحقيقها والاستفادة منها.

ولعل أهم هدف سعى إليه المستشرقون في فترة من فترات التاريخ، بل ولا زالـوا يسعون إليـه إلى الآن، هو محاولة إعطاء صورة مشوهة عن الإسلام كدين وعن الشرق كحضارة، وعن العربية كتراث وقوميـة، وذلك حتى يمكن من خلال هذه الصورة تنفير الكثير ممـن اشرأبـت نفوسـهم لـتفهم الإسلام واعتناقه، وفي تحقيق هذا الهدف خدمة كبيرة للكنيسة وللحركة التبشيرية بصفة عامة.

ثم يأتي بعد ذلك الهدف الأكبر، وهـو القاضي بتحطيم الإسلام مـن داخلـه عـن طريق تشكيك المسلمين في كتابهم ونبيهم وتراثهم، حتى يتم فصلهم عن دينهم، وتفتيت وحدتهم، لأن في تمسكهم بهذا الدين وحدة وقوة من شأنها أن تهدد الكيان الغربي، ولأن في تمسكهم بهذا الدين رقياً وتقدماً وحضارة مادية ومعنوية من شأنها أن تؤثر في مجرى حضارات الغرب المادية الزائفة، وهذا التخوف والحـذر مـن العقيـدة الإسلامية لم يعد سراً، بل أعلن عنه كثير من المستشرقين في بحوثهم ومؤلفاتهم ومجلاتهم العلمية.

وقد جاء في مجلة العالم الإسلامي ما يؤكد هذا، فهم يقولون: إن شيئاً من

الخوف يجب أن يسيطر على العالم الغربي ولهذا الخوف أسباب منها: أن الإسلام منذ أن ظهر في مكة لم يضعف عددياً بل هو دائماً في ازدياد واتساع، ثم إن الإسلام ليس ديناً فحسب، بل من أركانه الجهاد، ولم يتفق قط أن شعباً دخل في الإسلام ثم عاد نصرانياً[1].

هذا هو الإسلام في المفهوم الغربي ومن ثم فإن كل الجهود يجب أن تتوحد لتحويل المسلمين عن التمسك بدينهم، ولتحقيق هذا الهدف عزموا على تشويه صورة منهج المسلمين وحضارتهم وآدابهم ونشر الأكاذيب والافتراءات على الإسلام، وعلى لغته وأهله، ولم يقتصروا على جانب واحد، بل تعدوا إلى جوانب متعددة، منها:

1. التشكيك في صحة رسالة النبي، صلى الله عليه وسلم، ومصدرها الإلهي، فجمهورهم ينكر أن يكون الرسول نبياً موحى إليه من عند الله جل شأنه، ويتخبطون في تفسير مظاهر الوحي التي كان يراها أصحاب النبي صلى الله عليه وسلم، أحياناً، وبخاصة "عائشة" أم المؤمنين، رضي الله عنها، فمن المستشرقين من يرجع ذلك إلى صرع، كان ينتاب النبي، صلى الله عليه وسلم، حيناً بعد حين، ومنهم من يرجعه إلى تخيلات كانت تملأ ذهن النبي، صلى الله عليه وسلم، ومنهم من كان يفسرها بمرض نفسي، وهكذا كأن الله لم يرسل نبياً قبله حتى يصعب عليهم تفسير ظاهرة الوحي.

ولما كانوا كلهم ما بين يهود ومسيحيين يعترفون بأنبياء التوراة، وهم كانوا أقل شأناً من محمد صلى الله عليه وسلم، في التاريخ والتأثير والمبادئ التي نادى بها، كان إنكارهم لنبوة النبي، صلى الله عليه وسلم، تعنتاً مبعثه التعصب الديني

---

(1) ظاهرة انتشار الإسلام، ص90-91، وهذا النص منقول من كتاب أجنحة الفكر الثلاثة، عبد الرحمن الميداني.

الذي يملأ نفوس أكثرهم كرهبان وقس ومبشرين[1].

2. ولا يقف التشكيك عند صحة الرسالة المحمدية، بل يتعداه إلى التشكيك في دستور الإسلام الخالد، والمعجزة الباقية القرآن الكريم فهم ينكرون أن يكون القرآن كتاباً منزلاً على النبي صلى الله عليه وسلم، من عند الله عز وجل، وحين يفحمهم ما ورد فيه من حقائق تاريخية عن الأمم الماضية مما يستحيل صدوره عن أمي مثل محمد، صلى الله عليه وسلم، يزعمون ما زعمه المشركون الجاهليون في عهد الرسول، صلى الله عليه وسلم من أنه استمد هذه المعلومات من أناس كانوا يخبرونه بها، ويتخبطون في ذلك تخبطاً عجيباً، وحين يفحمهم ما جاء في القرآن من حقائق علمية لم تعرف وتكتشف إلا في هذا العصر يرجعون ذلك إلى ذكاء النبي، صلى الله عليه وسلم، فيقعون في تخبط أشد غرابة من سابقه[2].

3. التشكيك في الدين الإسلامي نفسه، وأنه ليس ديناً منزلاً من عند الله، بل هو مستمد من الديانتين اللتين سبقتا ظهور الإسلام، وهما اليهودية والنصرانية، ويعللون لذلك بوجود نقاط التقاء بين الديانتين السابقتين والدين الإسلامي، وهذا ليس بمستغرب، فهو راجع إلى وحدة الرسالات ومصدرها الواحد وهو الله جل وعلا، ولكن الغرابة في قولهم أن الرسول، صلى الله عليه وسلم، قد اتصل بعناصر يهودية ونصرانية، واستقى منها بعض المفاهيم والعقائد التي وضعها في القرآن[3].

فهذه عبارة عن تشكيك حاقد يحاولون به نسبه القرآن إلى الرسول،

---

(1) الاستشراق والمستشرقون، ص20.
(2) لمحات في الثقافة الإسلامية، ص200.
(3) ظاهرة انتشار الإسلام، ص94.

صلى الله عليه وسلم، وإثبات أن القرآن لم يأت بجديد بقدر ما هو إعادة للديانتين السابقتين، وهذا هذيان ولغط لا يحتاج إلى مناقشة، لأن ما يدعونه يتناقض مع الواقع، فإن الإسلام قد بين ضلالات وانحرافات اليهود والنصارى، وأنهما حرّفا كتابيهما ولم يستطيعوا أن يكذبوا ما قال القرآن، كما أن القرآن يتعارض مع المسيحية المحرفة في عقيدتها التي تدعو إلى التثليث وهو يدعو إلى الوحدانية المطلقة، ويتعارض مع اليهودية المحرفة في دعوتها العنصرية، فكيف إذن يكون القرآن تلفيقات من الديانتين وهو يتعارض معهما؟

يقول "كارل بروكلمان" في هذا الصدد: "وليس من شك في أن معرفته – أي النبي، صلى الله عليه وسلم – بمادة الكتاب المقدس كانت سطحية إلى أبعد الحدود، وحافلة بالأخطاء، وقد يكون مديناً ببعض هذه الأخطاء للأساطير اليهودية التي يحفل بها القصص التلمودي، ولكنه مدين بذلك ديناً أكبر للمعلمين المسيحيين الذين عرفوه بإنجيل الطفولة، وبحديث أهل الكهف السبعة، وحديث الإسكندر، وغيرها من الموضوعات التي تتوافر في كتيب التاريخ"[1].

والملاحظ كما يرى أحد الباحثين أن المستشرقين اليهود – أمثال جولد تسيهر وشاخب – هم أشد حرصاً على ادعاء استمداد الإسلام من اليهودية وتأثيراتها فيه، أما المستشرقون المسيحيون فيجرون وراءهم في هذه الدعوى، إذ ليس في المسيحية تشريع يستطيعون أن يزعموا تأثر الإسلام به وأخذه منه، وإنما فيه مبادئ أخلاقية زعموا أنها أثرت في الإسلام، ودخلت عليه منها، كأن المفروض في الديانات الإلهية أن تتعارض مبادءها الأخلاقية، وكأن الذي أوحى بدين هو غير الذي أوحى بدين آخر[2]، فتعالى الله عما يقولون علواً كبيراً.

---

(1) تاريخ الشعوب الإسلامية، ص39.
(2) الاستشراق والمستشرقون، ص21.

ومهما يكن من شيء فالأفكار التي تشيع في كتابة المستشرقين بوجه عام، تدور حول أفكار خاصة أهمها: أن محمداً (صلى الله عليه وسلم) تلميذ للكتابيين من اليهود والنصارى، وأن القرآن صورة تلمودية وصلت إلى محمد، صلى الله عليه وسلم، بطريقة ما، وأنه كان صدى لما انفعلت به نفس محمد، صلى الله عليه وسلم، من الأحداث التي واجهها.

والأساس الذي بنى عليه هذا الافتراض كما ذهب أحد الباحثين: هو ما في القرآن الكريم من حديث عن أنبياء بني إسرائيل وعن دعوة المسيح - عليه السلام - فقد دعا ذلك إلى التساؤل عن مصدر هذه المعلومات، ولأن هؤلاء الكتّاب لا يؤمنون بوحي السماء ذهبوا يتلسمون الأسباب، ويفترضون الافتراضات البعيدة، ثم دعا هذا الاعتقاد إلى توسيع أكثر، فذهبوا يعزون كل تعاليم الإسلام - سواء في ذلك عبادته أو قوانينه - إلى مصادر سابقة[1].

4. من الأهداف التي عمل المستشرقون عليها التشكيك في صحة الحديث النبوي الذي اعتمده علماؤنا المحققون، وذلك لما يمثله من دعامة متينة في صرح الشريعة الإسلامية، لكونه المصدر الثاني من مصادر التشريع، ويتذرع هؤلاء المستشرقون بما دخل على الحديث النبوي من وضع ودس متجاهلين تلك الجهود التي بذلها علماؤنا لتنقية الحديث الصحيح من غيره، استناداً إلى قواعد بالغة الدقة في التثبت والتحري، مما لم يعهدوه في ديانتهم في التأكد من صحة الكتب المقدسة عندهم[2].

والذي حملهم على هذا الادعاء ما رأوه في الحديث النبوي الذي اعتمده علماؤنا من ثروة فكرية وتشريعية مدهشة، وهم لا يعتقدون نبوة الرسول،

---

(1) صورة استشراقية، الكتاب الأول، ص33.

(2) الاستشراق والمستشرقون، ص32.

صلى الله عليه وسلم، فادعوا أن هذا لا يعقل أن يصدر كله عن النبي الأمي، بل هو عمل المسلمين خلال القرون الثلاثة الأولى، فالعقدة النفسية عندهم هي عدم تصديقهم نبوة النبي صلى الله عليه وسلم، هذا يؤكد مدى كرههم للإسلام ورسول الإسلام.

5. من الأهداف التي حرص الإستشراق على تحقيقها أيضاً التشكيك بقيمة الفقه الإسلامي الذاتية ذلك التشريع الذي لم يجتمع مثله لجميع الأمم في سائر العصور، فلم يجدوا بداً من الزعم بأن هذا الفقه العظيم مستمد من الفقه الروماني، وكذلك التشكيك في قدرة اللغة العربية على مسايرة التطور العلمي، لنظل عالة على مصطلحاتهم التي تشعرنا بفضلهم وسلطانهم الأدبي علينا، وتشكيكهم في غنى الأدب العربي، وإظهاره مجدباً فقيراً لنتجه إلى آدابهم، وذلك هو الاستعمار الأدبي الذي يبغونه مع الاستعمار العسكري الذي يرتكبونه[1].

كذلك حرص المستشرقون على تشكيك المسلمين بقيمة تراثهم الحضاري بدعوى أن المسلمين لم يكونوا سوى نقلة لتراث الإغريق وأن ما لديهم من حضارة هو ترديد للفلسفة الإغريقية، وقد تعصب لهذا الرأي "رينان" الفرنسي بادعائه أن العرب ساميين وليس لدى الساميين حضارة ووافقه على رأيه "كوزان" الذي بنا رأيه على التعصب الديني[2]. وكل ذلك كان يهدف إلى إضعاف ثقة المسلمين بتراثهم الفكري والحضاري، وبث روح الشكوك في كل ما بين أيديهم من قيم وعقيدة ومثل عليا، وذلك حتى يستثنى للاستعمار تشديد وطأته عليهم، ونشر ثقافته الدخيلة بينهم،

(1) المصدر السابق، ص22-23.
(2) الفلسفة الإسلامية بين الأصالة والتقليد، د. محمد حسن المهدي، ص40، 61، ط1: الصفا والمروى أسيوط 1997م.

فيكونوا عبيداً لها، يجرهم حبها إلى حبهم، أو إضعاف روح المقاومة في نفوسهم.

بهذا الروح بحث المستشرقون في كل ما يتصل بالإسلام والمسلمين، وقد أتاح لهم تشجيع حكوماتهم ووفرة المصادر بين أيديهم، وتفرغهم للدراسة، واختصاص كل واحد منهم بفن أو ناحية من نواحي ذلك الفن يفرغ له جهده في حياته كلها، ساعدهم ذلك كله على أن يصبغوا بحوثهم بصبغة علمية وأن يحيطوا بثروة من الكتب والنصوص ما لم يحط به كثير من علماء المسلمين الذين يعيشون في مجتمعات لا يجدون فيها متسعاً للتفرغ لما يتفرغ له أولئك المستشرقون[1].

وتبدو خطورة الاستشراق في آثاره الخطيرة التي يفرضها المستشرقون على مناهج التعليم والثقافة والفكر في العالم الإسلامي والواقع يقر أن الاستشراق لا يزال يصوب سهامه إلينا، فهو لم يترك وسيلة لنشر أبحاثه وبث آرائه إلا سلكها، لذلك لا زلنا بحاجة إلى مزيد من الجهد لرد كيد المستشرقين إلى نحورهم.

---

(1) السنة ومكانتها في التشريع الإسلامي، د. مصطفى السباعي، ص189، ط: المكتب الإسلامي، بيروت 1398هـ

المبحث السادس

الوسائل التي انتهجها المستشرقون لتحقيق أهدافهم

قلنا أن الاستشراق كان مطية الاستعمار الذلول، وكان هـدف الاستعمار الأسـاسي هـو الولـوج إلى أفئدة الشعوب العربية لتهيئتها لقبـول الوصايـة الاستعماريـة، وقـد اتجـه الاستشـراق لتحقيـق أهدافـه إلى استعمال كل الوسائل التي من شأنها النيل من الإسلام وأهله، فقد ألفوا الكتب، وألقوا المحاضرات والدروس، وبشروا بالمسيحية بين المسلمين، وجمعوا الأموال وأنشأوا الجمعيات وعقدوا المؤتمرات وأصدروا الصحف، بحيث لم يتركوا وسيلة لنشر أبحاثهم وبث آرائهم إلا سلكوها، وقد رصد المستشرقون لأهدافهم وأبحاثهم الأموال الطائلة ولم تبخل عليهم دولهم بتوفير الإمكانيات اللازمة، وقد تنوعت وسائلهم واختلفت باختلاف الأحوال والأزمان، ومن هذه الوسائل ما يأتي:

1. إرساليات التبشير إلى العالم الإسلامي لتـزاول أعمالاً إنسـانية في الظاهـر، كالمستشفيات والجمعيات والمدارس والملاجئ ودور الضيافة كجمعيات الشبان المسيحية وأشباهها[1] وإمدادها بمـا تحتاج إليـه من الخبراء المستشرقين الـذين يساهمون بخبرتهم في هـذا المجـال، فالاستشراق عبارة عـن هيئـة استشارية عليا تعمل على رسم الخطط وإظهـار الدراسـات التي يجـدها المبشرون وسيلة جاهزة للعمل بقوة ضد الإسلام، محاولين بذلك إيقاف توسعه، ولعله من العسير جداً الفصل بين الاستشراق والتبشير كما أن الاثنين يسيران بتوجه واحد، مستمد مـن الـدوائر الاستعماريـة والكنسـية، وكـذلك يتلقيان مواردهما المالية من مصدر واحد، ولذلك فلا غرابة أن يكون الاستشراق عوناً وسنداً للتبشيـر في إنجاح

---

(1) الاستشراق والمستشرقون، ص26.

مهمته[1].

2. عقد المؤتمرات وإصدار المجلات الخاصة ببحوثهم عن الإسلام وتاريخه ونظمه وبلاده وشعوبه، وما زالوا يعقدون هذه المؤتمرات منذ عام 1783م حتى الآن، وتقوم على تنظيم هذه المؤتمرات وإصدار هذه المجلات جمعيات استشراقية في عدد من البلاد الأوروبية، فقد أصدر المستشرقون ما يربو على ثلاثمائة مجلة كلها خاصة بالاستشراق، ففي فرنسا صدرت المجلات الآسيوية وفي إنجلترا صدرت مجلة الجمعية الملكية الآسيوية، وهناك مجلات كثيرة صدرت في بريطانيا والأقاليم الخاصة لحكمها كمجلة الجمعية الآسيوية للبنغال عام 1833م، وفي إسبانيا صدر عدد من المجلات الاستشراقية منها المجلة المسماة الأندلس وتصدر مرتين في السنة وفي النمسا صدرت مجلة استشراقية تسمى ينابيع الشرق عام 1809م، تبعتها المجلة المسماة الصحيفة الشرقية لفينا عام 1886م، كما عرفت روسيا القيصرية المجلات الاستشراقية ومن أقدمها مجلة العالم الإسلامي التي بدأت في الصدور عام 1913م، ومن هذه المجلات أيضاً المجلة التي أصدرها المستشرقون الألمان عام 1843م ومجلة الشرق الأوسط التي أصدرها المستشرقون الأمريكيون والتي تطبع الاستشراق بالطابع السياسي.

وأخطر المجلات المجلة التي أنشأها المستشرق والمبشر صمويل زويمر وتسمت باسم العالم الإسلامي وطابعها طابع استشراقي تنصيري سافر، بمعنى أنها تهتم بالاستشراق والتنصير وتشجيع الإرساليات التنصيرية البروتستانتية، وخاصة في دول العالم الإسلامي سوريا ولبنان ومصر ودول الخليج العربي، وهناك مجلات أخرى تعادل هذه المجلة في روحها العدائي

---

(1) ظاهرة انتشار الإسلام، ص97.

للإسلام والمسلمين لها صبغة كاثوليكية مثل مجلة العالم الإسلامي الفرنسية التي تأسست عام 1906م، والتي تتجه اتجاهاً تنصيرياً كاثوليكياً في بعض أقطار العالم الإسلامي[1].

3. تأليف الكتب في موضوعات مختلفة عن الإسلام واتجاهاته ورسوله وقرآنه وفي أكثرها كثير من التحريف المتعمد في نقل النصوص، وفي فهم الوقائع التاريخية والاستنتاج منها، ومن أخطر الأعمال التي قام بها المستشرقون وأصابها التحريف دائرة المعارف الإسلامية، التي شارك في تأليفها عدد من المستشرقين، والتي صدرت بعدة لغات حية، وفي هذه الدوائر التي حشد لها كبار المستشرقين وأشدهم عداء للإسلام، قد دس السم في الدسم وملئت بالأباطيل عن الإسلام وما يتعلق به، ومن المؤسف كما يقول الدكتور السباعي: أنها مرجع لكثير من المثقفين عندنا بحيث يعتبرونها حجة فيما تتكلم به، وهذا من مظاهر الجهل بالثقافة الإسلامية وعقدة النقص عند هؤلاء المثقفين[2].

وتكمن خطورة هذه الدائرة كما يرى أحد الباحثين في سعة انتشارها وترجمتها إلى اللغات الحية العالمية واختصارها لتكون في متناول الجميع، وبخاصة اقتصارها على الدراسات الإسلامية التي تهمهم أكثر من غيرها، ثم أن تنوع موضوعاتها واستيعاب الثقافة العربية الإسلامية عند المختصين ممن لهم دراية وعلم بها يزيدون من خطورتها في تزييف الحقائق الإسلامية...ومن

---

(1) الاستشراق والمستشرقون، ص28-30، وقارن: الفكر الإسلامي الحديث وصلته بالاستعمار الغربي، د. محمد البهي ص435، وقارن: الغزو الفكري الاستشراقي، د. محمد عبد الصبور هلال، ص48-49، ط1: دار الطباعة المحمدية، 1991م، وقارن: الغزو الفكري أبعاده ومواجهته، د. عبد العزيز تمام، ص23-42.
(2) الاستشراق والمستشرقون، ص28.

الأخطاء المنهجية التي اشتملت عليها هذه الموسوعة تأثرها أو منهجها التأثري حيث يغلب على معظم موادها المنهج التأثري المنطلق من رواسب تنصيرية كنسية أو من خلفيات علمانية، أو من رواسب يهودية، وهذه في معظمها يستخدمها الفكر السياسي الاستعماري لمصالحه القومية.

كذلك مصدرية هذه الموسوعة حيث إن معظم الموضوعات المعالجة تستند إلى دراسات استشراقية ومعاجم أجنبية، وقلما تذكر المصادر العربية والإسلامية، ولا تبدو في هذه المتابعة المصدرية ثقة اللاحق بالسابق، بقدر ما يبدو منها إتمام حلقات السلسلة الفكرية المغرضة بإقناع المثقف المسلم وغيره بشبهات المتقدمين من المستشرقين والمتأخرين منهم [1].

4. إلقاء المحاضرات في الجامعات والجمعيات العلمية ومحاولة توثيق علاقاتهم بالجامعات العربية، ومن المؤسف أن أشدهم خطراً وعداء للإسلام كانوا يستدعون إلى الجامعات العربية والإسلامية في القاهرة ودمشق وبغداد والرباط [2]. وغيرها ليتحدثوا عن الإسلام في ديار الإسلام بروح بعيدة عن هذا الدين الحنيف.

وهذا من تقلبات الدهر وعجائب أمره كما يقول أحد علمائنا لقد مر على المسيحيين في أوروبا حين من الدهر كانوا يشدون فيه الرحال إلى الأندلس ليتعلموا كتابهم المقدس من علماء المسلمين، أما الآن فقد انقلب الأمر رأساً على عقب حيث أصبح المسلمون – وأسفاه – يرجعون إلى أهل الغرب يسألونهم: ما هو الإسلام، وما هو تاريخه، وما هي حضارته؟ ليس هذا فقط، بل قد أصبحوا يتعلمون اللغة العربية منهم، ويستوردونهم لتدريس التاريخ

(1) في الغزو الفكري، المفهوم، الوسائل، المحاولات، أ. نذير حمدان، ط: السعودية – الطائف.
(2) الاستشراق والمستشرقون ص26.

الإسلامي وكل ما يكتبونه عن الإسلام والمسلمين لا يجعلونه مادة للدراسة في كلياتهم وجامعاتهم فقط، ولكن يؤمنون به إيماناً راسخاً مع أنهم قوم لا يسمحون لأحد إذا لم يكن من أتباع دينهم بأن يتدخل فيما يتعلق بدينهم وتاريخهم ولا في أتفه الأمور[1].

5. نشر المقالات في الصحف المحلية للبلاد العربية والإسلامية وقد استطاعوا أن يستأجروا عدداً من هذه الصحف لنشر مقالاتهم والترويج لأفكارهم، وقد أعلن المبشرون أنهم استغلوا الصحافة المصرية على الأخص للتعبير عن الآراء المسيحية أكثر مما استطاعوا في أي بلد إسلامي آخر، لقد ظهرت مقالات كثيرة في عدد من الصحف المصرية، إما مأجورة في أكثر الأحيان أو بلا أجر في أحوال نادرة[2].

6. محاولة الوصول إلى المؤسسات العلمية الهامة في البلاد العربية والإسلامية، وذلك كتسلل البعض منهم ووصولهم إلى المجامع اللغوية في مصر، الذي كان من ضمن أعضائه المستشرق "جب" والمستشرق "ونيسلك" والمستشرق "ماسينيون" وكان أيضاً للمستشرقين نصيب بارز في عضوية المجمع العلمي العربي في دمشق، ومن أشهر من نال شرف هذه العضوية المستشرق الدانمركي "بيدرسون" والمستشرق الإيطالي "كينناني" والمستشرق الكولومبي "جيتهل".

ولقد تنبه بعض العلماء المسلمين إلى خطورة وجود مثل هؤلاء في

---

(1) الإسلام في مواجهة التحديات المعاصرة، أ. أبو الأعلى المودودي، ترجمة أحمد خليل أحمد الحامدي، ص271، ط: دار العلم - بيروت.

(2) التبشير والاستعمار في البلاد العربية، د. عمر فروخ ود. مصطفى الخالدي، ص108، ط: بيروت 1970م.

مجامعنا اللغوية والعلمية فآثروا الخصومات والزوابع التي أدت إلى تنبه باقي العلماء وبالتالي إلى طرد هؤلاء الدخلاء من عضوية هذه المجامع، ومن الأمثلة على ذلك تلك المناقشة التي أثارها الدكتور الطبيب "حسين الهواري" في المجمع اللغوي في مصر، والتي انتهت بخروج المستشرق "وينسلك" من عضوية المجمع[1].

7. قيام المؤسسات الدينية والسياسية والاقتصادية في الغرب - في العصر الحديث - بما كان يقوم به الملوك والأمراء في الماضي من الإغداق على المستشرقين، وحبس الأوقاف والمنح على من يعملون في حقل الاستشراق.

وقد اتجه المستشرقون والمبشرون بمعاونة الاستعمار إلى مجال التربية، محاولين غرس مبادئ التربية الغربية في نفوس المسلمين، حتى يشبوا مستغربين في حياتهم وتفكيرهم وحتى تخف في نفوسهم موازين القيم الإسلامية[2].

ولا شك أن الاستشراق كان ولا يزال يشكل الجذور الحقيقية التي تقدم المدد للتبشير والاستعمار والعمالة الثقافية، ويغذي عملية الصراع الفكري، ويشكل المناخ الملائم لغرض السيطرة الاستعمارية على الشرق الإسلامي، فالاستشراق هو المنجم والمصنع الفكري، الذي يمد المنصرين والمستعمرين، وأدوات الغزو الفكري بالمواد التي يسوقونها في العالم الإسلامي، لتحطيم عقيدته وتخريب عالم أفكاره، والقضاء على شخصيته الحضارية التاريخية.

---

(1) الفكر الإسلامي الحديث وصلته بالاستعمار الغربي، د. محمد البهي، ص492، ط: 8 مكتبة وهبة القاهرة 1975م، وقارن: المستشرقون والإسلام، د. حسين الهواري، ص710 وما بعدها، ط: مصر 1936م.

(2) الفكر الإسلامي الحديث وصلته بالاستعمار الغربي، ص476، مقارناً ذلك بمجلة الإسلام ص114، عدد مارس باكستان 1958م.

لقد تطورت الوسائل وتعددت طرق المواجهة الثقافية الحديثة ويكفي أن نشير إلى مراكز البحوث والدراسات سواء أكانت مستقلة أم أقساماً للدراسات الشرقية في الجامعات العلمية وما يوضع تحت تصرفها من الإمكانات المادية أو المبتكرات العلمية والاختصاصات الدراسية، لتمثل صور الأحداث في تطور الاستشراق حيث تمكن أصحاب القرار من الاطلاع والرصد لما يجري في العالم يومياً. ففي القارة الأمريكية وحدها حوالي عشرة آلاف مركز للبحوث والدراسات، القسم الكبير منها متخصص بشؤون العالم الإسلامي ووظيفة هذه المراكز: تتبع ورصد كل ما يجري في العالم، ومن ثم دراسته وتحليله مقارناً مع أصوله التراثية والتاريخية ومنابعه العقيدية، ثم مناقشة ذلك مع صانعي القرار لتبنى على أساسه الخطط وتوضع الاستراتيجيات الثقافية والسياسية وتحدد وسائل التنفيذ[1].

وبعد، فقد اتضح لنا من خلال ما تقدم أن الاستشراق اتخذ شتى الوسائل في تحقيق أغراضه للنيل من الإسلام والمسلمين وربط المسلمين بالغرب فكرياً، وإبعادهم عن دينهم وأخلاقهم وقيمهم والباحث في مؤسسات الاستشراق ووسائلها المختلفة يجد أنها استطاعت أن تؤثر في العقلية الإسلامية، فهذه دائرة المعارف الإسلامية تعد أكبر مصدر للمعلومات والحقائق الإسلامية، وأثمن ذخيرة لها، تعتبرها بعض البلاد الإسلامية اليوم أساساً للمعلومات الإسلامية، وتقوم بترجمتها إلى لغات بنصها وروحها[2].

ولقد نجحت العقلية الأوروبية الاستشراقية في فرض شكليتها وآلياتها على

(1) الاستشراق في ميزان نقد الفكر الإسلامي، ص57-58 نقلاً عن مقدمة كتاب الأمة، عمر عبيد حسنة، العدد 27، ص8، 9.

(2) الإسلام والمستشرقون، الشيخ أبو الحسن الندوي مقال في مجلة المنهل، السعودية ص26، عدد 471 لسنة 1409هـ

التحقيق والتقويم والنقد والسيطرة على مصادر التراث العربي الإسلامي.

وبجانب كل هذا فإن الاستشراق يذهب إلى محاولة إلغاء النسق الفكري الإسلامي، ومحاولة تشكيل العقل السليم وفق النسق الغربي الأوروبي، وإنجاب تلامذة من أبناء العالم الإسلامي لممارسة هذا الدور، والتقدم باتجاه الجامعات والمعاهد ومراكز الدراسات والإعلام والتربية في العالم الإسلامي، لجعل الفكر الغربي والنسق الغربي هو المنهج والمصدر.

ولا بد في النهاية أن نعترف بأن الاستشراق يستمد قوته من ضعفنا، ووجوده نفسه، مشروط بعجز العالم الإسلامي عن معرفة ذاته، فالاستشراق في حد ذاته كان دليل وصاية فكرية، ويوم أن يعي العالم الإسلامي ذاته وينهض من عجزه ويلقي عن كاهله أثقال التخلف الفكري والحضاري، يومها سيجد الاستشراق نفسه في أزمة وخاصة الاستشراق المشتغل بالإسلام، ويومها لن يجد الجمهور الذي يخاطبه لا في أوروبا ولا في العالم الإسلامي ولا يجوز لنا كما يقول الدكتور "زقزوق" أن ننتظر من غيرنا أن يساعدنا على النهوض من كبوتنا..لقد كانت التيارات الفكرية الأجنبية القديمة التي كانت تمثل تحدياً للإسلام والفكر الإسلامي الأصيل في عصور الإسلام الزاهرة كانت حافزاً للمسلمين في تلك الأيام الخوالي للوقوف أمامها بقوة وصلابة، وقد كانت المواجهة على مستوى التحدي بل تفوقه، فقد هضم الفكر الإسلامي تلك التيارات هضماً دقيقاً واستوعبها استيعاباً تاماً ثم كانت له معها وقفته الصلبة وبنفس الأسلحة الفكرية فالمواجهة إذن كانت مواجهة فكرية.

وكأن التاريخ الآن يعيد نفسه، فالحرب الآن بين الإسلام والتيارات المناوئة له حرب أفكار، والمعركة معركة فكرية، ولهذه المعركة أدواتها التي يجب التسلح بها، فالخسران في هذه المعركة أشد وطأة وأقوى تأثيراً وأعظم فتكاً من خسارة أي

معركة حربية أياً كان حجمها[1].

فإن لم نتصد للتيار الاستشراقي بكل قوة، فسوف نتعرض للانسلاخ والذوبان لا محالة، والمعركة بين الإسلام والاستشراق كما قلنا معركة فكرية جند لها المستشرقون كل المعاول التي تحاول أن تقهر المسلمين وتبعدهم عن دينهم، فمواجهة تحديات الاستشراق ضرورة لا بد منها إن كنا نريد الحفاظ على عقائدنا التي جاء بها الإسلام، فلم يسلم مجال من المجالات الإسلامية من التشويه المتعمد من الحاقدين، ومن المستشرقين ثم من تبعهم من تلاميذهم وأول هذه المجالات كتاب الله وسنة رسوله، صلى الله عليه وسلم، وثاني هذه المجالات لغة القرآن.

---

(1) الإسلام والغرب، د. زقزوق، ص32، 34، وقارن الاستشراق والخلقية الفكرية، ص127-128.

المبحث السابع

أصناف المستشرقين وفئاتهم

وبعد هذه النظرة السريعة عن تاريخ نشأة الاستشراق وتطوره، ودوافعه وأهدافه ووسائله، ننتقل إلى الحديث عن نقطة أخرى وهي: أصناف المستشرقين وفئاتهم، إذ أنهم ليسوا صنفاً واحداً، بل هم أصناف وفئات شتى، فهم طلاب الأساطير والغرائب الذين افتروا على الإسلام وأهله، واخترع خيالهم المريض حوله الأقاصيص الكاذبة، ومنهم المرتزقة الذين جندوا دراساتهم وبحوثهم في خدمة المصالح الغربية، الاقتصادية والسياسية والاستعمارية، ومنهم من تعرض لدراسة الإسلام باسم البحث العلمي النزيه، ولكنه انحرف عن جادة الصواب، فراح يلتمس نقاط الضعف في الإسلام، فأخذ يشكك في صحة الإسلام، وفي عقائده، وقرآنه، وسنة رسوله، صلى الله عليه وسلم، وفي لغة القرآن وقدرتها على التطور ومنهم من التزم في دراسته للإسلام الموضوعية والنزاهة العلمية، وأنصف الإسلام والمسلمين، وقد أدى الأمر ببعضهم إلى اعتناق الإسلام.

وبذلك يتضح لنا أن المستشرقين ليسوا فئة واحدة، وأنهم يتفانون في عقلياتهم ونفسياتهم واتجاهاتهم، فقلة من هؤلاء راحوا يبحثون عن الحقيقة، وهدتهم أبحاثهم الموضوعية إلى التعرف على مبادئ الدين الإسلامي المثالية، والاعتراف بما للحضارة الإسلامية من فضل على الإنسانية، ومن هؤلاء من اعتنق الدين الإسلامي، وأخلص له، ومن المستشرقين من اتسمت أبحاثه بالخبث والحقد على الإسلام والمسلمين، وكانت كتاباته كلها سهام مسمومة، ومنهم من تأثر بسياسة دولته التي ينتمي إليها، فأصبحت أبحاثه صورة لاتجاهاتها وأهدافها السياسية والاستعمارية

ومنهم ضعاف النفوس باعوا أقلامهم لساسة بلادهم أو للصهيونية العالمية[1].

وبذلك يمكن تصنيف المستشرقين في ضوء دوافعهم وبواعثهم وأهدافهم الاستشراقية إلى فئتين[2]:

الفئة الأولى: وهم الذين التزموا في دراستهم للتراث الإسلامي بالموضوعية والنزاهة العلمية، وهذا الصنف كما يقول الدكتور "السباعي[3]": قليل عدده جداً، وهم مع إخلاصهم في البحث والدراسة لا يسلمون من الأخطاء والاستنتاجات البعيدة عن الحق، إما لجهلهم بأساليب اللغة العربية، وإما لجهلهم بالأجواء الإسلامية التاريخية على حقيقتها، فيحبون أن يتصوروها كما يتصورون مجتمعاتهم، ناسين الفروق الطبيعية والنفسية والزمنية التي تفرق بين الأجواء التاريخية التي يدرسونها وبين الأجواء الحاضرة التي يعيشونها.

وهذه الفئة أسلم من غيرها في أهدافها، وأقلها خطراً إذ سرعان ما يرجعون إلى الحق حين يتبين لهم، ومنهم من يعيش بقلبه وفكره في جو البيئة التي يدرسها، فيأتي بنتائج تنطبق مع الحق والصدق والواقع، ولكنهم يلقون عنتاً من المستشرقين الآخرين المتعصبين، إذ سرعان ما يتهمونهم بالانحراف عن النهج العلمي، أو الانسياق وراء العاطفة، أو الرغبة في مجاملة المسلمين والتقرب إليهم، كما فعلوا مع "توماس أرنولد" حين أنصف المسلمين في كتابه العظيم "الدعوة إلى الإسلام" فقد برهن على تسامح المسلمين في جميع العصور مع مخالفيهم في الدين، على عكس مخالفيهم معهم.

هذا الكتاب الذي يعتبر من أدق وأوثق المراجع في تاريخ التسامح الديني في

---

(1) المستشرقون والتاريخ الإسلامي، ص64-121.

(2) إنتاج المستشرقين، مالك بن نبي، ص7، ط: القاهرة 1970م.

(3) الاستشراق والمستشرقون، ص24-25 وقارن: لمحات من الثقافة الإسلامية، ص206.

الإسلام يطعن فيه المستشرقون المتعصبون، وخاصة المبشرين منهم، بأن مؤلفه كان مندفعاً بعاطفة قوية من الحب والعطف على المسلمين، مع أنه لم يذكر فيه حادثة إلا أرجعها إلى مصدرها.

ومن هؤلاء من يؤدي بهم البحث الخالص لوجه الحق إلى اعتناق الإسلام والدفاع عنه في أوساط أقوامهم الغربيين، كما فعل المستشرق الفرنسي الفنان "دينيه" الذي عاش في الجزائر فأعجب بالإسلام وأعلن إسلامه وتسمى باسم "ناصر الدين" دينيه، وألف مع عالم جزائري كتاباً عن سيرة الرسول، صلى الله عليه وسلم، وله كتاب "أشعة خاصة بنور الإسلام، بين فيه تحامل قومه على الإسلام ورسوله.

ومن الذين هدتهم دراستهم للإسلام "اللورد هيدلي" الذي كان لإسلامه ضجة كبيرة نظراً لمركزه ولما يعلمه فيه عارفوه من نضج في التفكير وترو في الأمور... وكذلك العالم الفيلسوف الحكيم "رينيه جينو" الذي يدوي اسمه في أوروبا قاطبة وفي أمريكا، وقد كان إسلامه ثورة كبرى هزت ضمائر الكثيرين من ذوي البصائر الطاهرة فاقتدوا به، واعتنقوا الإسلام، وقد تسمى "رينيه" بعد إسلامه بالشيخ "عبد الواحد يحيى"[(1)].

على أنه ينبغي ألا ننسى طائفة كريمة أخرى من المستشرقين عرفت حقائق الإسلام، وأسلم بعضها وكتب عن الإسلام ما لم يكتبه أبناؤه، من أمثال: "محمد أسد"، "ليوبولد فايس"، وعبد الرشيد الأنصاري، روبرت ولزلي، وعبد الكريم جرمانوس والسيدة مريم الجميلة، مارجريت ماركوس، والكاتبة البريطانية إيفلين كويلد والدكتورة ستان داتيني الهولندية ومارشيلا مايكل أنجلو الإيطالية،...اللاتي أسلمن بعد بحث واقتناع، واعترفن بأن الإسلام دين الحق والفطرة، ومنهاج الحياة

---

(1) أوروبا والإسلام، عبد الحليم محمود، ص67-68، ط: دار المعارف بمصر، 1979م.

السوي⁽¹⁾.

وهؤلاء الصنف من المستشرقين فئة واحدة مهما تنوعت أجناسهم وأزمانهم، يقال عنهم جميعاً أنهم طلاب الحقيقة، سواء في ميدان العلم، أو في ميدان العقيدة الدينية، هؤلاء درسوا الإسلام دراسة عميقة، فأحبه البعض وناصره، وآمن به البعض الآخر، وأعلن إسلامه وصدق فيه.

ولقد كانت الحروب الصليبية كما يقول المغفور له الدكتور عبد الحليم محمود في كتابه (أوروبا والإسلام) سبباً من الأسباب الأولى التي جعلت الكثير من الأوروبيين يغيرون وجهة نظرهم فيما يتعلق بالشرق على العموم، وبالإسلام على الخصوص لقد رأى الغربيون صفات الشهامة والنبل والفروسية يتحلى بها أعداؤهم الشرقيون، ورأوا أن ديانتهم ليست على ما يصوره الاستعمار من الانحطاط والتخريف، وبدأ الغربيون يدرسون في شيء من التدبر والروية هذا الشرق الذي كان لا يثير في نفوسهم إلا ما رسمه رجال مغرضون من صور تبعث في النفس النفور، بل الاشمئزاز ثم كانت الرحلات الكثيرة والاتصال المستمر والصلات المباشرة الوثيقة من العوامل الفعّالة في إزالة الكثير من الأوهام التي علقت بأذهان الغربيين عن الشرق وعن الإسلام.

ولم يقف الأمر عند حد إزالة الأوهام، ولكن تيار – الذي نحن بصدد الحديث عنه – تفهم الإسلام جرى، حتى لقد أخذنا نسمع مدح الإسلام من كبار كتّاب أوروبا وفلاسفتها، وهؤلاء الكتاب المفكرون كما يقول الدكتور عبد الحليم محمود ينقسمون إلى فريقين: فريق أعلن اسمه في غير لبس ولا مراءاة، وجابه الرأي العام في بيئته بعقيدته ثم أخذ يدعو إليها مكرساً وقته وجهده لنشرها، وفريق أحب الإسلام ومدحه،

---

(1) مفتريات على الإسلام، أ. أحمد جمال الدين، ص13، ط: مصر وقارن: أساليب الغزو الفكري ص28-29.

ولا ندري ماذا أسر في نفسه؟ بيد أن اللورد هدلي يقول: إنني أعتقد أن هناك آلافاً من الرجال والنساء أيضاً مسلمون قلباً، ولكن خوف الانتقام والرغبة في الابتعاد عن التعب الناشئ عن التغيير تآمراً على منعهم من إظهار معتقداتهم[1].

الفئة الثانية: وتشمل المستشرقين الذين دفعهم الغيظ والحقد على الإسلام والمسلمين والرغبة في محاربة الإسلام، وتصيد المسالب المزعومة، واقتناص الحجج والمغالطات وتقديمها إلى المبشرين والمستعمرين ليجادلوا بها المسلمين في بلادهم، ويساعدوا المستعمر على تثبيت أقدامه في البلاد التي يقطنها مسلمون ومسيحيون، أو في بلاد ليست تتبع أي الديانتين فيكون الخوف على أهلها من الدخول في الإسلام[2].

وهذا الصنف كتب عن الإسلام بدافع الحقد والكراهية، مبتعداً بذلك عن المنهج العلمي، ومتأثراً في كل ما كتب بروح العداء التي زرعتها فيه الكنيسة، فكتاباتهم إذن عن الإسلام ينعدم أو يندر فيها الإخلاص والإنصاف.

وهؤلاء المستشرقون الذين اتصفوا بالإجحاف والجحود على جانب كبير من الدهاء والذكاء والمكر، فقد بذلوا جهوداً علمية كبيرة وتعمقوا في الدراسات العربية والإسلامية حتى يغروا أهل الشرق على قراءتها أو الاستفادة منها، ولم تكن كل كتاباتهم إساءات فهم أذكياء مهرة بل إنهم لم يسرفوا في إجحافهم فاقتصرت إساءاتهم على سطور قليلة متناثرة بين صفحات الكتاب العديدة، فكان كمن يضع السم في العسل، فأصبحت كتبهم كوباً من العسل الرائق اللون الحلو المذاق وفيه قطرات قليلة من السم كافية للقضاء على الحياة....وهؤلاء المستشرقون أيضاً لا يسوقون الاتهامات جزافاً فهم يعمدون إلى تقليب صفحات المصادر العربية القديمة للبحث فيها

---

(1) أوروبا والإسلام، ص51-52.

(2) نظرات استشراقية في الإسلام، د. محمد غلاب، ص9، ط: القاهرة دار الكتاب العربي.

عن الثغرات لينفذوا منها إلى أغراضهم المغرضة، أو ليتوصلوا إلى سطور قليلة يستندوا إليها في إساءاتهم واتهاماتهم، وقد يجدون مثل هذه السطور في بعض المصادر الضعيفة، أو القليلة الأهمية أو في بعض الروايات المشكوك في صحتها، ثم يقول المستشرق لقد شهد شاهد من أهلكم وقد يلجأ المستشرق إلى التأويل، فيحمل الروايات العربية ما لا تحتمله، ويلبس الحق ثوب الباطل، ويفسرها بما يتفق مع أغراضه وسوء نواياه، ويلجأ المستشرق إلى أساليب ملتوية ليقنع القارئ العربي والمسلم برأيه[1].

ومن أخطر هذه الفئة المموهة كما يقول الشيخ: زاهد الكوثري: جولد زيهر المجرى الدم اليهودي النحلة، العريق في عداء الإسلام، الماضي في هذا السبيل طول حياته، وهو من رجال أوائل القرن الميلادي الحاضر، وله دراسات في القرآن وعلومه، والحديث وعلومه، والفقه وأصوله، وفي الكلام وفرق المتكلمين إلا أنه محتال ماهر في توليد ما يشاء من نصوص يتصيدها من مصادر تعجبه باعتبار غايته، مغالطاً في تحميلها ما لا تحتمله من المعاني عند أهل البصيرة، ومتجاهلاً اختلاف منازل تلك المصادر في الثقة والتعويل، فلو شكلت لجنة علمية لفحص كتب هذا المجرى المنطوي على عداء بالغ للإسلام لوضح الصبح لكل ذي عينين، ولسهل الرد على الماكر المخادع[2].

إن هذا المستشرق من أعمدة المستشرقين ودهاتهم، ولا شك أنه قرأ كثير من الأصول والمصنفات الإسلامية، ولكنه منذ قرأ وكتب لم يحمل بين جنبيه إلا قلباً مترعاً بتكذيب الإسلام، فهو يدس إصبعه في كل شيء ليتخذ من أي شيء دليلاً على

---

(1) المستشرقون والتاريخ الإسلامي، ص132-133 بتصرف.

(2) من عبر التاريخ في الكيد للإسلام، الشيخ محمد زاهد الكوثري، ص20، ط: دار مرجان للطباعة القاهرة 1981م.

أن محمداً صلى الله عليه وسلم، كاذب وقرآنه مفتعل وسنته مختلقة، والإسلام كله مجموعة مفتريات.

ولا يعرف العقل ولا المنطق حداً لما يقوم به المستشرقون من تحريف للتاريخ الإسلامي، وتشويه لمبادئ الإسلام وثقافته، وإعطاء المعلومات الخاطئة عنه وعن أهله، وهم كذلك جاهدون بكل الوسائل لينتقصوا من الدور الذي أداه الإسلام في تاريخ الثقافة الإنسانية.

إن المستشرقين جميعاً كما يقول الشيخ محمد الغزالي: فيهم قدر مشترك من هذا الخصام المتجني، والتفاوت – إن وجد بينهم – إنما هو في الدرجة فقط، فبعضهم أكثر تعصباً ضد الإسلام وعداوة له من البعض الآخر، ولكن يصدق عليهم جميعاً أنهم أعداء[1].

نماذج من المستشرقين الخطرين المتعصبين ضد الإسلام وأهله:

هذا الفريق من المستشرقين يمكن أن نصنفه في مجموعتين:

الأولى: مستشرقين يهاجمون الإسلام هجوماً لا مواربة فيه، ولا خداع، فهم لا يلجئون إلى دس السم في العسل مثلما يفعل بعض المستشرقين وإنما يجعلون كتاباتهم عن الإسلام كلها سماً ويستبين المسلم بكل وضوح حقدهم وانحرافهم، ولذلك يمكن القول بأن هذا الصنف أخطر ضرراً على الإسلام من غيرهم، على الرغبة من أن كلامهم عنه يقطر سماً وينضح بالحقد، لظهور عداءهم وكيدهم للإسلام، وقد ظهر من هذا الصنف كثيرون.

الثانية: مستشرقون يتصفون بسعة الاطلاع والتعمق فيما يقومون به من دراسات، ولا يسئمون من الزعم بأنهم يتوخون الموضوعية في أقوالهم، وكتاباتهم، وهم

---

(1) دفاع عن العقيدة والشريعة ضد مطاعن المستشرقين، الشيخ محمد الغزالي، ص13، ط5: دار الفضيلة، القاهرة، 1988م.

لا يهاجمون الإسلام إلا من طرف خفي، وكثيراً ما ينطلي هذا الزعم على الآخرين، ولذا فإن هذه الفئة تعد من أخطر المستشرقين على الإطلاق بالنسبة لموقفها من الإسلام والمسلمين، وقد ظهر من هذا الصنف كثيرون أيضاً[1]. ونخص بالذكر في هذه العجالة من هؤلاء وأولئك ما يلي:

1. **أ. ج أدبري:** إنجليزي معروف بالتعصب ضد الإسلام والمسلمين، ومن محرري دائرة المعارف الإسلامية، ومن المؤسف أنه أستاذ الكثير من المصريين الذين تخرجوا في الدراسات الإسلامية واللغوية في إنجلترا، ومن كتبه: الإسلام اليوم صدر عام 1943م، ومقدمة لتاريخ التصوف، صدر عام 1947م، والتصوف صدر عام 1950م، وترجمة القرآن، صدر عام 1950م.

2. **الفردجوم:** إنجليزي معاصر، اشتهر بالتعصب ضد الإسلام، تغلب على كتبه وآرائه الروح التبشيرية، ومن كتبه "الإسلام" ومن المؤسف أنه تخرج عليه كثير ممن أرسلتهم الحكومة المصرية في بعثات رسمية للخارج لدراسة اللغات الشرقية.

3. **هـ.أ.ر.جب:** أكبر مستشرقي إنجلترا المعاصرين، كان عضواً بالمجمع اللغوي في مصر والآن أستاذ الدراسات الإسلامية والعربية في جامعة "هارفرد" الأمريكية من كبار محرري وناشري دائرة المعارف الإسلامية، له كتابات كثيرة فيها عمق وخطورة وهذا هو سر خطورته. ومن كتبه: طريق الإسلام، الاتجاهات الحديثة في الإسلام صدر عام 1947م، "والمذهب المحمدي والإسلام" و"المجتمع الغربي"، وله مقالات أخرى متفرقة.

4. **جولد تسيهر:** مجري، عرف بعدائه للإسلام وبخطورة كتاباته، ومن محرري دائرة المعارف الإسلامية، ولقد اشتهر بغزارة إنتاجه عن الإسلام حتى عد من

---

(1) أضواء على الاستشراق، د. محمد عبد الفتاح عليان، ص85، 97.

أخطر المستشرقين لكثرة إسهامه وتحقيقاته الحاقدة على الإسلام ورجاله، متأثراً في كل ذلك بيهوديته ومن أهم كتبه: العقيدة والشريعة في الإسلام نقله إلى العربية د. محمد يوسف موسى والأستاذ عبد العزيز عبد الحق، كما توجد له كتب أخرى، كالحديث في الإسلام، صدر عام 1909م، وكتاب مذاهب التفسير الإسلامي، وأخوان الصفا 1910م، والمعتزلة والمترادفات العربية عام 1918م، والمجلة الآسيوية البريطانية 1912م، ودراسات عن النبي، صلى الله عليه وسلم، وقد علق الشيخ محمد الغزالي على كتابه العقيدة والشريعة في الإسلام بقوله: والحق أن الكتاب من شر ما ألف عن الإسلام، وأسوء ما وجه إليه من طعنات[1].

5. **س.م.زويمر:** مستشرق مبشر، اشتهر بعدائه الشديد للإسلام، مؤسس مجلة العالم الإسلامي الأمريكية التبشيرية، ومؤلف كتاب الإسلام تحد لعقيدة صدر عام 1908م، وناشر كتاب "الإسلام" وهو مجموعة مقالات قدمت للمؤتمر التبشيري الثاني في سنة 1911م في الهند، وتقديراً لجهوده التبشيرية أنشأ الأمريكيون وقفاً باسمه على دراسة اللاهوت وإعداد المبشرين[2].

6. **مرجليوت 1858-1940م:** هو إنجليزي متعصب ضد الإسلام، عين أستاذ اللغة العربية في جامعة أكسفورد ثم ترأس تحرير مجلة الجمعية الملكية الآسيوية ونشر فيها بحوثاً كثيرة، ولقد انتخب عضواً في المجمع العلمي بدمشق والمجمع اللغوي البريطاني والجمعية الشرقية الألمانية، كما كان عضواً في

---

(1) دفاع عن العقيدة والشريعة ص9.

(2) راجع في ذلك: الفكر الإسلامي الحديث، البهي، ص489-490، وقارن الاستشراق والمستشرقون، د. السباعي، ص30-31 وأيضاً المستشرقون، للعقيقي، 518/2، 520، وأضواء على الاستشراق، ص86 وما بعدها.

المجمع اللغوي المصري، ويعد من محرري دائرة المعارف الإسلامية ومن كتبه: محمد ومطلع الإسلام، 1904م، والجامعة الإسلامية 1912م، والعلاقات بين العرب واليهود وكتاب أصول الشعر الجاهلي الذي زعم فيه أن هذا الشعر موضوع بعد ظهور الإسلام، ولقد تأثر به الدكتور طه حسين في كتابه الشعر الجاهلي الأمر الذي جعل الكثير من الباحثين يردون عليه وعلى أستاذه مرجليوت افتراءاتهما ويفندون مزاعمها، ومن هؤلاء الذين قاموا بالرد على سبيل المثال الأمير شكيب أرسلان ومحي الدين الخطيب وأنور الجندي.

ومن أعجب ما نسبه مرجليوت إلى النبي، صلى الله عليه وسلم، أنه عرف خدع الحواة، وحيل الروحانيين ومارسها في دقة ولباقة، وقد كان يعقد في دار الأرقم بن أبي الأرقم جلسات روحانية وكان المحيطون به يؤلفون جمعية سرية أشبه بالماسونية ومن أقذع ما وجهه من تهم إلى النبي، صلى الله عليه وسلم، قوله: إن النبي عاش السنين الست بعد هجرته إلى المدينة على التلصص والسلب والنهب...الخ[1].

7. **عزيز عطية سوريال:** مصري مسيحي، كان أستاذاً بجامعة الإسكندرية، شديد الحقد على الإسلام والمسلمين، وكثير التحريف للتعاليم الدينية الإسلامية، يستعين على الحقد والتحريف بكونه بعيداً عن مصدر الإسلام، له بعض الكتب عن الحروب الصليبية.

8. **غ. فون جرونباوم:** من أصل ألماني يهودي، مستودر إلى أمريكا للتدريس بجامعاتها وكان أستاذاً بجامعة شيكاغو، من ألد أعداء الإسلام، في جميع كتاباته تخبط واعتداء على القيم الإسلامية والمسلمين، كثير الكتابة وله معجبون من المستشرقين، ومن كتبه: إسلام العصور الوسطى، صدر عام 1946م، والأعياد

---

(1) أضواء على الاستشراق، د. عليان، ص86 وما بعدها.

المحمدية صدر في عام 1951م، ومحاولات في شرح الإسلام المعاصر صدر عام 1947م والوحدة والتنوع في الحضارة الإسلامية صدر عام 1955م.

9. **فيليب حتى**: لبناني مسيحي تأمرك، كان أستاذاً بقسم الدراسات الشرقية بجامعة برنستون بأمريكا، ثم رئيساً لهذا القسم، وهو من ألد أعداء الإسلام، ويتظاهر بالدفاع عن القضايا العربية في أمريكا، وهو مستشار غير رسمي لوزارة الخارجية الأمريكية في شؤون الشرق الأوسط، يحاول دائماً أن ينتقص دور الإسلام في بناء الثقافة الإنسانية، ويكره أن ينسب للمسلمين أي فضل.

فقد كتب – على سبيل المثال – في دائرة المعارف الأمريكية طبع سنة 1948م تحت عنوان الأدب العربي ص129 يقول: ولم تبدأ إمارات الحياة الأدبية الجديدة بالظهور إلا في القسم الأخير من القرن التاسع عشر، وكان الكثرة من قادة هذه الحركة الجديدة نصارى من لبنان تعلموا واستوحوا من يهود المبشرين الأمريكيين.

ومحاولات فيليب انتقاص فضل الإسلام والمسلمين ليست فقط قاصرة على العصر الحديث، ولكنها تنطبق على جميع مراحل التاريخ الإسلامي، كما هو موضح في كتبه التي نذكر منها: تاريخ العرب وهو مليء بالطعن في الإسلام والسخرية من نبيه، وكله حقد وسم وكراهية، وتاريخ سوريا وأصل الدروز وديانتهم صدر عام 1928م[1].

10. **بندلي جوزي**: يهودي ماركسي، من رواد التفسير المادي للتاريخ الإسلامي، ألف بالقدس عام 1938م كتاباً بعنوان: من تاريخ الحركات الفكرية في الإسلام، يمكن اعتباره أحد المصادر الأساسية للمدرسة المادية في فلسفة

---

(1) الفكر الإسلامي الحديث وصلته بالاستعمار الغربي، ص490-492 وقارن: الاستشراق والمستشرقين، ص32-34 وقارن: التبشير والاستعمار في البلاد العربية، ص222.

أحداث التاريخ الإسلامي، ويحوي الكتاب الكثير من المغالطات والاستنتاجات الخاطئة، لأن مؤلفه بناها على معلومات كثيرة من نسج خياله دون أن يستند في ذكرها إلى أي مصدر من المصادر.

وقد حاول هذا المستشرق اليهودي الماركسي أن يدلل على أن الإسلام ليس ديناً سماوياً، وإنما هو مجرد ثورة اجتماعية قادها أحد المصلحين، وهو النبي صلى الله عليه وسلم، الذي كثيراً ما يشير إليه باسم "المصلح العربي" ولا عجب كما يقول الدكتور عليان: فقد نقل بندلي في الفصل الأول من كتابه تاريخ الحركات الفكرية في الإسلام آراء بعض المستشرقين من أمثال لامانس وكايتاني القائلة بأن الإسلام لم يكن حركة دينية إذ لم يكن فيه دينياً إلا الظاهر، أما الجوهر فإنه كان سياسياً واقتصادياً، وأن من فضل مؤسس الإسلام ومظاهر عبقريته: أنه أدرك مصدر الحركة الاقتصادية والاجتماعية التي ظهرت أيامه بمكة، وعرف كيف يستفيد منها ويسخرها لأغراضه دينية كانت أم اجتماعية.

ولا شك أن كلام بندلي جوز يعد أسوأ نموذج للانحراف العلمي الموضوعي من جانب مستشرق من المستشرقين، لأنه كان يؤمن بفكرة مسبقة هي "المادية التاريخية" فحاول تطبيقها على الدعوة الإسلامية، مستدلاً على ذلك بمعلومات بعضها من نسج خياله، ومتعسفاً في تأويل البعض الآخر، وقد انتهى به المطاف إلى القول بأن الدعوة الإسلامية قد تولدت من النظام الاقتصادي القائم في قريش، وأنها كانت نتيجة للصراع الطبقي الذي نشب بين أهل مكة، وأن هؤلاء دخلوا في الإسلام ليس عن اقتناع به، وإنما حفاظاً على مصالحهم المادية، وخوفاً من أصحاب السلطة الجدد الممثلين في النبي، صلى الله عليه وسلم، وصحبه.

وقد نسي بندلي أو تناسى أن كثيراً من أغنياء مكة دخلوا في الإسلام، بمجرد ظهوره، مثل أبي

بكر الصديق وعثمان بن عفان، وعبد الرحمن بن عوف، وطلحة بن عبد الله، وعمر بن الخطاب

(رضي الله عنهم) ....وغيرهم كثير، ولم يكن ذلك حرصاً منهم على مصلحة مادية أو خوفاً من ذي

سلطان، لأن الثابت أن هذا النفر من المسلمين الأوائل ضحوا بأموالهم وتحملوا الأذى من قبل أعداء

الدعوة الإسلامية الذين كانوا أصحاب السلطان في مكة وقتذاك[1].

11. أ.ج. فينسينك: هولندي، عدو لدود للإسلام ونبيه، كان عضواً بالمجمع اللغوي المصري، ثم أخرج منه

على أثر أزمة أثارها الدكتور "حسين الهواري" مؤلف كتاب: المستشرقون والإسلام وحدث ذلك بعد أن

نشر فينسينك رأيه في القرآن والرسول، صلى الله عليه وسلم، مدعياً أن الرسول ألف القرآن من

خلاصة الكتب الدينية والفلسفية التي سبقته[2].

ومن كتبه "محمد واليهود في المدينة" عام 1908م، وهي رسالته في الدكتوراه،

و"الإسرائيليات في الإسلام" عام 1913م، و"قيمة الحديث في الدراسات الإسلامية"، عام 1921م،

و"محمد والنبوة" عام 1924م، و"الخمر في الإسلام" عام 1928م، و"الشمس في تقاليد الساميين"

عام 1928م، و"الصوفية الشرقية في الآداب السريانية" عام 1930 و"العقيدة الإسلامية وتطورها

التاريخي" عام 1932م، و"الأثر اليهودي في أصل الشعائر الإسلامية" عام 1954م[3]، وغير ذلك

من مؤلفات طابع الكثير منها الدس والافتراء على

---

(1) أضواء على الاستشراق، ص90 وما بعدها.

(2) الاستشراق والمستشرقون، ص34-35 وقارن: الفكر الإسلامي الحديث، ص492.

(3) الغزو الفكري الاستشراقي، ص76.

العقيدة الإسلامية والرسول صلى الله عليه وسلم.

12. **لوي ماسينيون:** أكبر مستشرقي فرنسا المعاصرين، ومستشار وزارة المستعمرات الفرنسية في شؤون شمال إفريقيا، والراعي الروحي للجمعيات التبشيرية الفرنسية في مصر، زار العالم الإسلامي أكثر من مرة وخدم بالجيش الفرنسي خمس سنوات في الحرب العالمية الأولى، كان عضواً بالمجمع اللغوي المصري، والمجمع العلمي العربي في دمشق، متخصص في الفلسفة والتصوف الإسلامي، ومن كتبه: الحلاج الصوفي الشهيد في الإسلام صدر عام 1922م، وله كتب وأبحاث أخرى عن الفلسفة والتصوف وهو من كبار محرري دائرة المعارف الإسلامية.

13. **د.ب. ماكدونالد:** أمريكي من أشد المتعصبين ضد الإسلام والمسلمين، يصدر في كتاباته عن روح تبشيرية متأصلة من كبار محرري دائرة المعارف الإسلامية، ومن كتبه: "تطور علم الكلام والفقه والنظريات الدستورية في الإسلام" صدر عام 1903م، و"الموقف الديني والحياة في الإسلام" صدر عام 1908م.

14. **مجيد قدوري:** مسيحي عراقي، رئيس قسم دراسات الشرق الأوسط بجامعة حيون هوبكنز في واشنطن، ومدير معهد الشرق الأوسط للأبحاث والتربية بواشنطن، متعصب حقود على الإسلام وأبنائه، ومن كتبه المشحونة بالطعون والأخطاء: الحرب والسلام في الإسلام صدر عام 1955م.

15. **هنري لامنس اليسوعي:** فرنسي 1872-1937م، تخرج من جامعة القديس يوسف في بيروت أعرق جامعة تبشيرية من محرري دائرة المعارف الإسلامية، شديد التعصب ضد الإسلام مفرط في عدائه وافتراءاته لدرجة أقلقت

بعض المستشرقين أنفسهم، ومن كتبه: "الإسلام" و"الطائف" و"تاريخ سوريا"[1].

هذه إطلالة سريعة، ألقينا فيها الضوء على بعض نماذج من المستشرقين الخطرين في كتاباتهم ودراساتهم عن الإسلام، التي تطفح حقداً وكرها للإسلام وأهله، وغير هؤلاء كثير ممن حفت بهم كتب الفكر الإسلامي، أمثال: كنت كراج ومايلز جرين ونيكولسون وهارفلي هول ويوسف شاخبو وإدوارد فرمان وأرنولد توبيني وبروفتال وبيكر ورينه ودي بور وكوزان وجوتهيل وتودري تولدكه وغيرهم كثير[2].

نماذج من تلاميذ المستشرقين:

كان الاستشراق وراء كل شبهة أو دعوة خطيرة أحدثت تحولاً في المجتمع الإسلامي في العصر الحديث، فقد كان المستشرقون يلقون الشبهة أو الدعوة ثم يتبعهم الكتاب والمفكرون الذين يكتبون باللغة العربية من أهل التبعية والتغريب والشعوبية. وتبدو خطورة الاستشراق في آثاره الخطيرة التي يفرضها المستشرقون على مناهج التعليم والثقافة والفكر في العالم الإسلامي، وقد حرص المستشرقون على كسب الأنصار واستخدام الأتباع لترديد مفترياتهم على الإسلام وافتعال معارك حول عقائده وآدابه ومختلف أحكامه لتعميق المفاهيم التي يريدون فرضها وترسيخها في الأذهان وتوسيع دائرة الانتفاع بها.

لقد حاول الاستشراق بوسائله المتعددة ضم فئة من المثقفين العرب والمسلمين إلى جانبه تدين له بالولاء، وتسير في ركبة أينما حل، كما حاول تدريبها

---

(1) الاستشراق والمستشرقون، ص35-38، وقارن: أخطار الغزو الفكري على العالم الإسلامي، بحوث حول العقائد الوافدة، د. صابر طعيمة، ص86، ط: عالم الكتب 1984م.

(2) الفكر الإسلامي الحديث، ص477 وما بعدها، وقارن: مفتريات على الإسلام، ص36 وما بعدها.

على إنكار المقومات التاريخية والثقافية والروحية في ماضي هذه الأمـة، ثـم الاسـتخفاف والتنديـد بهـا، وقـد سارت هذه الفئة من الناس على منهج المستشرقين في صياغة هـذا الاسـتخفاف والإنكـار والتنديـد، وقدمتـه للعامة في صورة البحث العلمي، وعلى أساس من أسلوب الجدل والنقاش في الكتابـة، أو الإلقـاء عـن طريـق المحاضرة أو الإذاعة أو الصحافة أو التلفاز[1].

ولقد كان "طه حسين" في مقدمة الذين أعلنوا الإعجاب والتقدير لمناهج المستشرقين، ويعتبر حامل لواء الدفاع عنهم وعن أهوائهم، وكثيراً ما يقول: إن هذه الحقيقة أو تلك في تاريخ المسلمين أو فكـرهم مـما لا يرضي بها الاستشراق، وهذا أسلوب لا يقوم عليه إلا واحد من أهـل التبعيـة، حتـى قـال بعضـهم: إن طـه حسين ليس إلا مستشرقاً من أصل عربي، وقد كانت أمانته للفكر الغـربي ولمـذاهب الاستشراق تفـوق أمانـة المستشرقين أنفسهم وهكذا كان متابعاً لهم، مقتنعاً بما يقولون إلى أبعد حدود الاقتناع، حتى في تلك المسائل الخطيرة كقولهم ببشرية القرآن، وكانت كتاباته تـوحي بلـك، وإن لم يعلنـه جهـاراً بعـد أن صـودر كتابـه "في الشعر الجاهلي"[2].

وأعجب ما في طه حسين ولاؤه الشديد لانطواء المسلمين تحـت لـواء الغـرب، وانصـهار الإسـلام في بوتقة الأممية والمسيحية واليهودية والغرب جميعاً، فهو لا يرى للعرب والمسلمين سبيلاً، للنهضـة إلا في هـذا الانصهار، وهذا الاحتواء والذوبان، وقد صرح بذلك في كتبه، وخاصة ما أورده في كتاب "مسـتقبل الثقافـة في مصر" حيث يقول: إن سبيل النهضة والرقي واضحة بينة مستقيمة ليس فيها عـود ولا التـواء، وهـي واحـدة فذة ليس لها تعدد، وهي أن نسبر سيرة الأوروبيين ونسلك طريقهم لنكون لهم أنداداً ونكون لهـم شركـاء في الحضارة خيرها وشرها، حلوها ومرها،

(1) أضواء على الاستشراق والمستشرقين، ص147.

(2) أساليب الغزو الفكري الإسلامي، ص23.

ما يحب منها وما يكره، وما يحمد وما يعاب، ومن زعم لنا غير ذلك فهو خادع أو مخدوع[1].

بهذا كشف "طه حسين" عن هويته وهي الرغبة المحضة في تبعيته للغرب، وطلب أن تكون ثقافة المستقبل في مصر ثقافة أوروبية خالصة متوجة بالحضارة الفرعونية، لا عربية ولا إسلامية، بل ويأمل أن تكون كل شعوب الشرق كذلك، حيث أنه يريد أن يكون الاتجاه العام لكل هذه الشعوب اتجاهاً أوروبياً خالصاً[2].

ويظهر اتجاه طه حسين في حرصه على نشرـ الكتب التي تثير الشبهات، وفي مقدمتها "رسائل إخوان الصفاء" وتجديد طبع ألف ليلة وليلة وعنايته بدراسة سير المجان من الشعراء في كتابه حديث الأربعاء وقد خرج من دراستهم بشبهة مسمومة هي قوله: إن القرن الثاني للهجرة كان عصرـ شك ومجون وقد اعتمد في بحثه على مصادر أساتذته من المستشرقين اليهود، وعلى أنساب الأشراف الذي طبع في الجامعة العبرية في القدس، وجاري مستشرقي اليهود في إنكار شخصية عبدالله بن سبأ، ابن السوداء، وفي الشك بوجود إبراهيم وإسماعيل، وأعلن أنه يشك في وجودهما بالرغم من الإشارة إليهما في التوراة والقرآن[3].

وقد بين الشيخ محمد الغزالي ما نقله طه حسين عن المستشرق مرجليوت مستنكراً عليه ما ذهب إليه من ترديد كلام هذا المستشرق، فهو يقول: وليس المضحك أن يتورط مستشرق - وهو يعني بذلك مرجليوت صاحب هذه القرية - في هذه الغفلة الشائنة، وإنما المضحك أن يجئ الدكتور طه حسين فيتبنى هذا الضلال،

---

(1) التيارات الفكرية المعاصرة وخطرها على الإسلام، د. محمد حسن المهدي، ص278، وقارن كتاب مستقبل الثقافة للدكتور طه حسين، ص41، ط: القاهرة.
(2) الاستشراق والمستشرقون، وجهة نظر، د. عدنان محمد، ص79.
(3) الإسلام في وجه التغريب، أ. أنور الجندي، ص363.

ويخرجه في كتاب ألفه عن الشعر الجاهلي بعد أن يخيل للناس أن هذا الكفر هو نتاج عقله الخاص، وليس نقلاً أعمى عن مستشرق موتور،... وعنده أن اليهود الذين استوطنوا بلاد العرب اخترعوها، وهو يرى في اختراعاتهم لها نوعاً من الحيلة في إثبات الصلة بين اليهود والعرب، وبين الإسلام واليهودية، وبين القرآن والتوراة[1].

ومهما يكن من أمر، فإن خيال الدكتور طه حسين دفعه إلى الانسياق وراء تقليد أعمى لهذا المستشرق، بحيث أنكر النصوص الدينية التي وردت في القرآن الكريم ولم تغفلها التوراة.

وقد حاول الدكتور طه حسين أن يقنع الناس بأن القرآن انطباع للحياة القائمة في وقت ظهور النبي، صلى الله عليه وسلم، وهو يمثل البيئة العربية وحدها في عقيدتها ولغتها وعاداتها واتجاهاتها في الحياة، يقول طه حسين في توضيح هذا المعنى، وليس من اليسير، بل ليس من الممكن أن نصدق أن القرآن كان جديداً كله على العرب، فلو كان كذلك لما فهموه ولما وعوه، ولا آمن به بعضهم، ولا ناهضه وجادل فيه بعضهم الآخر، وفي القرآن رد على الوثنيين فيما كانوا يعتقدون من وثنية وفيه رد على اليهود، وفيه رد على النصارى، وفيه رد على الصابئة المجوس، وهو لا يرد على يهود فلسطين، ولا على نصارى الروم، ومجوس الفرس وصابئة الجزيرة وحدهم، وإنما يرد على فرق من العرب كانت تمثلهم في البلاد العربية نفسها، ولولا ذلك لما كانت له قيمة ولا خطر، ولما حفل به أحد من أولئك الذين عارضوه وأيدوه، وضحوا في سبيل تأييده ومعارضته بالأموال والحياة[2].

وإذن فالإسلام كما يفهم من كلام الدكتور طه حسين، دين محلي لا إنساني عالمي، وقيمته وخطره في هذه المحلية وحدها، قال به صاحبه متأثراً بحياته التي

(1) دفاع عن العقيدة، والشريعة، ص38.
(2) في الأدب الجاهلي، د. طه حسين، ص80، ط: دار المعارف.

عاشها، ولذلك يعبر تعبيراً صادقاً عن هذه الحياة أما أنه يمثل غير الحياة العربية أو يرسم هـدفاً عاماً للإنسانية في ذاتها، فليس ذلك بحق أنه دين وليس وحياً إلهياً، قاله صاحبه لقوم معينين، ولـذلك تجاوبوا معه أو قاموا ضده، ولو أن صاحبه قاله في جماعة أخرى لما حفل به أحد، لأن ما يقوله فيه لا يتصل عندئـذ بحياة الجماعة الأخرى من قليل أو كثير.

فالقرآن مؤلف، ومؤلفه نبيه محمد، صلى الـلـه عليه وسلم، ويمتاز تأليفه بأنه يمثل حيـاة العـرب المحدودة في شبه جزيرة العرب، في اتجاهات حياتها المختلفة، السياسـية والاقتصادية والدينيـة....، وما في القرآن من عقائد لا يمثل إلا عقائد تلك البيئة، فحديثه عن النصرانية أو اليهودية فإنما هـو خـاص بنصارى ويهود العرب دون نصرانية السريان أو فلسطين أو مصر أو روما، فمحليته هـي التـي أكسبته القيمة والخطر[1]، هكذا يذهب طه حسين في كتابه الأدب الجاهلي.

ويفترض طه حسين في كتابه بين العلم والدين حتمية الخصومة بين العلم والـدين، ويتحـدث عـن السبيل لإزالة هذه الخصومة فيقول: السبيل هو إقامة حكومة لا دينية تعتمد فكرة الوطنية، ذلك لأن فكرة الوطنية وما يتصل بها مـن المنافع الاقتصادية والسياسـية الخالصة قامـت الآن في تكوين الـدول وتثبيـت سياستها مقام فكرة الدين[2].

والذي يدعو إليه طه حسين وأنصاره عرض العلمانية باعتبارها حـلاً لقضية العلاقة بـين الـدين والعلم، والدعوة إلى إقامة الوطنية وشؤون الحكم على أساس مدني لا دخل فيه للـدين، أو بتعبـير آخـر، أن تصبح الفئة الحاكمة لا دينية[3].

(1) الفكر الإسلامي الحديث، ص212.
(2) الاتجاهات الوطنية في الأدب المعاصر، د. محمد حسين، 19/2، ط: القاهرة.
(3) التيارات الفكرية المعاصرة وخطرها على الإسلام، د. محمد المهدي، ص279.

إن طه حسين ومن على شاكلته من العلمانيين الذين يدعون أنه لا تقدم للعلم بغير فصله عن الدين، أنهم يعرفون ما تنطوي عليه هذه الدعوى من تضليل، وما تقوم عليه مـن خرافـة أنهـم يصـورون العلاقة بين الدين والعلم بمعركة ينبغي في نظرهم أن تنتهي بالقضاء على الدين، وهذا معتقد خاطئ، والذي يجب أن يعتقد اعتقاداً صحيحاً هو أن العلم يجب أن يحتل مكانته المقـدرة لـه باعتبـاره تابعـاً للعقيـدة وخادماً للدين[1].

ومثل طه حسين في هذه التبعية للمستشرقين والغربيين: سلامة موسى وحسين فـوزي وزكي نجيـب محمود ومحمود عزمي وعلي عبد الرزاق وغيرهم وقد لقحت مناهج المستشرقين في البحث والنقد العلمـي قرائح كثير من تلاميذ المستشرقين فنهجوا نهجهم وأخذوا طريقهم فيما حاولوا من دراسات، وخاصة في مجال الجامعة والثقافة والصحافة وحملوا نفس الروح التي يحملها أساتذتهم في خصومة الإسلام، وكانوا أشد قسوة على أهليهم من الغربيين[2].

---

(1) حقيقة العلمانية بين الخرافة والتخريب، د. يحيى هاشم فرغل، ص96، ط: دار الصابوني 1989م.
(2) الإسلام في وجه التغريب، أ. أنور الجندي، ص363، وقارن: أساليب الغزو الفكري، ص24.

المبحث الثامن

افتراءات المستشرقين حول الإسلام وأهم قضاياه

ويشتمل على تمهيد وسبعة مطالب:

المطلب الأول: ما أثير حول القرآن من شبهات.

المطلب الثاني: ما أثير حول السنة النبوية من شبهات.

المطلب الثالث: ما أثير حول الرسول صلى الـلـه عليه وسلم من شبهات

المطلب الرابع: ما أثير حول الشريعة الإسلامية من شبهات

المطلب الخامس: ما أثير حول مفهوم عالمية الإسلام من شبهات

المطلب السادس: ما أثير حول ظاهرة انتشار الإسلام من شبهات

المطلب السابع: ما أثير حول اللغة العربية والفلسفة الإسلامية من شبهات

تمهيد:

لا يعرف العقل ولا المنطق حداً لما يقوم به المستشرقون من تحريف للتاريخ الإسلامي، وتشويه لمبادئ الإسلام وثقافته، وإعطاء المعلومات الخاطئة عنه وعن أهله، وهم كذلك يجاهدون بكل الوسائل لينتقصوا من الدور الذي أداه الإسلام في تاريخ الثقافة الإنسانية.

لقد طعن المستشرقون في الإسلام بدون أي مبرر فيما ألفوا من الكتب، وأخذوا يكيلون الافتراءات عليه، وكأن الإسلام في نظرهم مجرم وضع في قفص الاتهام، والقاضي الذي يصدر حكمه ليس من الإنصاف والنزاهة بمكان، بل إن طابع التعصب والتحيز هو المسيطر، وحسبك من كانت هذه طبيعته وأخلاقه التي ربي عليها أن يصدر عنه حكماً نزيهاً بعيداً عن الهوى والتعصب.

ودراسة الغربيين للإسلام والثقافة الإسلامية، تتضح أيما وضوح، في كتابة المستشرقين الفرنسيين فكتابتهم لا تنبئ فحسب عن ميل لإضعاف المسلمين، بل تنم عن حقد على المسلمين، وعن سخرية وتهكم برسول الله، صلى الله عليه وسلم، وبرسالته الإلهية، لقد قام أساس الاستشراق على أن الإسلام من صنع محمد، صلى الله عليه وسلم، فالإسلام دين بشري، وعلى أن الرسول لفق فيه من المسيحية واليهودية، وأنه حرف في نقله تعاليم هاتين الديانتين، إما لأنه لم يستطع فهمهما كما يذكرون، وإما لأن نفسه لم ترتفع إلى مستوى عيسى حتى يتصوره على حقيقته، ولذلك أنكر محمد، صلى الله عليه وسلم، على عيسى، عليه السلام، أنه ابن الإله، وبالتالي أنكر التثليث، وتشبث بالتوحيد وببشرية الرسول.

نعم: قام الاستشراق على مثل هذا الأساس، ولكن المستشرقين يختلفون فيما بينهم في تصوير آرائهم، وفي تقرير شروحهم لمبادئ الإسلام، وأشدهم حدة وعاطفة وهوى جامحاً وحيدة عن أدب الكتابة، فضلاً عن البعد عن الأسلوب العلمي في

الدراسة والحكمة، مستشرقوا فرنسا، ومستشرقوا الكثلكة على العموم في أوروبا وأمريكا[1]. ولو فتشنا عن السبب لوجدناه في احتضان فرنسا للكثلكة وفي زعامتها للحملات الصليبية على الإسلام وبلاد المسلمين.

فهذا رينان الفرنسي: يصور عقيدة التوحيد في الإسلام بأنها عقيدة تؤدي إلى حيرة المسلم، كما تحط به كإنسان إلى أسفل الدرك[2]، على حين أن عقيدة التوحيد مزية الإسلام، وآية على أنه الرسالة الكاملة الواضحة لخالق الكون في كونه، كما أنها الطريق السليم والوحيد إلى رفع شأن الإنسان وتكريمه، لأن صاحب هذه العقيدة لا يخضع في حياته لغير الله، ولا يتوجه في طلب العون إلى غير الله تعالى.

والذي لا شك فيه أن استقراء ما كتبه المستشرقون في الإسلام وتراثه أمر بالغ الصعوبة، فهم لم يتركوا فرعاً من فروع العلوم الإسلامية، أو جزئية من جزئياتها إلا وأدلوا بدلوهم فيه، وتؤكد الدراسات الاستشراقية في مختلف دول العالم ما نذهب إليه وما دام الاستقراء لا سبيل إليه، فإنه لا مناص من تناول بعض القضايا الإسلامية التي أثار المستشرقون حولها الشبهات والافتراءات وهي تمثل منطلقات الغزو الفكري الاستشراقي بكل أبعاده وقضاياه.

المطلب الأول: ما أثير حول القرآن الكريم
من شبهات وافتراءات المستشرقين

بادئ ذي بدء نقول: إن القرآن العظيم، هو كلام رب العالمين، المنزل على رسوله الأمين، صلى الله عليه وسلم، المكتوب في المصاحف، المنطوق بالألسنة، المنقول إلينا تواتراً، المتعبد بتلاوته المتحدي بأقصرـ سورة منه.

---

(1) الفكر الإسلامي الحديث، ص61.
(2) السابق، ص49.

فالقرآن إذن كلام الحق تبارك وتعالى، وليس كلام البشر، وهو صفة قديمة من صفاته تعالى، متضمن لجميع معاني الكلام، محيط بما لا يتناهى من المعلومات وقولنا المعجز معناه هو الذي لا يستطيع البشر تقليده أو الإتيان بشيء يشبهه، خاصة أن الله تعالى تحدى به العرب أرباب الفصاحة والبلاغة ولو بسورة منه فما قدروا على الإتيان.

وقولنا: المنزل على رسوله، صلى الله عليه وسلم، معناه أن القرآن باعتبار أنه من الألفاظ الحقيقية المعجزة نزل به جبريل على الرسول، وأن هذه الألفاظ من الله تعالى لا دخل لجبريل ولا للنبي في إنشائها وترتيبها، فالله هو الذي أبرز ألفاظ القرآن، وكلماته مرتبة على وفق ترتيب كلماته النفسية لأجل التفهيم والتفهم[1].

وقد وصف الإمام الشاطبي القرآن العظيم أبلغ وصف فقال: هو كلية الشريعة، وعمدة الملة، وينبوع الحكمة، وآية الرسالة، ونور الأبصار والبصائر، وأنه لا طريق إلى الله سواه، ولا نجاة بغيره، ولا تمسك بشيء يخالفه[2].

هذا القرآن الذي هو حبل الله المتين، وصراطه المستقيم والذي من قال به صدق ومن حكم به عدل، الذي لا يأتيه الباطل من بين يديه ولا من خلفه، حيث تعهد الحق تعالى بحفظه إلى يوم أن يرث الأرض ومن عليها، هذا القرآن قد تناوله المستشرقون بحثاً ودراسة، وأوردوا عليه مطاعن عدة، حاولوا من خلالها التشكيك في صحة القرآن وقدسيته وصدوره عن الله تعالى، وإعجازه ومعرفته بالغيب ماضياً ومستقبلاً، وحاولوا إيراد مصادر عديدة له، كما حاولوا التشكيك، في صحة أسلوبه وعظمة بيانه، كل ذلك من أجل معارضته من أساسه، ونقض أحكامه والتدليل على

---

(1) مناهل العرفان في علوم القرآن، د. محمد عبد العظيم الزرقاني 48/1، ط: عيسى الحلبي، القاهرة.
(2) الموافقات، للإمام الشاطبي، 200/3، ط: السلفية القاهرة.

بشريته، والطعن في ظاهرة الوحي الإلهي.

إن الاستشراق كتب عن القرآن دراسات لا سبيل إلى حصرها وهذه الدراسات مظهر مـن مظاهر الاهتمام البالغ بكتاب اللـه، وهو اهتمام ليس مبعثه معرفة الحقيقة، ولكن تلمس أوجه التحامل والهجـوم على القرآن ووصفه بما لا يليق أن يوصف به.

لقد بذل الاستشراق جهداً كبيراً، وأنفق أموالاً كثيرة فيما سطر عن كتاب اللـه، وجاء مـا سـطره في مجمله لوناً من الأوهام والظنون والافتراء والتضليل، ومن عجب أنه يـزعم أن دراساته تخضع للموضوعية والدقة العلمية، وأنها لا تعرف الأهواء أو السطحية[1].

وما دام الاستشراق قد انطلق في دراساته القرآنيـة مـن مبـدأ الاعتقـاد ببشـرية القـرآن، فقـد راح يتلمس له مصدر آخر غير الوحي الإلهي، وتكاد كل الآراء التي صدرت عن المستشرقين في هذا ترجـع مصـدر القرآن إلى عاملين رئيسيين: أحدهما داخلي والآخر خارجي، ويراد بالعامل الداخلي البيئة الجغرافيـة والحيـاة الاجتماعية والدينية والثقافية للعرب، وأما العامل الخارجي للقرآن فيقصد به المستشرقون: الحكم والمـواعظ والمبادئ والأوامر والنواهي، والقصص الواردة في كتب التوراة والإنجيل والكتب السـماوية الأخـرى وأجهـدوا أنفسهم في تلمس الأحكام والقصص الواردة بها ومقابلتها بتلك المنصوص عليها في القرآن الكريم، واستخدموا في ذلك منهج المطابقة والمقابلة، الذي إن كان قد أسعفهم كثيراً في دراسة وبحـث النصـوص الإسلامية فإنـه خذلهم عند استخدامه في تلمس مصادر القرآن الكريم[2].

وفكرة بشرية القرآن كما يقول الدكتور البهي في إحدى صورتين الأولى: أنه

---

(1) الفكر الاستشراقي، ص86.
(2) الظاهرة الاستشراقية وأثرها على الدراسات الإسلامية ص324/2.

120

انطباع في نفس محمد، صلى اللـه عليه وسلم، نشأ عن تأثره ببيئته التي عاش فيها، بمكانها وزمانها، ومظاهر حياتها المادية والروحية والاجتماعية.

والصورة الثانية: أنه تعبير عن الحياة التي عاش فيها محمد صلى اللـه عليه وسلم، بما فيها المكان والزمان، وجوانب الحياة الاقتصادية والسياسية والدينية والاجتماعية، وإحدى الصورتين ملازمة للأخرى، فإذا كان القرآن انطباعاً منبثقاً من البيئة فهو يعبر عن ذات هذه البيئة، وبالعكس: إذا كان تعبير عن البيئة فقد انطبع أولاً بلا شك في نفس قائله قبل أن يعبر به وقبل أن يقوله، وكلتا الصورتين إذن تفصح عن أن القرآن عمل خاص بمحمد، صلى اللـه عليه وسلم، تأثر فيه كما تأثر الإنسان العادي وعبر به عن المعاني التي كانت في نفسه من بيئته كما يعبر الإنسان عن أية معاني تجول بنفسه قد تأثر بها من بيئته، وانطبعت في خاطره من ظروف الحياة التي تحيط به[1].

وقد آثر المستشرق الإنجليزي هاملتون جب الصورة الأولى فهو يرى أن جو مكة بما فيه من زعامة اقتصادية وسياسية ودينية ثم بما فيه من عيوب اجتماعية – كالرق والفوارق البعيدة المدى بين الطبقات – هو الذي أثر في نفس محمد، صلى اللـه عليه وسلم، ليكون صاحب ثورة، فالحياة المكية بما فيها من عوامل إيجابية وأخرى سلبية، قد تفاعلت في نفسه، وهو يرتبط في رسالته بهذه الحياة أيما ارتباط، بحيث لو كان رجلاً غير مكي لما صادق هذا النجاح، إنه يقول في ذلك: إن محمداً ككل شخصية مبدعة، قد تأثر بضرورات الظروف الخارجية عنه المحيطة به من جهة، ثم هو من جهة أخرى قد شق طريقاً جديداً بين الأفكار والعقائد السائدة من زمانه، والدائرة في المكان الذي نشأ فيه....وانطباع هذا النور الممتاز لمكة يمكن أن نقف على أثره واضحاً في كل أدوار حياة محمد، وبتعبير إنساني، إن محمداً نجح لأنه

---

(1) الفكر الإسلامي الحديث وصلته بالاستعمار الغربي، ص201.

كان واحداً من المكيين⁽¹⁾.

وما يقوله الاستشراق حول أثر البيئة في القرآن لون من التخرص والوهم الذي يمليه التعصب والجهل، فمن يتلو كتاب الله - دون أن يكون في تلاوته معصوب العقل بمعتقدات خاصة يسعى لانتصارها - يوقن بأن هذا الكتاب ليس من وحي البيئة، وإنما هو وحي من الخالق، وأن أية محاولة لنفي صفة الوحي الإلهي عن القرآن لا يمكن أن تكون علمية أو مبرأة من الهوى.

إن الاستشراق فيما زعمه من تأثر القرآن بالبيئة المكية، إنما يريد تأكيد دعواه بأن القرآن بشرى المصدر، وأنه لهذا، محلي المفاهيم والتعاليم فلا يصلح لغير البيئة التي انبثق عنها، وانعكست قيمها وظروفها على ما اشتمل عليه من أحكام وتشريعات، وهذا يعني أن دعوة محمد صلى الله عليه وسلم، ليست عالمية، وأن هذا القرآن ليس مهيمناً على الكتب السابقة، وقد ظن الاستشراق أن ما بين القرآن المكي والمدني من بعض التفاوت في الأسلوب والمضمون يؤكد زعمه بأثر البيئة، ودورها في تلوين الأسلوب القرآني، وهذا خطأ محض، لأن القرآن كله لا تفاوت بين مكيه ومدنيه، من حيث الإعجاز، فآياته البينات المحكمات كلها سواء في البلاغة، وكلها سواء في التحدي ومجابهة المشركين أن يأتوا بمثل هذا القرآن.

أما التفاوت بين المكي والمدني فلا علاقة له بالبيئة، وإنما هو تفاوت الموضوعات ومقتضى الحال في التعبير عنها فما نزل في مكة غلب عليه تقرير أصول العقيدة وتحرير الإنسان من أوهام الشرك، وجهالة الوثنية، على حين غلب على ما نزل بالمدينة تقرير التكاليف والتشريعات من عبادات ومعاملات وجهاد مسلح، فاختلف الأسلوب القرآني طوعاً لهذا من حيث طول الآيات وقصرها، ولكنه

---

(1) السابق، ص202، نقلاً عن المذهب المحمدي، للمستشرق جب، ص27.

لم يختلف من حيث الإعجاز[1].

وهكذا دأب الاستشراق على تصوير القرآن الكريم بأنه فيض وجدان النبي، صلى الله عليه وسلم، وصورة من انطباع نفسي بما كان يدور حوله ويقع أمام عينه، وأن الوحي الإلهي ليس وحياً منزلاً من رب العالمين، وإنما وحي من داخل النفس، وعندما ترجم وليم موير بعض معاني سور القرآن الكريم أطلق عليها اسم كلمات وأحاديث منوعة لمحمد[2] صلى الله عليه وسلم، وهو يعني بذلك القرآن ليس من عند الله تعالى، وإنما هو من وضع محمد، صلى الله عليه وسلم، وفي ذلك يقول المستشرق جورج سيل: أما أن محمداً كان في الحقيقة مؤلف القرآن والمخترع له فأمر لا يقبل الجدل[3].

فالقرآن مؤلف، ومؤلفه نبيه محمد، صلى الله عليه وسلم، ويمتاز تأليفه بأنه يمثل حياة العرب المحدودة في شبه جزيرة العرب، في اتجاهات حياتها المختلفة، السياسية والاقتصادية والدينية، وما في القرآن من عقائد لا يمثل إلا عقائد تلك البيئة وبناء على ذلك يكون الإسلام دين محلي لا عالمي، قال به صاحبه متأثراً بحياته التي عاشها وعاش فيها، ولذلك يعبر تعبيراً صادقاً عن هذه الحياة إما أنه يمثل غير الحياة العربية، أو يرسم هدفاً عاماً للإنسانية في ذاتها فليس ذلك بحق في نظر المستشرقين، وبذلك يكون القرآن محدود القيمة، محدود المكان والزمان.

ومنطلق هذا كله كما يقول الدكتور البهي أن القرآن في زعمه ليس وحياً لرسالة الله، إذ لو كان وحياً من عند الله لكان للناس جميعاً، في كل مكان وفي كل جيل، ولو كان وحياً أيضاً لرسم خطة جديدة لهداية الناس في عقيدتهم، ولم يكن

(1) الفكر الاستشراقي، ص88-89.
(2) أضواء على الاستشراق والمستشرقين، ص52.
(3) المستشرقون والإسلام، د. إبراهيم اللبان، ص44، ط: الأزهر 1390هـ ملحق مجلة الأزهر.

حاكياً لما كان عليه بعض أفراد الجماعة الإنسانية، ثم إن العرب أنفسهم - قبل الناس الآخرين - لم يكونوا في جهل، ولم يكونوا على ضلال حتى يحتاجوا لرسالة جديدة تدعو إلى الهداية[1].

وقد زعم جورج سل - وغيره - أن محمداً كان يريد إصلاح بني جلدته، وتقدمهم اقتصادياً وسياسياً ولم يقصد إلى مخاطبة البشر كله، وتجاهل قوله تعالى: ﴿ وَمَآ أَرْسَلْنَٰكَ إِلَّا كَآفَّةً لِّلنَّاسِ بَشِيرًا وَنَذِيرًا وَلَٰكِنَّ أَكْثَرَ ٱلنَّاسِ لَا يَعْلَمُونَ ﴾[2]. وحاول إثبات أن محمداً، صلى الله عليه وسلم، لم يك يفكر في توجيه رسالته خارج جزيرة العرب.

وذهب السير وليم موير إلى أن فكرة عالمية الرسالة قد جاءت فيما بعد، وأن هذه الفكرة على الرغم من كثرة الآيات والأحاديث التي تؤيدها لم يفكر فيها محمد، صلى الله عليه وسلم، نفسه، وعلى فرض أنه فكر فيها فقد كانت الفكرة غامضة، فإن عالمه الذي كان يفكر فيه إنما كان بلاد العرب، كما أن هذا الدين الجديد لم يهيأ إلا لها، وأن محمداً، صلى الله عليه وسلم، لم يوجه دعوته منذ بعث إلا للعرب دون غيرهم، وهكذا نرى أن نواة عالمية الإسلام قد غرست، ولكنها إذا كانت قد اختمرت ونمت بعد ذلك، فإنما يرجع إلى الظروف والأحوال أكثر منه إلى الخطط والمناهج[3].

وهذا الرأي عار عن الصحة، وأنه لا وزن له علمياً، ولا أدري كيف تماسك

---

(1) الفكر الإسلامي الحديث، ص217.

(2) سبأ آية: 28.

(3) الدعوة إلى الإسلام، لمؤلفه السير: توماس أرنولد، ترجمة د. حسين إبراهيم حسن وآخرين، هامش ص50 ط: النهضة المصرية، مصر 1970م.

هذا السخف في ذهن هذا المستشرق وأضرابه، وأن محمداً، صلى الله عليه وسلم، عندما طلع على الناس برسالته لم يذكر لقومه أنه خاص بهم أو مقصور عليهم، حتى في المآزق المتضايقة التي مرت به وبمن تبعه، بقي مصراً على أن رسالته للعالمين، وأن دعوته للناس أجمعين، كان مصراً على أن الإسلام ليس ديناً محلياً يتصل بهؤلاء العرب وحدهم، بل هو دين يعني كل من بلغه من خلق الله، ويكلف كل ذي سمع وبصرـ باتباعه، وكان مصراً على أنه أوسع دائرة من الأنبياء الذين سبقوه كلهم، فهم يهدون من حولهم من الناس فحسب، أما هو فبعثته عامة للثقلين الإنس والجن[1].

وإذا انتقلنا إلى العوامل الخارجية التي أمدت محمداً، صلى الله عليه وسلم، فيما زعم المستشرقون، بالأحكام والتعاليم التي وردت في القرآن الكريم، والتي يقصد بها الحكم والمواعظ والمبادئ والأوامر والنواهي، والقصص الواردة في الكتاب المقدس، والكتب السماوية الأخرى، نجد الاستشراق قد برهن على ما ذهب إليه من تأثير العوامل الخارجية بما بين القرآن والكتب السماوية السابقة من تشابه في القصص وبعض الأحكام، وكذلك باتصال محمد، صلى الله عليه وسلم، ببعض الأحبار والرهبان سواء في رحلاته أو في مكة وضواحيها، أو يثرب والواحات القريبة منها، وتلقى عنهم ما جاء في تلك الكتب، وانتقى منها ما شاء أن ينتقي، وصاغ من كل ذلك كتاباً، وقال بأنه أوحي إليه ولم يوح إليه شيء.

ويقول المستشرق جولد تسهير في كتابه العقيدة والشريعة في الإسلام: فتبشير النبي العربي ليس إلا مزيجاً منتخباً من معارف وآراء دينية، عرفها أو استقاها بسبب اتصاله بالعناصر اليهودية والمسيحية وغيرها، التي تأثر بها تأثراً عميقاً والتي رآها جديرة بأن توقظ عاطفة دينية حقيقية عند بني وطنه[2].

(1) دفاع عن العقيدة والشريعة ضد مطاعن المستشرقين، ص63.
(2) العقيدة والشريعة في الإسلام، ص12.

ويصف جولد تسهير وصف القرآن ليوم القيامة وأهوالها والكوارث التي ستنجم عن حدوثه، وإنذاره بنهاية العالم، وبيوم الغضب والحساب، وانتهى إلى نتيجة مفادها أن ما يبشر به الرسول، صلى الله عليه وسلم، والمتعلق بالدار الآخرة، ليس إلا مجموعة مواد استقاها بصراحة من الخارج يقيناً، وأقام عليها هذا التبشير، ولقد أفاد من تاريخ العهد القديم - وكان ذلك في أكثر الأحيان عن طريق قصص الأنبياء - ليذكر على سبيل الإنذار والتمثيل بمصير الأمم السالفة الذين سخروا من رسلهم الذين أرسلهم الله لهدايتهم، ووقفوا في طريقهم، وبهذا انضم محمد، صلى الله عليه وسلم، إلى سلسلة أولئك الأنبياء القدماء بوصفه آخرهم عهداً وخاتمهم[1].

ويشارك جولد تسيهر في هذا المستشرق الروسي كليموفيتش في كتابه الإسلام حيث يقول: القرآن كتاب معقد في تركيبه، فهو يحتوي على عدد كبير من الأساطير والقصص المنقولة عن قدماء العرب، وكذلك الأديان اليهودية والنصرانية والزرادشتية، مثال ذلك ما يحتويه القرآن من قصص الكتاب المقدس عن الأنبياء، فنجد أن أساطير "موسى" و"يوسف" و"يونس" و"عيسى" عليهم السلام، وغيرهم تكون قسماً كبيراً من القرآن[2].

وقد سار في نفس الاتجاه المستشرق "ريتشارد بل" حيث يقول: إن محمداً اعتمد في كتابته للقرآن الكريم على الكتاب المقدس، وخاصة على العهد القديم في قسم القصص، فبعض قصص العقاب كقصص "عاد" و"ثمود" ممتد من مصادر عربية، ولكن الجانب الأكبر من المادة التي استعملها محمد ليفسر تعاليمه ويدعمها قد استمده من مصادر يهودية ونصرانية[3].

---

(1) السابق، ص9.

(2) مجلة الأمة القطرية، العدد العشرون، ص30.

(3) المستشرقون والإسلام، ص24، وقارن: الاستشراق والتبشير، م. عزت الطهطاوي، ص47.

ويذهب المستشرق "مونتجمري وات" إلى أن السور القرآنية الأولى التي تتحدث عن الوحدانية تضع القرآن في مرتبة الوحدانية اليهودية المسيحية، نظراً لمفاهيمه عن الله الخالق، ويوم البعث والحساب، أما السور القرآنية الأخيرة فإنها تقترب كثيراً إلى التعاليم الإنجيلية القديم منها والحديث.

وللتدليل على صحة استنتاجه فهو يقترح عدة افتراضات منها: إمكانية مقابلة النبي، صلى الله عليه وسلم، لبعض رجال الدين اليهودي والمسيحي، ومجادلتهم ومناقشتهم لبعض القضايا المسيحية، ومبادلته بعض الأفكار الدينية معهم، ومنها: إمكانية مناقشه للعرب والنصارى وللقادمين من الحبشة واليمن وهم يعتنقون المسيحية، ومبادلته بعض الأفكار الدينية معهم، ومنها: وجود جالية يهودية كبيرة بالمدينة، وربما تكون مجادلتهم له واختلاطه بهم قد أديا إلى نشر بعض أفكارهم الدينية[1].

ويرى المستشرق الفرنسي بلاشير أن التشابه الحاصل في القصص القرآني مع القصص اليهودي المسيحي يعزز بشرية القرآن وتأثره بالعوامل الخارجية، خاصة أنه قد استنتج هذا التأثير المسيحي واضحاً في السور المكية الأولى، والناتج عن تلك العلاقات المستمرة التي كانت تربط بين مؤسس الإسلام والفقراء المسيحيين بمكة[2].

وألف المستشرق سيدرسكي كتاباً أطلق عليه أصول الأساطير الإسلامية في القرآن وفي سير الأنبياء، حاول فيه أن يرجع القصص القرآني إلى المصادر اليهودية والمسيحية، وتناول قصة خلق آدم ونزوله من الجنة، وقصة إبراهيم والتلمود، وقصة يوسف وموسى وعيسى وداود وسليمان، عليهم السلام، وحاول

---

(1) الظاهرة الاستشراقية، 2/320-321.

(2) السابق 2/321.

إرجاع كل آية قرآنية تناولت إحدى هذه القصص إلى كتاب الأغداه العبري، والأناجيل المسيحية المختلفة، وقد استند في دراسته هذه إلى ما كان يذيعه المستشرق كليمان هوار من أن القرآن مستقى جميعه من المصادر اليهودية والمسيحية[1].

إن هذا الكلام عن القرآن الكريم مدعاة للسخرية ودليلاً على أن الاستشراق في دراسته للإسلام لا يعرف الأمانة والموضوعية وأنه يصدر الأحكام عن هذا الدين دون حيثيات منطقية، وإنما تمليها عليه الأهواء الدفينة للإسلام وأهله.

هؤلاء المستشرقون يمثلون إذن تلك الفئة من الناس الذين تحكمت أهواؤهم بنفوسهم وبغاياتهم الرخيصة، وهم مهما حاولوا النيل من الإسلام وقرآنه ونبيه فقد ران على قولهم وسيظلون قابعين في الظلام الذي حبسوا أنفسهم فيه إن العلماء الحقيقيين يكون ميدان عملهم العالم أجمع، أي الإنسانية، بآفاقها الواسعة وأنوارها الساطعة أما الحشرات فعملها محصور في الزوايا المظلمة والقمامات المنتنة[2].

إن ادعاء المستشرقين القائم على أن القرآن الكريم ترديد للديانة اليهودية والمسيحية، لا يقوم على دليل ولا سند علمي، بل إنه يتنافى مع البحث العلمي النزيه المجرد عن الهوى إن محمداً صلى الله عليه وسلم قبض على الفكر اليهودي والنصراني وقدمه إلى الضمير العالمي متهماً بالتزوير على أوسع نطاق في ميدان الاعتقاد والتشريع، ولم يكن هذا الاتهام كما يقول الشيخ محمد الغزالي مبهماً ولا مجملاً، بل واضحاً مفصلاً، ذكر في أعقاب دعوة مسهبة حارة لتوحيد الله تعالى، وإصلاح العمل وترقية السلوك الفردي والجماعي، فكيف يعد المصوب المرشد ناقلاً

---

(1) المصدر نفسه، 322/2.
(2) المستشرقون وترجمة القرآن، د. محمد صالح البنداق، ص94، ط2: دار الآفاق الجديدة، بيروت 1983م.

عن المخطئين الشاردين[1].

والتشابه الذي يظن الاستشراق أنه دليل على أن مصدر القرآن هو الكتاب المقدس وغيره يدل على العكس من هذا، إنه يشهد على أن القرآن كغيره من الكتب السماوية مصدرها واحد، ولكنه يمتاز عنها بأنه معجزة، وبحفظه من التحريف والتبديل، غير أن الاستشراق – وفقاً للأهواء التي تسيطر عليه – يعكس القضية، فبدلاً من أن يرى في هذا التماثل وحدة المصدر، يراه آية "النقل والتأثر"[2].

صحيح أن الإسلام والقرآن أقر بعض ما في التوراة التي أنزلها على موسى عليه السلام، قبل تحريفها ورد البعض، وكذلك الإنجيل الذي أنزل الله على عيسى، عليه السلام، قبل تحريفه وتعدده، أقر بعضه ورد بعضه، ولا غرابة ولا عجب في أن يوافق القرآن الكريم بعضها ويقره، لأن المنزل والمصدر واحد، وهو الله جل شأنه، ومعلوم أن شرع من قبلنا شرع لنا ما لم يرد ناسخ، ووجد في شرعنا ما يقرره، وعلى هذا فلا أعترض، وهو أمر مقبول، أما ما لا يقبله العقل ولا تستريح إليه النفس فهو القول بأن محمداً، صلى الله عليه وسلم، قد أخذ شيئاً من التوراة الحالية، أو ما يسمى بالعهد القديم، أو أسفار موسى الخمسة، وكذلك الأناجيل المعروفة المتعددة عند فرق النصارى.

وقبل كل شيء نود أن نقول أن النبي، محمداً، صلى الله عليه وسلم، كان أمياً لا يقرأ ولا يكتب حتى بلغه العرب، وهذا أمر معروف لدى اليهود والنصارى ولدى الجميع، لأن صفته في كتبهم أنه أمي لا يقرأ ولا يكتب، وفي ذلك يقول الحق تبارك وتعالى في محكم التنزيل وهو أصدق القائلين: ﴿ٱلَّذِينَ يَتَّبِعُونَ ٱلرَّسُولَ ٱلنَّبِيَّ

---

(1) دفاع عن العقيدة والشريعة، ص22.
(2) الفكر الاستشراقي، ص92.

﴿ ٱلْأُمِّىَّ ٱلَّذِى يَجِدُونَهُۥ مَكْتُوبًا عِندَهُمْ فِى ٱلتَّوْرَىٰةِ ﴾[1] ويقول: ﴿ وَمَا كُنتَ تَتْلُوا۟ مِن قَبْلِهِۦ مِن كِتَـٰبٍ وَلَا تَخُطُّهُۥ بِيَمِينِكَ ۖ إِذًا لَّٱرْتَابَ ٱلْمُبْطِلُونَ ﴾[2].

فإذا كان النبي، صلى الله عليه وسلم، أمياً فكيف يأخذ من التوراة والإنجيل وينقل عنهما، والقراءة والكتابة هما وسيلة الاطلاع والأخذ والاقتباس، اللهم أن هذا القول محض كذب وافتراء، وأيضاً لم يكن في المجتمع المكي، ولا في البيئة التي كان يعيش فيها محمد صلى الله عليه وسلم، حاخامات اليهود أو أحبار النصارى من يتلقى عنهم حتى يمكن أن يقال أنه أخذ منهم، كذلك ما ارتحل من مكة في حياته إلا مرتين فقط، كما تذكر كتب التاريخ والسيرة، مرة مع عمه "أبي طالب" حينما خرج معه في تجارة إلى الشام وكان سنه إذ ذلك اثنتا عشر سنة، وهذه السن لم تكن تؤهله لأن يأخذ أو يعي أو يقتبس، ومرة أخرى في سن الشباب تاجراً في مال السيدة خديجة بنت خويلد، رضي الله عنها، وفي الرحلتين ما تخلف عن رفاقه وما فارقهم حتى يتهم بأنه أخذ عن الغير[3].

وإذا كان قد نقل أن محمداً، صلى الله عليه وسلم، لقي وهو غلام أحد الرهبان، وكان في صحبة عمه أبي طالب، فلم يثبت أن هذا الراهب شرح لمحمد، صلى الله عليه وسلم، الكتاب المقدس أو لقنه بعض التعاليم الدينية، وكل ما تذكره الروايات عن هذا اللقاء: أن الراهب حذر عم الغلام من اليهود، لأنهم إن عرفوا ما عرفه عن محمد، صلى الله عليه وسلم، سيقتلوه حسداً وحقداً، ويضاف إلى هذا أن عمر محمد،

---

(1) الأعراف آية: 157.

(2) العنكبوت آية: 48.

(3) شبهات حول القرآن والرد عليها، د. جميل الشوادفي ص103-104، ط: 1989، الأمانة مصر.

صلى الله عليه وسلم، وقت ذلك اللقاء لم يكن يتيح له أن يدرس الأديان وكتبها، ويظل صامتاً لا يتحدث بما لديه من معرفة؟ إلا بعد نحو ثلاثين عاماً.

وإذا كان محمد، صلى الله عليه وسلم، قد قام وهو شاب ببعض الرحلات التي كان يتاجر فيها بمال السيدة خديجة، رضي الله عنها، فلم يثبت كذلك أنه لقي في هذه الرحلات أحداً من الذين يترهبون أو يلمون باليهودية والمسيحية، فضلاً عن أن الفكر المسيحي الذي كان منتشراً بين الغساسنة بسوريا لم يحرر هؤلاء العرب من مواريثهم الجاهلية كما أنه لم يكن فكراً مستقيماً، وكان لدى بعض المستشرقين مجموعة من الخرافات المنفرة والطقوس الدينية المنحلة[1].

وإذا كان محمد، صلى الله عليه وسلم، قد أخذ القرآن من اليهودية والنصرانية، فلماذا سكت التاريخ هذه الفترة الطويلة إلى أن ظهر المستشرقون ففطنوا إلى هذه القضية؟ وقد كان الوحي ينزل بالقرآن، والنبي صلى الله عليه وسلم، يتلوو هذه الآيات على مسامع أهل مكة وكذلك في المدينة، كان يتلوه وفيها من أهل الكتاب ما فيها، وما استطاع أحد أن يعترض أو يكذب القرآن، أو يقول أنه أخذه أو اقتبسه عن التوراة والإنجيل، فكيف ساغ لهؤلاء أن يقولوا الآن هذه المقولة، هذا إن دل فإنما يدل على أن المستشرقين قد دفعهم إلى هذا الافتراء حقدهم وكرههم للإسلام ورسوله، صلى الله عليه وسلم، ولو كان الاستشراق قد أخذ نفسه بالمنهج العلمي كما يزعم، لاهتدى إلى أن القرآن الكريم ليس بشري المصدر، وأن محمداً، صلى الله عليه وسلم، لم يأت به من عنده، ولم يتأثر بأحد في تأليفه، بل هو وحي أوحاه الله إليه.

والقرآن مع هذا اشتمل على طائفة من الإشارات العلمية والقضايا الغيبية التي تنفي أن يكون بشرياً، وقد شهد بذلك كل اللذين درسوا تلك الإشارات دراسة

---

(1) الفكر الاستشراقي، ص92-93.

موضوعية من المسلمين وغيرهم ثم كيف نفسر هذا الاختلاف الكبير بين القرآن والسنة، من حيث الأسلوب وطريقة الأداء، ومنه التعبير ما دام المصدر واحداً وهو محمد، صلى الله عليه وسلم.

كيف يستطيع شخص واحد مهما كان بارعاً أن ينطق بأسلوب معين فيقول: هذا قرآن من عند الله، ثم ينطق بكلام آخر يختلف عنه في الأسلوب فيقول: هذا حديث من كلامي وكيف يتسنى التميز والتفريق في عقل واحد بين نوعين من الكلام لكل منها طابعه المتميز وصياغته الخاصة، أليس الأسلوب معبراً عن شخصية صاحبه؟ ثم ما الذي كان يصد الرسول عن نسبة شرف القرآن العظيم إليه لو كان من إنشائه وتأليفه؟(1).

وهذه كلها مزاعم فاسدة، وتخمينات باطلة، وافتراضات واهية، لا أساس لها من الواقع، ولا سند لها من التاريخ، الأمر الذي جعل بعض الغيورين على الإسلام من العلماء والمفكرين أن يتناولوا جميع الافتراضات التي توحي باحتمال وجود مصدر بشري للقرآن، ويناقشها مناقشة علمية، ويثبت أن القرآن من عند الله سبحانه وتعالى، فهو وحيه الذي نزل به سفير الوحي جبريل، عليه السلام، على قلب النبي، صلى الله عليه وسلم.

ومن هنا يحق لنا أن نقرر بكل موضوعية أن الدين الإسلامي لا يمكن أن يكون نتاجاً بسيطاً للمؤثرات الخارجية، وأن المصدر الأول الوحيد للقرآن هو الله وحده دون سواه، وقد رد الله تعالى كيد المستشرقين ومن على شاكلتهم عندما قال: ﴿ إِنَّا نَحْنُ نَزَّلْنَا ٱلذِّكْرَ وَإِنَّا لَهُۥ لَحَٰفِظُونَ ﴾(2) وقال في

شأن إعجازه: ﴿ وَإِن كُنتُمْ

---

(1) المصدر السابق، ص94، نقلاً عن مناهج المستشرقين في الدراسات الإسلامية، 32/1.
(2) الحجر آية: 9.

فِي رَيۡبٖ مِّمَّا نَزَّلۡنَا عَلَىٰ عَبۡدِنَا فَأۡتُواْ بِسُورَةٖ مِّن مِّثۡلِهِۦ وَٱدۡعُواْ شُهَدَآءَكُم مِّن دُونِ ٱللَّهِ إِن كُنتُمۡ صَٰدِقِينَ ﴿٢٣﴾ فَإِن لَّمۡ تَفۡعَلُواْ وَلَن تَفۡعَلُواْ فَٱتَّقُواْ ٱلنَّارَ ٱلَّتِي وَقُودُهَا ٱلنَّاسُ وَٱلۡحِجَارَةُۖ أُعِدَّتۡ لِلۡكَٰفِرِينَ ﴾[1].

هذه الآيات وغيرها كثير، تدل دلالة واضحة على حفظ الـلـه تعالى لكتابه، الذي نزل على الرسول الخاتم، وتدل على إعجاز القرآن وبلاغته، وتحدى الـلـه به العرب وهم أرباب الفصاحة والبلاغة على أن يأتوا بسورة من مثله فما قدروا، فدل ذلك على أن القرآن كلام الـلـه وليس كلام أحد من البشر.

وليعلم المسلمون جميعاً أن هؤلاء المستشرقون هم أهل كتاب، من قساوسة المسيحيين أو علماء اللاهوت من اليهود، ويواجهون بهذه الدراسات مسلمين لم يزل القرآن يتداول بينهم فإن نسي المسلمون ماضي أسلاف هؤلاء القوم مع المسلمين على عهد ظهور الإسلام، ونسوا اتهاماتهم لرسول الإسلام، ولكتابه إذ ذاك، فإن المسلمين اليوم لا يزالون يتلون هذه الاتهامات ولا يزالون يقفون منها ما وقفه من قبل رسولهم، صلى الـلـه عليه وسلم، وصحابته، وسيستمرون على هذا النحو طالما هناك قرآن، وطالما هناك من يتلوه.

إنهم إذ يجعلون قرآن الرسول صنعة بشرية لا وحياً منزلاً من عند الـلـه تعالى، يحلون لأنفسهم أن يجعلوا أسلوب حياتهم وما يعتقدون نموذج الحياة الإنسانية، فالعمدة في الاستشراق إذن: محاولة التدليل على بشرية القرآن، وأنه ليس كلام الـلـه تعالى، أوحاه إلى رسوله، صلى الـلـه عليه وسلم.

لقد نزل القرآن على رسول الـلـه من قبل الـلـه تعالى مصدقاً لما نزل على

---

(1) البقرة آية: 23-24.

الأنبياء من قبله من كتب سماوية، قال تعالى: ﴿ وَأَنزَلْنَآ إِلَيْكَ ٱلْكِتَٰبَ بِٱلْحَقِّ مُصَدِّقًا لِّمَا بَيْنَ يَدَيْهِ مِنَ ٱلْكِتَٰبِ وَمُهَيْمِنًا عَلَيْهِ ﴾[1]. كما جاء القرآن مهيمناً على هذه الكتب وحاكماً عليها، فذكر أن اليهود والنصارى أوتوا نصيباً من الكتاب وأنهم نسوا حظاً مما ذكروا به، وأنهم حرفوا الكلم عن مواضعه قال تعالى: ﴿ فَبِمَا نَقْضِهِم مِّيثَٰقَهُمْ لَعَنَّٰهُمْ وَجَعَلْنَا قُلُوبَهُمْ قَٰسِيَةً يُحَرِّفُونَ ٱلْكَلِمَ عَن مَّوَاضِعِهِۦ وَنَسُوا۟ حَظًّا مِّمَّا ذُكِّرُوا۟ بِهِۦ وَلَا تَزَالُ تَطَّلِعُ عَلَىٰ خَآئِنَةٍ مِّنْهُمْ إِلَّا قَلِيلًا مِّنْهُمْ فَٱعْفُ عَنْهُمْ وَٱصْفَحْ إِنَّ ٱللَّهَ يُحِبُّ ٱلْمُحْسِنِينَ ﴿١٣﴾ وَمِنَ ٱلَّذِينَ قَالُوٓا۟ إِنَّا نَصَٰرَىٰٓ أَخَذْنَا مِيثَٰقَهُمْ فَنَسُوا۟ حَظًّا مِّمَّا ذُكِّرُوا۟ بِهِۦ فَأَغْرَيْنَا بَيْنَهُمُ ٱلْعَدَاوَةَ وَٱلْبَغْضَآءَ إِلَىٰ يَوْمِ ٱلْقِيَٰمَةِ وَسَوْفَ يُنَبِّئُهُمُ ٱللَّهُ بِمَا كَانُوا۟ يَصْنَعُونَ ﴾[2].

وقد بين القرآن كثيراً من القضايا التي كانت موضع خلاف بين اليهود والنصارى، في العقائد والأحكام والأخبار، وفي ذلك يقول الحق تبارك وتعالى: ﴿ يَٰٓأَهْلَ ٱلْكِتَٰبِ قَدْ جَآءَكُمْ رَسُولُنَا يُبَيِّنُ لَكُمْ كَثِيرًا مِّمَّا كُنتُمْ تُخْفُونَ مِنَ ٱلْكِتَٰبِ وَيَعْفُوا۟ عَن كَثِيرٍ ﴾[3].

والذي نخلص إليه من هذه الدراسة أن القرآن الكريم هو وحي الله عز وجل، نزل به الروح الأمين جبريل على سيدنا محمد، صلى الله عليه وسلم، قال تعالى:

---

(1) المائدة آية: 48

(2) المائدة آية: 13-14.

(3) المائدة آية: 15.

﴿وَكَذَٰلِكَ أَوۡحَيۡنَآ إِلَيۡكَ رُوحٗا مِّنۡ أَمۡرِنَاۚ مَا كُنتَ تَدۡرِي مَا ٱلۡكِتَٰبُ وَلَا ٱلۡإِيمَٰنُ وَلَٰكِن جَعَلۡنَٰهُ نُورٗا نَّهۡدِي بِهِۦ مَن نَّشَآءُ مِنۡ عِبَادِنَاۚ وَإِنَّكَ لَتَهۡدِيٓ إِلَىٰ صِرَٰطٖ مُّسۡتَقِيمٖ ٥٢ صِرَٰطِ ٱللَّهِ ٱلَّذِي لَهُۥ مَا فِي ٱلسَّمَٰوَٰتِ وَمَا فِي ٱلۡأَرۡضِۗ أَلَآ إِلَى ٱللَّهِ تَصِيرُ ٱلۡأُمُورُ﴾[1].

فالإسلام ليس ديناً تابعاً لأي دين آخر، ولكنه الدين الذي أراد الله أن يكون خاتماً للأديان ومصدقاً لها ومهيمناً عليها، والمقياس لهذه الأديان جميعاً كما يقول الدكتور زقزوق: لا بد أن يكون مقياساً واحداً لأن مصدرها واحد، ولكن هذا المقياس الذي نعنيه لن يكون بالتأكيد ذلك المقياس الذي يريد أن يطبقه المستشرقون على علاقة هذه الأديان بعضها ببعض، وهو مقياس التأثير والتأثر، كما لو أن الأمر يدور حول شيء إنساني يخضع لهذا المقياس الإنساني[2].

وبذلك نرفض منهج المستشرقين في دراسة الإسلام، لأنه منهج مصطنع، يقصر عن فهم طبيعة الأديان السماوية، ويحاول أن يضعها في صعيد واحد مع الاتجاهات الفكرية الإنسانية، ولهذا تختلف وجهات النظر بيننا وبينهم، وستظل مختلفة، فلا ننتظر منهم أن يتبنوا وجهة نظرنا التي تنظر إلى الإسلام على أنه دين سماوي ختم به الله الرسالات السماوية، وأن محمداً صلى الله عليه وسلم، خاتم النبيين، وأن القرآن وحي الله الذي لا يأتيه الباطل من بين يديه ولا من خلفه لأنهم لو فعلوا ذلك لأصبحوا مسلمين، وهذا ما حدث فعلاً بالنسبة للبعض منهم ممن تحول إلى الإسلام، وهذا التحول إلى الإسلام يعني في الوقت نفسه التحول عن الخط الاستشراقي.

ونحن لا نطلب من كل مستشرق أن يغير معتقده ويعتقد ما نعتقد عندما يكتب

---

(1) الشورى آية: 52-53.

(2) الاستشراق والخلفية الفكرية، ص89.

عن الإسلام، ولكن هناك أوليات بديهية يتطلبها المنهج العلمي السليم، فعندما أرفض وجهة نظر معينة لا بد أن أبين للقارئ أولاً وجهة النظر هذه من خلال فهم أصحابها لها، ثم لي بعد ذلك أن أخالفها. وعلى هذا الأساس نقول: إن الكيان الإسلامي كله يقوم على أساس الإيمان بالله ورسوله، محمد، صلى الله عليه وسلم، الذي تلقى القرآن وحياً من عند الله، ويجب على العالم النزيه والمؤرخ المحايد أن يقول ذلك لقرائه عندما يتعرض للحديث عن الإسلام حتى يستطيع القارئ أن يفهم سر قوة هذا الإيمان في تاريخ المسلمين، ثم له بعد ذلك أن يخالف المسلمين في معتقدهم وتصوراتهم، أما أن يعرض المستشرق الإسلام بادئ ذي بدء من خلال تصورات سابقة مبنية على خيالات وأوهام فهذا ما لا يقره علم ولا خلق وهذا ما يجعلنا نقول: إن محمداً الذي نؤمن برسالته إنما هو شخص آخر من صنع خيالهم، والإسلام الذي يعرضونه في كتبهم ليس هو الإسلام الذي ندين به، وإنما هو إسلام من اختراعهم.

وهكذا يمكن القول بأن الاستشراق - في دراسته للإسلام - عبارة عن أيديولوجية خاصة يراد من خلالها ترويج تصورات معينة عن الإسلام بصرف النظر عما إذا كانت هذه التصورات قائمة على حقائق أو مرتكزة على أوهام وافتراءات، وهذا كما يقول الدكتور زقزوق يذكرنا بما كان يفعله السوفسطائيون قديماً[1].

إن أكثر ما يلوكه المسبحون بحمد المستشرقين هو الإشارة بدقتهم وتجردهم للبحث والعلم، وقدرتهم على التمحيص والتدقيق وأنهم قادة هذا الميدان وفرسان هذا المجال، والمستشرقون أيضاً حرصوا كل الحرص على أن يضفوا على أنفسهم هيبة العلم وقداسة محرابه، وأن يخفوا تحت شارته وردائه كل أغراضهم وأهوائهم، وأصبحت كلمات: الأكاديمي، البحث العلمي، المنهج حرية الرأي، قيمة العقل،

(1) الإسلام والغرب، د. زقزوق، 27/26/4.

والحيدة العلمية...الخ، أصبحت هذه الشعارات درعاً سابغاً توارت تحت مكنونات الصدور وخفيات الضمائر وسموم الأحقاد، ولكن لله در الإمام أمير المؤمنين أبي جعفر المنصور حين قال: إنه ما أسر أحد معصية قط إلا ظهرت في آثار يده وفلتات لسانه.

ولو رفع تلاميذ المستشرقين وأتباعهم، والذاكرين الشاكرين لهم، هذه الغشاوة عن أعينهم، وهذه الحجب عن بصائرهم لرأوا ما خلف هذه الأقنعة، وعلموا أن كلام المستشرقين في العلم والمنهجية وحرية البحث والحيدة العلمية مجرد أقنعة تتراكم وتتراكب إمعاناً في إخفاء ما تحتها، ولو نظرنا - كما يقول الدكتور عبد العظيم الديب - في عمل هؤلاء المستشرقين بمقاييس العلم والمنهج العلمي والبحث الأكاديمي، لوجدناهم أول من يصفع هذا المنهج على قفاه، ويدوسه بقدميه، وهو في نفس الوقت رافع رايته، متقدم باسمه، ضارب بسيفه[1].

فرية المستشرق الألماني "تنمان": إن القرآن يعوق النظر العقلي الحر[2]

إن هذا الادعاء الذي ذهب إليه المستشرق "تنمان" واضرابه ادعاء باطل، وحكم على الأمور دون تحقيق وتمحيص، فإننا نقرر بكل ثقة واطمئنان رفض هذه الدعوى الجائرة فالقرآن الكريم لا يملك المنصف أن يتهمه بمعاداة الفكر، أو تقييده وتحريمه، بل إن الأمر على النقيض من ذلك تماماً، فالذي يتصفح القرآن الكريم يجد أن الأدلة على أنه لا يمكن أن يقف عقبة في طريق النظر العقلي الحر، لا تنحصر، ولا يمكن أن يكون حجر عثرة في طريق الفكر الإنساني من حيث هو فكر، فالقرآن

---

(1) المستشرقون والتراث، د. عبد العظيم الديب، ص27، ط2: دار الوفاء المنصورة، 1988م.

(2) تمهيد لتاريخ الفلسفة للشيخ مصطفى عبد الرازق، ص6، ط: لجنة التأليف والترجمة والنشر 1959، وقارن: حقيقة الفلسفات الإسلامية، د. جلال العشري، ص42-43، ط: دار الكتاب، القاهرة.

شجع الفكر وأمر به، وجعله أمراً لازماً لا مجال لتجاهله، ولا إعفاء لأحد من مزاولته، فهو في جملته دعوة صريحة إلى التأمل الهادف الذي يملأ العقل والقلب، ويدفع إلى تصحيح السلوك أنه مليء بالدعوة إلى التذكر والتدبر والتفكر والتعقل والاعتبار.

وروح القرآن تتطلب من الفكر أن يكون واضحاً هادفاً وإيجابياً ولذا فإن القرآن حرص على توجيه الفكر حتى يكون فكراً إيجابياً بناء مثمراً، وحتى لا تتبدد طاقاته في أمور لا تنفع ولا تثمر، ذلك أن مجالات الفكر يمكن أن تقع في قسمين: الأول يسمى الميتافيزيقا وهي مشكلات ما بعد الطبيعة أو الحقائق الغيبية، وقد عالج القرآن الكريم هذه الأمور بطريقته الواضحة البسيطة التي تتلاءم مع العقل الإنساني السليم، وعرضها بأدلتها العقلية البديهية المقنعة للعقل والقلب حتى يكون إيمانه بها عن اقتناع، وليس إيماناً أعمى كما زعم تنمان[1].

وحيث أن العقل في مجال ما بعد الطبيعة يعتريه القصور، حيث يعجز بطبيعته أن يصل إلى نتائج حاسمة فيها، كانت الحكمة في صرفه عن البحث الدقيق في المسائل الميتافيزيقية وهذا لا يعيبه ولا يقلل من شأنه. وفي ذلك يقول ابن خلدون: صرف الإنسان عن العلل الأولى والمهايا الميتافيزيقية ليس بقادح في العقل ومداركه، بل العقل ميزان صحيح، غير أنك لا تطمع أن تزن به أمور التوحيد والآخرة وحقيقة النبوة، وطبيعة الصفات الإلهية، وكل ما وراء طوره، فإن ذلك طمع في محال[2].

---

(1) الفلسفة الإسلامية بين الأصالة والتقليد، د. محمد المهدي، ص43-44، ط: الصفا والمروة 1997م.
(2) المقدمة، لابن خلدون، تحقيق د. علي عبد الواحد وافي، 1033/3، ط: لجنة البيان العربي 1960م.

وخير شاهد على ذلك تاريخ الفكر الإنساني على امتداد مراحله، فلم يصل العقل في هذا المجال إلى حقائق أكيدة سلم بها الجميع ووثقوا فيها، وكل ما أنتجه لا يعدو أن يكون مـذاهب وآراء متضاربة تـورث حيرة وضلالاً، فلا غرو إذن أن يكون خوض العقل في هذا المجال – بدون استرشاد بالوحي، وبـدون أن يعـرف له حدوداً – تبديداً لطاقات وجهود من الألزم توفرها لشيء آخر حيوي وهام بالنسبة للإنسان.

القسم الثاني هو الفيزيقا أو الكون وما فيه من مخلوقات وظواهر وقد حـث القرآن في كثير مـن آياته الإنسان إلى النظر والتأمل والتفكر في هذا المجال، لأنه المجال الذي يستطيع العقـل فيـه أن ينتج وأن يثمر وأن يحقق التطور والتقدم، ولا شك أن كل ما تتمتع به البشرية اليوم من وسائل الرفاهية والراحة إنمـا هو ثمرة لتفكير العقل في الكون وظواهره.

وإذا كان القرآن الكريم قد صرف عن البحث في الماهيات الأولى، فليس في ذلك تضييق على العقل البشري أو حجر عليه، وإنما هو حسن توجيه للفكر وطاقاته إلى اكتشاف خصائص الظواهر الكونيـة وحسـن استغلالها لتحسين واقع الإنسان في هذه الحياة[1].

والعقل في نظر القرآن الكريم، هو أهم الطاقات الإنسانية كلها، فجميع أركان الإسلام مبنيـة علـى فهم العقل وقناعته، لقد خاطب القرآن الكريم العقل ليدل على وجود الخالق، وحض الإنسان علـى التـدبر في الكون عن طريق العقل، كي يشاهد مظاهر قدرة اللـه في هذا الترتيب البديع، والنظام الـدقيق، والدقـة المتناهية، وحثه على النظر في نفسه، ولفت العقل إلى قياس البعث في الآخرة على الخلق الأول والنشأة

---

(1) الفلسفة الإسلامية بين الأصالة والتقليد، ص45، وقارن أصالة التفكير الفلسفي في الإسلام، د. عبد المقصود عبد الغنـي ص19-20، ط: القاهرة 1985م، وقارن: الفلسفة الإسلامية والأخلاق، د. محمـد كـمال جعفـر، ص107، ط: دار الكتـب الجامعية 1968م.

الأولى، ليبرهن بالاستنتاج العقلي على صحة عقيدة البعث والجزاء، والجزم بها وأمره أن يتفكر في خلق السموات والأرض، وينظر آثار الأقوام السالفة، وأنكر على الذين لا يستعملون عقولهم في الفهم والتفكير السليم، ورفض التقليد وعاب على المقلدين.

قال تعالى: ﴿ قُلِ ٱنظُرُواْ مَاذَا فِى ٱلسَّمَٰوَٰتِ وَٱلْأَرْضِ ﴾[1] وقال: ﴿ أَوَلَمْ يَنظُرُواْ فِى مَلَكُوتِ ٱلسَّمَٰوَٰتِ وَٱلْأَرْضِ وَمَا خَلَقَ ٱللَّهُ مِن شَىْءٍ ﴾[2]. وقال: ﴿ فَٱعْتَبِرُواْ يَٰٓأُولِى ٱلْأَبْصَٰرِ ﴾[3]. وقال: ﴿ إِنَّ فِى خَلْقِ ٱلسَّمَٰوَٰتِ وَٱلْأَرْضِ وَٱخْتِلَٰفِ ٱلَّيْلِ وَٱلنَّهَارِ لَءَايَٰتٍ لِّأُولِى ٱلْأَلْبَٰبِ ﴾[4]. وقال: ﴿ أَفَلَمْ يَنظُرُوٓاْ إِلَى ٱلسَّمَآءِ فَوْقَهُمْ كَيْفَ بَنَيْنَٰهَا وَزَيَّنَّٰهَا وَمَا لَهَا مِن فُرُوجٍ ﴿٦﴾ وَٱلْأَرْضَ مَدَدْنَٰهَا وَأَلْقَيْنَا فِيهَا رَوَٰسِىَ وَأَنۢبَتْنَا فِيهَا مِن كُلِّ زَوْجٍۭ بَهِيجٍ ﴾[5] إلى غير ذلك من الآيات التي تدعو إلى التفكير والنظر في الكون والإله والإنسان، والتأمل في الخلق، والتدبر في الآفاق والأنفس، بغية الوصول إلى معرفة الله تعالى، والإيمان به إيماناً راسخاً قائماً على اليقين[6].

وإذا كان القرآن قد فسح المجال أمام العقل وحثه على التفكر والتدبير والتأمل، فإنه قد أنكر على المشركين تعطيلهم لملكة العقل واعتمادهم على التقليد

---

(1) يونس آية: 101.

(2) الأعراف آية: 185.

(3) الحشر آية: 2.

(4) آل عمران آية: 190.

(5) ق آية: 7.

(6) الفلسفة الإسلامية بين الأصالة والتقليد، ص46-47.

الأعمى في مسائل العقيدة، وفي ذلك يقول الحق تبارك وتعالى: ﴿ وَإِذَا قِيلَ لَهُمُ ٱتَّبِعُواْ مَآ أَنزَلَ ٱللَّهُ قَالُواْ بَلْ نَتَّبِعُ مَآ أَلْفَيْنَا عَلَيْهِ ءَابَآءَنَآ ۗ أَوَلَوْ كَانَ ءَابَآؤُهُمْ لَا يَعْقِلُونَ شَيْـًٔا وَلَا يَهْتَدُونَ ﴾[1].

بل إن القرآن ليرسم لهؤلاء الذين يعطلون منافذ التفكير والمعرفة في أنفسهم صورة قبيحة تنفر منها الفطر السليمة، إذ يجعلهم في مرتبة أحط من مرتبة البهائم والعجماوات، قال تعالى: ﴿ وَلَقَدْ ذَرَأْنَا لِجَهَنَّمَ كَثِيرًا مِّنَ ٱلْجِنِّ وَٱلْإِنسِ ۖ لَهُمْ قُلُوبٌ لَّا يَفْقَهُونَ بِهَا وَلَهُمْ أَعْيُنٌ لَّا يُبْصِرُونَ بِهَا وَلَهُمْ ءَاذَانٌ لَّا يَسْمَعُونَ بِهَآ ۚ أُوْلَٰٓئِكَ كَٱلْأَنْعَٰمِ بَلْ هُمْ أَضَلُّ ۚ أُوْلَٰٓئِكَ هُمُ ٱلْغَٰفِلُونَ ﴾[2].

إن نظرة سريعة إلى الكلمات التي وردت في القرآن الكريم مما له صلة وثيقة بالنشاط العقلي كألفاظ: الفكر، والفقه، واللب، والتفكر، والتدبر، والعلم، والذكر، والتذكر، إن نظرة سريعة إلى مثل هذه الألفاظ، والعبارات تدل دلالة قاطعة على عناية القرآن بتربية الإنسان من الوجهة العقلية في الدرجة الأولى، ولذلك سلك القرآن في إبطال بعض الآراء والمعتقدات مسلك الأدلة العقلية الحاسمة القوية، ولم يكن اهتمامه بإبطال هذه الآراء والمعتقدات إلا ضناً بالعقل الإنساني أن يتجمد أو يصيبه الشلل[3].

فأي حكم من الأحكام لا يمكن أن يكون قوياً إلا إذا كان مستنداً في المقام الأول إلى طبيعة المحكوم عليه – أي القرآن – لهذا لا ينبغي لنا فيما يتعلق بموقف

---

(1) البقرة آية: 170.

(2) الأعراف آية: 179.

(3) الفلسفة الإسلامية، د. محمد كمال جعفر، ص27-48، ط: القاهرة 1976م.

القرآن من الحرية الفكرية والنظر العقلي أن نترك العنان لبعض الميول والأهواء لكي تدلي برأيها في هذا الصدد دون علم وهدى ونص من القرآن ذاته المحكوم عليه بإعاقة النظر العقلي.

والقرآن الكريم بدعوته العقل الإنساني إلى النظر والتأمل، إنما يفتح الباب بذلك أمام حرية الرأي والفكر بل العقيدة، كيف لا وقد نص على أنه: ﴿لَآ إِكۡرَاهَ فِي ٱلدِّينِۖ﴾[1] فليس صحيحاً ما ذهب إليه نفر من المستشرقين - أمثال تنمان ومن سار على دربه - من أنه وضع حجراً على حرية الرأي والنظر، أو أن به نزعة جبرية صارمة.

أبعد أن دعا القرآن الكريم العقل الإنساني إلى هذا كله، وعلم العقل الإنساني هذا كله، ودفع العقل الإنساني إلى هذا كله نطالع من يتهم القرآن من أمثال تنمان وغيره بأنه لم يشجع العلم والعلماء، ولم يرفع من شأنهم، وأنه كان عقبة في سبيل النظر العقلي الحر إن مثل هؤلاء كما يقول الدكتور النشار: كمثل من يقول الشمس تفيض برودة وظلمة[2]. أو كمثل الذي أراد أن يغير وجه السماء بالتراب فعاد التراب على وجهه، وظلت السماء على نصاعتها، وعلى كل فالكلاب تعوي والقافلة تسير، ونعتقد أن النصوص التي أشرنا إلى بعض منها كفيلة بإفحام أفئدة هؤلاء المستشرقين.

ولو أردنا استقصاء المواضع التي حث القرآن الكريم فيها على النظر والتفكر والتأمل لطال بنا الحديث إلى مدى يضيق عنه المقام هنا، ولكن يمكن أن نقرر أن القرآن الكريم مليء بما يثير الانتباه وينشط العقل، ويدعو إلى التفكير والنقد

---

(1) البقرة آية: 256.

(2) التفكير الفلسفي الإسلامي، د. النشار، ص339، ط: الخانجي 1967م.

والتحليل، وينفر من التقليد الأعمى وتعطيل الملكات التي منحها اللـه تعالى للإنسان، وأن كتاباً بهذه المثابة لا يمكن القول بأنه معوق للفكر، ومقيد للعقل، أو أنه وقف عقبة بين المسلمين والتقدم العلمـي كمـا زعـم بعض المستشرقين (1).

ألا فليقرأ تنمان القرآن الكريم، وليمسك بيده قلماً وقرطاساً ثم ليحصي عدد مرات ذكر العقـل فـي القرآن، مصحوباً تارات بالثناء والتقدير، ومأموراً تارات بالبحث والنظر والتفكر، ثم ليقل لنا ماذا يستفاد من ذكر العقل مصحوباً بالشكر ومأموراً بالبحث والنظر والتفكير مرات ومرات، استفاد منه أن القرآن يعوق النظر العقلي الحر، أم استفاد منه شيء آخر، إن الجواب على ذلك كما يقول الـدكتور النشار: رهن بمقدار ذكاء تنمان وصحبه الأشرار (2).

وقد أصاب موريس بوكاي في كتابه القيم "دراسة الكتب المقدسة في ضوء المعارف الحديثة" حينما خرج من مقارنته بين التوراة والإنجيل والقرآن بهـذه النتيجـة التـي تبعد كـل البعـد عـن الأحكام المسبقة وتتسم بالموضوعية والبعد عن الهوى، إذ يقول: "أما في الإسلام فعموماً كـان الموقـف إزاء العلـم مختلفـاً إذ ليس هناك أوضح من ذلك الحديث الشهير للنبي، صلى اللـه عليه وسلم، الذي يقول فيه: "اطلب العلم ولو في الصين" (3) أو ذلك الحديث الآخر الذي يقول: "طلب العلم فريضة على كل مسـلم ومسـلمة (4) هنـاك أمـر رئيسي هو "أن القرآن بجانب أنه يدعو إلى المواظبة على

---

(1) الفلسفة الإسلامية بين الأصالة والتقليد، د. المهدي، ص28 وما بعدها مرجع سـابق، وقـارن: التيارات الفكرية المعاصرة وخطرها على الإسلام، د. المهدي، ص286 وما بعدها.

(2) نشأة التفكير الفلسفي في الإسلام، د. علي سامر النشار، 4/1 ط4: دار المعارف.

(3) الحديث رواه ابن ماجة في المقدمة، باب فضل العلماء والحث على طلب العلم 80/1 ط: دار الفكر.

(4) المصدر السابق.

الاشتغال بالعلم، فإنه يحتوي على تأملات عديدة خاصة بالظاهرات الطبيعية، وبتفاصيل توضيحية تتفق تماماً مع معطيات العلم الحديث وليس هناك ما يعادل ذلك في التوراة والإنجيل[1].

ويستطرد المؤلف قائلاً: لقد أثارت هذه الجوانب العلمية التي يختص بها القرآن دهشتي العميقة في البداية، فلم أكن أعتقد قط بإمكان اكتشاف عدد كبير إلى هذا الحد من الدعاوى الخاصة بموضوعات شديدة التنوع ومطابقة تماماً للمعارف العلمية الحديثة، وذلك في نص كتب منذ أكثر من ثلاثة عشر قرناً. في البداية لم يكن لي أي إيمان بالإسلام، وقد طرقت دراسة هذه النصوص بروح متحررة من كل حكم مسبق وبموضوعية تامة، وإذا كان هناك تأثير ما قد مورس فهو بالتأكيد تأثير التعاليم التي تلقيتها في شبابي، حيث لم تكن الغالبية تتحدث عن المسلمين، وإنما على المحمديين لتأكيد الإشارة إلى أن المعنى به دين أسسه رجل، وبالتالي فهو دين عديم القيمة تماماً إزاء الله تعالى...وإذا كنت قد توصلت إلى إدراك زيف الأحكام الصادرة عامة في الغرب عن الإسلام فإني مدين بذلك إلى ظروف استثنائية ففي المملكة العربية السعودية نفسها أعطيت عناصر التقييم التي أثبتت لي درجة الخطأ في بلادنا - هو فرنسي الأصل - عن الإسلام[2].

إن أول ما يثير الدهشة في روح من يواجه مثل هذا النص لأول مرة هو ثراء الموضوعات المعالجة، فهناك الخلق، وعلم الفلك، وعرض لبعض الموضوعات الخاصة بالأرض، وعالم الحيوان وعالم النبات، والتناسل الإنساني، وعلى حين نجد في التوراة أخطاء علمية ضخمة لا تكتشف في القرآن أي خطأ، وقد دفعني ذلك لأن

---

(1) دراسة الكتب المقدسة في ضوء المعارف الحديثة، موريس بوكاي، ص140، دار المعارف، 1979م.

(2) المصدر السابق، ص144.

أتساءل: لو كان كاتب القرآن إنساناً، كيف استطاع في القرن السابع من العصر المسيحي أن يكتب ما اتضح أنه يتفق اليوم مع المعارف العلمية الحديثة[1].

فالإسلام إذن يخاطب العقل ويعتمد عليه في فهم الدين، وعمارة الدنيا، وهو يدعو إلى العلم والتفوق فيه، والأخذ بأحدث أساليبه، والنزول على حكمه في كل المجالات، ويعتبر التفكير عبادة، وطلب كل علم تحتاج إليه الأمة فريضة، والتخلف عن ركب العلم المعاصر منكراً وجريمة، وأن التفوق في ميادينه النظرية والتطبيقية، والمدنية الحربية، واجب ديني، وكل وسيلة تؤدي إلى هذا الواجب فاتباعها واجب وهو لا يرى أي تعارض بين العقل وقواطع الإسلام، فلا مجال للصراع بينهما، كما حدث في ظل الدين المسيحي المنحرف، فالدين عندنا علم، والعلم عندنا دين.

ومنزلة العلم في الإسلام كمنزلة العقل فيه، فلا يضيق الإسلام بالعلم ولا بالعلماء، كما لم يضيق بالعقل ولا العقلاء، ومن يتصور أن الإسلام يضيق بالعقل أو العلم أو يعادي واحداً منهما فقد جهل حقيقة الإسلام، وأفتى بغير علم، ولا فرق في الإسلام بين علم وعلم فكل المعارف والعلوم يتلقاها الإسلام بسعة صدر ورحابة أفق، وليست هذه وحدها هي علاقة الإسلام بالعلم والعلماء، بل إن الإسلام يستنهض كل همم العلماء ويلفت أنظارهم نحو ملكوت الله أرضاً وسماءً وفضاء، وما يتصل بكل مظاهر الكون وأسراره وأعاجيبه[2].

وليس في الوجود كتاب دعا إلى العلوم، والمعارف، وأشاد بفضل العلم والعلماء كما دعا القرآن الحكيم وأشاد ومما يجب لفت الأنظار إليه أن أول جملة ابتدأ بها القرآن نزوله هي دعوة صريحة إلى تحصيل العلوم والمعارف، وهي قوله

---

(1) المصدر السابق، ص145.

(2) التيارات الفكرية المعاصرة، وخطرها على الإسلام، د. محمد المهدي ص286 وما بعدها.

تعالى: ﴿ اقْرَأْ بِاسْمِ رَبِّكَ الَّذِي خَلَقَ ﴾[1] والقراءة مفتاح العلوم في كل عصر ومصر، ولم تخل أمة من الحضارة قديماً ولا حديثاً إلا ولها نظام في فن الكتابة والقراءة، وعن طريق تسجيل تلك الحضارات وقفت الأمم اللاحقة على حضارات الأمم الغابرة.

وإن كانت القراءة هي أهم مفاتيح العلوم، فإن قوله تعالى: ﴿ بِاسْمِ رَبِّكَ ﴾ بعد قوله: ﴿ اقْرَأْ ﴾ يعتبر تقييداً ووصفاً للعلم الذي يحث عليه الإسلام ويفضله ويفضل المحققين له، فالقراءة التي تكون باسم الله هي القراءة المثمرة النافعة، لبني الإنسان ولكل كائن، أي أن الإسلام يوظف العلم لخدمة الحياة لا لتدمير الحياة، لسعادة الأحياء لا لشقائهم، للإضافات الحسنة لا لبعث المخاوف والقلاقل.

فالإسلام هو دين العلم كما كان دين العقل، وإذا كان الإسلام يقدر العقل المهذب المعصوم بالوحي دون العقل الجامح المشتط، فإنه كذلك يقدر العلم المهذب الذي يسخر لخدمة الحياة، ويضيف إليها إضافات حسنة، دون العلم الذي يغتر به صاحبه ويوجهه وجهة منحرفة[2].

وبعد أن وضحنا هذه الحقائق التي لا يمكن لأحد أن يتجاهلها إلا حاقد أو متعصب، نكون قد فندنا شبهة هؤلاء الأفاكين، وزعمهم بأن الإسلام عدو العلم، وأنه عائق للنظر العقلي الحر، وقد أثبتنا ذلك من خلال نصوص القرآن الكريم، وأقول العلماء المنصفين من الغرب.

---

(1) سورة العلق آية: 1.

(2) الإسلام في مواجهة الأيديولوجيات المعاصرة، د. عبد العظيم المطعني، ص100 وما بعدها، ط: السعادة 1987م.

المطلب الثاني

ما أثير حول السنة النبوية من شبهات

السنة النبوية هي المصدر الثاني للتشريع الإسلامي بعد القرآن الكريم، وهي بهذه الصفة لها حجيتها ويجب العمل بمقتضاها إذا ثبت روايتها عن الرسول، صلى الله عليه وسلم، عن طريق التواتر، وأساس حجيتها مستمد مما جاء في القرآن الكريم من الأمر بطاعة الرسول، وجعل طاعته طاعة لله تعالى، يقول الله تعالى: ﴿مَّن يُطِعِ ٱلرَّسُولَ فَقَدۡ أَطَاعَ ٱللَّهَۖ﴾[1]. ويقول: ﴿وَأَطِيعُواْ ٱللَّهَ وَأَطِيعُواْ ٱلرَّسُولَ وَٱحۡذَرُواْۚ﴾[2]، وغير هذه الآيات كثير مما يدل على حجية السنة واعتبارها مصدراً أساسياً من مصادر التشريع في الإسلام.

والسنة في اصطلاح المحدثين: ما أثر عن النبي، صلى الله عليه وسلم، من قول أو فعل أو تقرير، أو صفة خُلقية أو خَلقية[3]. وقول الرسول حجة لدلالة المعجزة على صدقه، ولأمر الله إيانا باتباعه، ولأنه لا ينطق عن الهوى إن هو إلى وحي يوحى.

ومنزلة السنة من الكتاب بالنسبة للأحكام الواردة فيهما فإنها ترد على عدة وجوه منها: أن تكون موافقة لما جاء في الكتاب ومطابقة لما دل عليه من الأحكام فتكون مؤكدة بذلك للكتاب أو مقررة له، ومنها: أن تكون شارحة للكتاب ومبينة لما جاء فيه من النصوص المحتاجة إلى البيان، وهي في هذه الحالة إما أن تكون مفسرة لنصوص الكتاب المجملة أو مخصصة للعام منها، أو مقيدة لمطلقه، ومنها: أن تأتي

(1) النساء آية: 80.

(2) المائدة آية: 92.

(3) منهج البحث في العلوم الإسلامية، د. محمد الدسوقي، ص229، ط: دار الأوزاعي 1984م.

بحكم جديد سكت عنه الكتاب كرجم الزاني المحصن وغير ذلك من الأحكام⁽¹⁾.

ولمكانة السنة من الدين عنى الصحابة الإجلاء بالأحاديث النبوية عناية فائقة، وحرصوا عليها حرصهم على القرآن فحفظوها وفهموها وعرفوا مغازيها ومراميها بسليقتهم ونظرتهم العربية بما كانوا يسمعونه من أقوال النبي، صلى الله عليه وسلم، وما كانوا يشاهدون من أفعاله وأحواله.

ولم تدون السنة في عهد النبي، صلى الله عليه وسلم، لنهيه عن كتابة الأحاديث خشية أن يتلبس الأمر على البعض بالقرآن الكريم، أو يكون شاغلاً لهم عنه، ولا سيما أن الصحابة كانوا أميين، وما أن توفي النبي، صلى الله عليه وسلم، حتى كثر عدد من كان يدون الحديث من الصحابة أو من التابعين، واستمر الأمر على ذلك البعض يكتب والبعض لا يكتب إلى أن جاء عهد الخليفة "عمر بن عبد العزيز" رضي الله عنه، فرأى جمع السنة وتدوينها خشية أن يضيع منها شيء، أو يلتبس الحق بالباطل وكان ذلك على رأس المائة الأولى من الهجرة.

فأخذ العلماء يجمعون الأحاديث ويمحصونها، ويؤلفون الصحاح والسنن والمسانيد، حتى جمعت الأحاديث كلها تقريباً في القرن الثالث، وبانتهاء هذا القرن كاد ينتهي الجمع والتأليف والاستقلال في النقد والتعديل والتجريح، وبدأت عصور الترتيب والتهذيب، أو الاستدراك والتعقيب، وذلك في القرن الرابع الهجري وما تلاه من عصور.

ولم يكتف العلماء بجمع الأحاديث فقط، بل عنوا عناية خاصة بنواح أخرى تتصل به من جهة سنده ومتنه، مما يتوقف عليه قبوله أو رده، والبحث في هذه النواحي كما يقول الدكتور أبو شهبة: بحث جليل القدر، جم الفائدة، إذ يتوقف عليه تمييز الطيب من الخبيث، والصحيح من العليل، وتطهير السنة مما عسى أن يكون

---

(1) الظاهرة الاستشراقية 465/2.

دخلها من التزيد والاختلاق، وبذلك تسلم الشريعة من الفساد، وتلك النواحي التي بحثوا فيها مثل: كون الحديث صحيحاً أو حسناً، أو ضعيفاً،...ومالا يتصل بذلك من البحث عن أحوال الرجال من الجرح والتعديل وألفاظ كل، والرواية وشروطها، والتحمل وكيفياته، والأداء وألفاظه، وبيان علل الحديث، وغريبه ومختلفه، وناسخه ومنسوخه، وطبقات الرواة وأوطانهم، ووفياتهم، إلى غير ذلك مما تجده مبسوطاً في كتب علوم الحديث[1].

هذه السنة النبوية وقف المستشرقون منها موقفاً لا يقل مجافاة للمنهج العلمي عن موقفهم من القرآن الكريم، إذ أنهم يهدفون إلى تقويض صرح الإسلام الشامخ المتمثل في مصدريه القرآن والسنة المطهرة.

فهم قد حاولوا أن يثبتوا أن المسلمين على اختلاف طوائفهم قد أسهموا في الوضع على الرسول ونسبة الأحاديث كذباً إليه، وأن الأهواء والمنافع والاختلافات السياسية والمذهبية كانت من وراء حركة الوضع، لأن تفرق المسلمين بعد الفتنة الكبرى، وظهور الأحزاب المختلفة نجم عن صراع الافتراء انتصاراً للاتجاهات المتباينة والآراء المتعارضة[2].

إن الأحاديث النبوية وجدت منذ حياة الرسول، صلى الله عليه وسلم، ونقلها الصحابة والتابعون وتابعوا التابعين، وكلهم صادق مؤتمن في دينه، ويفترض فيهم العدالة والورع والتقوى، ولا ينقلون عن الرسول، صلى الله عليه وسلم، إلا ما تحققوا من صدقة وثبوته، وكما يقول الدكتور صبحي: ما لجأ عالم مسلم إلى وضع حديث، والذين اشتركوا في وضع الأحاديث كانوا بوجه عام من الذين أظهروا الإسلام

(1) دفاع عن السنة ورد شبه المستشرقين والكتاب المعاصرين، د. محمد أبو شهبه، ص24 بتصرف، القاهرة.
(2) الفكر الاستشراقي، ص104.

وأبطنوا الكفر، أرادوا بهذا الدين والمؤمنين به الضر والشر، فهم بعداوتهم وأحقادهم قد كذبوا ووضعوا، ولكن الله قيض للأمة علماء أمناء مخلصين مازوا الطيب والخبيث، ودونوا السنة الصحيحة، كما دونوا الموضوع منها حتى تكون الأمة على بينة من سنة نبيها، فضلاً عن الدراسات التي خدمت السنة، وأصبح يطلق عليها الحديث، فقد درست السنة متناً وسنداً وفقها، دراسة لم تعهد في تاريخ البشرية بالنسبة لسنة نبي من أنبياء الله تعالى[1].

وأول مستشرق قام بمحاولة التشكيك في الحديث النبوي هو المستشرق اليهودي "جولد تسيهر" الذي يعتبره المستشرقون أعمق العارفين بالحديث النبوي، وقد حمل هذا المستشرق على السنة المطهرة حملة شعواء، وحشد لما قاله من التشكيك فيها أدلة من أوهامه وتزييفاته وتحريفاته، يقول "جولدتسهير" ولا نستطيع أن نعزو الأحاديث الموضوعة للأجيال المتأخرة وحدها، بل هناك أحاديث عليها طابع القدم، وهذه الأحاديث، إما قالها الرسول أو من عمل رجال الإسلام القدامى، ومع بعد الزمان والمكان عن المنبع الأصلي اخترع أصحاب المذاهب النظرية والعلمية أحاديث لا نرى عليها شائبة في ظاهرها، ويرجع بها إلى الرسول وأصحابه[2].

ويستطرد جولدتسيهر في تزييفاته قائلاً: والحق أن كل فكرة وكل حزب، وكل صاحب مذهب، يستطيع دعم رأيه بهذا الشكل وأن المخالف له في الرأي يسلك أيضاً هذا الطريق ومن ذلك لا يوجد في دائرة العبادات أو العقائد أو القوانين الفقهية أو السياسية مذهب أو مدرسة لا تعزز رأيها بحديث أو جملة أحاديث ظاهرها لا تشوبه أية شائبة، أما باطنها فمختلق من صنع الأمة الإسلامية التي تواطأت عامدة

---

(1) علوم الحديث ومصطلحه، د. صبحي الصالح، ص271، ط: بيروت، دار العلم للملايين، بتصرف.

(2) العقيدة والشريعة في الإسلام، ص49.

على التهام الأفكار التي وجدتها في البلاد المفتوحة، ثم زعمت أن هذه الأفكار كلها من عمل رسول الإسلام[1].

هذه الاتهامات الرخيصة والشبه المفترية على السنة النبوية يفهم منها أن كثيراً من الأحاديث التي نسبت إلى الرسول، صلى الله عليه وسلم، إنما هي من تأليف الصحابة والتابعين وغيرهم، وهو يريد أن يقول أن الإسلام تطور ونما على يد هؤلاء الرجال الذين وضعوا ألوف الأحاديث التي لم ينطق بها الرسول ليجعلوا من الإسلام ديناً شاملاً، يؤيد ذلك قوله: إن القسم الأعظم من الحديث بمثابة نتيجة لتطور الإسلام الديني والتاريخي والاجتماعي في القرن الأول والثاني، فالحديث بالنسبة له لا يعدو وثيقة لتاريخ الإسلام في عهده الأول، عهد طفولته، وإنما هو أثر من آثار الجهود التي ظهرت في المجتمع الإسلامي[2].

ويقول "جولد تسيهر" ماضياً في هرائه: كانت تطورات التفكير الإسلامي ووضع الأشكال العلمية له وتأسيس النظم، كل ذلك جاء نتيجة لعمل الخلف التالين، ولم يتم كل هذا بدون كفاح داخلي وتوفيقات، وهكذا يظهر غير صحيح ما يقال من أن الإسلام في كلا العلاقات جاء إلى العالم طريقة كاملة، بل على العكس فإن الإسلام والقرآن لم يتمما كل شيء، بل كان كمال لعمل الأجيال اللاحقة[3].

ودعوى أن الحديث كان نتيجة للتطور الديني والسياسي والاجتماعي للإسلام في القرن الأول والثاني الهجري وما ذكره "جولدتسهير" من حديث عن طفولة الإسلام ونضوجه إلى آخره فإن الواقع والتاريخ يكذب هذه المزاعم، فإن الإسلام بلغ

---

(1) المصدر السابق، ص51.

(2) السنة ومكانتها في التشريع الإسلامي، د. مصطفى السباعي، ص19، نقلاً عن العقيدة والشريعة في الإسلام.

(3) العقيدة والشريعة في الإسلام، ص44.

تمامه أيام النبي صلى الله عليه وسلم، والمسلمون مجمعون على رفض آية إضافة تجيء بعده، ويعتبرونها ضلالاً، وهم يعرفون أن في كتاب ربهم وسنة نبيهم الكفاية المطلقة لكل تشريع تحتاج إليه العصور.

فالحديث إذن عن مرحلة نضوج الإسلام بعد وفاة النبي، صلى الله عليه وسلم، والدليل على ذلك قوله تعالى: ﴿ٱلْيَوْمَ أَكْمَلْتُ لَكُمْ دِينَكُمْ وَأَتْمَمْتُ عَلَيْكُمْ نِعْمَتِى وَرَضِيتُ لَكُمُ ٱلْإِسْلَٰمَ دِينًا﴾[1]. وقوله: ﴿وَنَزَّلْنَا عَلَيْكَ ٱلْكِتَٰبَ تِبْيَٰنًا لِّكُلِّ شَىْءٍ﴾[2] وقوله: ﴿مَّا فَرَّطْنَا فِى ٱلْكِتَٰبِ مِن شَىْءٍ﴾[3].

إن الإسلام قد اكتمل في حياة الرسول، صلى الله عليه وسلم، في عقائده وعباداته وأخلاقه وأحكامه ونصوصه وقواعده، كما هو واضح من هذه الآيات، وأن الرسول، صلى الله عليه وسلم، انتقل إلى الرفيق الأعلى وترك الإسلام على هذا النحو، وأن المسلمين من القرن الأول إلى يوم الناس هذا، يعتبرون أي تزيد على هذا الدين بدعة تحارب، ويرفضون من أي مخلوق، ومن أي جماعة أن يضموا إلى هذا الدين جديداً.

إلا أن جولد تسهير" ومن على شاكلته يزعم أن الإسلام نما على يد رجاله وسبيل نمائه الإضافات التي جعلت كيان هذا الدين يكبر إلى حد لم يعرفه (محمد) نفسه، وأول هذه الإضافات السنة، فإن ألوف الأحاديث التي ثبت أن الرسول (صلى الله عليه وسلم) نطق بها هي من صنع العلماء الذين أرادوا أن يجعلوا من الإسلام ديناً كبيراً، شاملاً، فخلقوا هذه الأحاديث.

---

(1) المائدة آية: 3.

(2) النحل آية: 89.

(3) الأنعام آية: 38.

والغريب كما يقول الشيخ محمد الغزالي أن الرجل في سبيل تسويغ هذه الفرية جرت على لسانه هذه العبارة: إن تعاليم القرآن تجد تكملتها واستمرارها في مجموعة من الأحاديث المتواترة وهي وإن لم ترو عن النبي، صلى الله عليه وسلم، مباشرة تعتبر أساسية لتمييز روح الإسلام".

أي أن الأحاديث المتواترة لم تصدر عن الرسول، صلى الله عليه وسلم، الطعن إذن ليس في حديث ما، أو في جملة أحاديث عليها اعتراض قوي أو ضعيف، كلا، إن الطعن في السنة كلها، المتواتر منها والمشهور والصحيح[1].

ويذهب جولد تسهير إلى أبعد من هذا، حيث يزعم أن سنة النبي، صلى الله عليه وسلم، إن هي إلا نقل آداب وحكم وأقاصيص ومواعظ عن الأمم السابقة، وفي ذلك يقول: هناك جمل أخذت من العهد القديم والجديد، وأقوال الربانيين مأخوذة من الأناجيل الموضوعة وتعاليم من الفلسفة اليونانية، وأقوال من حكم الفرس والهنود، وكل ذلك أخذ مكانه إلى الإسلام عن طريق الحديث[2].

وهذا المستشرق يريد أن يوهم بأن الإسلام اقتبس أو نقل من النحل والفلسفات الأخرى وبخاصة اليهودية والنصرانية عن طريق الحديث، وأن أمة الإسلام لم تزد عن أن تكون جسر للمعارف والآداب الأولى، وإن ادعت لنفسها الابتكار والأصالة.

إن الملامح العلمية التي تفرد بها الإسلام، والتي تميز شخصيته تمييزاً حاسماً، لا حصر لها في أصليه العظيمين الكتاب والسنة، فكيف يحاول رجل مثل جولد تسيهر أن يوهم الناس بأن الإسلام ناقل عمن سبقوه؟ إن صاحب القصر الشاهق لا ينبغي اتهامه بأنه عمر داره السامية من لبنات الأكواخ المتداعية حوله،

(1) العقيدة والشريعة في الإسلام، ص51.

(2) دفاع عن العقيدة والشريعة، ص58.

وأنه من السخف بمكان أن يقال: نقلت السنة النبوية عن الأمم السابقة الواهنة التي عاصرت النبوة، إن الأمة التي صنعها الإسلام بوأتها أصوله العلمية مكانة لم تعرفها أمة من قبل[1].

إن هذا الرجل في حقده على الإسلام يهاجمه بعمى، ولا يتخير مكاناً يظن به الضعف ثم يهجم، بل ينطح برأسه كل شيء دون تفريق، وهيهات أن يصدع إلا رأسه.

كناطح صخرة يوماً ليوهنها   فلم يضرها وأوهى قرنه الوعل

وما عساك ترقب من رجل يبذل قصاراه في إثبات أن الإسلام ليس بدين، فيزعم أن القرآن كلام اختلقه محمد، صلى الله عليه وسلم، ونسبه إلى الذات العلية، وأن السنة أحاديث افتعلها الناس، وأودعوها تجارب الآخرين وتقاليدهم ثم نسبوها إلى الرسول.

ويمضي جولد تسيهر في افتراءاته وتزييفاته، فيطعن في رواة الحديث جملة، فيستعرض بعض ما يقوله علماء الرجال في الرواة ويخرجونه مخرج الجرح والتعديل، ليوهم بأن هؤلاء الرواة مجروحون كذابون.

فمن ذلك قوله: ...ويقول وكيع عن زياد بن عبد الله البكائي: إنه مع شرفه في الحديث كان كذوباً، ولكن ابن حجر يقول في التقريب: ولم يثبت أن وكيعاً كذبه يريد جولد تسيهر بهذا أن يقول إن زيادا البكائي كان كذوباً، مع علو منزلته في الحديث، وذلك بشهادة وكيع أحد أعمدة الجرح والتعديل، فإذا كان مثل زياد البكائي كذوباً فأي ثقة بالحديث والسنة إذن؟

فلننظر أصل النص، وكيف حرفه جولد تسيهر جاء في التاريخ الكبير للإمام البخاري: وقال ابن عقبة السدوسي عن وكيع وهو - أي زياد بن عبد الله البكائي -

_____

(1) دفاع عن العقيدة، ص67-68.

أشرف من أن يكذب هذا هو النص كما ترى ينفى عن (زياد) الكذب أشد النفى وأبلغه، فهو "أشرف من أن يكتب" أي أنه أبعد من الكذب بسجيته وفطرته وطبعه وشرف نفسه، وعلو همته، فلو كان الكذب حلالاً غير منهى عنه شرعاً ما كذب، كما روى عن بعضهم لو كانت خيانتك حلالاً ما خنتك مبالغة في بعد الحيانة عن طبعة ومجافاتها لشيمه، ومع وضوح هذا النص يحرفه هذا المستشرق إلى أنه كان مع شرفه في الحديث كذوباً[1].

ومن تحريفات جولد تسيهر أيضاً اتهامه للإمام الزهري بالوضع في الحديث، قال عن الزهري واستعداده لمسايرة الحكام، ووضع ما يرون من أحاديث: قد كانت تقواه تجعله يشك أحياناً، ولكنه لا يستطيع دائماً أن يتحاشى تأثير الدوائر الحكومية؟ وقد حدثنا معمر عن الزهري بكلمة مهمة وهي قوله: أكرهنا هؤلاء الأمراء على أن نكتب أحاديث، فهذا الخبر يفهم استعداد الزهري أن يكسو رغبات الحكومة بسمة المعترف به عند الأمة الإسلامية.

ونلاحظ أنه في نفس الوقت يحاول أن يظهر بمظهر الحيدة العلمية الخالية من الغرض، فلا يحرم الزهري من وصف التقوى المعروف به، بل يضفى على عبارته ما يجعلها أولى بالتصديق، فيجعل الزهري ذلك التقى الصالح يستشعر الندم أحياناً ويعترف بخطئه، ويبرر لنفسه ذلك بأنه واقع تحت الإكراه من السلطة وهكذا بهذا الملمس الناعم يسوق تزيينه وتحريفه وينفثه في خفة ومهارة، وهو في كل ذلك يرتكز على ذلك النص المنقول عن "معمر" ليوهم القارئ بأنه يوثق ما يقول ويملك دليلاً على ما يدعي.

وهذا النص الذي نقله فيه تحريف متعمد يقلب المعنى رأساً على عقب، وأصله عند "ابن عساكر" و"ابن سعيد": أن الزهري كان يمتنع عن كتابة الأحاديث

---

(1) المستشرقون والتراث، ص28، وقارن: الظاهرة الاستشراقية 498/2.

للناس – كان يفعل ذلك ليعتمدوا على ذاكرتهم، ولا يتكلموا على الكتابة – فلما طلب منه هشام، وأصر

عليه أن يملي على ولده ليمتحن حفظه، وأملى عليه أربعمائة حديث خرج من عند هشام وقال بأعلى

صوته: يا أيها الناس إنا كنا منعناكم أمراً، قد بذلناه الآن لهؤلاء، وأن هؤلاء الأمراء أكرهونا على كتابة

الأحاديث، فتعالوا حتى أحدثكم، فحدثهم بالأربعمائة حديث، هذا هو النص التاريخي لقول الزهري[1].

ويعلق الدكتور السباعي على هذه الواقعة فيقول: فانظر كم الفرق بين أن يكون قول الزهري كما

روى جولد تسيهر أكرهونا على كتابة أحاديث، وبين أن يكو قوله كما رواه المؤرخون: أكرهونا على كتابة

الأحاديث أو كما رواه الخطيب على كتابة العلم، ثم انظر إلى هذه الأمانة العلمية حذف "ال" من

الأحاديث، فقلبت الفضيلة رذيلة حيث كان النص الأصلي يدل على أمانة الزهري وإخلاصه في نشر العلم،

فلم يرض أن يبذل للأمراء ما منعه عن عامة الناس، إلا أن يبذله للناس جميعاً، فإذا أمانة هذا المستشرق

تجعله ينسب للزهري أنه وضع للأمراء أحاديث أكرهوه عليها، فأين هذا من ذاك[2].

إن أحداً لا يشك في صلاح وتقوى الإمام الزهري وقد تضافرت جهود العلماء على أنه كان أعلم

الناس بالسنة في عصره قال عنه سفيان لم يكن في الناس أحداً أعلم بالسنة من الزهري.

وليس جولد تسيهر وحده في هذا التهجم على السنة النبوية بقصد التشكيك، وإنما شاركه الكثير

من المستشرقين في هذا التطاول، وذلك الافتراء، فهذا شاخب يصف علماء المسلمين كافة في القرون الثلاثة

الأولى بأنهم كانوا كذابين وملفقين غير أمناء، وأن الأحكام الفقهية لا ترجع إلى أصول دينية، وإنما ترجع إلى

أحاديث

(1) السابق، ص30.

(2) السنة ومكانتها في التشريع الإسلامي، ص221-223.

مكذوبة وضعها الفقهاء واخترعوا لها أسانيد، ويقول في هذا: إن أكبر جزء من أسانيد الأحاديث اعتباطي، ومعلوم لدى الجميع أن الأسانيد بدأت بشكل بدائي، ووصلت إلى كمالها في النصف الثاني من القرن الثالث الهجري، وكانت الأسانيد كثيراً لا تجد أقل اعتناء، وأي حزب يريد نسبة آرائه إلى المتقدمين كان يختار تلك الشخصيات ويضع لها الأسانيد[1].

ومثل هذه الآراء التي قال بها جولد تسيهر لا تسعى للتشكيك في السنة والحكم على أمهات مصادرها وكتب الصحاح منها بأنها مشحومة بالموضوعات فحسب، وإنما تسعى أيضاً لتصوير الأجيال الأولى في تاريخ الأمة الإسلامية بأنها أجيال لا تؤتمن على الدين، وأن الصراع بينها كان من وراء ذلك الركام من الأحاديث المفتراه، وهذا يعني قبول الأمة لكل ما نقل عن تلك الأجيال يحتاج إلى إعادة نظر، فالغاية ليست علمية ولا منهجية، ولكنها غاية هدمية تسلك من أجل الوصول إلى ما تسعى إليه كل وسائل التلبيس والتضليل وتلمس الشبهات، والأخذ بالروايات المدخولة والآراء المنكرة، وكأنها الحقيقة التاريخية التي لا امتراء فيها على حين تهمل المصادر الأصلية ولا تذكر الروايات الصحيحة، لأنها تتعارض مع تلك الغاية، غاية التشكيك والتشويه ووصف خير القرون بأنهم كانوا مفترين ملفقين متصارعين على حطام الدنيا فأنى للأمة أن تقبل ما جاء عنهم[2].

إن التراث العلمي الخاص بعلوم الحديث يدحض الرأي الذي يتهم علماء المسلمين بوضع الأحاديث خدمة للمآرب الخاصة، وأن موقف المستشرقين من تاريخ السنة مضطرب ومتناقض، ويثبت أن الاستشراق لا يدرس السنة دراسة موضوعية،

---

(1) مناهج المستشرقين في الدراسات العربية والإسلامية، 63/1 المنظمة العربية للتربية والثقافة والعلوم، ط: تونس 1985م.
(2) الفكر الاستشراقي، ص107.

وأنه يريد من وراء أبحاثه تشكيك المسلمين في المصدر الثاني لدينهم، حيث يدرك أن العمل بالقرآن الكريم على الوجه الصحيح لا سبيل إليه إلا بالعمل بالسنة، فإذا طعن فيها وأساء إلى رواتها، وشكك في صحة مصادرها، فإن الأمة لا تستطيع أن تعمل بكتاب ربها.

وقد أحسن المستشرق الفرنسي المسلم "ناصر الدين" دينية في حديثه عن أسلوب المستشرقين وموازينهم في الحكم على الأشياء مما جعلهم يتناقضون فيما بينهم تناقضاً واضحاً في الحكم على شيء واحد، كل ذلك لأنهم حاولوا أن يحللوا السيرة المحمدية وتاريخ ظهور الإسلام بحسب العقلية الأوروبية فضلوا بذلك ضلالاً بعيداً، لأن هذا غير هذا، ولأن المنطق الأوروبي لا يمكن أن يأتي بنتائج صحيحة في تاريخ الأنبياء الشرقيين.

ثم قال إن هؤلاء المستشرقين الذين حاولوا نقد سيرة النبي، صلى الله عليه وسلم، بهذا الأسلوب الأوروبي البحت لبثوا ثلاثة أرباع قرن يدققون ويمحصون بزعمهم، حتى يهدموا ما اتفق عليه الجمهور من المسلمين من سيرة نبيهم، وكان ينبغي لهم بعد هذه التدقيقات الطويلة العريضة العميقة أن يتمكنوا من هدم الآراء المقررة والروايات المشهورة من السيرة النبوية، فهل تسنى لهم شيء من ذلك؟ الجواب: أنهم لم يتمكنوا من إثبات أقل شيء جديد، بل إذا أمعنا النظر في الآراء الجديدة التي أتى بها هؤلاء المستشرقون، من فرنسيين وإنجليز وألمان وهولانديين وبلجيكيين ويهود...الخ لا نجد إلا خلطاً وخبطاً، وإنك لترى كل واحد منهم يقرر ما نقضه غيره من هؤلاء المدققين بزعمهم، أو ينقض ما قرره.

ثم أخذ "دينية" يورد الأمثال على هذه التناقضات، وختم كلامه بقوله: وإذا أردنا استقصاء هذه التناقضات التي نجدها بين تمحيصات هؤلاء المحصين بزعمهم يطول بنا الأمر، ولا نقدر أن نعرف أية حقيقة، ولا يبقى أمامنا إلا أن نرجع إلى

السيرة النبوية التي كتبها العرب، فأما المؤلفين الذين زعموا أنهم يريدون ترجمة "محمد" بصورة علمية شديدة التدقيق فلم يتفقوا منها ولو على نقطة مهمة، وبرغم جميع ما نقبوه وحاولوا كشفه بزعمهم، فلم يصلوا ولن يصلوا إلا إلى تمثيل أشخاص في تلك السيرة ليسوا أعرق في الحقيقة الواقعية من أبطال أقاصيص "فالترسكوت" و"إسكندردوماس" فهؤلاء القصاص تخيلوا أشخاصاً من أبناء جنسهم يقدرون أن يفهموهم، ولم يلحظوا إلا اختلاف الأدوار بينهم، أما أولئك المستشرقون فنسوا أنه كان عليهم قبل كل شيء أن يسدوا الهوة السحيقة التي تفصل بين عقليتهم الغربية والأشخاص الشرقيين الذين يترجمونهم، وأنهم بدون هذه الملاحظة جديرون بأن يقعوا في الوهن في كل نقطة(1).

إن أغلب المستشرقين يضعون في أذهانهم فكرة معينة يريدون تصيد الأدلة لإثباتها، وحين يبحثون عن هذه الأدلة لا تهمهم صحتها بمقدار ما يهمهم إمكان الاستفادة منها لدعم آرائهم الشخصية، وكثيراً ما يستنبطون الأمر الكلي من واقعة جزئية ومن هنا يقعون في مفارقات عجيبة.

ومن أمثلة ذلك محاولة المستشرق "جولد تسيهر" لإثبات زعمه بأن الحديث في مجموعه من صنع القرون الثلاثة الأولى للهجرة وليس من قول الرسول، صلى الله عليه وسلم، ادعى أن أحكام الشريعة لم تكن معروفة لجمهور المسلمين في الصدر الأول من الإسلام، وأن الجهل بها وبتاريخ الرسول كان لاصقاً بكبار الأئمة وقد حشد لذلك بعض الروايات الساقطة المتهافتة، من ذلك ما نقله عن كتاب (الحيوان) للدميري، من أن أبا حنيفة النعمان رحمه الله، لم يكن يعرف هل كانت معركة (بدر) قبل معركة (أحد) أم كانت (أحد) قبلها.

_____

(1) حاضر العالم الإسلامي، لمؤلفه أوثروب ستود أراد، ترجمة عجاج نويهض، تعليق وتقديم شكيب أرسلان، 33/1، ط: دار الفكر.

ولا شك في أن أقل الناس اطلاعاً على التاريخ يرد مثل هذه الرواية، فأبو حنيفة وهو أشهر أئمة الإسلام الذين تحدثوا عن أحكام الحرب في الإسلام حديثاً مستفيضاً في فقهه الذي أثر عنه، وفي كتب تلاميذه الذين نشروا علمه، كأبي يوسف ومحمد يستحيل على العقل أن يصدق بأنه كان جاهلاً بوقائع سيرة الرسول، صلى الله عليه وسلم، ومغازيه، وهي التي استمد منها فقهه في أحكام الحرب.

فجولد تسيهر أعرض عن كل ما دون من تاريخ أبي حنيفة تدويناً علمياً ثابتاً، واعتمد رواية مكذوبة لا يتمالك طالب العلم المبتدئ في الدراسة من الضحك لسماعها، ليدعم بذلك ما تخيله من أن السنة النبوية من صنع المسلمين في القرون الثلاثة الأولى[1].

ومهما يكن من أمر فإن الدافع لهؤلاء وراء ركوبهم متن الشطط في دعواهم هذه، إنما هو ما رأوه في الحديث النبوي الشريف الذي اعتمده علماؤنا من ثروة فكرية وتشريعية مدهشة وهم لا يعتقدون بنبوة الرسول، صلى الله عليه وسلم، فادعوا أن هذا لا يعقل أن يصدر كله عن محمد، صلى الله عليه وسلم، الأمي، بل هو عمل المسلمين خلال القرون الثلاثة الأولى، فالعقدة النفسية عندهم كما يقول الدكتور السباعي هي: عدم تصديقهم نبوة سيدنا محمد، صلى الله عليه وسلم[2].

إن الصرح الذي شيده المستشرقون في سنة الرسول صلى الله عليه وسلم، إنما هو صرح من الورق، قد أقيم على شفا جرف هار، والسبب في ذلك واضح، ذلك أن المستشرقين لم يتبعوا الخطة المثلى فيما ينبغي أن يعتمدوا عليه في السنة النبوية، إن كاتب السيرة النبوية يجب عليه أولاً: أن يتجرد عن الشهوة والهوى والعصبية ويبدأ في دراسة الموضوعات نافضاً عن رأسه كل ما أوحته إليه من

---

(1) الاستشراق والمستشرقون، ص43-45 بتصرف.

(2) السابق، ص22.

أباطيل عن الإسلام، وكل ما غرسته في نفسه من ترهات، خاصة بمؤسس الدين الإسلامي، وإذا لم يفعل ذلك فإن ما يكتبه سيكون لا محالة وهماً باطلاً.

ويجب عليه ثانياً: أن يعتمد على الأخبار الصحيحة التي رواها المسلمون أول عهدهم بالتدوين، يجب عليه أن يعتمد على سيرة ابن هشام وطبقات ابن سعد وعلي البخاري ومسلم، وعلى تاريخ الطبري، وقبل كل ذلك وبعده القرآن الكريم، ويجب عليه ثالثاً: أن يدرس البيئة العربية في مهدها الأصلي، مكة والمدينة والطائف، وغيرها حتى ينجلي له الغامض ويتضح له المبهم وتستقيم له الفكرة[1].

المطلب الثالث

ما أثير حول الرسول، صلى الله عليه وسلم، من شبهات

منذ بزغ فجر الإسلام في شبه جزيرة العرب ومحاولات النيل من شخصية الرسول، صلى الله عليه وسلم، لم تهدأ من أعداء الإسلام، فقديماً قال بعض المشركين للرسول: ﴿يَٰٓأَيُّهَا ٱلَّذِى نُزِّلَ عَلَيْهِ ٱلذِّكْرُ إِنَّكَ لَمَجْنُونٌ﴾[2] وقال بعض آخر: ﴿هَٰذَا سَٰحِرٌ كَذَّابٌ ﴿٤﴾ أَجَعَلَ ٱلْءَالِهَةَ إِلَٰهًا وَٰحِدًا إِنَّ هَٰذَا لَشَىْءٌ عُجَابٌ﴾[3]. إلا أن صاحب الرسالة رغم هذه الافتراءات مضى في طريقه يبذر الحق، وينشر العلم، ويحي القلوب، وينشئ أجيالاً ناضرة، ويقيم أمة تكسر صلب الباطل وتقذف بالرعب في نفوس المارقين، وقد ذاب الافتراء وأهله وتلاشى الجهل والجاهلون، وبقيت الحقائق فوق التهم والترهات.

وقد جاء المستشرقون يرددون الأفك الذي لغط به قديماً صعاليك الصحراء،

---

(1) أوروبا والإسلام، ص125.

(2) الحجر آية: 6.

(3) ص آية: 4-5.

ويروجون لحساب الاستعمار أغاليط تافهة عن الإسلام ونبيه، صلى الله عليه وسلم، على أن الإسلام حال بين المسلمين وبين الحط من مقام عيسى، عليه السلام، وقرر أنه عبد الله أتاه الكتاب وجعله نبياً، وجعله مباركاً أينما كان، أما المسيحيون فقد جعل الكثيرون منهم يعرضون بمحمد، صلى الله عليه وسلم، وينعتونه بأوصاف يبرأ منها المهذب من الرجال، شفاء لما في نفوسهم من غل وحقد، ولقد يعجب الإنسان أن يظل تعصب المسيحية على الإسلام بهذه الشدة في عصر يزعمون أنه عصر النور والعلم، وأنه لذلك عصر التسامح وسعة الأفق.

جاء في موسوعة لاروس الفرنسية خلال العرض لآراء كتاب المسيحية إلى النصف الأول من القرن التاسع عشر ممن نالوا من محمد، صلى الله عليه وسلم، شر نيل ما يأتي: بقي محمد مع ذلك ساحراً ممعناً في فساد الخلق، لص نياق، لم ينجح في الوصول إلى كرسي البابوية، فاخترع ديناً جديداً لينتقم من زملائه، واستولى القصص الخيالي والخليع على سيرته، وسيرة باهومية محمد، صلى الله عليه وسلم، تكاد تقيم أدباً من هذا النوع، وقصة محمد التي نشرها رينا وفرانسيسك ميشيل سنة 1831م تصور لنا الفكرة التي كانت لدى العصور الوسطى عنه[1].

ومن تلك الترهات والأساطير التي سطرها رجال الدين الغربيون في القرون الوسطى وبداية القرون الحديثة عن النبي، صلى الله عليه وسلم، تلك الجمل والعبارات البذيئة التي وصف بها الشاعر الإنجليزي جون لوجيب رسولنا بأنه: مزيف وساحر وزاني ووضيع الأصل، ومنتحل شخصية المسيح، ومصاب بالصرع..وغيرها من الترهات والسباب البذيء الذي يصف موته بسبب كونه نهماً، ولأنه أفرط في شرب الخمر، ووقع في بركة وأكلته الخنازير[2].

---

(1) حياة محمد، د. محمد حسين هيكل، ص25، ط3: الهيئة العامة للكتاب، 1996م.

(2) الظاهرة الاستشراقية وأثرها على الدراسات الإسلامية 9/3.

كما أننا لا ننسى ادعاءات: دانتي اليجيري عندما وضع النبي وصنفه في الفئة التي أطلق عليها باذري الفتنة والشقاق وأنه موجود مع ابن عمه في الوادي التاسع من الدائرة الثامنة للجحيم، وكذلك أراد بعض المستشرقين الذين نفوا وجود الرسول العربي جملة وتفصيلاً واعتبروا سيرته وكفاحه ومسعاه لتأسيس دين جديد، أدت إلى حضارة جديدة، عبارة عن أسطورة وهمية لا أساس لها من الناحية الواقعية.

وقد وصف الكاتب الديني المتعصب، بدرودي الفونتو، نبينا، صلى الله عليه وسلم، بعدم قدرته على التنبؤ، وأن كتابه الذي نزل عليه غير معزز بالمعجزات، وأنه شرير وكاذب، وكان ذا شهوات جامحة، ومتعجرفاً في الحياة بسبب نفوذه المتعصب[1].

وهؤلاء الكتاب عندما يؤرخون لحياة الرسول، صلى الله عليه وسلم، المبكرة فإنهم يصفون ولادته بأوصافه ممقوته لا تتفق وما تواتر لدينا من معارف ومعلومات نقلت إلينا عن طريق الروايات الممحصة فهم يقولون عنه: أنه كان رديء الولادة والسمعة، وأنه كان قليل الشأن في قومه، وأنه تلقى دينه من الرهبان والنصارى، كبحيري وغيره، وأن زواجه من السيدة خديجة كان من أجل المال، وأنه بعد أن أصبح غنياً أخذ يضع خططه المستقبلية للوصول إلى السلطة وأنه استطاع رويداً رويداً وبفضل المكر والخداع أن يدعي النبوة، ويفرض نفسه على قومه بقوة السلاح، وأحاط نفسه بزمرة من منتهكي الحرمات المقدسة، وقطاع الطرق السالبين والقتلة واللصوص، وبأعماله هذه دب الرعب في منطقته ونشر سلطانه الديني على قومه[2].

---

(1) السابق، ص9-10 بتصرف، نقلاً عن مجلة الفكر، ص274، العدد 32، السنة الخامسة يونيه 1983م.
(2) المصدر نفسه، ص10-11.

إن الإشارة إلى هذا السيل من الشتائم التي يكليها رجال الدين المسيحيون في القرون الوسطى ونظرتهم المتعصبة ضد السيرة النبوية تعطينا فكرة عن تلك العلاقة السيئة التي تربط المسيحية بالإسلام، التي تدل على ذلك الحقد الدفين الذي يكنه رجال المسيحية وكهنتها وكتابها وشعراؤها للرسول، صلى الله عليه وسلم، الذي يمتاز بعكس الصفات والخصال التي وصفوه بها، وتبرهن كذلك للقارئ المسلم عن تلك النظرة المتحاملة على دينه ورسالة نبيه، صلى الله عليه وسلم، من خلال حياته الذاتية.

وقد كتب أحد المستشرقين الفرنسيين وهو "أميل درمنجم" في كتابه "حياة محمد" بشيء من الإنصاف ليذكر بعض هذا الذي كتب إخوانه من المستشرقين عن الإسلام فقال: لما نشبت الحرب بين الإسلام والمسيحية اتسعت هوة الخلاف وسوء الفهم بطبيعة الحال، وازدادت حدة، ويجب أن يعترف الإنسان بأن الغربيين كانوا السابقين إلى أشد الخلاف، فمن البيزنطيين من أوقروا الإسلام احتقاراً من غير أن يكلفوا أنفسهم مؤونة دراسته، ولم يحارب الكتاب والنظامون مسلمي الأندلس إلا بأسخف المثالب، فقد زعموا أن محمداً، صلى الله عليه وسلم، لص نياق، وزعموه متهالكاً على اللهو، وزعموه ساحراً، رئيس عصابة من قطاع الطرق بل زعموه قساً رومانياً مغيظاً محنقاً إن لم ينتخب لكرسي البابوية، وحسبه بعضهم إلهاً زائفاً يقرب له عبادة الضحايا البشرية، وإن "جيردنوجن" نفسه وهو رجل جد ليذكر أن محمداً مات في نوبة سكر بين، وأن جسده، وجد ملقى على كوم من الروث وقد أكلت منه الخنازير، وذلك ليفسر السبب الذي من أجله حرم لحم ذلك الحيوان.

ويستطرد "أميل درمنجم" حديثه في بيان ما يكنه مستشرقي الغرب من حقد وكره للإسلام ونبيه قائلاً: وقد ظلت حياة الأحقاد والخرافات قوية متشبثة بالحياة، فمنذ رودلف دلوهيم إلى وقتنا الحاضر، قام نيكولادكيز وفيفنس ومراتشي وبيليافدر

وبريدو وغيرهم، فوصفوا محمداً، صلى الله عليه وسلم، أنه دجال، والإسلام بأنه مجموعة الهرطقات كلها، وأنه من عمل الشيطان والمسلمون بأنهم وحوش، والقرآن بأنه نسيج من السخافات...وقد وصف نوسان الثامن محمداً، صلى الله عليه وسلم، يوماً بأنه عدو المسيح، أما القرون الوسطى فلم تكن تحسب محمداً إلا هرطيقاً...وما يزال للإسلام حتى اليوم محاربون متحمسون[1].

ويعلق الدكتور هيكل على هذا النص قائلاً: أرأيت الحضيض الذي هوت إليه هذه الطائفة من كتاب الغرب أرأيت إصرارهم مع توالي القرون على الضلال وإثارة العداوة والبغضاء بين أبناء الإنسانية، ومن هؤلاء من جاءوا في العصور التي يسمونها عصور العلم والبحث والتفكير الحر وتقرير الإخاء بين الإنسان وأخيه الإنسان قد يخفف من أثر هذا الضلال قيام أولئك المنصفين إلى حد ما ممن أشار إليهم درمنجم في كتابه - ومنهم من يقر بصدق إيمان محمد، صلى الله عليه وسلم، بالرسالة التي عهد الله إليه تبليغها من طريق الوحي، ومنهم من يشيد بعظمة محمد صلى الله عليه وسلم، الروحية، وبسمو خلقه، ورفعة نفسه وجم فضائله ومن يصور ذلك في أقوى أسلوب وأتمه روعة، وإن بقي الغرب مع ذلك ينال من الإسلام ونبيه أشد النيل، ثم تبلغ منه الجرأة حتى يبث المبشرين في أنحاء البلاد الإسلامية يذيعون مثالبهم الوضعية، ويحاولون صرف المسلمين عن دينهم إلى المسيحية[2].

وإذا كانت الآراء التي عرضناها تعكس فكرة أولئك المتعصبين عن الرسول، صلى الله عليه وسلم، فإنها لم تختلف كثيراً بالنسبة إلى المستشرقين والكتاب الغربيين المحدثين، فهذا المونسنيور كولي يقول - في كتابه البحث عن الدين الحق: برز في

---

(1) حياة محمد د. هيكل، ص25-26، نقلاً عن حياة محمد لمؤلفه إميل دورمنجم، ص135 وما بعدها.

(2) السابق، ص26-27.

الشرق عدو جديد هو الإسلام الذي أسس على القوة، وقام على أشد أنواع التعصب، ولقد وضع، محمد صلى الله عليه وسلم، السيف في أيدي الذين تبعوه وتساهل في أقدس قوانين الأخلاق، ثم سمح لأتباعه بالفجور والسلب، ووعد الذين يهلكون في القتال بالاستمتاع الدائم بالملذات في الجنة، وبعد قليل أصبحت آسيا الصغرى وإفريقيا وإسبانيا فريسة له،...ولكن ها هي النصرانية تضع سيف شارل مارتل سداً في وجه سير الإسلام المنتصر عند بواتييه...وانتصر الإنجيل على القرآن وعلى ما فيه من قوانين الأخلاق الساذجة[1].

ويقول المستشرق الفرنسي كيمون في شأن الإسلام ونبيه: إن الديانة المحمدية جذام تفشى بين الناس وأخذ يفتك بهم فتكاً ذريعاً بل هو مرض مريع وشلل عام، وجنون ذهولي، يبعث الإنسان على الخمول والكسل، ولا يوقظه من الخمول والكسل إلا ليدفعه إلى سفك الدماء والإدمان على معاقرة الخمور وارتكاب جميع القبائح، وما قبر محمد، صلى الله عليه وسلم، إلا عمود كهربائي يبعث الجنون في رؤوس المسلمين ويلجئهم إلى الإتيان بمظاهر الصرع العامة والذهول الذهني، وتكرار لفظة "الله" إلى ما لا نهاية[2].

وهكذا نرى أن فكرة التعصب والتحامل والتزوير في السيرة النبوية لم تختلف لدى رجال الدين المتعصبين، ولا عند المستشرقين المحدثين، وإنما تصب أفكارهم في وعاء واحد وهو التهجم على رسول الإسلام، صلى الله عليه وسلم، والتشكيك في دعوته، والشك في سيرته، ووصفه بأوصاف لا تتفق والحقائق العلمية.

---

(1) الظاهرة الاستشراقية، ص11، نقلاً عن المستشرقون والسيرة النبوية، د. عماد الدين خليل، وهو مقال منشور في كتاب مناهج المستشرقين، ص127.

(2) قوى الشر المتحالفة وموقفها من الإسلام والمسلمين، د. محمد الدهاط، ص50، ط: دار الوفاء المنصورة.

ولا غرو في ذلك فهؤلاء المستشرقون نزعهم عرق واحد، وجمعتهم راية واحدة، فليس بغريب أن تكثر الموافقات في أحكامهم وإن تفاوتت طرق الفكر ووجهات النظر.

ومن أهم ما هوجم به النبي، صلى الله عليه وسلم، من قبل المستشرقين افتراءاتهم عليه ظلماً وزوراً بأنه كان يصاب بمرض الصرع، وأن أعراضه كانت تبدو عليه، إذ كان يغيب عن صوابه ويسيل منه العرق وتعتريه التشنجات، وتخرج من فمه الرغوة حتى إذا أفاق من نوبته تلا على المؤمنين به ما يقول أنه وحي الله إليه، في حين لم يكن هذا الوحي إلا أثراً من نوبات الصرع[1]. وفي ذلك يقول المستشرق نولدكه إن سبب الوحي النازل على محمد، صلى الله عليه وسلم، والدعوة التي قام بها هو ما كان ينتابه من داء الصرع[2].

وقد رد المستشرق دوغوية على هذه الفرية قائلاً: إن هذا بعيد الاحتمال، ويعلل ذلك بأن الحافظة في المصروعين تكون معطلة، على حين أن حافظة محمد، صلى الله عليه وسلم، كانت غاية في الجودة كلما هبط عليه الوحي[3].

وتصوير ما كان يبدو على محمد، صلى الله عليه وسلم، في ساعات الوحي على هذا النحو الذي تصوره المستشرق نولدكه وأمثاله، خاطئ من الناحية العلمية أفحش الخطأ، فنوبة الصرع لا تذر عند من تصيبه أي ذكر لما مر به أثناءها، ولا يذكر شيئاً مما صنع أو حل به خلالها، ذلك لأن حركة الشعور والتفكير تتعطل فيه تمام التعطيل، وهذه أعراض الصرع، كما يثبتها العلم، ولم يكن ذلك ما يصيب

---

(1) حياة محمد، د. هيكل، ص47-48.
(2) أوروبا والإسلام، د. عبد الحليم محمود، ص120، ط: دار المعارف 1979م.
(3) حاضر العالم الإسلامي، 54/1، وقارن: الغزو الفكري والتيارات المعادية للإسلام، د. علي عبد الحليم محمود، ص47، ط: جامعة الإمام محمد بن سعود الإسلامية 1984م.

النبي، العربي، صلى الـلـه عليه وسلم، أثناء الوحي، بل كانت تتنبه حواسه المدركة في تلك الأثناء تنبهاً لا عهد للناس به، وكان يذكر بدقة غاية الدقة ما يتلقاه وما يتلوه بعد ذلك على أصحابه هذا ثم أن نزول الـوحي لم يكن يقترن حتماً بالغيبوبة الحسية مع تنبه الإدراك الروحي غاية التنبه، بل كان كثيراً ما يحدث والنبي، صلى الـلـه عليه وسلم، في تمام يقظته العادية.

ينفي العلم إذن أن الصرع كان يعتري، محمداً، صلى الـلـه عليه وسلم، ولذلك لم يقل بـه إلا الأقلون من المستشرقين الذين افتروا على القرآن أنه حرف، وهم لم يقولوا به حرصاً على حقيقة يتلمسونها وإنما قالوا به ظناً منهم أنهم يصلحون من قدر النبي العربي في نظر طائفة مـن المسـلمين أم حسبوا أنهـم يلقون بأقوالهم هذه ظلاً من الريبة على الوحي الذي نزل عليه، لأنه نـزل عليه فيما يزعمون أثناء هـذه النوبات، إن يكن ذلك فهو الخطأ البين – كما قدمنا – وهو ما ينكره العلم عليهم أشد الإنكار.

ولو أن نزاهة القصد كانت رائد هؤلاء المستشرقين لما حملوا العلم ما ينكره، وهم إنما فعلوا ذلك ليخدعوا به أولئك الذين يهديهم علمهم إلى معرفة أعراض الصراع، والذين تمسكهم طمأنينتهم السـاذجة إلى أقوال المستشرقين عن سؤال أهل العلم من رجال الطب وعن الرجوع إلى كتبه. ولو أنهم فعلوا لمـا تعـذر عليهم أن يكشفوا عن خطأ هؤلاء المستشرقين خطأً مقصوداً و غير مقصود، ولتبينوا أن النشـاط الروحي والعقلي للإنسان يختفي تمام الاختفاء أثناء نوبات الصرع. ويذر صاحبه في حالة آلية محضة يتحرك مثل حركته قبل نوبته، أو يثور إذا اشتدت به النوبة فيصيب غيره بالأذى، وهو أثناء ذلك غائب عـن صوابه، لا يدرك ما يصدر عنه ولا ما يحل به شأنه شأن النائم الذي لا يشعر بحركاته أثناء نومه، فإذا انقضى مـا بـه لم يذكر منه شيئاً. وشتان ما بين هذا وبين نشاط روحي قوي قادر يصل

صاحبه بالملأ الأعلى عن شعور تام وإدراك يقيني، ليبلغ من بعدما أوحى إليه.

فالصرع كما يقول الدكتور هيكل: يعطل الإدراك..الإنساني وينـزل بالإنسان إلى مرتبة آلية يفقد أثناءها الشعور والحس أما الوحي فسمو روحي اختص الـله به أنبياءه ليلقي إليهم بحقائق الكون اليقينية العليا كي يبلغوها للناس[1].

وقد أنصف المستشرق روم لاندو في عبارته التي تنفى ما زعمه بعض المستشرقين من إصابة النبي، صلى الـله عليه وسلم، بنوبات الصرع، والتي نصها: لقد كانت مهمة محمد هائلة وكانـت مهمة ليسـت في ميسور دجال تحدوه دوافع أنانية أن يرجو النجاح في تحقيقها بمجهوده الشخصي، والزعم القائل بأن فـترات تلقيه الوحي كانت في الواقع نوبات صرع خاطئ على نحو جلي، لأن من يتعرض لمثل هذه النوبات لا يمكـن أن يكون مالكاً وعيه ومنطقه إلى حد القدرة على النطق بمثل المقاطع العميقة من وجهة النظر الفكرية التي نقع على كثير منها في القرآن[2].

ويذهب المستشرق الألماني بيكر إلى إسناد قاعدة النبوة المحمدية إلى ظاهرة الكهانة المعروفة لدى العرب الجاهليين فالرسول عبارة عن كاهن عربي ممتزج بالمثالية المسيحية، وهذه الرابطة دفعتـه إلى النبـوة بشعور كونه رسول الـله، وقد حدث ذلك بشعور ديني قوي وصادق، ولولا ذلك ما تخلى عن حياتـه الماديـة المستقرة والمريحة وهو في سن الأربعين من عمره، وهو يرى في أنبياء اليهود السابقين مـرآة ذاتيـة لـه، وقـد تقمصهم في تجاربه الدينية مفترضاً أن يكون للنبي نجاح ظاهر، ومن هنا كان الوحي الذي هو كلمة الـله ينزل إليه بالنبوة ويخاطبه مباشرة[3].

_____

(1) حياة محمد، د. هيكل، ص48-49.
(2) الإسلام والعرب، أ. روم لاندو، ترجمة أ. منير البعلبكي، ص33، ط: بيروت 1977م.
(3) الظاهرة الاستشراقية 16/3.

وقد أتى المستشرق مرجليوت[1] ببدع من القول تتناسب مع القرن العشرين، فرأي أن الباعث على بعثة الرسول إنما هي أعمال الشعوذة، وزعم أن محمداً - صلى الله عليه وسلم - عرف خدع الحواة، وحيل الروحانيين ومارسها في دقة ولباقة، وقد كان يعقد في دار الأرقم جلسات روحانية، وكان المحيطون به يؤلفون جمعية سرية تشبه الجمعية الماسونية[2].

وهذا الزعم من وجود علاقة بين ظاهرة الوحي وبين أفعال الكهان، زعم باطل لا أساس له من الصحة، ودليل بطلانه الفرق الكبير والبون الشاسع بين أفعال الكهان والوحي المنزل من عند الله تعالى، ويظهر هذا الفرق في جوانب كثيرة أهمها:

1. إن الأمور التي يتدخل فيها الكاهن فإنها تعرض عليه أولاً ثم يقوم الكاهن بشعوذات يستجلب بها صاحبه الغيبي فيخبره بها أما الوحي فإنه يأتي الرسول، صلى الله عليه وسلم، دون مقدمات من عند نفسه، وإنما يفاجئه في أي مكان وفي أي زمان، ولا يستطيع الرسول، صلى الله عليه وسلم، إحضاره إذا انقطع كما حدث في فترة انقطاع الوحي عن الرسول، صلى الله عليه وسلم.
2. لا يظهر أثر على الكاهن عندما يستجلب صاحبه الغيبي الوهمي، وأما الوحي فإن له آثار تظهر على الرسول، صلى الله عليه وسلم، ولا سيما إذا جاءه وله صلصلة كصلصلة الجرس، فإن الرسول يتفصد عرقاً ويشعر بثقل الأمر.
3. إن الكاهن يستجلب صاحبه بأسلوب واحد قائم على التوهم الذي لا يتجاوز الكاهن نفسه، أما الوحي فإنه كان ينزل على الرسول، صلى الله عليه وسلم،

---

(1) كتب المستشرق مرجليوت كتاباً عن سيدنا محمد، صلى الله عليه وسلم، أتى فيه بكل غريب وبكل باطل، وظهرت كراهيته للإسلام من خلال هذا الكتاب ظهوراً بشعاً.

(2) أوروبا والإسلام، ص113، نقلاً عن كتاب "ناصر الدين دينييه".

بأشكال مختلفة على هيئة صلصلة الجرس، أو على هيئة رجل، ولم تقتصر على استشعار الرسول وحده، وإنما كان يلاحظ ذلك كل من حوله.

4. إن هناك فرقاً بين نفثات الكهان والشعراء والقرآن الكريم، وقد رد القرآن على هذه الشبهة في حينها، كما أن كفار قريش قد شهدوا بهذا الفرق بين القرآن الكريم، وكلام الكهان وشعر الشعراء[1]، وقد صدق الله إذ قال: ﴿وَلَا بِقَوْلِ كَاهِنٍ قَلِيلًا مَا تَذَكَّرُونَ﴾[2].

ولم يقتصر زعم مرجليوث على شبهة الكهانة بل ذهب إلى أن محمداً، صلى الله عليه وسلم، لم يعرف والده، إذ أن عبد الله اسم يضاف إلى مجهول النسب[3]، ومرجليوث الذي وصفه بعض المستشرقين بأنه يعد من المستشرقين القلائل الذين أتقنوا العربية فهماً وكتابة إلى جانب جميع اللغات السامية، يزعم هذا، وهو يعرف مدى اهتمام العرب بالأنساب، ويعرف عناية قريش بأبنائها وآبائها، فكيف جهل النسابون الوعاة نسب محمد، صلى الله عليه وسلم، لبني هاشم، وقد عرفوا أنساب الخيول؟ أفيؤتمن مثل هذا العلامة على حد قول بعضهم على قضية يدرسها وهو يسمح لقلمه أن يفتري عامداً بما ينكره اطلاعه؟

وإذا شئنا نماذج أخرى لتحريفاتهم وتزييفاتهم، فإليك ما أورده المستشرق ول ديورانت في كتابه "قصة الحضارة"[4]. يقول عن النبي صلى الله عليه وسلم: وقد

(1) الغزو الفكري الاستشراقي، ص128، نقلاً عن الخلفية الثقافية لاتجاهات المستشرقين، ص43.

(2) الحاقة آية: 42.

(3) الفكر الاستشراقي، د. الدسوقي، ص81.

(4) هذا الكتاب قامت على ترجمته الإدارة الثقافية بالجامعة العربية، وصدر على نفقتها في أكثر من ثلاثين جزءاً، وقد نقد هذا التصرف من الجامعة العربية، الأستاذ محمد محمد حسين، قال

أعانه نشاطه وصحته على أداء واجبات الحب والحرب، ولكنه أخذ يضعف حين بلغ التاسعة والخمسين من عمره، وظن أن يهود خيبر قد دسوا له السم في اللحم قبل عام من ذلك الوقت، فأصبح بعد ذلك الحين عرضه لحميات ونوبات غريبة[1].

ويريد ول ديورانت بهذا الكلام نفي صحة الخبر حيث جاء التعبير بظن ليبرئ اليهود من محاولة قتل النبي، صلى الله عليه وسلم، بالسم، ومن قتل الصحابي الجليل الذي أكل معه. وهذا الخبر خبر دس السم موجود مشهور في مصادر السيرة النبوية المختلفة، فقد أورده "ابن هشام" في سياق غزوة "خيبر" وأورده ابن سعد في طبقاته ورواه البخاري في غير موضع – 176.5 – ومسلم 15/4/7 – كلاهما من حديث أنس، والإمام أحمد – برقم 2885 – من حديث ابن عباس، وأبو داود – 146/1 – والدارمي 33/1 عن جابر وفيه اعترف اليهود بدس السم، وعفو الرسول، صلى الله عليه وسلم عن هذا الجرم الفظيع مع موت الصحابي الجليل "البراء بن معرور" بهذا السم.

ومع ثبوت هذا الخبر ووفرة مصادره تأبى الأمانة العلمية والحيدة الأكاديمية، ومنهج البحث، على هذا المستشرق، إلا أن يزيف ويحرف، فينكر الخبر، وينسب الحادثة في إيجاز بارع إلى مجرد ظن ووهم من الرسول، صلى الله عليه وسلم[2].

ومن افتراءات المستشرقين على النبي، صلى الله عليه وسلم، ما جاء على لسان القسيس "لامانس" من قوله: إن محمداً كان كثير الطعام والشره، مسترسلاً في

...إن اختيار هذا الكتاب للترجمة جريمة دبرتها الصهيونية الهدامة المتخفية في زوايا اليونسكو... الخ انظر: حصوننا مهددة من داخلها، د. محمد حسين، ص179-187.

(1) قصة الحضارة، ول ديورانت، ترجمة محمد فتح الله بدران وآخرين، م4، ج2، ص46، ط: جامعة الدول العربية.

(2) المستشرقين والتراث، ص31-32.

اللذات البدنية.. كما زعم أن النبي، صلى الله عليه وسلم، كان نؤوماً[1].

وما ذكره المستشرق لامانس يتنافى مع ما وصل إلينا عن طريق التواتر، من أن رسول الله، صلى الله عليه وسلم، خرج من الدنيا ولم يشبع من خبز الشعير، وكان يأتي على آل محمد الهلال فالهلال ولا يوقد في بيت من بيوته نار، وكثيراً ما كان قوته التمر والماء، وكان رسول الله، صلى الله عليه وسلم، يعصب على بطنه الحجر من الجوع، ومع ذلك فإن لامانس يصفه بأنه أكول، وقد كثف جسمه بالملذات، ولا يذكر شيئاً من صوم الرسول فقد كان يصوم حتى يظن أنه لا يفطر، وقد كان الرسول من أكثر المسلمين صوماً، ولكن القس لامانس يثبت على عناده وكان يقوم الليل متهجداً حتى تتورم قدماه، وقد شهد الله له بذلك حين قال في كتابه وهو أصدق القائلين: ﴿إِنَّ رَبَّكَ يَعْلَمُ أَنَّكَ تَقُومُ أَدْنَىٰ مِن ثُلُثَيِ ٱلَّيْلِ وَنِصْفَهُۥ وَثُلُثَهُۥ وَطَآئِفَةٌ مِّنَ ٱلَّذِينَ مَعَكَ﴾[2] ومع ذلك يقول لامانس: كان محمد نؤوماً، وهو لا شك يجهل، أو يتجاهل أن روح النقد عند العرب تبلغ حد الإفراط، وأن هؤلاء لو رأوا ما يكذب خبر القرآن من أن الرسول كان يقضي جزءاً كبيراً من الليل في العبادة لما استمروا على متابعته وتصديقه، ولما احتفظ هو بثقتهم[3].

ومن افتراءات المستشرقين على رسول الإسلام، صلى الله عليه وسلم، أنه رجل شهواني غارق في لذات الجسد[4]. وكما يقول الأستاذ العقاد: يندر أن يطرق

---

(1) الرسول في كتابات المستشرقين، أ. نذير حمدان، ص125، ط: السعودية 1986م، وقارن: أوروبا والإسلام، ص131-132.

(2) المزمل آية: 20.

(3) أوروبا والإسلام، ص132.

(4) مع المفسرين والمستشرقين، د. زاهر عوض الألمعي، ص22-23، ط: الحلبي 1976م، وحضارة العرب، غوستان، لوبون، ترجمة د. عادل زعيتر، ص12، ط: الحلبي.

خصوم الإسلام موضوع الزواج دون أن يعرجوا منه إلى زواج النبي، صلى الـلـه عليه وسلم، ويتذرعوا بـه إلى القدح في شخصه الكريم والتشكيك من ثم في دعوته المباركة ودينه القويم[1].

ورداً على هذه الفرية نقول: إن حياة النبي، صلى الـلـه عليه وسلم، وما هـو معـروف مـن سـيرته طوال حياته قبل وبعد البعثة، ينفي نفياً قاطعاً أنه كان رجلاً شهوانياً، فلم يحدث قط أن اختـار زوجـة مـن زوجاته لأنها جميلة، ولم يبن بعذراء قط، إلا السيدة عائشة، رضي الـلـه عنهـا، التـي علـم قومـه جميعـاً أنـه اختارها لأنها بنت صديقه وصفيه وخليفته من بعده، أبي بكر الصديق، رضي الـلـه عنه، وكيف لرجل تخطى الخمسين من عمره، ينقلب فجأة إلى عبد للذة الجنسية، وقد كانت أمامه في شبابه الفرص الكثيرة للاستمتاع إذا أراد مثل أقرانه من الشباب، ولكنه كان متصفاً بالعفة، ولم يكن من بين زوجاته بكـراً إلا عائشـة، وكلهـن أرامل وقد كان زواجه مـنهن جميعـاً لأهـداف نبيلـة إنسـانية أو تشر-يعية، ولم يكـن مـن بينهـا هـدف الشهوة، أو النهم الجنسي على الإطلاق[2].

هذا الرسول، صلى الـلـه عليه وسلم، الذي يفتري عليـه الأئمـة الكـاذبون أنـه الشـهوان الغـارق في لذات جسده، قد تزوج من السيدة خديجة، رضي الـلـه عنها، وعمره خمس وعشرون عاماً، أما هي فقد كان سنها يقترب من الأربعين، وكانت قد تزوجت قبله مرتين، وظلت له زوجه وحيدة إلى أن ماتت بعد أن أمضى معها حوالي ثمان وعشرون عاماً، وظل وفياً لذكراها طوال حياته لدرجة سببت الغيرة في

(1) حقائق الإسلام وأباطيل خصومه، ص189.

(2) الإسلام في مواجهة حملات التشكيك، ص27-28، وقارن: الإسلام في مرآة الفكر الغـربي د. زقـزوق، ص31-42، ط: دار الفكـر العربي، 1994م.

نفوس بعض زوجاته فيما بعد[1].

ويعقب الأستاذ العقاد على هذا الأفك الذي حاول أعداء الإسلام من المبشرين والمستشرقين إلصاقه بأشرف وأعف شخصية في الوجود فيقول: إن المبشرين المحترفين لم يكشفوا من مسألة الزواج في السيرة النبوية مقتلاً يصيب محمداً، صلى الله عليه وسلم أو يصيب دعوته من ورائه، ولكنهم قد كشفوا منها حجة لا حجة مثلها في الدلالة على صدق دعوته وإيمانه برسالته وإخلاصه لها في سره كإخلاصه لها في علانيته، ولولا أنهم يعولون على جهل المستمعين لهم لاجتهدوا في السكوت عن مسألة الزواج خاصة، أشد من اجتهادهم في التشهير بها واللغط فيها.

وعلم الله ما كانت براءة محمد، صلى الله عليه وسلم، من فريتهم مرتهنة بجلاء الحقيقة في مسألة الزواج والزوجات، فإن أحداً يفقه ما يفوه به لا يسيغ أن يقول أن عملاً كالذي قام به محمد، صلى الله عليه وسلم يضطلع به رجل غارق في لذات الحس مشغول بشهوات الجسد[2].

إن محمداً، صلى الله عليه وسلم، لم يلق ممن لم يؤمن به من المستشرقين إلا ظلماً، وإن تفاوتوا بينهم في مقدار ذلك الظلم، ولو كانوا ينكرون الأديان قاطبة، ولا يسلمون بوجود الأنبياء والرسل لكان ذلك مفهوماً منهم إلى حد ما، ولكنهم يسلمون باليهودية والنصرانية، ويؤمنون بنبوة إبراهيم وموسى وعيسى وداود وسليمان: عليهم جميعاً السلام، فليت شعر العلم والعقل ماذا في الإسلام أو في القرآن يجعلهم ينكرون نبوة محمد، صلى الله عليه وسلم، خاصة في الوقت الذي يؤمنون فيه بأنبياء كتب العهدين، بل وفي الوقت الذي يقر أكثرهم فيه بألوهية عيسى، عليه السلام،

---

(1) حقائق الإسلام وأباطيل خصومه، ص191، وقارن: الإسلام في مواجهة حملات التشكيك، ص27، وأيضاً: المرأة في القرن العشرين، أ. العقاد، ص88،86، ط: دار نهضة مصر.

(2) حقائق الإسلام، ص197.

لكنهم مستشرقون ومستشرقون على الطراز العلمي الحديث[1].

هذه نماذج من تحريفات وتزييفات وافتراءات المستشرقين على نبي الإسلام، حاولوا أن يؤكدوا بدراسة حياة الرسول، صلى الله عليه وسلم، دراسة غير منصفة ولا أمينة، فكلهم كما يقول العقاد: يحسب أن المقتل الذي يصاب منه الإسلام في هذا هو تشويه سمعة النبي، صلى الله عليه وسلم، وتمثيله لأتباعه في صورة معيبة لا تلائم شرف النبوة، ولا يتصف صاحبها بفضيلة الصدق في طلب الإصلاح، وأي صورة تغنيهم في هذا الغرض الأثيم كما تغنيهم صورة الرجل الشهواني الغارق في لذات الجسد، العازف في معيشته البيتية ورسالته العامة من عفاف القلب والروح؟[2].

إن صورة نبينا، محمد صلى الله عليه وسلم، الجليلة التي خلفها المنقول الإسلامي، تبدو أجل وأسمى إذا قيست بهذه الصور المصطنعة الضئيلة التي صبغت في ظلال المكاتب بجهد جهيد، ونرجو أن يعرف العلماء ضلالهم فيعدلوا عن النيل من هذه الصروح المعجزة التي رفعها التاريخ إقراراً بفضل أنبياء العرب وبني إسرائيل على الإنسانية، فإن أساس هذه الصروح أصلب من أن تخدشه تلك المعاول.

وإذا شاء المستشرقون – كما يقول ناصر الدين في كتابه الشرق كما يراه الغرب – أن تكون جهودهم مثمرة فلينصرفوا عن إضاعتها في محاربة المنقول الذي هو أسمى من أن يواريه شيء إلى شرح هذا المنقول وإحيائه بدرس نفسية العرب درساً علمياً غير سطحي، وكان أحرى بالاستشراق الذي يبني بحوثه على الجثث – كما هو شأن طلاب الطب – في تلك القاعات التي تدعى مكاتب، أن يقتصر على مباحث التحقيق والعلم النقي الصافي وهو في هذه الدائرة، دائرة الإخراج العلمي، قد

---

(1) الفكر الاستشراقي، ص83-84 نقلاً عن مجلة الثقافة العدد 18 ص29.
(2) حقائق الإسلام، وأباطيل خصومه، أ. عباس محمود العقاد، ص190، ط: المؤتمر الإسلامي مطبعة مصر 1957م.

176

أنجز عملاً مجيداً، نحن على رأس المقرين بحسنه ونفعه، ولكن لم يبق لـه فـيما يتعلـق بشـأن الإسـلام إلا أن يخلي المجال[1].

ولقد أصاب الدكتور "سنوك هرفرنجه" في قوله: إن سير محمد، صلى الـلـه عليه وسـلمن الحديثـة تدل على أن البحوث التاريخية مقضي عليها بالعقم إذا سخرت لآية نظرية أو رأي مسبق[2].

هذه حقيقة يجمل لمستشرقي العصر جميعاً أن يضعوها نصـب أعيـنهم، فإنهـا تشـفيهم مـن داء الأحكام السابقة، التي تكلفهم من الجهود ما يجاوز حد الطاقة، فيصلون إلى نتائج لا شك خاطئة.

المطلب الرابع

ما أثير حول الشريعة من شبهات

يحاول الاستشراق دائماً أن يسلب الإسلام فضائله، بل يحاول أن يسلبه دعائمهم ومعالمه، فيزعم أن التشريع الإسلامي مستمد من القانون الروماني، وفي ذلك يقول جولدتسيهر ومن السهل أن نفهم أن ما أفاده المشتغلون بالتشريع في الشام والعراق من القانون الروماني، ومن القوانين الخاصة بـبعض الولايـات، كـان لـه أثر في تكامل الفقه الإسلامي من ناحية أحكامه ومن ناحية طريق الاستنباط وكان طبيعياً لهـؤلاء الأميـين أن يتناولوا في الحوادث المتولدة ما يناسب الحالة القائمة على الفتح، ويلائم نزعات الـدين الجديـد مـن عـادات القوم وقوانينهم ودرس هذا الجانب من تاريخ التشريع هو من أهم الأبحاث المتعلقة بالعلوم الإسلامية[3].

---

(1) أوروبا والإسلام، ص139-140.

(2) الظاهرة الاستشراقية، 215/3.

(3) تمهيد لتاريخ الفلسفة الإسلامية، الشيخ مصطفى عبد الرزاق، ص126، ط: القاهرة مكتبة الثقافة الدينية 1944م.

ويذهب جولدتسيهر إلى الجزم بتأثر الفقه الإسلامي بالقانون الروماني عندما يحلل الأوضاع والحوادث الجديدة التي واجهت المسلمين في الأراضي التي فتحوها، ويفترض أن الفقهاء المسلمين قد بذلوا جهودهم لإيجاد حلول ناجحة لهذه الحوادث التي لا قبل لهم بها في بلادهم، وهم بذلك لا يستطيعون - بقوانينهم البدائية التي حملوها معهم من الجزيرة العربية - سد حاجات مجتمعات بلغت شأناً بعيداً في المدنية والحضارة كالمجتمع السوري والمجتمع العراقي، فسارعوا إلى ابتداع نظام قانوني لمواجهة حاجات هذه المجتمعات الجديدة مستخدمين في ذلك الوسائل الرومانية[1].

ويقول فون كريمي: إن بعض أحكام القوانين الرومانية التي دخلت في الإسلام لم تصل إليه إلا من خلال اليهودية، ويجب البحث عما قد يكون للمجوسية من أثر في فروع الفقه الإسلامي وعن مبلغ هذا الأثر.

وقد أورد الأستاذ أحمد أمين في كتابه فجر الإسلام رأي جولد تسيهر مضيفاً إليه رأي سانتلانا من أن الفقه الإسلامي تأثر كثيراً بالقانون الروماني، وكأن هذا الفقه مصدراً من مصادره، استمد منه بعض أحكامه، لوجود مدارس للقانون الروماني عند الفتح الإسلامي، وكانت هناك محاكم تسير في نظامها وأحكامها حسب القانون الروماني... والمقابلة بين بعض أبواب الفقه وبعض أبواب القانون الروماني تدل على التأثر الحاصل بينهما، وأن الفقه الإسلامي أخذ عن القانون الروماني إما مباشرة أو عن طريق التلمود، فإن هذا التلمود أخذ كثيراً من الفقه الروماني، واتصال المسلمين باليهود مكنهم من الأخذ ببعض أقوال التلمود[2].

ومن ذهب إلى هذا الرأي من المستشرقين: كاروزي الإيطالي وفون كريمر

---

(1) تمهيد لتاريخ الفلسفة، ص127.

(2) فجر الإسلام، ص246-247، ط: القاهرة، مكتبة النهضة المصرية، 1975م.

الألماني، وشلدرن أموس البريطاني وسنتلانا الإيطالي ولامبير الفرنسي، وغيرهم كثير وقد وردت على ألسنتهم تلك العبارات التعسفية مثل: إن الشرع المحمدي ليس إلا القانون الروماني للإمبراطورية الشرقية، معدلاً وفق الأحوال السياسية في الممتلكات العربية ومثل القانون المحمدي ليس سوى قانون جستنيان في لباس عبى ومثل: إن العرب لم يضيفوا جديداً إلى القانون الروماني سوى بعض الأخطاء[1].

وقد نزع هذا المنزع المستشرق الهولندي ديبور الذي أكد في كتابه: تاريخ الفلسفة في الإسلام تأثر الفقه الإسلامي بالقانون الروماني، بعد أن فتح المسلمون بلاداً ذات مدنيات قديمة، فنشأت حاجات لم يكن للإسلام بها عهد، وحلت محل شؤون الحياة العربية البسيطة عادات وأنظمة لم يرشد إليها الشرع إرشاداً دقيقاً إلى وجه الحق فيها، ولم يرد في السنة بالنص ولا بالتأويل ما يبين الطريق إلى معالجتها، ثم أخذ عدد الوقائع الجزئية يزداد كل يوم وهي وقائع لم ترد فيها نصوص، ولم يكن للمسلمين بد من الحكم فيها، إما بما يتفق مع العرف الموروث أو بما يهديهم إليه الرأي الاجتهادي، ولا بد أن يكون القانون الروماني قد ظل زماناً طويلاً يؤثر تأثيراً كبيراً في ذلك في الشام والعراق، وهما من ولايات الإمبراطورية الرومانية القديمة.

ومن مشاهير المستشرقين الذين يحاولون إيجاد العلاقة بين الفقه الإسلامي والمؤثرات الخارجية - كاليهودية والقوانين الرومانية - المستشرق شاخب الذي ما فتئ يفترض الفروض، ويذهب إلى تأويلات وتفسيرات شتى صحيحة منها أو تعسفية للبرهنة على هذه العلاقة فهو يرى: أن تأثير القانون الروماني في الفقه الإسلامي قد حصل في القرنين الأول والثاني للهجرة إبان فترة تكوينه ونشأته عن طريق الأشخاص المثقفين ثقافة إغريقية عالية والذين اعتنقوا الإسلام.

ويعبر شاخب عن رأيه هذا عندما يؤكد أن مفهوم الرأي عند الرومان هو

---

(1) بين الشريعة الإسلامية والقانون الروماني، د. صوفي أبو طالب، ص5-6 ط: القاهرة.

الذي أوحى للمسلمين نموذج المفهوم الذي أعد بعناية من قبل المدارس الفقهية الإسلامية القديمة، ألا وهو مفهوم إجماع العلماء وقد تسرب هذا المفهوم وغيره من القانون الروماني إلى الفقه الإسلامي عن طريق الفلسفة الرواقية...ويؤكد شاخب استقاء الفقه الإسلامي للعديد من الأحكام الرومانية مثل القاعدة القائلة: الولد للفراش كما أن مسؤولية السارق الذي لا يمكن تطبيق الحد عليه تتحدد بضعف قيمة الشيء المسروق، وهو الحل الذي اعتنقته المذاهب الإسلامية القديمة، والذي تم العدول عنه في الفقه الإسلامي يجد أصله في القانون الروماني، كما أن المفهوم العربي القديم للضمان له علاقة وثيقة بالمصطلح اللاتيني Pignud وأن المفاهيم الثلاثة الهامة المتعلقة بالبيع والمكيل، والموزون، والمعدود لها علاقة وطيدة بالمفاهيم الرومانية المماثلة لها، وأن المبدأ المستقى من القانون الكنسي للكنائس الشرقية والقاضي بتحريم الزواج من المزني بها يطابق ما ذهبت إليه الشيعة الإمامية الاثني عشرية والإباضية ويرى شاخب أن الفقه الإسلامي، استقى من القانون اليهودي طريقة القياس[1].

وهكذا بعرضنا لآراء بعض المستشرقين يتضح لنا أن أفكارهم الأساسية حول تأثر الفقه الإسلامي بالمصادر القانونية الأجنبية اليهودية والرومانية والكنسية، تتلخص في أن القانون الروماني تسرب إلى الفقه الإسلامي عن طريق الديانة اليهودية التي أثرت بدورها في تكوين هذا الفقه، كما دخل إليها عن طريق المدارس القانونية الرومانية الموجودة في الشرق كمدرسة بيروت والإسكندرية، وكذلك عن طريق الثقافة الإغريقية بواسطة فئة مثقفة ثقافة إغريقية عالية تتخللها بعض المبادئ القانونية الرومانية كما أن هناك العديد من التشابه بل والتطابق بين بعض مصطلحات وأحكام الفقه الإسلامي والقانون الروماني.

---

(1) الظاهرة الاستشراقية وأثرها على الدراسات الإسلامية 495/4 وما بعدها بتصرف.

إلا أننا نقول: إن الشريعة الإسلامية إنما تقوم على مصدرين أساسيين هما كتاب الله وسنة نبيه، صلى الله عليه وسلم، ولو تخلت الشريعة الإسلامية عن أحد هذين الأصلين لما بقيت إسلامية، وقد حث النبي، صلى الله عليه وسلم، أمته على التمسك بكتاب ربها وسنة نبيها لأن في التمسك بهما الفلاح والنجاح والنجاة في الدنيا والآخرة، فقال: تركت فيكم ما إن تمسكتم به لن تضلوا بعدي أبداً كتاب الله وسنتي[1].

والفقه الإسلامي يستقي أولاً وآخراً من الوحي، وقد أمده الكتاب والسنة بأحكام كلية وجزئية لا تحصى، أحكام تتناول الإنسان من نعومة أظفاره إلى مثواه الأخير، فمن ساعة الميلاد إلى الوفاة توجد نصوص فقهية تحدد العمل الواجب، ومن يقظة الإنسان إلى هجعته في فراشه كذلك، ومن صلته بجاره إلى اتفاقه مع غيره على تنصيب الإمام.

إن التشريع الإسلامي تغلغل في كل شيء حتى أصبح من لوازم المجتمع الإسلامي في القرى والمدائن أن تدرس الشريعة كلها عبادات ومعاملات في المساجد، وأن يعرف الخاصة والعامة أمور دينهم منها ليلاً ونهاراً وكما يقول الشيخ الغزالي[2]: لم توجد في الحضارات القديمة أمة كتبت في الفقه، واشتغلت بالشؤون التشريعية إلى حد الإسراف مثل ما أثر ذلك عن الحضارة الإسلامية والأمة الإسلامية: فكيف يقال أن المسلمين نقلوا عن غيرهم؟

إن الفقه الروماني لا يعدو أن يكون تنظيماً ضيقاً، خطؤه أكثر من صوابه، لمجتمع تحكمه علاقات فوق البداية حيناً ودونها حيناً آخر. فالقول بأن التشريع الإسلامي نقل عنه كالقول في زماننا هذا بأن أمريكا – أو اليابان – نقلت حضارتها

---

(1) الحديث: رواه الحاكم في المستدرك.
(2) دفاع عن العقيدة والشريعة ضد مطاعن المستشرقين، ص78-79.

عن الكونغو، أو أن البحر الأبيض المتوسط يأخذ مياهه من بحيرة مريوط.

وكنا نعذر هؤلاء المستشرقين لو أن القانون الروماني والتشريع الإسلامي يتفقان في المنابع والغايات أو يتشابهان في الحقوق والواجبات، أو يتقاربان في المبادئ والعقوبات وأما والشريعة الإسلامية تناقض القانون الروماني في القيم الخلقية والاجتماعية وتخالفه مخالفة واسعة الأمد في النظرة إلى الإنسان وإلى الحياة كلها، فإن القول باستفادة الفقه الإسلامي من الرومان قول بين البطلان.

فالتشريع الإسلامي إذن أصيل في نشأته، وأصيل في نظرياته فلم يكن له من رافد سوى مصادره الأساسية، وما تمتع به الفقهاء من فهم ثاقب، وإدراك واع لمقاصد الشريعة وغاياتها، وقد وضع القرآن الكريم الأحكام العامة والمبادئ الكلية، وترك للمجتهدين المسلمين فسحة لتفصيل الأحكام وتفريع الفروع بما يتناسب مع كل بيئة وزمان، وفي إطار القرآن والسنة تبنى الاجتهادات التي ما تزال رافداً خصباً من روافد الشرع الإسلامي.

أما في الأحكام الثابتة والأصول العامة للعقيدة والشريعة التي لا يؤثر فيها اختلاف البيئة والزمان، فقد جاءت في القرآن الكريم والسنة النبوية مفصلة منظمة لكل جزئية من جزئيات الشريعة كأحكام المواريث ونظام الطلاق وغير ذلك.

وجملة الأدلة التي يأخذ بها هؤلاء المستشرقون في دعواهم تقوم على ما رأوه من الشبه بين بعض أحكام التشريع الإسلامي والقانون الروماني، ثم إلى ما يحدثه بلا ريب التقاء الحضارات والعادات والأعراف القانونية من تأثير متبادل، ولكن هل: هذا التشابه إذا كان موجوداً يدل على التأثير أو أن الفقه الإسلامي ليس إلا القانون الروماني مع شيء من التعديل في بعض النواحي؟

إن الإجابة عن هذا هي النفي بلا ريب فإن الوضع الصحيح الذي يقرره علم الاجتماع، ويؤيده الواقع فعلاً أنه متى التقت حضارتان لأمة غالبة وأمة مغلوبة كان

التقليد – حين وجد – يكون من الأمة ذات الحضارة المغلوبة، لأن المغلوب مولع أبداً بتقليد الغالب. ثم إن التشابه في بعض الأحكام القانونية أو في غير ذلك من نواحي الفكر المختلفة أمر طبيعي بين الأمم جميعاً، لا فرق بين العرب والرومان أو غيرهم، وبذلك لا نستطيع لمجرد هذا التشابه الحكم بأن هذه الأمـة هـي التـي أخذت عن تلك وليس العكس، بل قد يكون مرجعه إلى ما هو معروف من أن العقل الإنساني السليم يتشابه في كثير من ألوان التفكير ونتائجـه دون حاجـة إلى تفسـير هـذه الظاهـرة بالأخذ والتقليـد، ثم هـل عـرف المسلمون القانون الروماني كما عرفوا فلسفة اليونان؟ لقد نقل المسلمون هذه الفلسفة وأفادوا منها أمـا في ناحية الفقه والتشريع فلم يجدوا حاجة مطلقاً للأخذ عن غيرهم، لأن لديهم من كتاب اللـه وسنة رسوله صلى اللـه عليه وسلم، وتراث الصحابة والتابعين ما يغنيهم عن الاستعانة بغيرهم في هذه الناحية، ولو كـان الأمر على غير هذا لحفظ لنا التاريخ كتابـاً واحـداً أو رسـالة واحـدة نقلوهـا إلى اللغـة العربيـة مـن قـانون الرومان أو لرأينا ولو مصطلحاً واحداً من مصطلحات هذا القانون في كتب الفقه والتشريع ومـا أكثرهـا، كـما بقي لنا الكثير من تراث الفرس الأدبي والعلمي بجانب ما نقلوه من تراث اليونان العلمي والفلسفي.

بل إن التشريع الروماني على العكس قد تأثر بالفقه الإسلامي وأفاد منه فيما زيد عليه أيام النهضة الأوروبية، وذلك عن طريق الثقافة والعلوم الإسلامية التي كانت من عوامل هذه النهضة.

ومما يدل على نفي تأثر الفقه الإسلامي بالقانون الروماني، وجود نظـم في هذا القـانون لا يعرفهـا ذلك الفقه، مثل نظام التبني لولد معروف نسبه، والوصاية عـلى المـرأة حتى لا تستطيع التصرف إلا بـإذن صاحب الوصاية عليها، وكذلك وجود نظم في الفقه الإسلامي لا أصل لها في القانون الرومـاني مثـل: الوقـف والشفعة، وموانع الزواج بسبب الرضاع، وفضلاً عن ذلك لا يقيم القانون الروماني علاقة بين القاعدة

القانونية والقاعدة الأخلاقية بخلاف الفقه الإسلامي فإنه لا يقيم فاصلاً بين هذه القاعدة وتلك[1].

والفقه الإسلامي يقوم على أساس المساواة بين الأفراد أمام القانون، وهذا غير موجود في القانون الروماني، إلى غير ذلك من العوامل التي تؤكد النشأة الخاصة للتشريع الإسلامي، وأن ما زعمه المستشرقون من نسبة قواعد هذا التشريع أو صوره إلى مصدر روماني إنما هو وهم باطل من جانب المستشرقين الـذين ابتعدوا عن الموضوعية العلمية فالحقائق الموضوعية تؤكد أصالة التشريع الإسلامي كما تؤكد أن فقهاءنا الأعلام في آرائهم ومؤلفاتهم لم يتأثروا بمصادر أجنبية وكل ما صدر عن الاستشراق في هـذا الموضوع لا دليـل عليه، وهو ضرب من سياسة نفي كل فضل للإسلام والمسلمين، وأن كل ما قدموه من تراث علمي لم يبتكروه وإنما نقلوه عن سواهم.

أما فيما يتعلق بالشبهة القائلة بتأثر الفقـه الإسلامي بالقانون اليهودي، فإنـنا نقـول أن جميـع الشـرائع السـماوية تتشابه في العبادات وأحياناً في المعـاملات، لأن مصدرها واحـد، ومقاصـدها واحـدة، وللشريعة الإسلامية قاعدة عامة يعترف بها وهي أن شرع من قبلنا شرع لنا ما لم ينسخ بنص صريح مـن القرآن أو السنة، وبالتالي فإنه ليس من الغريب أن تتفق هاتان الشريعتان في العديد من الأحكام الاعتقاديـة والمدنية، كما أننا لا ننكر تأثير الثقافة اليهودية في بعض مناحيها في الثقافة الإسلامية، ويظهـر ذلـك في الأدب والفلسفة والعلوم، ولكننا لا نلمس له أي تأثير في الفقه والتشريع الإسلامي.

---

[1] الفكر الاستشراقي، ص111 وما بعدها.

المطلب الخامس

طعن الاستشراق في مفهوم عالمية الإسلام

حرص الاستشراق منذ اللحظة الأولى على زلزلة مفهوم عالمية الإسلام، بالادعاء بأن الإسلام دين عربي، أو أنه دين محلي، للقضاء على المفهوم الحقيقي للإسلام بوصفه آخر أديان السماء وختامها، وأن الرسالات السابقة كانت لأمم محدودة، بينما جاء الإسلام للعالمين نذيراً، بعد أن بلغت البشرية قدراً من الرشد، يمكنها من تقبل الدين العالمي الخالد القادر على العطاء، إلى أن يرث الله الأرض ومن عليها، ولقد جرت محاولات الاستشراق للتشكيك في عالمية الإسلام على نحو أو آخر.

فقد زعم المستشرق جورج سيل ومن على شاكلته أن محمداً، صلى الله عليه وسلم، كان يريد إصلاح بني جلدته وتقدمهم اقتصادياً وسياسياً ولم يقصد إلى مخاطبة البشر كله، وحاول إثبات أن محمداً، صلى الله عليه وسلم، لم يك يفكر في توجيه رسالته خارج جزيرة العرب.

وذهب السير وليم موير إلى: أن فكرة عالمية الرسالة المحمدية قد جاءت فيما بعد، وأن هذه الفكرة على الرغم من كثرة الآيات والأحاديث التي تؤيدها لم يفكر فيها محمد، صلى الله عليه وسلم، نفسه، وعلى فرض أنه فكر فيها كانت الفكرة غامضة، فإن عالمه الذي كان يفكر فيه إنما كان بلاد العرب، كما أن هذا الدين الجديد لم يهيأ إلا لها، وأن محمداً، صلى الله عليه وسلم لم يوجه دعوته منذ بعثه إلا للعرب دون غيرهم،....وهكذا نرى أن نواة عالمية الإسلام قد غرست، ولكنها إذا كانت قد اختمرت ونمت بعد ذلك فإنما يرجع إلى الظروف والأحوال أكثر منه إلى

الخطط والمناهج[1].

إن عالمية الإسلام من الأمور التي لا ينكرها إلا مكابر فمنذ أعلن محمد، صلى الله عليه وسلم، دعوته على الناس في أول إعلان له على الإطلاق قال لهم: "إني رسول الله إليكم خاصة وإلى الناس كافة"، وهذا يعني أنه دين جاء لكل البشرية منذ أول لحظة، فالإسلام لم يقدمه النبي، صلى الله عليه وسلم، في وقت من الأوقات على أنه دين عربي، ولكن بوصفه ديناً عالمياً لكل البشر، ويؤكد ذلك في حديث آخر حيث يقول: ...وكان النبي يبعث إلى قومه خاصة، وبعثت إلى الناس كافة[2].

والمتتبع لآيات القرآن الكريم يستطيع أن يتبين بوضوح عالمية الإسلام، ودعوته للناس كافة، يقول تعالى مخاطباً رسوله صلى الله عليه وسلم: ﴿ وَمَآ أَرۡسَلۡنَٰكَ إِلَّا كَآفَّةً لِّلنَّاسِ بَشِيرًا وَنَذِيرًا ﴾[3] ويقول: ﴿ قُلۡ يَٰٓأَيُّهَا ٱلنَّاسُ إِنِّي رَسُولُ ٱللَّهِ إِلَيۡكُمۡ جَمِيعًا ﴾[4] ويقول: ﴿ وَمَآ أَرۡسَلۡنَٰكَ إِلَّا رَحۡمَةً لِّلۡعَٰلَمِينَ ﴾[5] ويقول: ﴿ وَأُوحِيَ إِلَيَّ هَٰذَا ٱلۡقُرۡءَانُ لِأُنذِرَكُم بِهِۦ وَمَنۢ بَلَغَۚ ﴾[6].

ومما سبق يتضح لنا أن الإسلام هو دين جميع الشعوب والأجيال، فهو دين الجيل الذي بعث فيه محمد، صلى الله عليه وسلم، ودين الأجيال من بعده حتى قيام الساعة، إنه دين الله تعالى، وأنه لا يقبل من البشر ديناً غيره، وفي ذلك يقول الحق

(1) الدعوة إلى الإسلام، لمؤلفه السير توماس أرنولد، ترجمة حسن إبراهيم وآخرين، هامش ص50.

(2) الحديث رواه البخاري في صحيحه في مواضع متعددة.

(3) سبأ آية: 28.

(4) الأعراف آية: 158.

(5) الأنبياء آية: 107.

(6) الأنعام آية: 19.

تبارك وتعالى: ﴿إِنَّ ٱلدِّينَ عِندَ ٱللَّهِ ٱلْإِسْلَٰمُ﴾[1] ويقول: ﴿وَمَن يَبْتَغِ غَيْرَ ٱلْإِسْلَٰمِ دِينًا فَلَن يُقْبَلَ مِنْهُ وَهُوَ فِى ٱلْءَاخِرَةِ مِنَ ٱلْخَٰسِرِينَ﴾[2]. والرسالات التي كلف بها المرسلون رسالات قومية محلية، أما رسالة الإسلام فهي رسالة عامة موجهة للبشر جميعاً.

فضلاً عن ذلك فإن شريعة الإسلام، وضعت لهداية وسعادة البشر أجمعين في كل زمان وفي كل مكان، وغنية بمصادرها وأصولها وقوانينها الكلية، وأن نظرياتها المتطورة بالفعل تتمشى مع أحدث مبادئ التشريع العالمي، بل سبقت أحدث التشريعات في تقرير أرقى المبادئ الفقهية في الشرق والغرب، وسجل ذلك في المؤتمرات الدولية التي كان فيها مؤتمر القانون المقارن بمدينة لاهاي سنة 1967م، حيث استبان لهذا المؤتمر من البحثين اللذين قدما إليه من مندوبي الأزهر الشريف، وكان أحدهما في بيان المسؤولية الجنائية والمسؤولية المدنية في نظر الإسلام، وثانيهما في علاقة القانون الروماني بالشريعة الإسلامية، ونفى ما يزعمه المستشرقين من تأثر الفقه الإسلامي بذلك القانون.

وانتهى ذلك المؤتمر إلى تقرير الآتي:

1. اعتبار الشريعة الإسلامية مصدراً من مصادر التشريع العام.
2. اعتبار الشريعة الإسلامية حية صالحة للتطور.
3. اعتبارها قائمة بذاتها، وليست مأخوذة من غيرها.
4. تسجيل البحث الأول في سجل المؤتمر باللغة العربية واعتباره بين المجموعة العلمية التي تدخر للرجوع إليها.

---

(1) آل عمران آية: 19.

(2) آل عمران آية: 85.

5. استعمال اللغة العربية في المؤتمر، والتوصية بالاستمرار على ذلك في الدورات المقبلة[1].

وقد تولى الرسول، صلى الله عليه وسلم، نشر دعوة الإسلام إلى البشر جميعاً بنفسه بين ظهراني المشركين، وبين أحكام الإسلام للمؤمنين، وكانت دعوته، صلى الله عليه وسلم، لمن يلاقيهم سواء كانوا أفراداً أم جماعات، ولم يقتصر الأمر على ذلك، بل أرسل جماعات من أصحابه الذين فقهوا أحكام الإسلام إلى الجماعات والقبائل البعيدة التي اعتنقت الإسلام يعلمون من آمن ويقومون بواجب الهداية لمن بقي منهم على شركه، أو تباطأت به سبل الهداية.

وعندما دخل الناس أفواجاً في دين الله بعد فتح مكة وأصبحت الجزيرة العربية تحت سلطان الإسلام دانت بعض القبائل الكتابية لقوة الإسلام فأعطوا الجزية عن يد وهم صاغرون، فكان الرسول، صلى الله عليه وسلم، يرسل إليهم الدعاة يدعونهم إلى الإسلام ويعلمونهم أحكامه.

وقد تجاوز الرسول، صلى الله عليه وسلم، حدود الجزيرة العربية بدعوة الإسلام، لذلك أرسل كتبه الهادية إلى غير العرب في أقاليمهم المختلفة قاصيها ودانيها، فأرسل إلى "هرقل" ملك الروم، والنجاشي ملك الحبشة وكسرى ملك فارس والمقوقس عظيم مصر[2].

وكان الرسول، صلى الله عليه وسلم، يختار الرسل الذين يحملون رسائله إلى الرؤساء والملوك، ممن يتصفون بالحكمة والعقل والحصافة، وهكذا نرى أن الرسول، صلى الله عليه وسلم قد قام بتبليغ الرسالة على أكمل وجه استجابة لأمره

---

(1) النصرانية والإسلام، المستشار محمد عزت الطهطاوي، ص304، 305، ط: التقدم بمصر 1977م.

(2) السابق، ص339-340.

تعـالى: ﴿يَـٰٓأَيُّهَا ٱلرَّسُولُ بَلِّغۡ مَآ أُنزِلَ إِلَيۡكَ مِن رَّبِّكَۖ وَإِن لَّمۡ تَفۡعَلۡ فَمَا بَلَّغۡتَ رِسَالَتَهُۥۚ وَٱللَّهُ

يَعۡصِمُكَ مِنَ ٱلنَّاسِۗ﴾ (1).

ثم يقال للمنكرين عموم الرسالة، إذا لم يكن الإسلام هو دين البشرية جمعاء، فأي دين إذن صالح للبشرية، يجمعها على كلمة سواء، ويقيها مما تعانيه من التمزق والضياع والتشتت؟ هل النصرانية بهرطقتها وأسرارها الكنسية والتي كبلت العقول والقلوب مما استدعى الغرب المسيحي أن ينفض يده بالكلية عنها؟ وهل تصلح أن تكون النصرانية ديناً عالمياً وهي تحمل من التحريف والمغالطات في حق الدين ما يندى له الجبين؟ أم اليهودية وهي تقوم على العنصرية والاستعلاء على سائر البشر ـ؟ أم الإسلام الـذي يـدعو إلى نبـذ التعالي والتفاضل بين البشر إلا بالتقوى والعمل الصالح (2)؟

أي دين أصلح وأقوم بأن يقود البشرية إذن؟ لا شك أن الإجابة ن الدين عند الـلـه الإسـلام وهو الذي يصلح لقيادة الإنسانية، إلا أن المستشرقين قد أعماهم تعصبهم الموروث على الإسلام، وحقدهم الـدفين، أن يقولوا كلمة الحق.

وقد عجزت محاولات الاستشراق للتشكيك في عالمية الإسلام، لما تضمنته منظومة الإسلام من عطاء وافر، ومن مرونة وسعة أفق، ومن قدرة على مواجهة المتغيرات والأحداث، ومن منهج جامع شامل، كشـف عن انتماء البشرية كلها إلى أصل واحد: "كلكم لآدم وآدم مـن تـراب" (3). والـذي حـدد الأفضـلية والأسـبقية والتمييز

---

(1) المائدة آية: 67.

(2) الغزو الفكري أبعاده ومواجهته، ص69.

(3) الحديث رواه الإمام أحمد بن حنبل في مسنده 361/2، 524، ط: المكتب الإسلامي.

بين الناس عن طريق واحد هو العمل الصالح: ﴿إِنَّ أَكْرَمَكُمْ عِندَ اللَّهِ أَتْقَاكُمْ﴾[1]. وليس عن طريق العنصر أو الجنس أو الدم أو اللون. لقد أزاح الإسلام هذه النزعة العرقية، وصحح مفهوم البشرية في انتمائها الأصيل وفي وجهتها الحقة، وكانت دعوة الإسلام العالمية ترمي إلى إسقاط التمييز بالعنصر واللون والجنس والدم، وإعلاء مفهوم الأخوة الإسلامية الجامعة[2].

وقد روى الإمام أحمد بن حنبل في مسنده - وغيره - عن الرسول صلى الله عليه وسلم، أنه قال: ليبلغن هذا الأمر - أي الإسلام - ما بلغ الليل والنهار، ولا يترك الله بيت مدر ولا وبر إلا أدخله الله في هذا الدين بعز عزيز، أو بذل ذليل، عزاً يعز الله به الإسلام، وذل يذل الله به الكفر[3].

وبذلك نؤكد بكل ثقة، أن ديننا الإسلامي ديناً عالمياً وليس محلياً، وأن رسولنا، صلى الله عليه وسلم، بعث إلى الناس كافة بشيراً ونذيراً، رغم ما أثاره المستشرقون من شبهات حول عالمية الإسلام.

المطلب السادس

ما أثير حول ظاهرة انتشار الإسلام من شبهات

لم تعرف البشرية قديماً وحديثاً، ديناً انتشر انتشاراً واسعاً، وفي فترة زمنية وجيزة مثل الإسلام، ولذلك أثيرت حول انتشاره الشكوك والشبهات الكثيرة، التي من شأنها إيهام الناس بأن السبب في انتشاره ليس لخاصية فيه، وإنما لعوامل أخرى خارجة عنه مارسها أتباعه، ولذلك زعم المستشرقون أن الإسلام دين العنف والقوة،

---

(1) الحجرات آية: 13.

(2) التيارات الوافدة، أ. أنور الجندي، ص38، ط: دار الوفاء المنصورة، 1994م.

(3) هذا الحديث رواه الإمام أحمد في مسنده.

وأنه انتشر في أرجاء المعمورة بالسيف، وأن محمداً صلى اللـه عليه وسلم، دعا دينه إلى القتال لإكراه الناس بالسيف على الدخول في الإسلام، وذلك بقصد تشويه صورة الإسلام، وفي ذلك يقول المستشرق غيومال لوسيتري: إن العرب قد فرضوا دينهم بالقوة وقالوا للناس أسلموا أو موتوا، بينما أتباع المسيح - عليه السلام - ربحوا النفوس ببرهم وإحسانهم[1]. وقد أورد المستشرق بلزاك في كتابه: تاريخ محاضرات الشرق الأدنى قوله: وقد أمر محمد، صلى اللـه عليه وسلم، أتباعه أن يحملوا العالم كله على الإسلام بالسيف، إذا اقتضت الضرورة[2]. ويقول نلسون: وأخضع سيف الإسلام شعوب إفريقيا وآسيا، شعباً بعد شعب[3].

وهذه فرية يكذبها الواقع، فإذا رجعنا إلى الوراء ونظرنا إلى المبدأ الذي قامت عليه الدعوة الإسلامية، وكيف انتشرت، وهل هي فعلاً انتشرت بالسيف كما يزعم أعداء الإسلام، أم بالحجة والإقناع والموعظة الحسنة، لتبين لنا زيفهم وكذبهم في دعواهم أن الإسلام قد انتشر بقوة السيف، وأن المسلمين قتلة وسفاحون وسفاكوا دماء.

إن من يستقرئ أحداث التاريخ الإسلامي منذ أن صدع النبي، صلى اللـه عليه وسلم، بما أمره اللـه تعالى به، يلاحظ أن القوة في الإسلام لم تتخذ أبداً لإكراه الناس على الإيمان بهذا الدين، لقد كانت في سائر الأحوال للحماية ورد العدوان، وتحقيق الحرية الدينية للإنسان، فمن شاء بعد ذلك فليؤمن ومن شاء فليكفر. إن الدعوة الإسلامية في مرحلتها الأولى في مكة لم تحمل سلاحاً، ولم تدخل معركة، ومع هذا

---

(1) الإسلام في قفص الاتهام، د. شوقي أبو خليل، ص86، ط: دار الفكر، دمشق 1977م.

(2) المستشرقون والإسلام، زكريا هاشم، ص23، ط: المجلس الأعلى للشؤون الإسلامية، 1965م، وقارن: الدعوة إلى الإسلام توماس أرنولد، ص390 وأيضاً: الإسلام في قفص الاتهام، ص86.

(3) التبشير والاستعمار، د. عمر فروخ والخالدي، ص41 مرجع سابق.

آمن بها من آمن رغم ضراوة الإرهاب والعنت والاضطهاد والأذى، كان المشركون يصبون ألوان العذاب على المؤمنين، وما كان هذا العذاب ليحول دون انتشار الإيمان وكثرة المؤمنين عاماً بعد عام.

وبعد الهجرة أذن للمؤمنين بالقتال لأنهم ظلموا وأخرجوا من ديارهم وسلبت أموالهم بغير حق. وخاض المسلمون مع نبيهم عدة غزوات كانت كلها رداً على اعتداء، وانتصافاً لمظلوم وتأديباً لناكث عهد أو مخالف لعرف، وكانت هذه الغزوات كلها – باستثناء غزوة بدر – ذات طابع دفاعي محض[1].

فالرسول، صلى الله عليه وسلم، في بدر خرج يريد الاستيلاء على أموال قريش نظير أموال المسلمين التي سلبت منهم في مكة، فلم يكن يريد قتالاً ولكنه فوجئ بأن قريشاً خرجت بكل ما لها من قوة تريد أن تسكت أي صوت يعلو على صوتها، فكان لا بد للنبي، صلى الله عليه وسلم، وأصحابه من الدفاع ورد المعتدين[2].

أما غزوة "بني قينقاع" كانت نتيجة نقض اليهود للعهد الذي أبرموه مع النبي صلى الله عليه وسلم، وذلك بمكاتبتهم للمشركين وتحالفهم معهم وتأليبهم لهم ضد المسلمين، وكانت غزوة أحد رداً لقريش التي خرجت زاحفة على المسلمين تريد أن تثأر لهزيمتها في بدر وكانت غزوة الخندق مثالاً واضحاً على الدفاع عن الأهل والمال والوطن، وكان حصار بني قريظة بعد غزوة الخندق وقتلهم لنقضهم العهد وتحالفهم مع الأحزاب ضد المسلمين وكان فتح مكة نتيجة غدر المشركين ونقضهم للعهد حين اعتدوا على قبيلة خزاعة التي حالفت المسلمين، ولا شك أن كل القوانين

(1) أسلوب الدعوة في القرآن، د. محمد حسين فضل الله، ص121، ط2: بيروت 1972م.
(2) فتح الباري بشرح صحيح البخاري، لابن حجر العسقلاني ج8 كتاب المغازي، ط: الحلبي القاهرة 1959م.

والأعراف تعطي الحق للحليف في نصرة حليفه[1].

وإذا انتقلنا إلى مجابهة الرسول، صلى الله عليه وسلم، لليهود فإننا نجدها كلها كانت بسبب غدر اليهود ونقضهم للعهود والمواثيق التي أبرموها مع المسلمين، ولكن مع كل ما أظهره اليهود من كيد وغدر كان النبي، صلى الله عليه وسلم، يرفق بهم ويتسامح معهم إذا نقضوا عهده أو حاربهم فانتصر عليهم، وكان عليه الصلاة والسلام لا يعاقبهم إلا بمقدار ما يكف أيديهم عنه، وكان يحكم فيهم من يختارونه بأنفسهم، وكانت معاملته لليهود أيسر وأخف من معاملته قريشاً وغيرها[2].

ولم تكن غزوات الرسول، صلى الله عليه وسلم، ضد الروم ومن تابعهم من العرب تختلف عن سابقاتها من الغزوات، فغزوة مؤتة كانت بسبب اعتداء ملك الغساسنة الحرث بن شمر الغساني على رسول رسول الله، صلى الله عليه وسلم، حين أتاه يدعوه إلى الإسلام، وهو بلا شك انتهاك واضح للعرف الدولي، فالرسل لا تقتل مهما كانت الأسباب، ولكن ملك الغساسنة تجاهل ذلك المبدأ وقتل مبعوث رسول الله، صلى الله عليه وسلم، فما كان من المسلمين إلا أن جهزوا جيشاً للقصاص من ذلك الذي لم يحترم هذا العرف الإنساني، والذي أظهر استعداده لغزو المسلمين في عقر دارهم، وكانت غزوة تبوك أيضاً دفاعاً عن النفس، وذلك لما ورد أن هرقل ملك الروم، لما سمع بانتصارات المسلمين وأنهم أصبحوا أصحاب شوكة في الجزيرة العربية جمع جيشاً كبيراً على حدود الشام واستعد لغزو الجزيرة، ولما سمع الرسول، صلى الله عليه وسلم، بذلك لم يكن أمامه خيار إلا الاستعداد للمواجهة، وبذلك وقعت غزوة تبوك[3].

---

(1) أسلوب الدعوة في القرآن، ص120، وما بعدها - بتصرف.

(2) تاريخ الإسلام، د. حسن إبراهيم، 132/1، ط: مكتبة النهضة المصرية 1975م.

(3) أسلوب الدعوة في القرآن، ص120 وما بعدها بتصرف.

هذه هي أهم الأحداث العسكرية التي وقعت في حياة الرسول، صلى الله عليه وسلم، وهي بلا مراء تعطي نتيجة واحدة، وهي أن المسلمين في هذه الفترة قد حملوا السيوف مضطرين من أجل الدفاع عن أنفسهم، وعن عقيدتهم التي أراد لها الكفار أن تموت في مهدها الأول، ولو أن الكفار تركوا المسلمين وشأنهم ولم يتعرضوا لهم لما كان هناك موجب للقتال وحمل للسيف، ولقد شهد التاريخ بأن المسلمين عندما حملوا السيف كانوا يسيرون تحت إمرة نبيهم، صلى الله عليه وسلم، الذي كان يأمرهم دائماً بالرحمة والرفق والمحافظة على الأخلاق الإسلامية التي تدعو إلى اجتناب الأطفال والنساء والشيوخ، وعدم اعتبارهم محاربين.

فالحرب بين المسلمين والكفار لا تعتبر إذن نشراً للإسلام بالسيف، وإنما هي ضرورة تمليها على المسلمين دفاعهم عن عقيدتهم وعن نفوسهم وأعراضهم وأموالهم وأهليهم.

هذه نظرة سريعة عن ظاهرة انتشار الإسلام، فأين هذه الحقائق التاريخية الثابتة المدعومة بالأدلة المتواترة من ادعاءات المستشرقين الزائفة، والتي يزعمون أن الإسلام قد انتشر ـ بالسيف، والحق كما يقول أحد الباحثين أن هذه مغالطة مفضوحة، فإن السيف لم يستعمل إلا للقضاء على طغيان الأكاسرة وجبروت القياصرة، واكتساح من كانوا يستظلون بعروشهم من بطارقة الدجل، ودهاقنة النصب والاحتيال...ويكفي الإسلام فخراً أنه لم تؤلف في ظله محاكم تفتيش لإجبار الناس على اعتناقه كتلك التي أقامها الصليبيون في الأندلس، وفي روما، وفي كل مكان أوقعه سوء الطالع تحت جبروت الكهنة وإرهاب البابوات ويكفي الإسلام فخراً أنه لم يتخذ من الدس والتآمر وسيلة لانتشاره لأنه لا يحتاج إلى مثل هذه الوسائل، ولأن الدين الذي يحتاج إلى مثل هذه الوسائل من خلال رؤيتنا هو الدين الذي لا يملك من وسائل الإقناع إلا الغدر والقتل، ولا من الحجج الدامغة إلا أسلحة الفتك والتدمير،

ومثل هذا الدين لا يكتب له البقاء، ولا يصمد في وجه الأعاصير ولا يستحق أن يسمى ديناً[1].

وإذا رجعنا إلى التاريخ الإسلامي، وخصوصاً في عهد الرسول، صلى الله عليه وسلم، وعهد خلفائه الراشدين، فإننا لا نجد فيه أية صورة تدل على القسر أو الإكراه في الدين، ولم نجد فيه أيضاً ما يدل على وجود أناس، اعتنقوا الإسلام تحت تهديد السيف، بل نجد فيه صورة واضحة جلية من التسامح الديني والحرية الدينية، التي لم ير الناس مثلها من قبل. بل إن الفترة التي نشطت فيها الدعوة إلى الإسلام، والتي شهدت إقبال الناس على اعتناق الإسلام هي تلك الفترة التي اتسمت بالاستقرار والبعد عن الحرب، وفي ذلك يقول الدكتور "شلبي": إن من دخل الإسلام في تلك الفترة - أي فترة السلم بعد صلح الحديبية وقبل فتح مكة - كان أكثر مما دخلوه في المدة التي تقرب من عشرين عاماً منذ بدء الدعوة حتى تلك الفترة وهذا يدلنا على أن انتشار الإسلام تبع السلام ولم يتبع الحرب[2].

وإذا ثبت بطلان زعم المستشرقين بأن الإسلام انتشر بالسيف فلم يبق إلا أن نقرر أنه انتشر بالدعوة والإقناع والموعظة الحسنة، وعدم الإكراه، والأدلة على ذلك كثيرة - منها قوله تعالى: ﴿ لَآ إِكْرَاهَ فِي ٱلدِّينِۖ قَد تَّبَيَّنَ ٱلرُّشْدُ مِنَ ٱلْغَيِّۚ ﴾[3]، وقوله: ﴿ وَلَوْ شَآءَ رَبُّكَ لَءَامَنَ مَن فِي ٱلْأَرْضِ كُلُّهُمْ جَمِيعًاۚ أَفَأَنتَ تُكْرِهُ ٱلنَّاسَ حَتَّىٰ يَكُونُواْ مُؤْمِنِينَ ﴾[4]، وقوله: ﴿ فَذَكِّرْ إِنَّمَآ أَنتَ مُذَكِّرٌ ٢١ لَّسْتَ عَلَيْهِم بِمُصَيْطِرٍ ﴾[5].

---

(1) معاول الهدم والتدمير في النصرانية والتبشير، د. إبراهيم سليمان، ص115-116، بتصرف، ط: الرياض.

(2) مقارنة الأديان، د. أحمد شلبي، 3/الإسلام، ص195، ط5: مكتبة النهضة المصرية 1977م.

(3) البقرة آية: 256.

(4) يونس آية: 99.

(5) الغاشية آية: 21-22.

وقوله: ﴿فَإِنَّمَا عَلَيْكَ ٱلْبَلَٰغُ وَعَلَيْنَا ٱلْحِسَابُ﴾[1] فالقرآن هنا صريح في نفي الإكراه في الدين، وصريح في التشديد على حرية الاعتقاد، ذلك لأن هذا شيء يخص الإنسان وحده، والواجب على المسلمين فقط هو إبلاغ الدعوة إلى كافة الناس، ثم تركهم وحالهم: ﴿فَمَن شَآءَ فَلْيُؤْمِن وَمَن شَآءَ فَلْيَكْفُرْ﴾[2].

وقد شرح ابن كثير قوله تعالى: (لا إكراه في الدين) فقال: أي لا تكرهوا أحداً على الدخول في دين الإسلام فإنه بين واضح، جلي دلائله وبراهينه، لا يحتاج إلى أن يكره أحد على الدخول فيه، بل من هداه الله للإسلام، وشرح صدره ونور بصيرته، دخل فيه على بينة، ومن أعمى الله قلبه وختم على سمعه وبصره فإنه لا يفيده الدخول في الدين مكرهاً مقسوراً[3].

وهكذا يتضح من هذه الآيات أن الإكراه على اعتناق الدين شيء مرفوض في الشريعة الإسلامية إذ أن العقيدة محلها القلب ولا تستطيع أي قوة مهما كانت أن تغير شيئاً استقر في القلب وعلق في الذهن إلا بطريق الحجة والإقناع والمنطق، ولذلك حدد الإسلام المنهج الذي يحتم على المسلمين أتباعه في الدعوة إلى الإسلام ونشره في كل مكان وجاء هذا المنهج في القرآن الكريم مشتملاً على الدعوة إلى الإسلام بالحكمة والموعظة الحسنة والجدل بالحسنى قال تعالى: ﴿ٱدْعُ إِلَىٰ سَبِيلِ رَبِّكَ بِٱلْحِكْمَةِ وَٱلْمَوْعِظَةِ ٱلْحَسَنَةِ وَجَٰدِلْهُم بِٱلَّتِي هِيَ أَحْسَنُ﴾[4] وقال: ﴿وَقُولُوا۟ لِلنَّاسِ حُسْنًا﴾[5] إلى غير ذلك من الآيات التي تقرر مبدأ حرية العقيدة في

---

(1) الرعد آية: 40

(2) الكهف آية: 29

(3) تفسير القرآن العظيم للحافظ ابن كثير 551/3، ط: دار الفكر بيروت، 1970م.

(4) النحل آية: 125.

(5) البقرة آية: 83.

الإسلام، وتبعد أي أثر من شأنه التسلط أو فرض السيطرة على عقائد الناس، حتى ولو كان ذلك النبـي صـلى اللـه عليه وسلم، نفسه.

وقد وردت في القرآن آيات تزيد على مائة وعشرين آية تفيد كلها أن نشر الإسلام أساسه الإقناع الهادئ، والتعليم المجرد، وترك الناس أحراراً بعد عرض الدعوة عليهم ليقبلوها أو يردوها، وبعد فتح مكة ترك الرسول، صلى اللـه عليه وسلم، أهلها قائلاً: اذهبوا فأنتم الطلقاء، فلم يكرههم على الإسلام بعد الانتصار الحاسم عليهم[1].

كذلك لم يحدث في تاريخ الإسلام أن أجبر المسلمون يهودياً أو مسيحياً على اعتناق الإسلام، ومن هنا كان إعطاء الخليفة الثاني الفاروق عمر بن الخطاب لأهل بيت المقدس من المسيحيين الأمان على حياتهم وكنائسهم وصلبانهم، لا يضار أحد منهم ولا يرغم بسبب دينه، كما أن النبي صلى اللـه عليه وسلم، قد سجل في أول دستور للمدينة بعد الهجرة: أن اليهود أمة مع المسلمين، فاعترف لهم بحقهم في البقاء على دينهم.

وقد رفضت المستشرقة الألمانية زيجريد هونكه في كتابها: (اللـه مختلف) تماماً فكرة انتشار الإسلام بالسيف وقالت: لقد لعب التسامح العربي دوراً في انتشار الإسلام، وذلك على العكس تماماً من الزعم القائل بأنه قد انتشر بالنار والسيف، وقد أصبح هذا الزعم من الأغاليط الجامدة ضد الإسلام، وتستطرد المستشرقة قائلة: لقد كان أتباع الديانات الأخرى - أي النصارى واليهود والصابئة والوثنيون - هم الذين ألحوا من تلقاء أنفسهم في اعتناق الإسلام[2].

---

(1) الإسلام في مواجهة حملات التشكيك، د. محمود حمدي زقزوق ص40-41 وقارن: مائة سؤال عن الإسلام، الشيخ محمد الغزالي، ص1/118-120، ط: دار ثابت القاهرة، 1983.

(2) الإسلام في مرآة الفكر الغربي، د. محمود حمدي زقزوق، ص106 ما بعدها، مرجع سابق.

وقد شارك المستشرقة الألمانية هونكه في الرأي الكاتب المسيحي الفرنسي ـ هوبيرد يشان حاكم المستعمرات الفرنسية بإفريقيا حتى سنة 1950م، وهو يقول في كتابه: الديانات في إفريقيا السوداء ص128-129: إن انتشار دعوة الإسلام في أغلب الظروف لم تقم على القسر، وإنما قامت على الإقناع الذي كان يقوم به دعاة متفرقون لا يملكون حولاً ولا طولاً إلا إيمانهم العميق بربهم، وكثيراً ما انتشر ـ الإسلام بالتسرب السلمي البطئ من قوم إلى قوم، فكان إذا ما اعتنقته الأرستقراطية وهي هدف الدعاة الأول تبعتها بقية القبيلة، وقد يسر انتشار الإسلام أمر آخر هو: أنه دين بطبيعته، سهل التناول، لا لبس ولا تعقيد في مبادئه، سهل التكييف والتطبيق في مختلف الظروف ووسائل الانتساب إليه أيسر ـ وأيسر ـ إذ لا يطلب من الشخص لإعلان إسلامه سوى النطق بالشهادتين، فيصبح بذلك في عداد المسلمين[1].

وقد أيد هونكه وهوبير ديشان فيما ذهب إليه بعض المستشرقين منهم جيمس متشنر حيث يقول: اعتقد الغرب أن توسع الإسلام ما كان يمكن أن يتم لو لم يعمد المسلمون إلى السيف، ولكن الباحثين لم يقبلوا هذا الرأي، فالقرآن صريح في تأييده لحرية العقيدة[2] ويقول جوستاف لوبون: لم ينتشر ـ الإسلام بالسيف، بل انتشر بالدعوة وحدها، وبالدعوة وحدها اعتنقته الشعوب[3]. ويقول الكونت هنري: فلم يكره أحد على الإسلام بالسيف، بل دخل القلوب عن شوق واختيار، وكان نتيجة ما أودع في القرآن من مواهب التأثير والأخذ بالألباب[4].

---

(1) الإسلام، د. أحمد شلبي، ص198.
(2) المستشرقون والإسلام، د. زكريا هاشم، ص50.
(3) حضارة العرب، لمؤلفه جوستاف لوبون، ترجمة د. عادل زعيتر ص8، ط: عيسى الحلبي، القاهرة.
(4) الإسلام في قفص الاتهام، ص126.

وإلى هنا نستطيع أن نقرر أن حرية العقيدة هي من أبرز الأشياء التي أوجبها الإسلام وحث عليها، بل وأوجب على المسلمين أن يقاتلوا في سبيل تثبيت هذا المبدأ، ومن هنا كانت الفتوحات الإسلامية تهدف إلى تحطيم سلطة الحكومات التي كانت تقف حاجزاً أمام الشعوب، وتمنعهم من اعتناق أي عقيدة إلا تلك التي يدين بها الملك أو الرئيس، فإذا ما تحقق انتصار المسلمين على تلك الحكومة المتسلطة ترك الأمر بعدها للشعب في أن يختار اعتناق الإسلام أو أن يبقى على دينه.

ليس من مهمة المسلمين إكراه الناس على اعتناق الإسلام، ولو أراد النبي، صلى الله عليه وسلم، ذلك لما كانت هناك حاجة لأن يبرم عهوداً ومواثيق مع اليهود في المدينة، وماذا يمنعه من أن يكره اليهود على اعتناق الإسلام أو أن يبيدهم عن آخرهم إنه رجل الدولة الأول، والمسلمون هم القوة الأولى في الجزيرة العربية، لا شيء يمنعه من فعل ذلك إلا الأمر الإلهي (لا إكراه في الدين)، لقد جاء في عهده لليهود حين قدم المدينة: وأن يهود بني عوف أمة مع المؤمنين، لليهود دينهم وللمسلمين دينهم ومواليهم وأنفسهم إلا من ظلم أو أثم فإنه لا يرتغ إلا نفسه وأهل بيته[1].

تلك هي حرية العقيدة في الإسلام التي تتجلى في مواقف كثيرة للرسول وغيره من الصحابة. هل بعد هذا يمكن لأحد أن يقول أن المسلمين أجبروا الناس على اعتناق الإسلام، وأن الانتشار الواسع والنجاح الباهر الذي حققه الإسلام لم يكن ليحصل لولا القوة والإكراه إن ذلك لكذب وبهتان وافتراء ليس له من الصحة نصيب، وتكذبه الآيات القرآنية الكثيرة الواضحة وتبطله الوقائع التاريخية الكثيرة التي حفلت بها كتب التاريخ، والتي سجلت للمسلمين تاريخاً ناصعاً اكتسحوا فيه الأمم

---

(1) السيرة النبوية لابن هشام 503/1، تحقيق مصطفى السقا وآخرون، ط: مصطفى الحلبي 1955م.

والشعوب من أجل أن يدافعوا عن حرية العقيدة⁽¹⁾.

وزيادة في الإيضاح وتبيين أن الإسلام لم ينتشر بالسيف، وأنه لا علاقة بين الفتوحات الإسلامية وبين انتشار الإسلام، أقول أين السيف الذي أجبر أوائل المسلمين وحملهم على نبذ الأصنام وإتباع ما أتى به الرسول، صلى الله عليه وسلم، أين السيف الذي أجبر بلالاً وعماراً وغيرهم من المستضعفين على تحمل ألوان العذاب ألم يكن سيف الكفر هو الذي تسلط على رقابهم وأذاقهم الويلات من أجل أن يتركوا دينهم ويسبوا نبيهم؟ وأين السيف الذي سلط على أهل المدينة وأجبرهم على أن يعرضوا على النبي صلى الله عليه وسلم، مهمة حماية الرسالة، وهي مهمة خطيرة تحملهم تبعات كثيرة وكبيرة قد تكلفهم أرواحهم؟ ثم أين السيف الذي أجبر المهاجرين على ترك الأهل والوطن والمال؟ إنه فقط سيف الكفر.

ثم إن كان هناك سيف ينشر الإسلام ويكره الناس على اعتناقه؟ فلماذا لم يتجه هذا السيف إلى الحبشة رغم قربها من المسلمين؟ فكتب التاريخ تحدثنا بأنه لم تقم حروب بين المسلمين وبين الأحباش رغم اختلاف الاثنين في الدين، إن العلة في الحروب الإسلامية وفي الأمر بالقتال هي المقاتلة وليست الكفر فمن شهر سيفه في وجه المسلمين وجب عليهم أن يردوه، وأما غير ذلك فلا يوجد مبرر لإشهار السيف، وهكذا كان موقف المسلمين من الأحباش، فلو كانت العلة هي الكفر لما ترك المسلمين الأحباش وتجاوزهم إلى الأمم الأخرى.

مرة أخرى أقول أين السيف الذي أجبر مشركي الجزيرة العربية على اعتناق الإسلام بعد صلح الحديبية؟ تلك الفترة التي شهدت دخول الكثيرين في الإسلام، إنها بكل تأكيد لم تكن فترة حرب بل كانت فترة هدنة وصلح، ثم أين السيف الذي أجبر القرشيين على اعتناق الإسلام أفواجاً بعد فتح مكة وبعد أن أعتقهم النبي، صلى الله

---

(1) ظاهرة انتشار الإسلام، ص209 وما بعدها.

عليه وسلم، وعفا عنهم حين قال: اذهبوا فأنتم الطلقاء وأين السيف أيضاً الذي أجبر القبائل العربية على أن تأتي للرسول، صلى الله عليه وسلم، في أواخر السنة التاسعة وطوال السنة العاشرة للهجرة وتعلن إسلامها؟ ونتيجة لكثرة الوفود التي أقبلت تريد الدخول في الدين الجديد سمي ذلك العام بعام الوفود، وأين السيف الذي أعمل في رقاب المصريين حتى جعلهم يقدمون تسهيلات ويرحبون بالعرب الفاتحين الذين خلصوهم من شر الروم وكيدهم؟ وأين السيف الذي تسلط على رقاب الكثيرين من نصارى الجزيرة العربية وغيرهم من المسيحيين وجعلهم يعلنون إسلامهم على أيدي الدعاة من المسلمين[1].

ورحم الله أمير الشعراء أحمد شوقي حين قال في الرد على افتراءات هؤلاء المستشرقين:

قالوا غزوت ورسل الله ما بعثوا لقتل نفس ولا جاءوا لسفك دم

جهل وتضليل أحلام وسفسطة فتحت بالسيف بعد الفتح بالقلم[2]

هذه الحقائق والأدلة التي قدمناها تحطم كل التهم والأباطيل التي يروجها أعداء الإسلام، من أنه دين انتشر وقام على السيف، وهي كفيلة برد ما يقذفه المستشرقون من أكاذيب وما يرددونه من دعايات، فالإسلام قد انتصر حين انهزم أهله، والإسلام قد انتشر حين لم يكن له سيف يحميه أو يزود عنه، بل كان هناك سيف مسلط عليه، وصدق الله العظيم حيث يقول: ﴿يُرِيدُونَ أَن يُطْفِـُٔوا۟ نُورَ ٱللَّهِ بِأَفْوَٰهِهِمْ وَيَأْبَى ٱللَّهُ إِلَّآ أَن يُتِمَّ نُورَهُۥ وَلَوْ كَرِهَ ٱلْكَـٰفِرُونَ﴾[3].

---

(1) ظاهرة انتشار الإسلام، ص212-214.

(2) الشوقيات، أمير الشعراء أحمد شوقي، 157/1، ط: دار الكتب العلمية، بيروت.

(3) التوبة آية:32.

تلك خلاصة لأهم آراء الاستشراق في الإسلام وأهم قضاياه، ظهر منها مدى حقدهم الدفين على الإسلام والمسلمين، والرغبة في القضاء عليه بكل الوسائل وبشتى الطرق وهي كذلك تقدم البرهان على أن كل الآراء الاستشراقية في غير ما تحدثنا عنه لا تخرج عن نطاق التشويه والافتراء، لأن تراث المسلمين الفكري والحضاري يرتكز أساساً على مصدرين الكتاب والسنة، وهما الركيزة والقاعدة الصلبة التي ارتكز عليها الإسلام، فإذا كان للاستشراق في القرآن والسنة ذلك الموقف الذي رأيناه مجافياً لأبسط قواعد المنهج العلمي، فإنه في العلوم الأخرى التي كان للمسلمين فيها الريادة لن يكون عادلاً في أحكامه، فهذه العلوم على تباين مجالاتها وعلى رأسها اللغة العربية، لغة القرآن، نشأت خدمة للدستور السماوي الذي لا يأتيه الباطل من بين يديه ولا من خلفه، كي يفهم عامة الناس أحكامه وتعاليمه من أجل الإيمان به ورد شبه أعدائه، سواء أكانوا مستشرقين أو مبشرين أو ماديين.

المطلب السابع

ما أثير حول اللغة العربية والفلسفة الإسلامية

وقد حمل الاستشراق على اللغة العربية، وكانت حملته عليها مرتبطة بحملته على القرآن الكريم، وذلك بقصد إيجاد فجوة بين القرآن وبين لغته، فقد شكك الاستشراق في قدرة اللغة العربية على مسايرة التطور العلمي، لتظل عالة على مصطلحاته التي تشعرنا بفضله وسلطانه الأدبي علينا، وشكك كذلك في غنى الأدب العربي، وإظهاره مجدباً فقيراً لنتجه إلى آدابه، وذلك هو الاستعمار الأدبي الذي يبغيه مع الاستعمار العسكري الذي يرتكبه[1].

والاستشراق يلح دائماً على أن العربية لا تصلح لغة للعلم المعاصر، وأن

---

(1) الاستشراق والمستشرقون، ص23.

قواعد نحوها وصرفها عسيرة، وأن على المسلمين أن يتخلوا عن هذه اللغة الصحراوية، لأن تمسكهم بها سيحول دون نهضتهم وإسهامهم الإيجابي في تطور الحضارة وسعادة البشرية[1].

ولكي يصل الاستشراق إلى هذه الغاية سعى إلى تحقيق الآتي:

1. الدعوة إلى إهمال اللغة العربية، وتشجيع الدعوة إلى العامية والكتابة بها في العلوم والآداب والقصص، لذلك نفروا من اللغة العربية عن طريق إثارة عبارات الاستهانة والاستهزاء والعبث بقواعدها، والدعوة إلى ترك الإعراب وتسكين أواخر الكلمات.

2. الدعوة إلى إحلال الحروف اللاتينية محل الحروف العربية، بحجة أن الطباعة بالحروف العربية تعد صعبة على عكسها بالحروف اللاتينية[2].

والهدف الذي يرمي إليه هؤلاء المستشرقون من إحلال الحروف اللاتينية بدلاً من الحروف العربية ليس الغرض منه خدمة اللغة العربية، أو تخفيف نفقات الطباعة على من يقومون بعمليات الطباعة، إنما الغرض منه قطع العرب في مختلف البلدان عن تراثهم الديني إذا طال الزمن على استخدام الحروف اللاتينية وترك الحروف العربية، واللغة العربية الفصحى التي يلتقي عندها أبناء الأمة العربية جميعاً، في كتاباتها المتنوعة[3].

وكذلك تعرضت الفلسفة الإسلامية لهجوم عنيف من جانب بعض المستشرقين، حيث زعموا أن العرب ليس من صفاتهم التعمق في الفكر ولا الابتكار في الرأي، وأن فكرهم مجرد عن كل مزايا التفكير الفلسفي، فليس عند العرب كلمة

_____

(1) الفكر الاستشراقي ص118.
(2) الغزو الفكري الاستشراقي، ص138.
(3) السابق، ص141.

وعند المسلمين كملة، مذهب فلسفي محكم البنيان، أو نظرة فكرية عميقة للإنسان والكون والحياة، أو حلول صائبة لما واجه حياتهم ومجتمعهم من مشكلات بل إن ما يسمى بالفلسفة الإسلامية ما هو إلا مزيج من أرسطاليسية وأفلاطونية محدثة، نقله السريان إلى العرب.

وبناء على ذلك تكون الفلسفة الإسلامية: آراء المدارس الإغريقية الفلسفية التي دخلت الجماعة الإسلامية عن طريق الترجمة والنقل، واشتغلت بها طائفة من علماء المسلمين إما بشرحها أو بالتوفيق بينها وبين مبادئ الدين الإسلامي إن بدا هناك تعارض أو تناقض[1].

فعمل المسلمون بناء على هذا الافتراء ينصب على نقل التراث الإغريقي الفلسفي وشرحه وتفسيره والتأثر به، وهذا إن دل على شيء فإنما يدل على تعصب أنصار هذا الرأي لبنى جنسهم ولدينهم وخلو حكمهم هذا من الموضوعية ويمثل هذا الاتجاه من المستشرقين: رينان ودي بور، وجوتييه وكوزان وتنمان وآخرون وقد افترق هؤلاء إلى فريقين: أحدهما تعصب لدينه وقصر الفلسفة على اليهود والنصارى، والآخر: تعصب لبني جنسه وقصر الفلسفة على الجنس الآري[2].

ونحن من جانبنا لا نسلم بهذا الرأي القائل بأن جهود فلاسفة الإسلام، اقتصرت على فهم الفلسفة اليونانية والتعبير عن مشكلاتها باللغة العربية فحسب، فقد كانت هناك إلى جانب حركة التوفيق بين الدين والفلسفة اتجاهات فلسفية إسلامية تتضمن أبحاث مبتكرة في المنطق وفي الإلهيات، وعلاقة الله بالعالم ومصير الإنسان وأفعاله وكذلك كانت لهم أبحاثهم الجيدة في الميدان الطبيعي والفلكي وهذه مسائل كانت تدخل في دائرة البحث الفلسفي في العصر القديم.

---

(1) الجانب الإلهي من التفكير الإسلامي، د. محمد البهي، ص15 ط6: القاهرة 1982م.

(2) الفلسفة الإسلامية بين الأصالة والتقاليد، د. المهدي، ص38-39.

فمن أراد أن يحكم على الفلسفة الإسلامية حكماً صحيحاً فليبحث أولاً في مجالاتها المختلفة، وليتعرف على طبيعتها، ثم يحكم عليها بموضوعية وحيدة دون التعصب ودون تسرع، ودون شطط ولكن أحكام المستشرقين المتعصبين لم تلتزم بهذه المبادئ ومن ثم فقد بعدت عن الحقيقة، وجانبت الصواب[1].

وهكذا لا يعترف الاستشراق للمسلمين ودينهم ولغتهم وتراثهم بفضل، بل هو يعزو تخلفهم الراهن إلى هذا التراث، وذلك الدين، ويقضي عليهم عبر التاريخ بالتبعية الفكرية، وهذا إن دل فإنما يدل على ما تنطوي عليه نفوس هؤلاء من حقد دفين وكراهية شديدة للإسلام وأهله.

تعقيب وتعليق:

منذ أن انتهت الحروب الصليبية بالفشل من الناحية العسكرية والسياسية، لم ينقطع تفكير الغرب في الانتقام من الإسلام وأهله بطرق أخرى، فكانت الطريقة الأولى هي دراسة الإسلام ونقده وفي جو هذا التفكير الذي ساد البيئة المسيحية في الغرب خلال القرون الوسطى نشأت فكرة الاستيلاء على البلاد الإسلامية عن طريق القوة والغلبة حين بدأ العالم الإسلامي يتدهور سياسياً وعسكرياً واقتصادياً وثقافياً، وأخذ الغرب يسطو مرة بعد مرة على بلد بعد بلد في العالم الإسلامي، وما كاد ينتهي للغرب استيلاؤه على أكثر أقطار العالم الإسلامي حتى بدأت الدراسات الغربية عن الإسلام وتاريخه تنمو وتتكاثر بقصد تبرير سياستهم الاستعمارية نحو هذه الشعوب، وقد تم لهم في القرن الماضي دراسة التراث الإسلامي من جميع نواحيه الدينية والتاريخية والحضارية، ومن الطبيعي أن تكون الدراسة محجوبة عن إصابة الحق فيها بحاجبين:

(1) المصدر السابق، ص84.

الأول: التعصب الديني الذي استمر لدى ساسة أوروبا وقادتها العسكريين، حتى إذا دخلت جيوش الحلفاء في الحرب العالمية الأولى بيت المقدس، قال اللورد "النبي كلمته المشهورة": الآن انتهت الحروب الصليبية أي من الناحية العسكرية، أما التعصب الديني فما يزال أثره باقياً في كثير مما يكتب الغربيون عن الإسلام وحضارته، وأكثر ما نجد إنصاف الإسلام ورسوله عند العلماء والأدباء الغربيين الذين تحللوا من سلطة ديانتهم.

الثاني: أن القوة المادية والعلمية التي وصل إليها الغربيون في القرنين الثامن عشر والتاسع عشر أدخلت في نفوس علمائهم ومؤرخيهم وكتابهم قدراً كبيراً من الغرور، حتى اعتقدوا أن الغربيين أصل جميع الحضارات في التاريخ، وأن العقلية الغربية هي العقلية الدقيقة التأمل التي تستطيع أن تفكر تفكيراً منطقياً سليماً، أما غيرهم من الشعوب وخاصة الإسلامية، فإن عقليتهم بسيطة ساذجة، تدرك الأمور بواسطة الجزئيات، ولا تدركها إدراكاً كلياً[1].

وهم لم يحكموا بذلك إلا على ضوء ما رأوه بأعينهم من ضعف الشعوب التي استعمروها، وما سادها من جهل وما شملها من تأخر في كل نواحي الحياة فلما بدأ اتصالنا بالحضارة الغربية في أوائل هذا القرن وانتشرت الثقافة بيننا، لم يجد المفكرون أمامهم طريقاً ممهداً للحديث عن تراثنا المبعثر في كتب قديمة غير منظمة تنظيماً يتفق وتنظيم الكتب العلمية عند الغربيين، إلا كتب المستشرقين، الذين أفنوا أعمارهم في دراسة ثقافتنا وتتبع مصادرها في خزائن الكتب العامة عندهم[2].

وأن الباحث في مؤسسات الاستشراق، ووسائلها المختلفة يجد أنها استطاعت أن تؤثر في العقلية الإسلامية، فهذه دائرة المعارف الإسلامية تعد أكبر مصدر

---

(1) الاستشراق والمستشرقون، ص60-62.
(2) السابق.

للمعلومات والحقائق الإسلامية، وأثمن زخيرة لها، وتعتبرها بعض البلاد الإسلامية اليوم أساساً للمعلومات الإسلامية، وتقوم بترجمتها إلى لغاتها بنصها وروحها[1].

ولقد نجحت العقلية الأوروبية الاستشراقية في فرض شكليتها وآلياتها على التحقيق والتقويم والنقد والسيطرة على مصادر التراث العربي الإسلامي والهدف الأول لهم من نشر التراث هو معرفة جوانب القوة للقضاء عليها، وجوانب الضعف لتعميقها، ليظل النفوذ الغربي طاغياً علينا، ولتمتلئ طرقات العودة إلى الإسلام الصحيح بالأشواك الدامية التي تحول دون اعتصام المسلمين الجاد بدينهم، فهم بغير هذا الدين لن يقدروا على أن يقفوا في وجه احتلال مادي أو معنوي، وهذا غاية الغايات للفكر الاستشراقي والسياسة الاستعمارية[2].

والذي يتابع النشاط الاستشراقي قد يلاحظ بوضوح أن هذا النشاط يمثل قمة التحدي للفكر الإسلامي، ومواجهة التحدي الاستشراقي ضرورة لا بد منها إن كنا نريد الحفاظ على عقائدنا الإسلامية، إن المواجهة الفكرية الجادة كما يقول الدكتور "زقزوق" هي الطريق الصحيح لمواجهة أية تيارات مناوئة للإسلام والمسلمين ومن أجل ذلك ينبغي أن ننظر إلى حركة الاستشراق بكل جدية ونأخذ في الحسبان أن لها آثاراً كبيرة على قطاعات عريضة من المثقفين في العالم الإسلامي، وفي العالم الغربي على السواء ولهذا لا بد من التوفر على دراسة الاستشراق دراسة عميقة، ولما كان الفكر الاستشراقي مكتوباً بشتى اللغات الحية، ومنتشراً انتشاراً واسعاً على مستوى عالمي، فمواجهته لا بد أن تكون على المستوى ذاته[3].

ولا شك أن خطورة الاستشراق تبدو في آثاره الخطيرة المدمرة والتي تعد

---

(1) الإسلام والمستشرقون، الشيخ أبو الحسَن الفدوي، ص26.

(2) الإسلام والدعوات الهدامة، أ. أنور الجندي، ص251-252.

(3) الإسلام والغرب، 35/4.

معوقاً كبيراً لانتشار الإسلام، والتي يفرضها المستشرقون على مناهج التعليم والثقافة والفكر في العالم الإسلامي، وقد حرص المستشرقون على كسب الأنصار واستقدام الأتباع لترديد مفترياتهم على الإسلام، وافتعال معارك حول عقائده وآدابه ومختلف أحكامه، لتعميق المفاهيم التي يريدون فرضها وترسيخها في الأذهان[1].

ولا بد أن نعترف بأن الاستشراق يستمد قوته من ضعفنا ووجوده نفسه مشروط بعجز العالم الإسلامي عن معرفة ذاته، فالاستشراق في حد ذاته كان دليل وصاية فكرية، ويوم أن يعي العالم الإسلامي ذاته، وينهض من عجزه، ويلقي من على كاهله أثقال التخلف الفكري والحضاري، يومها سيجد الاستشراق نفسه في أزمة، وخاصة الاستشراق المشتغل بالإسلام، ويومها لن يجد الجمهور الذي يخاطبه لا في أوروبا ولا في العالم الإسلامي[2].

وحتى نكون في مستوى الحوار الفكري، والتبادل المعرفي ونوقف فعلاً الغزو الفكري والاختراق الاستشراقي، لا بد أن نكون قادرين على امتلاك الشوكة الفعلية، أن نكون قادرين على الإنتاج الفعلي لمواد ثقافية تمثل ثقافتنا وتأتي استجابة لها، وتغري الناس بها وبذلك وحده نكون في مستوى الحوار والتبادل المعرفي، فالمواجهة لا تكون بإدانة الآخرين، والنظر إلى الخارج دائماً، وإنما تبدأ حقيقة من النظر إلى الداخل أولاً لملء الفراغ بعمل بنائي مثمر، وتحصين الذات[3].

وقد لا يكون المرء مجانباً للصواب، إذا قال: إننا إذا لم نتصدى للتيار الاستشراقي بكل قوة وعزم، فسوف نتعرض للانسلاخ والذوبان لا محالة، والمعركة بين الاستشراق والإسلام معركة فكرية هائلة، جند لها المستشرقون كل المعاول التي

---

(1) أساليب الغزو الفكري، ص22-23.
(2) الإسلام والغرب، ص34.
(3) الغزو الفكري في التصور الإسلامي، ص64.

208

تحاول أن تهزم المسلمين وتبعدهم عن إسلامهم.

وبذلك، فالأمر بالنسبة للاستشراق يحتاج إلى جهود أفراد ومؤسسات، فمكتبات العالم مليئة بإنتاج المستشرقين، وبشتى اللغات الإنسانية، وهناك عشرات المجلات ومئات المؤسسات التي ترعى الاستشراق وتعمل لخدمة المستشرقين، وهناك أيضاً آلاف العلماء والباحثين من المستشرقين الذين يتفرغون لبحوثهم ودراساتهم، وهناك المؤتمرات الاستشراقية العالمية التي تعقد حسب الحاجة في العواصم العالمية[1].

وقد عكس كل ما صدر عن الفكر الاستشراقي تفاوت آراء الباحثين في الحكم عليه، ويمكن أن تنقسم هذه الآراء ثلاثة أقسام: قسم أفرط في الثناء على الفكر الاستشراقي، ونعته بالمنهجية والدقة العلمية، والقيام بخدمات جليلة للفكر الإسلامي، وقسم رفض الفكر الاستشراقي، لأن كل ما صدر عنه لا يعرف الإنصاف، ولا يبغيا معرفة الحقيقة في موضوعية، ومن ثم كان في جوهره ومجمله فكراً عدوانياً باغياً. وقسم اتسم بالوسطية وعدم الإفراط في المدح أو القدح فهو يذكر ما للاستشراق من حسنات وسيئات دون غمط لحق، أو تجاهل لخطل في الرأي أو فساد فيه.

أما الذين أفرطوا في الثناء على الفكر الاستشراقي، وذهبوا إلى أنه أحسن أكثر مما أساء، وأفاد أكثر مما أضر، فإنهم يكادون يجمعون على أن فضل المستشرقين يتمثل في: نشر المخطوطات وفهرستها ثم توجيه الفكر الإسلامي إلى الأخذ بالمنهج العلمي في البحث والدراسة[2].

---

(1) الاستشراق في ميزان نقد الفكر الإسلامي، ص63.
(2) مصادر الدراسة الأدبية، يوسف أسعد داغر، 779/2، ط: بيروت. من أنصار هذا الرأي، د. زكي مبارك، طه حسين، والأستاذ: محمد كرد علي، ونجيب العقيقي. راجع في ذلك:= =

لقد قام المستشرقون بنشر الكثير من نفائس التراث الإسلامي نشراً علمياً يسر لنا الانتفاع بهذا التراث، وهذا فضل للاستشراق لا يمكن غض الطرف عنه مهما تكون بواعث المستشرقين في ذلك، وهذا النشر للمخطوطات الإسلامية من جهة أخرى زاد من ثروتنا العلمية المطبوعة، وهذه الثروة كانت من أهم عوامل اليقظة الفكرية المعاصرة.

ولم يقتصر جهد الاستشراق على النشر والدراسة، وإنما تجاوز هذا إلى وضع الفهارس المختلفة التي كشفت عن آلاف المخطوطات التي توزعها مكتبات العالم، فعرفنا عن تراثنا ما كنا نجهل، وسعينا لجمع ما يمكن جمعه منه عن طريق التصوير ونحوه كذلك وضعت الفهارس المتنوعة لموضوعات وألفاظ القرآن الكريم، وأمهات كتب الحديث، وبعض المصادر من كتب اللغة والتاريخ والأدب، مما أتاح لنا الوقوف في يسر على أحكام الكتاب العزيز، ومعرفة الحديث ومن خرجه من علماء السنة، مع استقراء النصوص التي تتعلق بموضوع واحد، فيتوافر لدرسه بذلك عنصر الدقة والشمول[1].

وهنا أيضاً كلمة حق يجب أن تقال، وهي أن انتقال هذا الكم الهائل من المخطوطات إلى أوروبا بوسائل شرعية أو غير شرعية قد هيأ لها أحدث وسائل الحفظ والعناية الفائقة والفهرسة الدقيقة، وعندما أقول هذا أشعر بالأسى والحسرة لحال المخطوطات النادرة في كثير من بلادنا العربية والإسلامية، وما آل إليه حال الكثير منها من التلف والتآكل وصعوبة أو استحالة الاستفادة منها[2].

المستشرقون للعقيقي، الأدب الجاهلي لطه حسين، ونفع المستشرقين أكثر من ضررهم، د. زكي مبارك، مجلة الهلال 1933م
(1) الفكر الاستشراقي، د. الدسوقي، ص139-142 بتصرف.
(2) الإسلام والغرب، 22/4.

وأما توجيه الفكر الإسلامي إلى الأخذ بالمنهج العلمي في البحث، فإن نشاط الاستشراق اتسم بالدأب والصبر والتنقيب والتعويل على المصادر الأصلية، ولهذا غلب الطابع الأكاديمي على دراسات المستشرقين ومن ثم سبقونا في مجال خدمة تراثنا، ووصلوا إلى ما لم نصل إليه من الآراء والنتائج العلمية حول هذا التراث، وما ذلك إلا لاعتماد الاستشراق على أساليب البحث العلمي المنظم.

وإذا كان الاستشراق قد أراد – بما أثاره من آراء فاسدة – تشويه صورة الإسلام وتراثه الحضاري فإن الذين يمدحون الاستشراق ويذهبون إلى أن نفعه أكثر من ضرره، وخيره أكثر من شره، يقولون بأن تلك الآراء الفاسدة كان لها دور إيجابي في الفكر الإسلامي، لأنها دفعت كثيراً من علماء المسلمين إلى الذب عن دينهم، وبيان بطلان ما يتردد في دوائر المستشرقين من أفكار حول الإسلام والمؤمنين به، وقد نجم عن هذا يقظة فكرية إسلامية واجهت الشبهات والافتراءات في قوة، وهذا يعني أن الجانب السلبي في الفكر الاستشراقي أثمر إيجابية في الفكر الإسلامي المعاصر، فقد هب العلماء والمفكرون يذدون عن قيمهم، ويدعون إلى الاعتصام بها، ويبينون خصائصها، وما تمتاز به عن سواها، وأن الذين يهاجمونها أو يعتدون عليها إما جهلاء أو متعصبون حاقدون لا يريدون لنور الحق، أن يبدد ظلمات الباطل والفساد، فالاستشراق من ثم أفاد الفكر الإسلامي من حيث لا يحتسب[1].

هذا ما يراه الذين يذهبون إلى أن الاستشراق أفاد وأحسن، وأن فضله على تراثنا ونهضتنا أمر لا ينبغي المراء فيه، وأنه حتى في أخطائه كان مصدر خير للفكر الإسلامي، وهذا الاتجاه كما هو واضح يمثل الجانب الإيجابي للفكر الاستشراقي.

_____

(1) الفكر الاستشراقي ص145.

ولكن الذين يرون أن الاستشراق لم يحسن بل أساء إلينا أبلغ إساءة وأن المستشرقين على اختلاف لغاتهم وجنسياتهم يعملون وفق تخطيط مدروس يستهدف إضعاف القوة الإسلامية في شتى المجالات وهؤلاء الذين يرفضون الفكر الاستشراقي ويناصبونه العداء ينطلقون في موقفهم من هذا الفكر من عوامل نشأته وتطور تاريخه، وما صدر عنه من آراء ودراسات، وما قام به بعض المستشرقين من أعمال التجسس لصالح أعداء المسلمين ويعترفون بأن موضوعية فئة قليلة من المستشرقين لا تعني أن القاعدة الأساسية للنشاط الاستشراقي، وهي العمل على تقويض الوجود الإسلامي غير راسخة الدعائم، وأنها المحرك الأول لذلك النشاط منذ بدأ وحتى الآن [1].

هؤلاء الذين لا يرون للاستشراق نفعاً ينقضون دعوى الذين أفرطوا في الثناء عليه ويسوقون الشواهد الكثرة التي تؤكد أن الفكر الاستشراقي أساء إلينا وما زال يسيء.

أما ما يتعلق بنشر التراث وفهرسته والعناية به، فإن ما يعزى إلى الاستشراق كما يقول أحد الباحثين من جهد في هذا المجال أمر مبالغ فيه من حيث الكم، فلا يكاد يتجاوز ما قام المستشرقون بطبعه من تراثنا إلا نحو عشرة بالمائة، من جملة ما نشر من هذا التراث، وليس المهم مقدار ما نشره الاستشراق من تراثنا، وإنما المهم أن نتعرف على سبب الاهتمام بهذا التراث، ونقله خارج بلادنا بوسائل مختلفة منها السرقة، ففي الوقوف على هذا السبب بيان للغاية من هذا النشر، وهل كانت علمية أم غير علمية [2].

فإذا كان المستشرقون يعكفون على تراثنا ونشره، فهل يبغون من وراء ذلك

---

(1) السابق، ص146.
(2) المستشرقون والتراث ص13.

212

أن ينتفعوا بما ينشرون في تنمية ثقافتهم القومية، وهم على بينة من أن المثقفين في بلادهم لا يقرؤون هذا التراث بعد نشره لعدم معرفتهم بلغته، أم أنهم يريدون أن يقدموا لنا تراثنا منشوراً مفهرساً محققاً، حتى نستعين به في نهضتنا وتقدمنا.

إنهم لم ينفقوا الأموال على التحقيق والنشر ليسهموا بهذا في تنمية ثقافتهم القومية، كما أنهم لم يفعلوا هذا مساعدة لنا في المحافظة على تراثنا والانتفاع به في تطوير حياتنا، فهذا أمر لا يعنيهم، ولذلك كان نشر تراثنا لغاية أبعد من هذا وذاك كان وسيلة لدراسة نفسية الشعوب الإسلامية حتى يكون تخطيط الفكر الاستشراقي في موقفه من هذه الشعوب قائماً على أسس علمية تحقق ما تصبو إليه آمال المستشرقين ودولهم في الإحاطة بوسائل الإخضاع والسيطرة"(1).

ومن أوضح الدلائل على أن الاستشراق لا يريد من وراء نشر ـ التراث الإسلامي غاية علمية وإنما يسعى لمهمة تبشيرية، أن معظم ما اصطفاه من هذا التراث يعكس الاضطراب الفكري والسياسي بين المسلمين، ولذلك كما يقول الدكتور الديب يهتم بكتب الفرق والصراعات السياسية والمذهبية، ليقف على الظروف التي واكبت نشأتها والعوامل التي ساعدت على نموها وتفاقم مشكلاتها، حتى يهيء لها ما يجعلها حية متأججة الأوار تشغل الأمة وتستهلك قواها، وتستحوذ على فكر علمائها، ولب قادتها فتضرب بينهم الفرقة ويسود حياتهم الخلاف والشقاق(2).

ودائماً يعتبرون المنشقين أصحاب فكر ثوري تحرري عقلي، ودائماً يهتمون بكل غريب وشاذ، ودائماً يقيسون ما يرونه في العالم الإسلامي على ما لديهم من قوالب مصبوبة جامدة، وقد أشار المستشرق أودسون إلى ذلك حين قال: ولم ير المستشرقون في الشرق إلا ما كانوا يريدون رؤيته، فاهتموا كثيراً بالأشياء الصغيرة

---

(1) الفكر الاستشراقي تاريخه وتقويمه ص149.
(2) المستشرقون والتراث، ص27.

والغريبـة، ولم يكونوا يريدون أن يتطور الشرق ليبلغ المرحلـة التـي بلغتها أوروبـا، ومـن ثم كـانوا يكرهـون النهضة فيه⁽¹⁾.

فالاستشراق في مجال النشر اهتم بالجوانب السلبية في تراثنا أكثر من اهتمامه بالجوانب الإيجابية، كما أنه في منهج التحقيق لم يكن علمياً، ففضلاً عن أخطاء الفهم كانت هناك التحريفـات والتعليقـات التـي تعبر عن التعصب والاتهام للإسلام، ولغتـه، كـما تعبر عـن خدمـة الأهـواء السياسـية والأطـماع الاستعمارية والتوجيهات التبشيرية.

ويتصل بمجال التحقيق وضع الفهارس، وبخاصة مـا جـاء عـن القـرآن الكـريم وأمهـات كتـب السنة، والاستشراق لم يقم بوضع هذه الفهارس إلا ليهيء لنفسه وسائل جمع المـادة العلميـة التـي يتظـاهر بها دارساً جاداً موضوعياً يستقرئ المسائل في دقة وشمول، كما أن هذا الجهد في وضع الفهارس – وهو عمـل في ظاهره يحمد للاستشراق ويدل على مبلغ ما بذل من وقت ومال – يعطي انطباعاً لـدى جمهور المثقفين المسلمين بأن المستشرقين علماء مخلصون، وأنهم فعلوا ما لم نفعله، وخدموا تراثنا بما لم نسـتطع أن نخدمـه بـه، وهكـذا يكـون ذلـك الجهـد كجـواز مـرور لكـل مـا يصـدر عـن المستشرقين مـن آراء فتلقـى القبـول، والاستحسان، بل والتفضيل على سواها والنظرة إلى من يحمل عليها نظرة نفور وازدراء⁽²⁾.

ولقد كان انتقال التراث الإسلامي إلى أيدي دوائر الاستشراق كما يقول الاستاذ الجنـدي واحداً مـن أخطر التحديات والمعوقات للإسلام والمسلمين، لأنه أصبح حجة لنا لا علينا، وأصبح إحياؤه يجري على النحو الذي يختاره الاستشراق لا وفق إرادتنا الخاصة،...ويبدو هـذا واضحاً في تركيـزهم عـلى إحيـاء أنـواع معينـة، أولوها اهتماماً كبيراً منها: دراسات الحلاج التي عنى بها المستشرق "ماسنيون" ودراسات

(1) الإسلام والغرب، 28/4.
(2) الفكر الاستشراقي ص150-151.

عن السهروردي المقتول، وبشار بن برد، وأبو نواس، وألف ليلة وليلة، وكليلة ودمنة، وما يتصل بابن الراوندي، وإحياء الأغاني، وكل هذه الدراسات فيها شبهة طرح مفاهيم من شأنها أن تحطم مفهوم الإسلام الأصيل أو تزييفه[1].

إن الاستشراق في ميدان التحقيق والفهرسة والنشر كان يعمل وفق سياسته التي درج عليها منذ نشأته، ولم يقدم لنا من تراثنا ما يساعد على النهوض من كبوة التخلف، وإنما قدم ما يمكن بيننا أسباب التمزق والضعف والتبعية، ويحقق له مآربه في الهيمنة الفكرية والسياسية.

أضف إلى ما تقدم أن الاستشراق كثيراً ما يخلط بين الإسلام كدين وتعاليم ثابتة في القرآن الكريم والسنة الصحيحة، وبين الوضع المتردي للعالم الإسلامي في عالم اليوم. فإسلام الكتاب والسنة يعد في نظر بعض المستشرقين المعاصرين – أمثال كيسلنج – إسلاماً ميتاً، أما الإسلام الحي الذي يجب الاهتمام به ودراسته فهو ذلك الإسلام المنتشر بين فرق الدراويش في مختلف الأقطار الإسلامية، وهو تلك الممارسات السائدة في حياة المسلمين اليوم، بصرف النظر عن اقترابها وابتعادها من الإسلام الأول[2].

وكثيراً ما قال "جمال الدين الأفغاني" إن الغربيين يستمدون فكرتهم عن الإسلام من مجرد رؤيتهم للمسلمين، فإنهم يرون المسلمين متخاذلين ضعفاء أذلاء مستكينين، فرقت بينهم الأهواء والشهوات وقعدت بهم الصغائر، وانصرفوا عن عظائم الأمور، وأصبحوا مستبعدين مستذلين، ولو كان الإسلام ديناً قوياً لما كان المسلمون هكذا.

ينظر الغربيون إلى المسلمين في العصر الحاضر وينسون شيئين: ينسون أن

---

(1) الإسلام في وجه التغريب، ص299-400 بتصرف.
(2) الإسلام والغرب، 28/4، وقارن: الاستشراق والخلفية الفكرية، ص116.

المسلمين في العصر الحاضر غير متمسكين بالإسلام وتكاد الصلة التي بينهم وبينه تكون مجرد صلة اسمية وينسون عظمة المسلمين وقوتهم أيام كانوا مستمسكين بالإسلام، وأيام أن كانت الدنيا لهم[1]. ولعل المسلمين يعودون إلى دينهم صافياً نقياً ويستمسكون به فيكونون مرآة حقيقية يتمثل فيها الإسلام قوياً سامياً. فإذا أردنا أن ندعو للإسلام الآن، فليكن أول ما نبدأ به أن نبرهن للغربيين أننا لسنا مسلمين[2] ومعنى هذا أن الإسلام هو الإسلام، منذ أن صدع به الرسول، صلى الله عليه وسلم، إلى أن يرث الله الأرض ومن عليها، إلا أن العيب فينا معشر المسلمين.

أن فلسفة الاستشراق لا تخرج عن كونها: محاولة الغزو الصليبي الغربي لدراسة العقلية العربية الإسلامية، والنفسية العربية الإسلامية، بقصد الانتفاع بذلك في التعامل معها، والسيطرة عليها، وتدمير مقوماتها التي أعطتها القدرة على التماسك والصمود[3].

ثم إن المرء يفتقد الموضوعية في كتابات معظم المستشرقين عن الدين الإسلامي، في حين أنهم عندما يكتبون عن ديانات وضعية مثل البوذية والهندوكية وغيرها، يكونون موضوعيين في عرضهم لها. فالإسلام فقط من بين كل الديانات التي ظهرت في الشرق والغرب هو الذي يتعرض للهجوم، والمسلمين فقط من بين الشرقيين جميعاً هم الذين يوصمون بشتى الأوصاف الدنيئة.

ولعل تفسير ذلك يعود إلى أن الإسلام كان يمثل بالنسبة لأوروبا صدمة مستمرة، فقد كان الخوف من الإسلام هو القاعدة، وحتى نهاية القرن السابع عشر كان "الخطر العثماني"، رابضاً عند حدود أوروبا، ويمثل - في اعتقادهم - تهديداً

---

(1) أوروبا والإسلام، ص44.
(2) السابق، ص45.
(3) الإسلام في مواجهة التغريب، ص402.

مستمراً بالنسبة للمدنية المسيحية كلها، ولهذا يمكن القول كما يقول: إدوارد سعيد: بأن الاستشراق من الناحية النفسية يعد صورة من صور جنون الاضطهاد، فالإسلام إذن حتى في عصر ضعف أتباعه لا يزال يمثل تحدياً على كافة المستويات.

ومن هنا يمكن فهم ما يقوله موير: إن سيف محمد، صلى الله عليه وسلم والقرآن هما أكثر الأعداء الذين عرفهم العالم حتى الآن عناداً ضد الحضارة والحرية الحقيقية وما يزعمه فون جرونيباوم من أن الإسلام ظاهرة فريدة لا مثيل لها في أي دين آخر أو حضارة أخرى، فهو دين غير إنساني وغير قادر على التطور والمعرفة الموضوعية، وهو دين غير أخلاقي وغير علمي واستبدادي [1].

وهكذا يتضح الحقد الدفين على الإسلام باستمرار، بمثل هذه الافتراءات التي ليس لها في سوق العلم نصيب.

فالاستشراق لم يطور كثيراً في أساليبه ومناهجه، وفي دراسته للإسلام لم يتخلص قط من الخلفية الدينية للجدل اللاهوتي العقيم الذي انبثق منه الاستشراق أساساً، وتخدم اليوم وسائل الإعلام المتعددة في الغرب في تأكيد وتقوية الوضع التقليدي الذي لا يزال ينظر إلى الإسلام إلى حد كبير بمنظار القرون الوسطى [2].

وهكذا يمكن القول بأن الاستشراق في دراسته للإسلام عبارة عن إيديولوجية خاصة يراد من خلالها ترويج تصورات معينة عن الإسلام، بصرف النظر عما إذا كانت هذه التصورات قائمة على حقائق أو مرتكزة على أوهام وافتراءات.

إن الكتاب الأوروبيين يصورون الإسلام بصورة بشعة غريبة لا تكاد تقرأها حتى يقشعر بدنك من هول ما تقرأه، وأرجع هذه الصورة البشعة في كتابات الأوروبيين إلى المصادر التي اعتمدوا عليها في إبداء آرائهم، وهي كلها مصادر

---

(1) الإسلام والغرب، ص28-29 وقارن: الاستشراق والخلفية الفكرية ص116.
(2) السابق، ص25.

استشراقية فالاستشراق لا عمل له إلا مقاومة الروح الإسلامية وأضعافها أو أماتتها بوسائل مختلفة...والمستشرقون ليسوا من العلم ولا من الأمانة كما يتصورهم الناس، وإنهم ممن لا يثق بهم في البحث العلمي[(1)].

وقد تحالف فريق من المستشرقين مع الاستعمار الذي أذل العالم الإسلامي حقبة من الزمان في العصر الحديث، يقول المستشرق المعاصر اشتيفان فيلد بصدد الإشارة إلى تلك الفئة من المستشرقين: والأقبح من ذلك أنه توجد جماعة يسمون أنفسهم مستشرقين، سخروا معلوماتهم عن الإسلام وتاريخه في سبيل مكافحة الإسلام والمسلمين، وهذا واقع مؤلم لا بد أن يعترف به المستشرقون المخلصون لرسالتهم بكل صراحة[(2)].

وأما عن توجيه الفكر الإسلامي نحو الأخذ بالأسلوب العلمي في البحث والدراسة، فإن في هذا ما يومئ أولاً إلى أن ذلك الفكر لم يعرف هذا المنهج، وأنه كان في نشاطه العلمي يسعى على غير هدى حتى جاء الاستشراق فأرشده إلى اتباع المنهج القويم، فهو بذلك قد أسدى إليه يداً جليلة، وأنقذه مما كان قد تردى فيه من تقليد واجتراء، وهذا غير مسلم، فالفكر الإسلامي له منهجه الفريد في البحث والدراسة، والتراث العلمي للمسلمين في شتى المجالات خير شاهد على هذا، وما كانت أوروبا قبل عصر نهضتها وفي إبانه لترسل رسلها لنقل علومنا وترجمتها إلا لحاجتها لهذه العلوم، وإيمانها بأنها ذات منهج علمي ومضمون حضاري لم تعرفه البشرية من قبل، وأنه لا سبيل أمام أوروبا لكي تخرج من ظلمات عصورها الوسطى إلا بالتلمذة على فكر المسلمين وعلومهم.

---

(1) ضرر المستشرقين أكثر من نفعهم، د. حسين الهراوي، ص321-324 بتصرف بحث من منشورات مجلة الهلال، عدد 3 سنة 1933م.

(2) الإسلام والغرب، ص30.

وإذا كان المنهج الإسلامي قد حل به الوهن في بعض مراحل التاريخ، فإنه مع هذا ظل حياً وفاعلاً وبخاصة على أيدي طائفة من المجددين والمجتهدين، أولئك الذين حاولوا أن يعيدوا للأمة تاريخها المشرق بالفكر العلمي والتطوير الحضاري⁽¹⁾.

وأما الفئة الثالثة من الباحثين التي وقفت موقفاً وسطاً فهي من جانب أيدت الـذين حكمـوا على الاستشراق بالعدوانية فيما أوردوه من سلبيات ولكنهم من جانب آخر وافقوا الذين مدحوا الاستشراق وأثنوا عليه، لما قام به من نشر للتراث الإسلامي، ودعت إلى الأخذ بالنتائج الإيجابية، وإلى تقويم أعمال المستشرقين وفق الأسلوب العلمي المنهجي، والابتعاد عن التعصب والانفعال كما دعوا في مقابـل ذلـك إلى عـدم امتداح هذه الأعمال وعدم اعتبارها المثل الأعلى دون تقويم علمي.

وبعض هـذه الفئـة يحكمـون علـى الفكـر الاستشراقي وفقاً لتصنيف المستشرقين، والتفرقة بيـن المنصفين منهم وغير المنصفين، وأن المسؤولية تقتضي عدم أخذ الصالح بالطالح، والمحسن بالمسيء⁽²⁾.

لهذا يدعو الدكتور غلاب المسلمين إلى عدم إساءة الظن بجميع المستشرقين من غير اسـتثناء، فـذلك في نظر الإسلام إثم كبير⁽³⁾.

وإذا كانت الدراسة التاريخية للاستشراق قد أثبتت أنه لم يدرس الإسلام وحضارته على هدى المـنهج والموضوعية، وإنما نهضت دراسته على هدى النزعات الدينية والمصالح الاستعمارية فما العلة إذن في اختلاف الباحثين في الحكم على الاستشراق؟

إن الاختلاف بين الذين يذكرون للاستشراق بعض الحسنات والذين لا يرون

---

(1) الفكر الاستشراق، ص154.
(2) السـابق، ص162.
(3) نظرات استشراقية في الإسلام، ص13.

له حسنة ما ليس اختلافاً جوهرياً، فالجميع متفقون على أن الجانب السلبي في الفكر الاستشراقي أغلب من الجانب الإيجابي، وأن هذا الجانب لم يكن هدفاً مقصوداً لهذا الفكر. ولكن الذين يرون أن الاستشراق أحسن وأكثر مما أساء وأن المغرضين من المستشرقين فئة قليلة يحتاج رأيهم إلى تحليل وتعليل للوقوف على الأسباب التي كانت من وراء هذا الموقف[1].

إن هؤلاء الذين ساروا في ركاب الفكر الاستشراقي وروجوا له وأثنوا عليه، هم في الغالب إما غير مسلمين، أو مسلمون لا يلمون بالثقافة الإسلامية، وهؤلاء لم يجدوا أمامهم طريقاً ممهداً للحديث عن تراثنا المبعثر في كتب قديمة غير منظمة تنظيماً يتفق وتنظيم الكتب العلمية عند الغربيين إلا كتب المستشرقين،...فاندفعوا إلى الاقتباس منها، وقد بهرهم سعة اطلاع المستشرقين وعلمهم، فاعتقدوا أنهم لا يقولون إلا الحق، وأنهم فيما خالفوا فيه الحقائق المقررة عندنا أصلح حكماً وأصوب رأياً، لأنهم يسيرون وفق منهج علمي دقيق لا يحيدون عنه، ومن هنا نشأت الثقة ببحوث هؤلاء الغربيين والاعتماد على آرائهم[2].

فالإعجاب بالفكر الاستشراقي سواء كان الاتصال به عن طريق القراءة أو التلمذة للمستشرقين، كان مبعثه فقدان الحصانة الفكرية الإسلامية، ثم الشعور بالنقص، وعدم الثقة بأنفسنا وإكبار هؤلاء الذين أفنوا أعمارهم في دراسة ثقافتنا وتتبع مصادرها في خزائن الكتب العامة، حتى استطاعوا بالدأب المتواصل أن ينظموا الحديث عنها تنظيماً بهر الأبصار واستولى على الألباب، ولأن هؤلاء الذين فتنوا بالفكر الاستشراقي ودافعوا عنه وتبنوا مقرراته قد اضطلع كثير منهم بالعمل في الجامعات ومراكز التوجيه الفكري والإعلامي في العالم الإسلامي، فإنهم نشروا

---

(1) الفكر الاستشراقي ص165-166.
(2) الاستشراق والمستشرقون، ص62-63.

هذا الفكر في مؤلفاتهم ومحاضراتهم، ونشأت أجيال على أيديهم تؤمن بما يؤمنون به، ومن ثم اتسعت دائرة الآثار السلبية للفكر الاستشراقي في الفكر الإسلامي المعاصر[1].

وبعد هذا التطواف والتجوال بين صفحات كتب المستشرقين وكتب من كتب عنهم من الكتاب المنصفين والمبالغين نقرر: أن الفكر الاستشراقي في جملته لم يتسم بالعلمية ولا الموضوعية ولم يكن خالصاً كذلك لوجه الحق والإنصاف، رغم ما قدمه لنا بعضهم من النفع والخير المتمثل في التحقيق والنشر وإصدار الفهارس القرآنية والحديثية وغيرها، لأن هذا الذي قدموه لم يكن مقصوداً لهم ولا غاية من غاياتهم، إذ كيف بقوم ينكرون أن القرآن وهو كتاب الإسلام المقدس، وحياً من عند الله تعالى، وينكرون كذلك نبوءة سيدنا محمد، صلى الله عليه وسلم، ويطعنون في صحة الأحاديث المتواترة، كيف لهم أن يجندوا جمعاً غفيراً من الكتاب والباحثين لوضع الفهارس لمصدري الإسلام وهما القرآن والسنة النبوية؟

ولا يعقل كما يقول الدكتور الدسوقي: أنهم يقدمون لنا خدمة دينية وعلمية، وهم يرون أننا أمة مضللة تتبع نبياً دعياً، وكتاباً بشرياً، وسنة مكذوبة، وتاريخاً ملفقاً، وحضارة غير أصلية، وإنما الذي يعقل ويقبل أنهم بما بذلوا وفعلوا إنما كانوا يخدمون أنفسهم، وهذا لا ينفي أننا انتفعنا ببعض ما قدموه بيد أنه انتفاع بالعرض، فلم يكن للاستشراق من هدف إلا خدمة أفكاره، وما كانت خدمتنا هدفاً له، ولا غاية من غاياته.

ومن أهم الأسباب التي حالت دون أن يكون الاستشراق فكراً علمياً أو إنسانياً، الآتي:

1. رعاية الكنيسة له منذ بدأ وحتى الآن، ثم رعاية السياسة الاستعمارية له في

---

(1) الفكر الاستشراقي، ص166-167.

العصر الحديث.

2. نهض بالفكر الاستشراقي في أول نشأته الرهبان والقساوسة، وظل هؤلاء يعملون في حقل هذا الفكر، حتى العصر الحاضر، ومن هنا لم يستطع الفكر لاستشراقي أن يتخلى في عصر العلم عن الأباطيل والسخافات التي كان يرددها في عصر الظلمات.

3. مجافاة المنهج العلمي بإهمال ملاحظة المبادئ الأولية له وذلك لانطلاق الفكر الاستشراقي من مبدأ الاعتقاد ببشرية القرآن وعدم صدق محمد، صلى الله عليه وسلم، في نبوته.

4. إهمال المصادر الإسلامية، والاحتفاء بدراسات المسترقين، تلك الدراسات التي ملئت بالافتراءات التي تشوه الإسلام وتنفر من المسلمين.

5. التمويه والتلبيس في الحث بالتظاهر وبالموضوعية والاستيعاب، ثم دس السم في الدسم، وفق أسلوب يوحي بأن الفكر الاستشراقي يستم بالجدة والدقة والصحة، وهو ليس كذلك في الواقع.

والذي يجب علينا تجاه الاستشراق، هو استيعاب الإنتاج الاستشراقي حول الإسلام ودراسته دراسة عميقة، إذ أن هذا يعد الخطوة الأولى لنقده نقداً صحيحاً وإثبات ما يتضمنه من تهافت أو زيف، الأمر الذي يجعل المستشرقين يفكرون ألف مرة قبل أن يكتبوا تحسباً لما قد يواجههم من نقد علمي يثبت زيف ادعائاتهم.

ويؤكد هذه الحقيقة المستشرق الفرنسي مكسيم رودتسون حين يشير إلى أن هناك طريقاً واحداً فقط لنقد المستشرقين وهذا الطريق يسير عبر دراسة تفصيلية لمؤلفاتهم، ويجب أن يرتبط نقدنا لإنتاج المستشرقين بنقد ذاتي حقيقي بصفة مستمرة يجب أن نواجه أنفسنا مواجهة حقيقية بعيوبنا وقصورنا وتقصيرنا وأن نكون على وعي حقيقي بالمشكلات التي تواجهنا في هذا العالم المعاصر.

علينا كذلك أن نوحد جهودنا في العالم الإسلامي لإقامة مؤسسة إسلامية علمية عالمية لا تنتمي بالولاء إلى بلد إسلامي معين ولا لمذهب سياسي أو فكري أو ديني معين، بـل يكون ولاؤها الأول والأخـير لله وحده ولرسوله، صلى الـله عليه وسلم، وتسـتطيع اسـتقطاب الكفـاءات العلمـية الإسلامية في شـتى أنحـاء العالم، وتقف على قدم المساواة مع الحركة الاستشراقية، ويكون لها دوريات ومجلات علمية ذات مستوى رفيع تنشر بحوثها بلغات مختلفة، وتعمل على استعادة أصالتنا الفكرية واستقلالنا في ميدان الأفكار.

والأمر الذي يؤسف له حقاً هو أننا على امتداد العالم الإسلامي بسكانه الـذين تجاوزا المليار نسـمة وبكل ما لنا من إمكانات هائلة لا نملك مؤسسة علمية دولية لها نفس الإمكانات العلمـية والمادية التـي تملكها المؤسسة الاستشراقية.

لا بد أن تكون لنا مؤسسة تبشيرية عالمية، وأعني بـذلك جهـازاً للـدعوة الإسلامية في الخارج يـدعو للإسلام من ناحية، ويرعي المسلمين الجدد من ناحية ثانية، ويحمي المسلمين بالوراثة من ناحية ثالثة، ولا بد من إصدار كتب إسلامية باللغات العالمية الحية تصحح التصورات الخاطئة عن الإسلام في الأذهان، وتعـرض الإسلام بأسلوب علمي يتناسب مع العقلية المعاصرة، وتقدم الحلول الإسلامية لمشكلات المسلمين العصرية.

لا بد من إعداد ترجمة مقبولة لمعاني القرآن باللغات الحية نسد بها الطريق على عشرات التـرجمات المنتشرة الآن بشتى اللغات والتي قام بإعدادها المستشرقون وصدورها في غالب الأحيـان بمقدمات مملـوءة بالطعن على الإسلام، ولا بد أيضاً مـن اختيار مجموعـة كافية ومناسبة مـن الأحاديث النبوية الصحيحة وترجمتها أيضاً لتكون مع ترجمة معاني القرآن في متناول المسلمين غير الناطقين بالعربية، وفي متناول

غير المسلمين الذين يريدون فهم الإسلام من منابعه الأصلية[1].

لا بد كذلك من عمل دائرة معارف إسلامية، يقوم بعملها العلماء المسلمون، مشروع إصدار دائرة معارف إسلامية من بين الأولويات العلمية الملحة، فلا يجوز أن نظل نقتات فكرياً من دائرة المعارف الإسلامية التي قام بإعدادها المستشرقون قبل الحرب العالمية الثانية، فقد تجاوزها المستشرقون وانتهوا منذ بضع سنوات من إصدار دائرة معارف إسلامية جديدة وواجبنا نحن المسلمين أن نقوم بإصدار دائرة معارف إسلامية باللغة العربية واللغات الأوروبية تقف على الأقل في مستوى دائرة المعارف الإسلامية للمستشرقين، تخطيطاً وتنظيماً، وتتفوق عليها علمياً وتنقل من وجهة النظر الإسلامية في شتى فروع الدراسات الإسلامية والعربية إلى المسلمين وغير المسلمين على السواء[2].

لا بد أن تقيم كل جامعة في مجتمعات الأمة الإسلامية معهداً للدراسات الاستشراقية، يمنح الدارسون في هذا المعهد درجات علمية عالمية، وقد لا يتصور الإنسان أن الأمة الإسلامية وقد تعددت جامعاتها المختلفة، لم تعمل بعد على إنشاء معاهد أو أقسام للدراسات الاستشراقية، في حين أننا نجد أنه ما من جامعة في أوروبا أو أمريكا إلا وملحق بها معاهد وأقسام لدراسة الإسلام والمسلمين، حتى أصبحنا بحركاتنا وسكناتنا واقعين تحت سيطرة أقوال وآراء الاستشراق[3].

وبهذه الأعمال العلمية نستطيع أن نرد حملات التشكيك ضد الإسلام، وبهذه الأعمال نستطيع أن نتصدى للتحديات التي تواجه الأمة الإسلامية، وبهذه الأعمال نستطيع أن

---

(1) الإسلام والغرب، ص35-36.

(2) الاستشراق والخلفية الفكرية، ص142.

(3) الغزو الفكري في التصور الإسلامي، ص77، وقارن: الاستشراق في ميزان نقد الفكر الإسلامي، ص74.

نكشف في وضوح أن جهود المستشرقين لا تستند على حجة ولا عقل ولا منطق، بل هي جهود مغرضة، الهدف منها النيل من الإسلام وأهله، وقد كان طابع هذه الجهود الكذب والافتراء، ولم يمارس الفكر الاستشراقي البحث في الدراسات الإسلامية من أجل الوقوف على ما في الإسلام من حقائق، ولكنه زاوله كلون من ألوان الفكر التاريخي وهو لظروف نشأته لا يبذل جهداً لمعرفة الحقيقة، وإنما لإقامة الأدلة على صحة ما درج عليه من مبادئ وأفكار خاصة هدامة.

الفصل الثاني

التبشير وخطره على الإسلام

ويشتمل على تمهيد وتسعة مباحث:

المبحث الأول: مفهوم التبشير.

المبحث الثاني: صلة التبشير بالاستشراق والاستعمار.

المبحث الثالث: نشأته وتطوره.

المبحث الرابع: أسبابه وبواعثه.

المبحث الخامس: أهدافه.

المبحث السادس: وسائله وأساليبه.

المبحث السابع: نماذج من المؤتمرات التبشيرية الخطرة.

المبحث الثامن: آثار الغزو الفكري التبشيري.

المبحث التاسع: الإسلام في مواجهة الغزو الفكري التبشيري.

تمهيد:

التبشير - أعنى التنصير - في مفهومه العام ظاهرة بدأت مع ظهور رسالة عيسى، عليه السلام، وقد حصل لهذا المفهوم تطورات بحسب ما حصل للنصرانية الأولى من تحريف بدأ على يد شاؤول اليهودي، أو بولس الرسول فيما بعد في القرن الأول الميلادي، وأدخلت عليها ثقافات إغريقية وهندية وفارسية، فأصبحت النصرانية خليطاً من الوحي الإلهي الذي أنزله الله - تعالى - على نبيه ورسوله عيسى، عليه السلام وأفكار البشر الذين سبقوا في وجودهم ظهور النصرانية.

والمجتمع المسلم لم يسلم من هذه الظاهرة، بل ربما يكون المجتمع المسلم أكثر المجتمعات تعرضاً للتنصير، نظراً للمقاومة التي يلقاها المنصرون من المسلمين أفراداً قبل المؤسسات والجماعات، ذلك أن المسلم يتربى على الفطرة وعلى التوحيد، ويصعب حينئذ أن يتقبل أي أفكار فيها تعارض مع الفطرة أو فيها خلل في الجوانب العقدية وفي مخاطبة العقل ما دام يملك البديل الواضح ومع ذلك تستمر حملات التبشير على المجتمعات الإسلامية آخذة وسائل عديدة ومفهومات متجددة تختلف عن المفهوم الأساسي وهي محاولة إدخال غير المسيحيين في المسيحية.

والتبشير ظاهرة متجددة ومتطورة في آن واحد، وتطورها يأتي في تعديل الأهداف وفي توسيع الوسائل تبعاً لتعديل الأهداف، واتخاذ الأساليب العصرية الحديثة في تحقيق الأهداف، المعدلة حسب البيئات والانتماءات التي يتوجه إليها التنصير حتى وصلت هذه الظاهرة عند البعض إلى أنها أضحت علماً له مؤسساته التعليمية ومناهجه ودراساته ونظرياته[1].

والتبشير بما له من أبعاد دينية وسياسية واجتماعية وأخلاقية وجد من الغرب

---

(1) التنصير، مفهومه أهدافه ووسائله وسبل مواجهته، د. علي إبراهيم النملة، ص5، ط: دار الصحوة القاهرة، 1993م.

النصراني الاهتمام البالغ والجدية الفائقة والجهد الجبار الذي بلغ أقصاه، وذلك من أجل السيطرة على الشرق الإسلامي بالكلية، والوقوف أمام المد الإسلامي بكل الوسائل والحيل كي يمنعوا هذا المد ويوقفوا زحفه التلقائي الذي كان يتقدم به رغم عدم وجود الدعاة القادرين على ذلك.

ويشهد الواقع الذي نعيشه بأن هناك خططاً ومؤامرات تحاك وتدبر للإسلام والمسلمين من جانب المبشرين وما أقساها وما أخطرها، إذ أن هدفها نزع العقيدة من النفوس المؤمنة بالله تعالى، فإن لم يمكن فلا أقل من زعزعتها وإضعافها بشتى الأساليب والوسائل التي تساعد على بلوغ الغاية.

فقد رأى المبشرون والمستعمرون عظمة الثقافة الإسلامية وأنها مصدر عزة الشرق والغرب والمسلمين، وأيقنوا أن أمة لها هذه الثقافة لا يمكن أن تخضع أو تذل أو تبيد، فانصرفت أذهان هؤلاء المبشرين والمستعمرين إلى تشويه وجه هذه الثقافة وإلى الحط من شأنها في نفوس أصحابها، فالتبشير إذن خطر ديني بالغ على كيان الأمم الشرقية أكثر من أن يكون خطراً سياسياً أو اقتصادياً، فالقضية بالنسبة لنا إذن... قضية بقاء أو فناء[1].

وقد تنبه المسلمون إلى هذه الحملات، ووقف لها العلماء والولاة والمفكرون والدعاة، كل حسب طاقته وقدرته، فقامت ردود علمية على المسيحية المحرفة، وقامت كذلك تنبهات ورصد للأنشطة التبشيرية في المجتمع المسلم بخاصة، وفي العالم بعامة، وبدأ الإقبال على التعرف على الحملات التبشيرية واضحاً مع تنامي الوعي والشعور بوجود تيارات تتحدى الإسلام والمسلمين، وتعمل على منافسته في أذهان الناس وممارستهم.

_____

(1) الثقافة الإسلامية بين الغزو والاستغزاء، د. عبد المنعم النمر، ص151-152، ط: دار المعارف 1987.

المبحث الأول

مفهوم التبشير

التبشير من البشرى، والبشارة مصدر لفعل بشر، أبشرـ أي أخبر خـبراً يـؤثر في البشـرة، وهـو يكون بالفرح كما يكون بالحزن، إلا أن استعماله الأكثر في الفرح[1].

فمفهوم التبشير اللغوي يعني الإخبار بخير يظهر أثره على بشرة الوجه، سواء كان الخبر سـار أم غـير سار، إلا أنه غلب استعماله في الأخبار بخبر سار طيب يسر له الإنسان حين يسمعه.

والذي يلاحظ ورود هذه الكلمة في القرآن الكريم يجد أنها وردت في الغالب بشارة بـالخير، ووردت نادراً بشارة بالشر مقيدة، والأمثلة على ذلك كثيرة نذكر منها قوله تعالى: ﴿ وَبَشِّرِ ٱلَّذِينَ ءَامَنُوا۟ وَعَمِلُوا۟ ٱلصَّٰلِحَٰتِ ﴾[2]، وقولـه: ﴿ وَبَشِّرِ ٱلصَّٰبِرِينَ ﴾[3]، وقولـه: ﴿ فَبَشِّرْهُم بِعَذَابٍ أَلِيمٍ ﴾[4] ﴿ فَبَشِّرْهُم بِعَذَابٍ أَلِيمٍ ﴾[5].

ويمكننا أن نقول من خلال استعمال الكلمـة في القرآن الكريم أن الكلمـة أصـل وحقيقة في الخير، ولهذا لم تأت في الشر إلا مقيدة وليست حقيقة فيهم، ويؤيـد هـذا الـرأي المفسـرون، حيـث يجعلون قوله تعالى: ﴿ بَشِّرِ ٱلْمُنَٰفِقِينَ بِأَنَّ لَهُمْ عَذَابًا ﴾

_____

(1) تاج العروس، الزبيدي، 45/3، ط: الحلبي، وقارن: لسان العرب، لابن منظور، 286/1، ط: دار المعارف.
(2) البقرة آية: 25.
(3) البقرة آية: 155.
(4) الانشقاق آية: 24.
(5) التوبة آية: 34.

﴿أَلِيمًا﴾[1].

وغيره من باب التهكم والتهديد والتبكيت، وهذا كما يقول علماء البلاغة - صيغة أمر خرجت عن معناها الأصلي إلى معان أخرى تستفاد من سياق الكلام[2].

أما اصطلاحاً: فقد استخدم علماً على تلك الحملة التي تولتها الصليبية، فيما سمى بتعليم الدين المسيحي ونشره وهو تعريف غير دقيق لأن التبشير حمل في نفس الوقت أهدافاً أخرى غير تنصير غير النصراني[3].

وإطلاق لفظ التبشير على ما يقوم به المبشرون في خدمة المسيحية ودولها، هو من واقع نظرتهم هم، ونحن استعملناه أيضاً في عملهم مجاراة لهم، حيث يكون كلامنا منصب على حقيقة واحدة وعمل واحد، وإلا فعلمهم هذا هو شر بالنسبة لنا في حقيقته وليس فيه أدنى بشارة بالنسبة لنا، بل هو إنذار بعاقبة وخيمة بالنسبة لديننا وبلادنا، لكن هكذا صار الاستعمال لكلمة التبشير[4].

والتبشير في مصطلحه الحديث - كما تذكره الموسوعات - حركة دينية سياسية استعمارية، بدأت بالظهور إثر فشل الحروب الصليبية، بغية نشر النصرانية في الأمم المختلفة، في دول العالم الثالث بعامة، وبين المسلمين بخاصة، بهدف إحكام

---

(1) النساء آية: 138

(2) من صور الغزو الفكري للإسلام، د. سلطان عبد الحميد، ص8، ط: الأمانة 1990م، وقارن: تفسير محاسن التأويل للقاسمي 3071/8-1610/5، والبلاغة الواضحة، على الجارم، ومصطفى أمين، ص179.

(3) الاتجاهات الفكرية المعاصرة، المستشار علي جريشة، ص23، ط: دار الوفاء المنصورة، 1990م.

(4) التبشير والاستعمار، د. عمر فروخ الخالدي.11

السيطرة على هذه الشعوب [1].

وإطلاق لفظ التبشير على هذه الحركة لا وجه له لسببين:

الأول: إنه تبشير بتعاليم نصرانية محرفة لا تمت إلى ديانة السيد المسيح - عليه السلام - بصلة، ومجمل القول أنها تعاليم وثنية استعمارية، وبالتالي لا يجوز وصف مثل هذه الحركة بالتبشير.

والثاني: أن هذه الحركة استهدفت العالم الإسلامي قبل غيره واستقطب اهتمامها وجود الإسلام بصورته الحية، وهي تدرك أن الإسلام هو العامل الأساسي في قوة الأمة وتماسكها ومناعتها ضد الاستسلام والخضوع لسطوتها [2].

وخير تسمية تصدق على هذه الحركة اسم "التنصير" وإطلاقنا اسم التبشير على منظمات دعم النصرانية في العالم الإسلامي وغيره إنما هو من زاوية اصطلاحهم، وإن كان لا يمت إلى البشارة برابط، بل هو من معاول الهدم التي تعوق العمل الإسلامي وتعرقل المسيرة الإسلامية من الانتشار.

ويمكن القول بأن المسيحيين في مبدأ الأمر قد رأوا عن خبث وسوء نية استخدام لفظ التبشير كي يصلوا إلى غايتهم بدون إثارة حفيظة المسلمين عليهم، فلما تمكنوا من أنفسهم استخدموا لفظ التنصير بدلاً من التبشير.

فالمؤتمر التبشيري الذي عقد في جلين ايري بولاية كاليفورنيا بأمريكا عام 1978م، والذي ضم العديد من أساطين الفكر المسيحي، قد خطا خطوة أوسع وأقرب إلى الصراحة والمواجهة في مهمته، فعدل عن تعبير التبشير واستعمل بدلاً منها كلمة التنصير لأنهم لم يجدوا أمامهم دفاعاً يردعهم ومعنى هذا أننا نعيش في عصر كشف

---

(1) الغزو الفكري في التصور الإسلامي، ص79.

(2) من صور الغزو الفكري للإسلام، ص8.

فيه الاستعمار الصليبي عن هويته، ورفع سلاحه علانية دون مواربة أو خشية[1].

هذا ما تعنيه كلمة التبشير في اللغة والاصطلاح، والمبشرون هم المنصرون، وهم رسل هذا الغزو الفكري، الذين يلبسون في كل مكان ينزلون به، وفي كل بلد يحلون فيه، مسوح التقوى ويلوحون للناس بأنهم ملائكة الرحمة ورسل الإنسانية وحملة مشاعل النور والثقافة، بينما هم في واقع الأمر، وكما تشير الحقائق الدامغة واعترافات بعض هؤلاء المنصرين، صنائع للمستعمرين يعملون لحسابهم ويحققون أهدافهم وأغراضهم، ليتمكنوا هم من امتصاص خيرات البلاد والاستيلاء على ثرواتها، واستنزاف مقدرات شعوبها، على حين غفلة من أهلها[2].

وقد اهتمت الكنيسة في الآونة الأخيرة بتوجيه جهودها إلى التبشير بالمسيحية في العالم الإسلامي بالذات، لتقتلع الإسلام من نفوس المسلمين، وتحل المسيحية محله، مما يطلق عليه عند بعضهم حملات التنصير.

---

(1) الثقافة الإسلامية بين الغزو والاستغزاء، ص156 بتصرف، ط: صنعاء 1988م.

(2) السابق، ص320.

المبحث الثاني

صلة التبشير بالاستشراق والاستعمار

إن التبشير والاستشراق كلاهما دعامة الاستعمار في مصر والشرق الإسلامي، فكلاهما دعوة إلى توهين القيم الإسلامية، والغض من اللغة العربية الفصحى، وتقطيع أواصر القربى بين الشعوب العربية، وكذا بين الإسلامية والتنديد بحال الشعوب الإسلامية الحاضرة، والازدراء بها في المجالات الدولية العالمية.

إن عملاء التبشير والاستشراق – وهم عملاء الاستعمار في مصر والشرق الإسلامي – هم الذين دربتهم دعوة التبشير على إنكار المقومات التاريخية والثقافية والروحية في ماضي هذه الأمة، وعلى التنديد والاستخفاف بها، وهم الذين وجههم كتاب الاستشراق إلى أن يصوغوا هذا الإنكار والتنديد والاستخفاف في صورة البحث وعلى أساس من أسلوب الجدل والنقاش في الكتابة أو الإلقاء عن طريق المحاضرة أو الإذاعة[1].

إذن لم يكن عمل المبشرين منفصلاً عن عمل المستشرقين، فإن الاستشراق في نشأته ما هو إلا أداة من أدوات التبشير، ثم استغل لتحقيق مطامع الدول الاستعمارية، وقد نزل كثير من أساقفة الكنيسة الكاثوليكية إلى ميدان الاستشراق بقصد التبشير وتدريب المبشرين على العمل في بلاد الشرق، ولهذا كان لا بد من تكليف مبعوثيهم بتعلم اللغة العربية، فانتشر تعليمها في المعاهد الدينية وبعض الجامعات، كما أنشئت مطابع عربية وجمعت لهم الكتب حتى أن مكتبة الفاتيكان في روما ضمت إليها مجموعة ضخمة من الكتب العربية المختلفة[2].

---

(1) الفكر الإسلامي وصلته بالاستعمار الغربي، د. محمد البهي ص459.
(2) أضواء على الاستشراق، د. عليان، ص24.

والذي يستقرئ تاريخ الاستشراق والتبشير يتضح له أنهما وجهان لعملة واحدة، وأنهما لا يختلفان في الغاية، وإذا كان بينهما اختلاف فإنه اختلاف في الوسائل التي يسلكها كل واحد منهما لبلوغ الهدف الواحد والغاية المشتركة. وإذا كان التبشير تاريخياً قد ظهر بعد الاستشراق فإن هذا نشأ أساساً لخدمة التبشير، ومن ثم كان الجيل الأول من المستشرقين من القساوسة والرهبان، وما زال حتى الآن للمبشرين دور إيجابي في النشاط الاستشراقي، وكم شهدت مؤتمرات المستشرقين إسهام عدد من المبشرين ببحوث وتعليقات تنضح بالسموم والأكاذيب ومحاولة زعزعة الأسس الراسخة للعقيدة الإسلامية.

ومن ثم نجد أن التبشير صنو الاستشراق، وكلاً منهما يكمل الآخر ويتفق معه في نفس الغاية والهدف، وهما من أبرز أدوات التغريب والغزو الثقافي للعالم الإسلامي، فالاستشراق هو الذي يقوم بإعداد السموم التي يقوم التبشير ببثها في المعاهد والجامعات، ويرمي إلى استشكاف قوى المسلمين للعمل على ضربها وإثارة الشبهات حول القيم الأساسية التي يقوم على هدمها وجودهم... وبذلك يمكن القول بأن المستشرقين هم طلائع المبشرين،...ولم تكن أعمالهم التي حملت أسماء الجامعات والمعاهد العلمية إلا بعثات سياسية تختفي تحت هذا الستار[1].

إن الاستشراق والتبشير يبغيان محاربة الإسلام في دياره، كما يبغيان محاربته لدى من يجهلون حقيقته، أو يحاولون التفكير في اعتناقه، والغاية هي أن يتوارى الوجود الإسلامي بأصالته وشموخه وعزته وقوته، ويحل محله الوجود المسيحي.

ولقد كان الارتباط الجذري بين التبشير والاستشراق أخذاً وعطاءاً قوياً، والفرق بينهما هو أن الاستشراق أخذ صورة البحث وادعى لبحثه الطابع العلمي

---

(1) أهداف التغريب في العالم الإسلامي، أ. أنور الجندي، ص30-31، ط: الأمانة العامة للجنة العليا للدعوة.

الأكاديمي، بينما بقيت دعوة التبشير في حدود مظاهر العقلية العامة، وهي العقلية الشعبية واستخدم الاستشراق: الكتاب والمقال والمجلات العلمية وكرسي التدريس في الجامعة، والمناقشة في المؤتمرات العلمية العامة أما التبشير فقد سلك طريق التعليم المدرسي في دور الحضانة ورياض الأطفال، والمراحل الابتدائية والإعدادية والثانوية، للذكور والإناث على السواء، كما سلك سبيل العمل الخيري الظاهر في المستشفيات ودور الضيافة والملاجئ للكبار ودور اليتامى واللقطاء، واستخدم كذلك دور النشر والطباعة والصحافة[1].

وإذا كانت وسائل المستشرقين علمية أكثر منها عملية كتأليف الكتب ونشر الأبحاث وعقد المؤتمرات، فإن معظمهم حتى وإن تظاهر بالبعد عن التعصب الكنسي وادعى التحرر الموضوعي فإنه يبث سمومه بالأساليب الملتوية ليعلي من قيمة دينه وليوهن قدر إمكانه وجهده من قيم الإسلام وحضارته. أما وسائل التبشير فإنها عملية وعلمية معاً لتحقيق الهدف نفسه عن طريق الوعظ المباشر الذي يقوم على الدعوة إلى النصرانية على يد متخصصين في هذا المجال[2].

وقد ذهب كثير من الباحثين إلى أن الاستشراق ولد من أبوين غير شرعيين هما: الاستعمار والتبشير، وأنه ما زال يعمل من أجل هذا الغرض الذي ولد من أجله، وإن غير أساليبه وجلده مرات ليتلاءم مع الظروف المختلفة، أما الاستعمار فهو يرى أن المفهوم الإسلامي السليم من شأنه أن يعطي المجتمع المسلم قوة تحول دون سيطرته واستمراره، وأما التبشير فإنه يستهدف الحيلولة دون توسع الإسلام

---

(1) الفكر الإسلامي الحديث وصلته بالاستعمار الغربي، د. محمد البهي، ص461، ملحقات المبشرون والمستشرقون وموقفهم من الإسلام، وهو مقال في حولية كلية الدعوة ص361، ط: مصر 1406هـ.
(2) الغزو الفكري الاستشراقي، ص23.

وانتشاره، وقد أضيف إلى هذين الأبوين أب ثالث هو الصهيونية التي تهدف من سيطرتها على الاستشراق إلى الحيلولة دون تجميع المسلمين والعرب في وحدة تقاوم الصهيونية[1].

وإذا كان الأمر كما ذكرنا فإنه بلا شك كان للاستشراق صلة بحركة الاستعمار الأوروبي وبحركة التبشير المسيحي في العصر الحديث، فالاستشراق قد نشأ في الدول الكبيرة القوية، ذات المطامع في التوسع، وفي الدول التي أصبح لها مستعمرات كإنجلترا وفرنسا وألمانيا وإيطاليا وإسبانيا وبلجيكا وهولندا وروسيا.

ومن الملاحظ أن الدول الغربية لما قويت في العصور الحديثة وبدأت تتطلع إلى استعمار الشرق، لعب الاستشراق دوراً هاماً في هذا الانفتاح الغربي على الشرق، فلما أرادت هذه الدول عقد الصلات السياسية بدول الشرق والاغتراف من تراثه والتزاحم على استعماره، أحسنت كل دولة استعمارية إلى المستشرقين فيها، فضمهم الملوك إلى حاشيتهم كأمناء أسرار وترجمة، وانتدبوهم للعمل في سلكي الجيش والدبلوماسية إلى بلدان الشرق، وولوهم كراسي اللغات الشرقية في كبرى الجامعات والمدارس الخاصة والمكتبات العامة والمطابع الوطنية، وأجزلوا لهم عطاءهم في الحل والترحال، ومنحوهم ألقاب الشرف وعضوية المجامع العلمية[2].

وليس ثمة شك في أن الأبواب كانت مفتوحة على مصاريعها أمام المستشرقين في أعقاب تغلغل الاستعمار الغربي في البلاد الإسلامية وغيرها من بلاد الشرق، فكان هؤلاء يصولون ويجولون في حرية تامة، وكانت دول الانتداب وكل الدول الاستعمارية تتحكم في توجيه الثقافة وتخطيط وسائل التربية والتعليم.

وقد تمتع المسشرقين بحرية تامة في التجول بين مكتبات الشرق، يسطون

---

(1) الإسلام في وجه التغريب، ص265-266 بتصرف.

(2) المستشرقون، نجيب العقيقي، 1149/3.

أحياناً على مخطوطاتها، أو يصورونها وينسخونها بحسب رغبتهم، وينبشون الآثار القديمة ويسلبون معظمها ليملأوا بها المتاحف الغربية، وفي وقت من الأوقات كان المسلم إذا ما أراد الاطلاع على كتب التراث الإسلامي لا يجد أمامه غير ما حققه المستشرقون منها أو نشروه[1].

وقد قامت الدول الغربية بإنشاء كليات ومعاهد للدراسات الشرقية في كبريات المدن مثل لندن وباريس وبرلين وليدن وغيرها وألحقت بها أقسام خاصة لدراسة اللغات العربية وبعض اللغات الشرقية كالفارسية والتركية، وكان الغرض الأساسي من إنشاء هذه المؤسسات هو تزويد السلطات الاستعمارية بخبراء في الشؤون الإسلامية، وأن تكون في خدمة الحكومات المستعمرة لتحقيق أهدافها في البلاد الإسلامية، حتى أن رجال السياسة هناك كانوا على صلة وثيقة بأساتذة تلك الكليات. ويرجعون إلى آرائهم قبل البت في المسائل السياسية المتعلقة بالدول الإسلامية فالمستر "إيدن" رئيس الوزراء البريطاني الأسبق لم يكن ليضع قراراً سياسياً في شؤون الشرق الأوسط قبل أن يجتمع بأساتذة من المستشرقين في جامعة أكسفورد وكلية العلوم الشرقية[2]، وما كان يفعله إيدن كان يفعله غيره.

وتبدو صلة الاستشراق بالتبشير والاستعمار واضحة جلية حين رغب المسيحيون في التبشير بدينهم بين المسلمين، فأقبلوا على الاستشراق ليتسنى لهم تجهيز الدعاة وإرسالهم للعالم الإسلامي والتقت مصلحة المبشرين مع أهداف الاستعمار فمكن لهم واعتمد عليهم في بسط نفوذه في الشرق، وأقنع المبشرون زعماء الاستعمار بأن المسيحية ستكون قاعدة الاستعمار الغربي في الشرق، وبذلك سهل الاستعمار للمبشرين مهمتهم وبسط عليهم حمايته وزودهم بالمال والسلطان،

---

(1) المستشرقون والتاريخ الإسلامي، الخربوطلي، ص59.
(2) التبشير والاستشراق أحقاد وحملات، ص43.

وهذا هو السبب في أن الاستشراق قام في أول أمره على أكتاف المبشرين والرهبان ثم اتصل بالاستعمار[1].

وإذا كان الاستشراق قد قام على أكتاف الرهبان والمبشرين في أول الأمر ثم اتصل مـن بعـد ذلـك بالمستعمرين، فإنه ما زال حتـى اليـوم يعتمـد علـى هـؤلاء وأولئك، ولـو أن أكـثرهم يكرهـون أن تنكشـف حقيقتهم ويؤثرون أن يختفوا وراء مختلف العناوين والأسماء فالاستشراق كمـا يصفه أحـد الباحثين: هـو المنجم والمصنع الفكري، الذي يمد المنصرين والمستعمرين وأدوات الغزو الفكري بالمواد التـي يسوقونها في العالم الإسلامي، لتحطيم عقيدته وتخريب عالم أفكاره والقضاء على شخصيته الحضارية التاريخية[2].

وقد تعثرت البلاد العربية والإسلامية حقاً في يقظتها الحالية في خطاها نحو التماسك الـداخلي، ونحو تقوية العلاقات بينها، بسبب الرواسب التي تخلفت عن التبشير والاستشراق، وبسبب آخر – له وزنه وأثـره في هذا التعثر – وهو ضعف المواجهـة التـي يلقاهـا في البـلاد الإسـلامية، هـذان العـاملان القويان في تركيـز الاستعمار وبعثرة القوى الوطنية في كل بلد عربي إسلامي.

_____

(1) الفكر الإسلامي الحديث وصلته بالاستعمار الغربي، ص473.

(2) كتاب الأمة القطرية، د. عمر عبيد حسنة، عدد 27، ص22، ط: دولة قطر.

المبحث الثالث

نشأته وتطوره

لم يكن مفهوم التبشير - أو التنصير - حديث الإطلاق، وليس هو ظاهرة جديدة، بل لقد بدأ مع ظهور النصرانية حيث كان مطلباً جاء به الإنجيل لنشر الدين النصراني، ولقد كانت دعوة السيد المسيح عليه السلام، وحوارييه هو التبشير الحقيقي للمسيحية، شأنها في ذلك شأن الدعوات السماوية الصحيحة، إلا أنه بمرور الزمن بدل النصارى في الدين على يد شاؤول اليهودي - بولس في المسيحية - فانحرفوا بالتبشير عن معناه الحقيقي.

وعلى هذا فالتبشير الديني هنا ليس على حقيقته، إذ أنه في أصله يدل على الحق والخير والبر. ويعد هذا الانحراف لا معنى له إلا الضلال والانحراف، لأنه صار دعوة إلى النصرانية الكنيسية، لا النصرانية العيسوية التي هي غير موجودة أصلاً[1].

فقد سعى مؤسس المسيحية الحديثة شاؤول اليهودي أو بولس في المسيحية - إلى نشر المسيحية على طريقته - أعني طريقته في تحريف النصرانية - بعد أن زعم أن السيد المسيح عليه السلام، قد جاء وهو في طريقه إلى دمشق الشام وطلب منه ترك اضطهاد النصارى والسير في ركب الدعوة إلى النصرانية وبهذا يعد بولس رسول المسيحية المحرفة المنصر الأول، وواضع أسس التنصير العالمي، وفي ذلك يقول أحد الباحثين: لا يعتبر بولس المبشر المسيحي الأول فقط، بل يعتبر واضع أسس التبشير المسيحي العالمي، ولا يزال المبشرون في أيامنا هذه يستقون خططهم وترتيباتهم من معلمهم الأول بولس فهو بحق مؤسس علم التبشير وقد نجح في هذا

---

(1) المستشرقون، نجيب العقيقي، 1148/3.

المضمار أيما نجاح[1].

وقد هاجرت طائفة من النصارى يقال لها النساطرة[2]. من الرها[3]. بعد أن أغلقت مدرستهم فيها –

مدرسة الرها على يد زينون[4] سنة 439م فهاجرت الطائفة تحت قيادة زعيمها بارسوما سنة 457م إلى

فارس، وأنشأت فيها مدرسة نصيبين وانتشرت من هذه المدرسة حملات التنصير على الطريقة النسطورية –

أي المثلثة – إلى جوف آسيا وبلاد العرب، وقد استعانت هذه الحملات التنصيرية بالفلسفة اليونانية لنشر

التعاليم الخاصة حول طبيعة المسيح عليه السلام[5].

ولم يقفوا عند نشر المسيحية فقط، بل أرادوا أن ينشروا منها تعاليمهم الخاصة في طبيعة المسيح،

فأخذوا يستعينون على بث أفكارهم بأقوال ومذاهب متنوعة من الفلسفة اليونانية فأصبح كل مبشر

نسطوري بالضرورة معلماً في الفلسفة اليونانية كما أنه مبشر بالدين المسيحي[6].

وفي القرن الحادي عشر الميلادي شنت أوروبا على الشرق الإسلامي حروباً صليبية بضراوة ووحشية لا

مثيل لها، وكان غرضها الواضح وهدفها الأكيد هو القضاء على الإسلام باعتباره أقوى عامل في توجيه الشرق،

وهذه الحروب لا تعدو

---

(1) يهوذا الاسخربوطي على الصليب، محمد أمين يكن، ص303، ط: مالطا، دار اقرأ 1990م.

(2) النساطرة، ويقال لها النسطورية، وهي فرقة من فرق المسيحية تنسب إلى نسطوري من قيصرية بسورية: 380-451م وهذا المذهب يقوم على التثليث الأب والابن والروح القدس كلها لم تزل.

(3) الرها: مدينة بالجزيرة بين الشام والموصل.

(4) زينون: إمبراطور بيزنطي، 426-491م حكم من سنة 474 حتى وفاته.

(5) التنصير، د. النملة، ص11.

(6) تاريخ تطور الفكر العربي بالترجمة والنقل من الثقافة اليونانية د. إسماعيل مظهر، مجلد 66، عدد 2، ص141-149، ط: 1925م.

كونها شكلاً من أشكال التنصير اتبعت فيه القوة والغزو العسكري، وقد استمرت هذه الحروب قرنان من الزمان تقريباً - بدأت في مارس من سنة 1908م وانتهت في أغسطس من سنة 1291م - باءت فيها أوروبا بالفشل الذريع والهزيمة المنكرة.

ولقد كانت هذه الحروب منعطفاً خطراً في التاريخ تحولت فيه أنظار الغرب المسيحي من الغزو المسلح، إلى غزو العقول والأفكار لعبت فيه الكنيسة الدور الهام، تنفيذاً لوصية قائد الحملة الصليبية الثامنة لويس التاسع الذي أسر في المنصورة على يد القائد المسلم الظاهر بيبرس الذي نبه إلى قوة العقيدة الإسلامية، ووقوفها في وجه أي زحف حربي، مثيرة روح الجهاد في سبيل الله تعالى، ومن هنا توجه التبشير إلى العقيدة، محاولة لقتلها بالفكر، بعد أن عجزوا عن قتلها بالسلاح والفتك[1].

وكما أن الحروب الصليبية لم تفلح عسكرياً فهي لم تفلح عقائدياً في تشكيك المسلمين في رسالتهم بل زادتهم تمسكاً بدينهم أدى في النهاية إلى خروج الصليبيين من أرض المسلمين دون الفوز بما قدموا من أجله.

وفي عام 1294م ظفر ريمون لول بمقابلة من البابا سانتين الخامس وقدم كتابين فيهما خطة للتبشير بين المسلمين في الأكثر، وكانت خطة ريمون ذات شقين: أن تتخذ الكنيسة العلم والمدارس وسيلة للتبشير، وثانيهما: أن ينصر المسلمون بالقوة[2].

ثم تزعم ريمون لول الإسباني مهمة التبشير بعد أن فشلت الحروب الصليبية في مهمتها، فتعلم اللغة العربية بكل مشقة وجال في بلاد الإسلام وناقش علماء المسلمين في بلاد كثيرة[3].

---

(1) الاتجاهات الفكرية المعاصرة، ص24.

(2) التبشير والاستعمار، ص77.

(3) الغارة على العالم الإسلامي، لمؤلفة شاتلية، ترجمة وتلخيص محب الدين الخطيب ومساعد اليافي ص13، ط: بيروت.

ويعتبر ريمون بذلك أول نصراني يتولى التبشير بعد فشل الحروب الصليبية، ومنذ القرن الخامس عشر الميلادي وأثناء الاكتشافات البرتغالية دخل المبشرون الكاثوليك إلى إفريقيا، ونظموا إرساليات التبشير في القرون الوسطى في الهند وجزر السند، وجاوه واهتمت هولندا بالتبشير، في جاوه في أوائل القرن الثامن عشر كما كانت هناك إرساليات بروتستانتية، وأمريكية وإنجليزية وألمانية وهولندية في كثير من بلاد الإسلام في آسيا وإفريقيا، وفي عام 1795م تأسست جمعية لندة التبشيرية، ثم تأسست جمعيات على شاكلتها في أسكتلندا ونيويورك، ثم في ألمانيا والدانمرك وهولندا والسويد والنرويج وسويسرا وغيرها وفي سنة 1855م أسست جمعية الشبان المسيحيين من الإنجليز والأمريكان، ثم تبع ذلك تأسيس جمعيات التبشير في كل بلاد البروتسنت، وفي عام 1895م تأسست جمعيات اتحاد الطلبة المسيحيين في العالم[1].

وفي هذه الأثناء بدأ التنصير يأخذ طابع التنظيم من خلال وجود مجموعة من المؤسسات والإرساليات[2] التنصيرية وتنظمها وتدعمها الهيئات الدينية على اختلاف طوائفها، والحكومات الغربية بخاصة، وظهر للتبشير مؤسسات داخل المؤسسة الكبرى كالمعاهد والجامعات والمنظمات والمراكز في كثير من الأماكن[3].

وهذا كله أدى إلى الخروج بتصور عن التبشير أشمل أحياناً وأدق أحياناً أخرى، من مجرد دعوة غير النصارى إلى الدخول في النصرانية، وينظر الآن إلى مفهوم التبشير الحديث بحسب البيئة المستهدفة من الحملات التبشيرية، ففي البيئة

---

(1) السابق، ص13-14 بتصرف.

(2) الإرسالية: جماعة من المبشرين، وتضم الإرسالية عدة مراكز تنتشر في المدن والقرى، ويطلق عليها المركز التبشيري.

(3) الموسوعة الميسرة في الأديان والمذاهب المعاصرة، الندوة العالمية للشباب الإسلامي، ص164، ط: الرياض، 1989م.

الإسلامية أثبتت الجهود عدم جدوى إخراج المسلمين من إسلامهم وإدخالهم في النصرانية، فصيغ المفهوم في المجتمع المسلم بما يمكن الوصول إليه من محاولة إخراج المسلمين من دينهم، وليس بالضرورة إدخالهم في النصرانية[1].

وهذه المحاولة من جانب المبشرين، وهي محاولة تنصير المسلمين تعد المرحلة الأولى من المراحل التي مرت بها المحاولات التبشيرية، وقد كشف بذلك صراحة المبشر رايد في قوله: إني أحاول أن أنقل المسلم من محمد، صلى الله عليه وسلم إلى المسيح، عليه السلام، ومع ذلك يظن المسلم أن لي في ذلك غاية خاصة، أنا لا أحب المسلم لذاته، ولا لأنه أخ لي في الإنسانية ولولا أني أريد ربحه إلى صفوف النصارى لما كنت تعرضت له لأساعده[2].

ويقول القس المبشر زويمر: إن جزيرة العرب التي هي مهد الإسلام، لم تزل نذير خطر للمسيحية ويكمل وليم جيفورد المعنى فيقول: متى توارى القرآن ومدينة مكة عن بلاد العرب يمكننا حينئذ أن نرى العربي يتدرج في سبيل الحضارة التي لم يبعده عنها إلا محمد وكتابه[3].

والذي يستفاد من هذه النصوص - وغيرها كثير - أن التبشير حركة خطيرة، موجهة ضد الإسلام لاقتلاعه من جذوره ولمنع انتشاره خارج أوطانه، ومدى اهتمام الكنيسة بتوجيه الجهود إلى التبشير في المجتمعات الإسلامية قاصدة بذلك انسلاخ المسلمين من دينهم، أو إبعادهم عن الإسلام بالتشكيك في مفاهيمه وتعاليمه، يقول القس زويمر: أن حظ المنصرين من التغيير الذي أخذ يدخل على عقائد الإسلام ومبادئه الخلقية هو أكثر بكثير من حظ الحضارة الغربية منه، ولا ينبغي لنا أن نعتمد

---

(1) التنصير، مفهومه وأهدافه، ص15.
(2) التبشير والاستعمار، عمر فروخ الخالدي، ص192.
(3) أساليب الغزو الفكري للعالم الإسلامي، ص30.

على إحصائيات التعميد في معرفة عدد الذين تنصروا رسمياً من المسلمين[1].

ورغم هذه الجهود التي بذلت لتنصير المسلمين، إلا أن حصيلتها كما يقول المستشار علي جريشة: كانت تنصير عدد ضئيل من الأشخاص - حوالي العشرين - ولما بحثت حالات هؤلاء الأشخاص وجد أن أكثرهم من اللقطاء الذين لم يجدوا بيئة إسلامية تعلمهم الإسلام أو تعودهم إياه، والذين أحسوا بالضياع فتلقفهم من يخرجهم عن دين الفطرة، وكادت تكون الحالة الوحيدة التي تنصرت بإرادتها هي حالة فتاة مسلمة تركت وطنها الإسلامي مع شاب نصراني مخدوعة بأحاديث الهوى ومغرياته[2].

وعندما تبين للمبشرين صعوبة إخراج المسلمين من دينهم عمدوا إلى اتباع أساليب المستشرقين في بذل الشكوك في الإسلام لدى المسلمين، ونزع سلطان الدين من النفوس، وهذه هي المرحلة الثانية من المراحل التي مرت بها محاولات المبشرين، ومن أمثلة ذلك ما نقل عن البابا شنودة: إنه يجب مضاعفة الجهود التبشيرية الحالية، على أن الخطة التبشيرية التي وضعت بنيت على أساس أن الهدف الذي اتفق عليه من التبشير في المرحلة القادمة هو التركيز على التبشير بين الفئات والجماعات أكثر من التبشير بين الأفراد، وذلك لزحزحة أكبر عدد من المسلمين عن دينهم، أو التمسك به، على ألا يكون من الضروري دخولهم في المسيحية، ويكون التركيز في بعض الحالات على زعزعة الدين في نفوس المسلمين، وتشكيك الجموع الغفيرة في كتابهم، وفي صدق محمد، صلى الله عليه وسلم، وإذا نجحنا في تنفيذ هذا المخطط التبشيري في المرحلة القادمة فإننا نكون قد نجحنا في إزاحة هذه الفئات عن

---

(1) الإسلام في وجه التغريب، ص71.

(2) الاتجاهات الفكرية المعاصرة، ص25.

طريقنا، وحتى هذه الحالة إن لم تكن لنا فلن تكون علينا[1].

وفي هذا المعنى يقول القس زويمر: إنه لا ينبغي للمبشر المسيحي أن يفشل، أو ييأس ويقنط، عندما يرى أن مساعيه لم تثمر في جلب كثير من المسلمين إلى المسيحية، لكن يكفي جعل الإسلام يخسر ـ مسلمين بذبذبة بعضهم، عندما تذبذب مسلماً وتجعل الإسلام يخسره تعتبر نجاحاً يا أيها المبشر المسيحي، يكفي أن تذبذبه، ولو لم يصبح هذا المسلم مسيحياً[2].

وقد جاء في المؤتمر التنصيري الذي عقد في القدس عام 1927م، وحضرته أربعون دولة من الدول الغربية الصليبية قول أحد المبشرين: أتظنون أن غرض التنصير وسياسته إزاء الإسلام هو إخراج المسلمين من دينهم ليكونوا نصارى؟ إن كنتم تظنون هذا فقد جهلتم التنصير ومراميه، لقد برهن التاريخ من أبعد أزمنته على أن المسلم لا يمكن أن يكون نصرانياً مطلقاً والتجارب دلتنا ودلت رجال السياسة النصرانية على استحالة ذلك، ولكن الغاية التي نرمي إليها هي إخراج المسلم من الإسلام فقط، ليكون مضطرباً في دينه وعندها لا تكون له عقيدة يدين بها، ويسترشد بهديها، وعندها يكون المسلم ليس له من الإسلام إلا الاسم فقط[3].

وقد جمع القس المبشر زويمر خلاصة أعمال المبشرين في العالم الإسلامي، وأعلنها في مؤتمر القدس عام 1935م قائلاً: أيها الأخوان الأبطال والزملاء الذين كتب الله لهم الجهاد في سبيل المسيحية واستعمارها لبلاد الإسلام فأحاطتكم عناية

---

(1) ما يجب أن يعرفه المسلم من حقائق عن النصرانية والتبشير، د. إبراهيم السليمان الجبهان، ص27، ط: الرياض 1404هـ.
(2) الغزو الفكري، د. علي عبد الحليم محمود، ص138.
(3) ملامح عن النشاط التنصيري في الوطن العربي، د. إبراهيم عكاشه علي، ص38، ط: الرياض 1987.

الرب بالتوفيق الجليل المقدس، لقد أديتم الرسالة التي نيطت بكم أحسن أداء، ووفقتم لها أسمى توفيق، وإن كان ليخيل إلى أنه مع إتمامكم العمل على أكمل الوجوه لم يفطن بعضكم إلى الغاية الأساسية منه، إنني أقركم على أن الذين دخلوا من المسلمين في حظيرة المسيحية لم يكونوا مسلمين حقيقيين لقد كانوا كما قلتم أحد ثلاثة: إما صغير لم يكن له من أهله من يعرفه ما هو الإسلام، أو رجل مستخف بالأديان، لا يبغى غير الحصول على قوته، وقد اشتد به الفقر وعزت عليه لقمة العيش، وآخر يبغى الوصول إلى غاية من الغايات الشخصية.

ويستطرد ذلك القس اللعين قائلاً: ولكن مهمة التبشير التي ندبتكم دول المسيحية للقيام بها في البلاد المحمدية ليست هي إدخال المسلمين في المسيحية، فإن هذا هداية لهم وتكريماً، وإنما مهمتكم أن تخرجوا المسلم من الإسلام ليصبح مخلوقاً لا صلة له بالله، وبالتالي فلا صلة تربطه بالأخلاق التي تعتمد عليها الأمم في حياتها، وبذلك تكونون أنتم بعملكم هذا طليعة الفتح الاستعماري في الممالك الإسلامية، وهذا ما قمتم به في الأعوام المائة السالفة خير قيام، وهذا ما أهنئكم عليه وتهنئكم دولة المسيحية والمسيحيون جميعاً كل التهنئة[1].

ويمضي هذا اللعين في كلامه قائلاً: لقد قبضنا أيها الأخوان في هذه الحقبة من الدهر من ثلث القرن التاسع عشر إلى يومنا هذا على جميع برامج التعليم في الممالك الإسلامية ونشرنا في تلك الربوع مكامن من التبشير والكنائس والجمعيات والمدارس المسيحية الكثيرة التي تهيمن عليها الدول الأوروبية والأمريكية، والفضل إليكم وحدكم أيها الزملاء، إنكم أعددتم بوسائلكم جميع العقول في الممالك الإسلامية إلى قبول السير في الطريق الذي مهدتم له كل التمهيد.

(1) الاتجاهات الفكرية المعاصرة، ص27، وقارن: حقيقة التبشير، د. أحمد عبد الوهاب، ص160-161.

إنكم أعددتم شباباً في ديار المسلمين لا يعرف الصلة بالله، ولا يريد أن يعرفها، وأخرجتم المسلم من الإسلام، ولم تدخلوه في المسيحية، وبالتالي جاء النشئ الإسلامي، طبقاً لما أراده له الاستعمار لا يهتم بالعظائم، ويحب الراحة والكسل، ولا يصرف همه في دنياه إلا في الشهوات، وإذا جمع المال فللشهوات، وإذا تبوأ أسمى المراكز ففي سبيل الشهوات يجود بكل شيء.

ويختم القس كلامه قائلاً: إن مهمتكم تمت على أكمل الوجوه، وانتهيتم إلى خير النتائج وباركتكم المسيحية، ورضي عنكم الاستعمار فاستمروا في أداء رسالتكم فقد استحققتم بفضل جهادكم المبارك بركات الرب[1].

وواضح من هذا النص - وغيره - الذي جاء على لسان كبير المنصرين القس زويمر اعترافهم بالعجز عن تنصير المسلمين، مما ألجأهم إلى اتخاذ طرق أخرى الهدف منها إبعاد المسلم عن دينه وجعله متذبذباً في عقيدته، وبذلك نستطيع أن نقول: إن الدعوة إلى إدخال غير النصارى في النصرانية ظلت جزءاً من المفهوم العام للتنصير، ولم تعد هي المفهوم الطاغي على هذه الحركة لما فيها من الضيق في الاستجابة مع وجود الإمكانات المادية والبشرية العاملة في مجال التنصير في مفهومه العام.

والواقف على المراحل التي مر بها التنصير، يجد أن هؤلاء المنصرون يختلفون بين زمن وآخر، كذلك طرق التنصير اختلفت من جيل إلى جيل، ومن قطر إلى قطر، فبينما كان التنصير في القرن التاسع عشر مخصوصاً بأشخاص اتخذوا التنصير عملاً لهم، ثم حاولوا نشر النصرانية بجدال المسلمين، ومحاولة تبيان فضل النصرانية على الإسلام، وبإصرار على الجانب الغيبي من حياة المسيح وجدنا زعماء التنصير في العالم البروتستانتي بخاصة يؤمنون أن هذا المظهر الديني

(1) السابق، ص27-28 وحقيقة التبشير، ص161.

الصارخ يعرقل أعمال المنصر[1].

ويظل مفهوم التبشير قابلاً للتطوير بحسب ما يقتضيه الحال، وبحسب البيئة التي يعمل بها، وبحسب التوجيهات العقدية والسياسية التي تسير المبشرين وتسعى بهم إلى تحقيق أهداف استراتيجية داخل المجتمعات التي يغلب عليها النصارى والمجتمعات التي يغلب عليها غير النصارى.

ومن مفهومات التبشير الحديثة، قيام مجموعة من المنصرين باحتلال منطقة معينة والعمل على تنصير أهلها، وإنشاء كنيسة وطنية تؤول رعايتها تدريجياً للأهالي دون مساعدات من الكنائس الأم، ويتبنى السكان بدورهم التنصير في المناطق التي لم يصل إليها التنصير، مما يكون أدعى للقبول عندما يتولى التنصير أولئك الذين يجيدون اجتماعياً ولغوياً وبيئياً التخاطب مع الأهالي فهم من أبنائهم، وهو بهذا المفهوم أضحى علماً قائماً بذاته تفرع من علوم اللاهوت وله حساب في مجال الدراسات والأبحاث[2].

ومهما يكن من أمر فقد تطور التبشير في نشأته كما تطور الاستشراق، وقد بلغ أوج قوته وتأثيره في القرنين التاسع عشر والعشرين، وصار سلاحاً من أفتك أسلحة التدمير المعنوي، وسلاحاً أيضاً من أمضى أسلحة الاحتلال العسكري، فقد كثرت في هذين القرنين المؤسسات التبشيرية، وأغدقت الأموال عليها إغداقاً، وامتدت أطماعها إلى المجتمعات الإسلامية، وكذلك إلى الشعوب التي تعيش حالة من التخلف الديني، وخاصة في إفريقيا وآسيا، وقام بين كل هذه المؤسسات تعاون ولقاءات كثيرة للتخطيط والتنسيق، لكي يؤتي سعيها أكله كما تود الكنيسة وقادة

[1] التبشير والاستعمار، عمر فروخ والخالدي، ص50.
[2] التنصير أهدافه ووسائله، ص17 وقارن: إبراهيم عكاشة في مؤلفيه، التبشير النصراني في جنوب السودان، ص24-25، وعلم التبشير مناهجه وتطبيقاته، ص125-150.

الاستعمار، حتى أن الطوائف النصرانية على ما بينها من خلاف في أصول العقيدة النصرانية وما جره عليها

هذا الخلاف من صراع دموي في بعض العصور، تناست كل هذا وتصافحت أيديها في سبيل منع انتشار

الإسلام بين غير المسلمين، والقضاء عليه بين أتباعه، أو الحد من تأثيره فيهم وهيمنته عليهم.

المبحث الرابع

أسبابه وبواعثه

عاشت هذه الأمة الإسلامية قوة مهيبة الجانب ما تمسكت بكتاب ربها وسنة رسولها، صلى الله عليه وسلم، حتى إذا ابتعدت عن الجادة وتركت الجهاد، سلط الله عليها الأعداء من خارجها ومن داخلها، فكان من خارجها المغول والتتار والصليبيون حتى إذا اندحرت آخر حملة صليبية ومرت قرون على ذلك وعادت الأمة إلى ابتعادها عن منهج ربها، عاد إليها الأعداء في صليبية جديدة فأضحت البلاد الإسلامية ممزقة الأشلاء، كل قطر منها في قبضة بلد أوروبي، فعرف هذا بالاستعمار الأوروبي[1].

ولم يعد العدو عدواً واحداً، بل إنه في هذه المرة جاء بصورة أكثر دهاء وخبثاً، فهو لم يأت للقتل والسلب والنهب، ثم مغادرة الديار إلى غير رجعة، ولكن جاء معه ثقافة ومبادئ وقيم جاء وانتزع من المسلمين من يحمل هذه الأفكار والمبادئ ويدعو إليها.

وقد بدأ الغزو الفكري التبشيري في صورة مرسومة ومخططة من ذلك التاريخ الذي وقع فيه الملك لويس التاسع أسيراً ملك فرنسا، وقائد الحملة الصليبية الثامنة على مصر في مايوة 1249م، في مقدمة عشرة آلاف أسير ظفر بهم المظفر الظاهر بيبرس في معركة المنصورة وفي ذلك يقول المؤرخ رينيه: إن الملك لويس التاسع كان بذلك في مقدمة كبار ساسة الغرب الذين وضعوا للغرب الخطوط الرئيسية لسياسة جديدة شملت مستقبل آسيا وإفريقيا بأسرها[2].

---

(1) الغرب في مواجهة الإسلام، مازن المطبقاني، ص7، ط: المدينة المنورة 1409هـ.

(2) حقائق عن التبشير، أ. عماد الدين شرف، ص10، ط: القاهرة المختار الإسلامي.

وللغزو الفكري التبشيري أسباب وبواعث كثيرة دفعت الغرب إلى استعمال حيله وأساليبه لغزو البلاد الإسلامية فكرياً، بعد فشله في استعمال حيله وأساليبه العسكرية، من أهم هذه الأسباب والبواعث ما يلي:

أولاً: كره الصليبيين وعدائهم للإسلام:

لا ريب أن كره الصليبيين وعدائهم للإسلام والمسلمين هو الدافع الأساسي للغزو الفكري والتبشيري الذي تسلط على المجتمعات الإسلامية فقد أيقن لويس التاسع قائد الحملة الصليبية الثامنة، أن قوة الحديد والنار لا تجدي نفعاً مع المسلمين الذين يملكون عقيدة راسخة تدفعهم إلى الجهاد، تحضهم على التضحية بالنفس، وبكل غال، فلا بد إذن من تغيير المنهج والسبيل فكانت خطته أن يهتم أنصاره بتغير فكر المسلمين والتشكيك في عقيدتهم وشريعتهم، وذلك بعد دراستهم للإسلام لهذا الغرض، وبذلك تحولت المعركة بين الصليبية والإسلام من ميدان القوة العسكرية إلى ميدان الفكر، من منطلق ضرب المسلمين عن طريق الكلمة، كما وجههم لويس التاسع وقد أعلنوا صراحة أن الإسلام هو عدوهم الأول، وأن أكبر غاية لهم هي ضرب وهدم قواعده، يؤكد هذا ما جاء على لسان المونيسنيوركولي: في القرن السابع الميلادي برز في الشرق عدو جديد ذلك هو الإسلام، الذي أسس على القوة وقام على أشد أنواع التعصب[1].

وقد أخذ هذا العداء كما يقول أحد الباحثين بحق شكل السعار الوبائي لدى الأمم الغربية الصليبية، فأخذوا مستميتين يوزعون السموم، ذات اليمين وذات الشمال، ويفترون الأكاذيب ويطمسون الحقائق، ويدبرون المكائد، ويتصيدون السقطات، ثم يدخلون في روع أنفسهم وبني جلدتهم أرقى عنصراً، وأفضل عقلاً، وأفلح ديناً، وأنهم

---

(1) البحث عن الدين الحق، لمؤلفة المونيسنيور كولي، ص220، ط1928م.

أوصياء على البشرية، وسادة الإنسانية وهداتها ومرشدوها[1].

ولقد تآمر الاستعمار الغربي، والجهد التبشيري، والحقد الصليبي على حربهم للمسلمين، وتشتيت تراثهم، ونهب ديارهم، يخيم عليهم سحابة سوداء من البغضاء والكراهية، هذا الحقد والضغن والمقت كان سبباً قوياً في الإغارة على المسلمين بشتى الأساليب والطرق والأشكال والألوان. وما زالت الموجة تعلو وتشتد وتمتد ثقافياً وفكرياً لتخريب قواعد الإسلام والأخلاق الإسلامية وإشاعة الأفكار والتيارات الهدامة[2].

وقد أدرك المخططون لهذا الغزو أن المكر والحيلة أجدى في الإنسان من أي وسيلة أخرى، وأن القوى المختلفة التي في أيدي المسلمين يمكن بالمكر والحيلة أن تسخر ضدهم وذلك إذا تحولت أفكارهم عن مفاهيم إسلامية، وفساد منطقهم وإدراكهم للأمور، وغدت تصوراتهم تخدم أغراض عدوهم.

وانتهى المخططون إلى أن وضعوا لأنفسهم هذه القاعدة: إذا أرهبك سلاح عدوك فأفسد عليه فكرة ينتحر به وكذلك فعلوا وكذلك يفعلون باستمرار في الشعوب الإسلامية وكلما استجمعت هذه الشعوب شيئاً من قوتها، وأبصرت مراكز عدوها، وأرادت أن ترفع رأسها إلى المجد، مكر بها أعداءها وأعداء دينها وعقيدتها، فأفسدوا عليها جانباً من جوانب الفهم السليم للأمور، والفكر الصحيح في معالجة المشكلات الكبرى، ثم استدرجوها إلى مزالق خطرة تلجأ فيها إلى استخدام أسلحتها ضد نفسها، فتكون بمثابة من ينحر نفسه حماقة وجهلاً[3].

---

(1) الحضارة الإسلامية مقارنة بالحضارة الغربية، ص704-705.

(2) السابق، ص707، وقارن: المد الإسلامي في القرن الخامس عشر، أ. أنور الجندي، ص286، ط: دار الاعتصام بالقاهرة 1982م.

(3) أجنحة المكر الثلاثة، التبشير والاستشراق والاستعمار، أ. عبد الرحمن حبنكة ص24، ط: دار القلم دمشق 1985م.

لقد وجد الغربيون أن خير طريق لغزو العالم الإسلامي وإخضاعه، هو سلوك الغزو الفكري، فوضعوا الخطط وحاكوا المؤامرات للإغارة على الأفكار والمفاهيم الإسلامية، وعلى كل ما له صلة بالإسلام، حضارة وثقافة، وانطلقت الصيحة إلى ضرورة نقل المعركة من ساحة الحرب إلى ميدان الفكر والمعرفة، فأغاروا على حضارة الإسلام وثقافته، سعياً وراء هدم عقائده وأفكاره، ونشر الأفكار الغربية بديلاً عنها. ولا شك أن الغزو الفكري أعمق أثراً، وأشد فتكاً في حياة الأمة من الغزو المسلح، لأنه يتسلل إلى عقولها وقلوب أبنائها، ذلك أن الأمم تقاس بمقوماتها العقدية والفكرية، وقيمها الخلقية.

فالغزو الفكري الأخلاقي أخطر من الغزو المادي المسلح لأنه يمضي- بين الناس في صمت ونعومة وخفاء في الأهداف، مما يجعل الناس يتقبلون كل جديد ولو خالف قيمهم وعقائدهم وأفكارهم، دون معارضة، ويتقبلون الذوبان في بوتقة أعدائهم وهم ينظرون ولا يشعرون[1].

ثانياً: الضعف الفكري والتفكك الاجتماعي:

لا ريب أن المجتمع الإسلامي أصيب بالضعف الفكري والتفكك الاجتماعي وذاق من جراء تلك الإصابة مرارة التأخر والضعف الفكري كأكثر ما أصيبت به أمة من الأمم، أو مجتمع من المجتمعات، والتفكك الاجتماعي نتيجة حتمية للضعف الفكري، لأن الضعف الفكري لا يكشف للإنسان مخاطر الانزلاق في الهاوية، ولهذا نجد أن المجتمعات الإسلامية ابتليت بالطوائف المتعددة والمتناحرة والمذهبية التعصبية، وتعدد السلطات والدويلات التي قامت على أساس شعوبي أو مذهبي، في

---

(1) في الغزو الفكري، د. أحمد عبد الرحيم السايح، ص2، كتاب الأمة، ط: وزارة الأوقاف والشؤون الإسلامية بدولة قطر 1994م، وقارن: نظرات في الثقافة الإسلامية عز الدين الخطيب التميمي وآخرين، ص33-34 وأجنحة المكر الثلاثة، ص14.

هذا المجتمع أو ذاك، وهذا كله جر المجتمع الإسلامي إلى فوضى قاتلة، وتناحر حقيقي، وسلب ونهب وقتل دون رادع أو وازع، ومجتمعاً كهذا لا بد وأن يتعرض لسيطرة المتربصين به[1].

والغزو الفكري التبشيري يجد طريقه سهلاً إلى قلب المجتمع كلما ضعفت روابط المجتمع واعتل نظامه، وضعفت فيه الروح الدينية وساءت علاقات الناس فيه بعضهم ببعض، وبرزت الفوارق الاجتماعية، فالغني مغتر بغناه، والفقير يائس بفقره يطوي على الجري جوعه وحقده، ومن هنا ينفذ العدو ويستغل الحاجة في احتياج الفقراء، ويثير في نفوسهم روح التمرد والثورة على المجتمع وعلى الأغنياء، وتصادف هذه الحيل والأباطيل هوى في نفوس الفقراء والمحتاجين، فيندفعون أبواقاً للدعاية والتبشير والدعوة إلى التيارات الهدامة.

ثالثاً: ضعف المعتقدات الدينية:

وهذا أهم العوامل وأخطرها جميعاً، فلو كان الدين قوياً في نفوس الأفراد لما استطاعت المذاهب والتيارات الهدامة بكل حيلها وأساليبها أن تصل إلى قلب جلله الإيمان، ولكن الفراغ الفكري والعقائدي الذي أوجده جهل الناس بحقائق الإسلام، والكشف عن جوهره وتعريف النشئ به من ناحية أخرى، ساعد على غرس بذور الشك في قلب ضعاف الإيمان، وكلما تعمق الشك نما الكفر والإلحاد وكلما نما الكفر والإلحاد وجدت التيارات والمذاهب الهدامة مرتعاً خصباً في نفوس الأفراد، وبيئة ملائمة لنشر سمومها وسريانها، وما أسهل أن تسري السموم في الجسد المريض والعقل المخمور[2].

فالعقيدة هي الأمر الثابت الذي تثب به النفس، ويطمئن إليه القلب، ويكون يقيناً

---

(1) الغزو الفكري في التصور الإسلامي، ص32.

(2) الماركسية بين الدين والعلم، د. جميل محمد أبو العلا، ص36، ط: الأمانة، 1979م.

عند صاحبه، ولا يخالطه شك أو ريب، يؤكد ذلك ما ذهب إليه الأستاذ العقاد حيث قال: إننا نعني بالعقيدة أنها طريق حياة لا طريقة فكر، ولا طريقة دراسة إنما نعني بها حاجة النفس كما يحس بها من أحاط بتلك الدراسات ومن فزع من العلم والمراجعة، ليترقب مكان العقيدة في قرارة ضميره، إنما نعني بها ما يملأ النفس لا ما يملأ الرؤوس أو الصفحات[1].

والعقيدة الصحيحة التي يصح أن توصف بالعقيدة الدينية هي التي لا يستغني عنها من وجدها، ولا يطيق الفراغ منها من فقدها، ولا يرفضها من اعتصم منها بمعتصم، واستقر منها على قرار[2].

فالعقيدة إذن ضرورة لا غنى عنها للفرد والجماعة، ضرورة للفرد ليطمئن ويسعد وتطهر نفسه، وضرورة للمجتمع ليستقر ويتماسك ويرتفع وينهض، والعقائد في الأمم تقف سدوداً بينها وبين الأفكار الوافدة، أو المذاهب المقتحمة، وتعطي أعماقاً للصروح والمجتمعات والأفراد، كما تمنح استقراراً وثباتاً للإنسان في الحياة، أما إذا تركت الأمم عقائدها وتخلفت عن غذائها الروحي وعن عمقها الإيماني، فإنها تصبح فريسة للمذاهب والتيارات الهدامة[3].

والناظر في أحوال المجتمعات الإسلامية، يجد أنها لم تحسن التخطيط ولم تستفد من الدروس، فانطلقت في سبيل الملذات والشهوات والطوائف وبعدت عن تعاليم السماء التي تدعو إلى الفكر والعلم والتقدم والازدهار، فتردت إلى هذه الحالة التي تعيشها اليوم، وأصبحت نهباً للغزو الفكري المسعور، سواء كان تبشيراً أم استشراقاً.

---

(1) العقائد والمذاهب، أ. محمود عباس العقاد، 402/11، ط: دار الكتاب اللبناني بيروت.
(2) السابق، 431/11.
(3) الغزو الفكري في التصور الإسلامي، ص37-38 وقارن: الحضارة الإسلامية، د. توفيق الواعي.

رابعاً: الفساد السياسي:

من أخطر العوامل على قبول أي مذهب، فضلاً عن انتشاره في أي مجتمع من المجتمعات، خاصة في مجال المذاهب السياسية والاجتماعية الفساد السياسي وعدم استقرار الساسة والسياسة، مما يدفع القوى الداخلية إلى التصارع والنزاع على السلطة، وعدم وضوح الخط العام لسياسة المجتمع، وكذا عدم السهر على حمايته، من الانتهازيين والوصوليين.

فالفساد السياسي كما يعرض مصالح البلاد للخطر، يذكي في كثير من السياسيين روح التمرد والمغامرة وحب الاستيلاء مما يدفعهم إلى العمل في الظلام والارتباط بالأنظمة المشبوهة ليجد الغزو الفكري في هذا المناخ المضطرب حاجته، ويتحرك في سهولة لنشر سمومه.

لقد كانت السلطة السياسية في المجتمعات الإسلامية تعيش في وضع مقلوب متدهور، وفي ذلك الوضع لا بد أن تكتمل الصورة المقيتة لأي إمبراطورية على وشك السقوط، بغض النظر عن اللافتة التي ترفعها، سواء كانت إمبراطورية فارسية أو بيزنطية، أو رومانية، أو عباسية، لا بد أن تتفشى ـ الرشوة وتكثر مصادرة الأموال، وتتفاقم الاضطرابات الداخلية، مع الانحلال الخلقي، والانشغال بالتوافه عن الخطر الذي يدق الأبواب[1].

هذه بعض الأسباب والبواعث التي ارتكز عليها الغزو الفكري التبشيري للمجتمعات الإسلامية، ودفعته إلى تكالب مسعور، وهناك أسباب أخرى داخلية أو خارجية، عملت على تمزيق وحدة الأمة الإسلامية، وقتل روح الأصالة فيها، والقدرة على مواجهة التحديات، ولا يغيب عن وعينا أن الوقوف على أسباب الغزو الفكري،

---

(1) تراثنا الفكري في ميزان الشرع والعقل، الشيخ محمد الغزالي، ص110، ط: دار الشروق ـ بيروت.

قد يأخذ بيد العلماء والمفكرين إلى تشخيص الداء ووصف الدواء.

إن التدين الحق، هو العاصم الأول والأخير من التورط في مثل هذه المخططات مهما تكن ضراوتها، ومن المحال أن تنجح محاولات الغزو الفكري ولو استخدمت وسائل الأنس والجن في تحريف الموقف الفكري لإنسان يعمر قلبه بنور العقيدة ويستنير فكره بالفهم الصحيح لشريعة الله، وكل الذين سقطوا في حبائل التنظيمات الغازية، أتاهم العدو من نقطة الضعف في التكوين الديني فكراً أو سلوكاً.

المبحث الخامس

أهدافه

إن المتتبع لتاريخ الغزو الفكري بشقيه التبشيري والاستشراقي يلاحظ أن كلاهما يسعى لهدف واحد، كلاهما كان وما يزال ردءاً للاحتلال بأشكاله المختلفة، الظاهرة والكامنة، وتفاوتهما في الوسائل لا يعني تفاوتاً في الغاية والهدف، ومن ثم كانت دوافع التبشير هي بعينها دوافع الاستشراق.

والمتتبع لتاريخ التبشير وأسلوبه في الدعوة إلى ما يدعو إليه ينتهي لا محالة إلى الجزم بأن مهمة التبشير هي بعينها مهمة الاستشراق، وأن كل خطط المبشرين وأبحاثهم ومؤتمراتهم تبغيا هدفاً أساسياً، وهو إنشاء عقلية عامة تحتقر كل مقومات الفكر الإسلامي، والعمل على منع ارتقاء المسلمين، ففي ارتقائهم تهديد خطير للمصالح الاستعمارية.

وقد حدد رسالة المبشرين ومهمتهم وزير خارجية بريطانيا بلفور صاحب الوعد المشؤوم بقوله: إن المبشرين في نظر الاستعمار هم عيونه التي تقوم باطلاع الدول الغربية بالنواحي التي تهمها معرفتها من عقائد المسلمين وآدابهم، والثقافات التي يتأثرون بها[1].

إن التماثل في الغاية والهدف بين التبشير والاستشراق أمر لا مراء فيه، فهما يعملان في دأب وإصرار للتأثير على عقول المسلمين وقلوبهم لزحزحتهم شيئاً فشيئاً عن خصائصهم الإسلامية وإحلال الخصائص الغربية الشكلية محلها.

فالتبشير والاستشراق إذن: عملان متكاملان ولا ينبغي التفريق بينهما، فهذا يرفد ذاك بالدراسات والمعلومات التي تعبد أمامه تغذية نزعة التشكيك في مبادئ

---

(1) الإسلام والدعوات الهدامة، أ. أنور الجندي، ص250.

الإسلام، وحياة المسلمين، حتى يستطيع أن يبشر بدعوته النصرانية بينهم، فالتبشير يعمل على ترجمة الاستشراق إلى واقع ملموس، ومن ثم كانا عملين متكاملين[1].

وأهم الأهداف التي يسعى المبشرون إلى تحقيقها في مواجهة الإسلام هي:

1. الحيلولة دون دخول النصارى في الإسلام، وهذا الهدف موجه الجهود في المجتمعات التي يغلب عليها النصارى ويعبر عنه البعض بحماية النصارى من الإسلام.
2. الحيلولة دون دخول الأمم الأخرى - غير النصرانية - في الإسلام والوقوف أمام انتشار الإسلام بإحلال النصرانية مكانه، أو بالإبقاء على العقائد المحلية المتوارثة.
3. إخراج المسلمين من الإسلام، أو إخراج جزء من المسلمين من الإسلام، وهذا هدف طويل المدى، لأن النتائج فيه لا تتناسب مع الجهود المبذولة له[2].
4. هدم الإسلام في قلوب المسلمين، وقطع صلتهم بالله وجعلهم مسخاً لا تعرف عوامل الحياة القوية، التي لا تقوم على العقيدة القويمة والأخلاق الفاضلة.
5. إخضاع العالم الإسلامي لسيطرة الاحتلال الصليبي والتحكم في مقدراته وإمكاناته[3]، وبمعنى أوضح تمكين الغرب المسيحي من البلاد الإسلامية والمسلمين.
6. توهين المسلمين وتمزيقهم في التوجه والاتجاه. وقد أفصح القس كالهون

---

(1) الغزو الاستشراقي، ص129-130.

(2) التنصير أهدافه ووسائله، ص33.

(3) حقيقة التبشير بين الماضي والحاضر، د. أحمد عبد الوهاب، ص162، ط: القاهرة 1981م. قارن: أخطار الغزو الفكري على العالم الإسلامي، د. صابر طعيمة، ص178.

سيمون في كتابه الإسلام والإرساليات عن رغبة التبشير القوية في تمزيق المسلمين بقوله: إن الوحدة الإسلامية تجمع آمال الشعوب السود، وتساعدهم على التملص من السيطرة الأوروبية، ولذلك كان التبشير عاملاً مهماً في كسر شوكة هذه الحركات، ذلك لأن التبشير يعمل على إظهار الأوروبيين في نور جديد جذاب، وعلى سلب الحركة الإسلامية من عنصر القوة والتمركز فيها[1].

فوحدة المسلمين إذن في نظر التبشير يجب أن تفتت وأن توهن ويجب أن يكون هدف التبشير هو التفرقة في توجيه المسلمين واتجاهاتهم، والتبشير إذ يرى هدفه المباشر تفكيك المسلمين، يرى بالتالي درء خطر وحدتهم على استعمار الشعوب الأوروبية وعلى استغلالها واستنزافها لثروات المسلمين، وفي هذا المعنى يقول: انورانس براون الخطر الحقيقي كامن في نظام الإسلام، وفي قدرته على التوسع والإخضاع، وفي حيويته، إنه الجدار الوحيد في وجه الاستعمار الأوروبي.

وتقول مجلة العالم الإنجليزية: بأن شيئاً من الخوف يجب أن يسيطر على العالم الغربي، ولهذا الخوف أسباب منها: أن الإسلام منذ أن ظهر في مكة لم يضعف عددياً بل دائماً في ازدياد واتساع ثم إن الإسلام ليس ديناً فحسب، بل إن من أركانه الجهاد، ولم يتفق قط أن شعباً دخل في الإسلام ثم عاد نصرانياً[2].

وطريق التبشير لتوهين المسلمين لم يكن الدعوة إلى المسيحية والعمل على ارتداد المسلمين إلى النصرانية مباشرة وإنما كانت طريقة تشويه الإسلام، ومحاولة إضعاف قيمه، ثم تصوير المسلمين في وضعهم الحالي بصورة مزرية

(1) الفكر الإسلامي الحديث وصلته بالاستعمار الغربي، ص465.
(2) السابق، ص466.

بعيدة عن المستوى الحضاري في عصرنا الراهن.

7. التنفيس عن الصليبية وعن الانهزامات التي مني بها الصليبيون طوال قرنين من الزمان، أنفقوها في محاولة الاستيلاء على بيت المقدس وانتزاعه من أيدي المسلمين. يقول اليسوعيون: ألم نكن نحن ورثة الصليبيين؟ أو لم نرجع تحت راية الصليب لنستأنف التسرب التبشيري والتمدين المسيحي، ولنعيد في ظل العلم الفرنسي، وباسم الكنيسة مملكة المسيح[1].

لقد كان لفرنسا قصب السبق في احتفاظها بحنين الروح الصليبية، وقد احتفظت فرنسا بالدور الـذي يلعبه رهبانها، وكثيراً ما كانت تختار قناصلها وسفراءها مـن رجـال الكهنـوت. وقد اسـتدار الغـرب الصليبي على العالم الإسلامي مرة أخرى ليفرض سيطرته ونفوذه، فاسـتخدم وسـائل مغـايرة لوسـائله الأولى التي كانت تعتمد في المقام الأول على قوة السلاح، استخدم سلاح الفكر الـذي كـان التبشـير في مقدمته باعتباره غزواً صامتاً يزحف تحت جنح الظلام، خلف الشعارات والأقنعة الزائفة.

وهنا يبدو واضحاً أن التبشير مقدمة أساسية للاستعمار الأوروبي، كما أنه سـبب مباشـر لتـوهين قـوة المسلمين ولقد كانت الدول الأجنبية تبسط الحماية على مبشريها في بلاد الشرق، لأنها تعدهم حملـة لتجارتها وآرائها ولثقافتها إلى تلك البلاد، بل لقد كان ثمة مـا هـو أعظم مـن هـذا عنـدها، لقـد كـان المبشرون يعملون بطرق مختلفة كالتعليم - مثلاً - على تهيئـة شخصيات شرقيـة لا تقـاوم التسـلط الأجنبي[2].

8. منع روح الإسلام من الانتشار خارج ديار المسلمين وأعني به الحيلولة دون

---

(1) التبشير والاستعمار، عمر فروخ والخالدي، ص117.

(2) السابق، ص50.

تصدير مبادئ الإسلام الحقة إلى الخارج، وذلك لأن الإسلام هو الدين البسيط في مثاليته وفي واقعيته، وهو

الذي يتفق والفطرة الإنسانية التي فطر اللـه الناس عليها، وقد صدق اللـه إذ قال: ﴿ إِنَّ ٱلدِّينَ

عِندَ ٱللَّهِ ٱلْإِسْلَٰمُ ﴾(1). وقال: ﴿ صِبْغَةَ ٱللَّهِ وَمَنْ أَحْسَنُ مِنَ ٱللَّهِ صِبْغَةً ﴾(2). ومن هنا

تسرع النفوس في الاستجابة إليه متى خلى بينها وبينه.

ومن ناحية أخرى، فالإسلام هو الدين المثالي الذي حرر الإنسان من كل الضغوط التي تلغي

شخصيته وتهدد وجوده وكرامته كإنسان، وتسمح له بل وتطالبه أن يتعامل مع الآخرين – مهما

اختلفت أوضاعهم الاجتماعية أو الاقتصادية، أو السياسية – معاملة الند للند، أو معاملة الأخ لأخيه،

وقد صدق اللـه إذ قال: ﴿ يَٰٓأَيُّهَا ٱلنَّاسُ إِنَّا خَلَقْنَٰكُم مِّن ذَكَرٍ وَأُنثَىٰ وَجَعَلْنَٰكُمْ شُعُوبًا

وَقَبَآئِلَ لِتَعَارَفُوٓا۟ إِنَّ أَكْرَمَكُمْ عِندَ ٱللَّهِ أَتْقَىٰكُمْ ﴾(3).

والإسلام قبل هذا هو الدين الأعظم والأكمل الذي يستطيع أن يجتاز بالإنسان مرحلة التناقض بين

الفكر والسلوك، ويعبر به حالة التذبذب بين العبادة والعمل، وحالة التمزق بين العمل للدنيا والعمل

للآخرة، والإسلام وحده هو الذي حقق التوفيق بين هذه التناقضات، وأتاح للإنسان في ظل تعاليمه

أن يكون من أعظم العاملين للآخرة ولمرضاة ربه، في الوقت الذي يكون فيه غارقاً في شؤون الدنيا،

على نحو ما قال سبحانه: ﴿ وَٱبْتَغِ فِيمَآ ءَاتَىٰكَ ٱللَّهُ ٱلدَّارَ

---

(1) آل عمران آية: 19.

(2) البقرة آية: 138.

(3) الحجرات آية: 13.

﴿ٱلۡأٓخِرَةَۖ وَلَا تَنسَ نَصِيبَكَ مِنَ ٱلدُّنۡيَاۖ ﴾[1].

وهذه الميزات التي اختص بها الإسلام هي نفسها التي تؤرق مضاجع هؤلاء الغزاة، لأنها تكشف باطلهم من ناحية وتظهرهم أمام شعوبهم وأمام الأمم التي يطمعون في الاستيلاء عليها بمظهرهم العدواني الحقيقي، ومن ثم تهدد مخططاتهم جميعاً أبلغ تهديد، وإذن فهم يعرفون جيداً أن الإسلام يمكن أن يحرر العبيد من قبضتهم ويمكن له أن يضع حداً لطغيانهم واستبدادهم بالناس، وهذا بالنسبة لهم كارثة، لأن أخوف ما يخافه المجرمون عادة أن يفضح إجرامهم أمام قاض عدل. ومن هنا كان الجزء الأول من استراتيجيتهم أن يحاولوا حصر الإسلام داخل ديار المسلمين، وأن يعملوا بكل الطاقات لوقف انتشاره خارج هذه الديار الإسلامية[2].

9. ضرب الإسلام من الداخل: إن ما سبقت الإشارة إليه من تخطيط الغزاة لا يمثل إلا الجانب السلبي في الموقف وهو الذي يحقق أخيراً شل فاعلية هذا الدين وعزلة وتحديد إقامته داخل دياره. أما الجانب الأكبر في الموضوع فهو التحرك الإيجابي لضرب هذا الدين داخل حدوده وتقويض نفوذه، والإيمان به بين أتباعه، وهو يشبه في العمل العسكري تصفية قوات العدو بفرض الحصار عليها، وهذا الضرب من الداخل، وما نسميه الغزو الفكري، وإن كان لا يعتمد على المواجهة العنيفة ولا يستخدم القوة المباشرة كما في حالة الغزو العسكري، ولكنه مع هذا أعظم خطراً وأجدى على الغزاة من نواح كثيرة:

---

(1) القصص آية: 77.

(2) الغزو الفكري أهدافه ووسائله، د. عبد الصبور مرزوق، ص25-28 بتصرف، ط: رابطة العالم الإسلامي مكة المكرمة 1394هـ

أ. أنه يفقد المطموع فيهم حالة الانتباه إليه والاستعداد له، وبهذا التسلل يتفادى جميع أسباب المقاومة التي يمكن أن يتعرض لها في حالة المواجهة السافرة وبالتسلل يمكن أن يجد له عملاء وأنصاراً لا يستنكفون من التعاون معه. إما بالانخداع حينا، والاطمئنان إلى السلامة من تهمة الخيانة حيناً آخر.

ب. أن وسائل الغزو العسكري بشعة ومنفرة، قوامها الدم والتضحيات والخراب، بينما وسائل غزو الفكر خادعة ومحفوفة بالشهوات ولذا فالاستجابة إليها أسرع وأكثر.

ج. غزاة الفكر لا يظهرون - غالباً - على مسرح العمليات وإنما يختفون وراء شخوص من أبناء البلاد المغزوة، ويعملون من خلالهم في وضح النهار وتحت سمع القانون وبصره، بل وفي ظل الحماية والتمكين اللازمين[1].

10. إضعاف روح الإخاء الإسلامي بين المسلمين في مختلف أقطارهم، وتمزيق وحدة الإسلام بالدعوة إلى القوميات والإقليميات، وخلق روح الشعوبية والصراع. إن أول هدف حرص النفوذ الغربي على ضربه في محيط الإسلام والعالم الإسلامي هو الوحدة الإسلامية الجامعة التي قامت أساساً على وحدة الفكر المستمد من التوحيد الخالص، والتي كان القرآن الكريم قاعدتها الأصلية وركيزتها الأولى.

ولقد كانت الخلافة الإسلامية المتمثلة في الدولة العثمانية في عصرنا الحديث تنظر إلى المبشرين نظرة شك وارتياب، فوقفت منهم موقفاً حازماً، وبعدما فتحت الجمعية التبشيرية عدة مدارس لأبناء الدروز عام 1875م اضطرت للتخلي عنها أمام حزب القيادة العثمانية، الأمر الذي أدى إلى أن يعمل

---

(1) السابق، ص25-26.

المبشرون بالتآمر في القضاء على الخلافة العثمانية.

وقد عبر عن هذا المعنى رئيس إرساليات التبشير الألمانية في تقرير له فقال: إن نار الكفاح بين الصليبيين والهلال لا تتأرجح في البلاد النائية ولا في مستعمراتها في آسيا وإفريقيا، وبما أن كل الشعوب الإسلامية تولي وجهها شطر الأستانة عاصمة الخلافة فإن كل المجهودات التي نبذلها لا تأتي بفائدة، إذا لم نتوصل إلى قطع لبناتها، ويجب، أن يكون جل ما تتوخاه جمعية إرساليات التبشير الألمانية هو بذلك مجهوداتنا نحو هذه العاصمة، وهي قلب العالم الإسلامي[1].

ولما كان هدف التبشير هو تمزيق هذه الوحدة لتفكيك هذا الإجماع، الذي كانت تمثله الدولة العثمانية الجامعة لعنصري العرب والترك، والتي كانت تحمل لواء الخلافة الإسلامية، والتي تعتبرها كل الدولة الإسلامية من فرس وغيرهم بمثابة القاعدة العريضة للأمة الإسلامية، ومن هنا فقد قامت المؤامرة على أساس القضاء على هذه الوحدة، وتحطيم هذه القاعدة وذلك بطرح نظريات القوميات والإقليميات، وفرضها بالقوة في إطار النفوذ الاستعماري ومحاولة خلق فلسفة وتاريخ وتراث لهذه الإقليميات بهدف إقامة الحدود بين الأجزاء والفصل بينها، وفي ذلك يقول الفيلسوف المسلم محمد إقبال: إن الإنسانية لن تستريح أبداً ما دامت تسودها هذه النظرية المشؤومة التي تقطعها إرباً إربا، بحيث لا يكاد الصدع يلتئم[2].

لقد اعتمد المبشرون على إثارة النزعات الطائفية والقومية في صفوف

---

(1) أخطار الغزو الفكري في العالم الإسلامي، د. صابر طعيمة ص183.

(2) التيارات الوافدة، أ. الجندي، ص7، ط: دار الصحوة 1994م، وقارن: شبهات التغريب في غزو الفكر الإسلامي، أ. أنور الجندي، ص18، ط: المكتب الإسلامي بيروت، 1403هـ.

المسلمين، وعملوا على إحياء الحركات الشعوبية المعادية للمبدأ الإسلامي فروجوا للقومية العربية التي تنتمي إلى فترات تاريخية مندثرة، ودعوا إلى إحياء الفرعونية في مصر، وإلى الفينيقية في سوريا، والآشورية في العراق.

فقد كانت حركة القومية العربية حركة علمانية خدع بها الكثيرون أول الأمر، ثم تكشف أنها تهدف إلى تدعيم الصهيونية وأنها تحارب الإسلام بوصفه مجتمعاً واحداً، وبوضعه منهج حياة ورسالة، وفي ذلك يقول الدكتور الزغبي: إن الدعوة للقومية المدخولة نتاج ماسوني، إذ هي سكين شق به أتاتورك العرب عن الترك، ونفذ لما دعاه من فصل الدين عن الدولة وفرض العلمانية، وجعل الخمسين ألف مسجد في تركيا عديمة الأثر في الواقع[1].

وما زال التبشير يبحث عن معول هدم آخر يهدم به التضامن الإسلامي، وعن نزعات سياسية يفتت بها رابطة العالم الإسلامي، فهم يعتبرون الإسلام عدوهم الأول الذي يجب التخلص منه، فقد جاء على لسان اللورد جلادستون في مجلس العموم البريطاني حين أمسك بنسخة من القرآن الكريم قائلاً: ما دام هذا القرآن موجود فلن تستطيع أوروبا السيطرة على الشرق، ولن تكون هي نفسها في أمان ثم دعا المبشرين إلى إحكام خططهم وحزم أمرهم[2].

ويقول وكيل إدارة البعثات التبشيرية في الشرق بروما: إن الهدف الذي يتعين على المبشر تحقيقه هو تحطيم قوة التماسك الجبارة التي يتميز بها الإسلام، أو على الأقل إضعاف هذه القوة وأن على المبشر أن يدرس ويتفهم جيداً قرآن محمد صلى الله عليه وسلم، ليعرف كيف يذكر للناس بأنه كانت هناك مدنية سابقة على الهجرة، مدنية مسيحية، وكان على المبشر، ألا يدعو إلى تنصير

---

(1) التيارات الوافدة، ص8.

(2) ثقافة المسلم في وجه التيارات المعاصرة، د. عبد الحليم عويس، ص69، ط: القاهرة.

269

المسلمين بالغلظة والعنف، بل يدعو إلى ذلك بأسلوب غير مباشر، كأن يسعى إلى التقريب بين وجهات النظر الدينية، ويستخدم الأسلحة السلمية كالصدقات والمعونات وإقامة المعاهد والمدارس والمؤسسات الخيرية[1] وهي في حقيقة أمرها تبشيرية.

11. هدم الثقافة الإسلامية الجامعة القائمة على التوحيد الخالص وهذا الهدف من أكبر أهداف الغزو الفكري والتغريب، وذلك بالسعي إلى نقل المجتمع المسلم في سلوكياته وممارساته بأنواعها السياسية والاقتصادية والاجتماعية والأسرية والعقدية، من أصالتها الإسلامية إلى تبني الأنماط الغربية في الحياة، وهي المستمدة من خلفية دينية نصرانية أو يهودية وفي ذلك يقول المبشر ـ سيرج لانوش: إن تغريب العالم كان لمدة طويلة عملية تبشيرية، إن تكريس الغرب نفسه للتبشير بالمسيحية يتضح تماماً قبل الحروب الصليبية الأولى، في انطلاقات التبشير قسراً، وهكذا نجد أن ظاهرة المبشرين بالمسيحية هي بالتأكيد حقيقة ثابتة للغرب، باقية في ضميره بكل محتواها الديني، يجدها الإنسان دائماً في العمل تحت أكثر الأشكال قنوعاً، واليوم أيضاً فإن أغلب مشروعات التنمية الأساسية في العالم الثالث تعمل بطريق مباشر أو غير مباشر تحت شارة الصليب[2].

ولقد حذر بعض الباحثين من البرامج التي ستهبط علينا من الفضاء عن طريق الأقمار الصناعية التي تتسابق دول العالم في إطلاقها، منبهاً إلى أنها تمثل تحدياً بالغ الخطر للثقافة الإسلامية، وأن علينا أن نعد من الآن لمواجهة هذا التحدي قبل فوات الأوان.

ولا شك في أن انهزام الثقافة الإسلامية أمام الثقافات الأجنبية التي ستبثها

---

(1) الإسلام والقوى المضادة، نجيب الكيلاني، ص38، ط: مؤسسة الرسالة 1987م.

(2) التغريب طوفان من الغرب، أحمد عبد الوهاب، ص13، ط: القاهرة، 1990م.

برامج الفضاء يعني: انهيار المقاومة العنيدة أمام الزحف التبشيري، فالمسلم تحكمه قيم فكرية وسلوكية خاصة تعبر عن ثقافته وهويته قد يقاوم هذا الزحف ولكن قد لا يظل في موقفه الصامد، فالمنهج التبشيري الذي يجمع بين الصورة والعبارة على نحو علمي مبرمج سينال من قوة الصمود، فما بالكم بمن لا يتمتع من الأمة الإسلامية بوعي سليم بمفاهيم الإسلام ومكر المتربصين به وهؤلاء هم الجمهور، إنهم سيتأثرون أكثر من غيرهم بلا مراء بذلك المنهج وتصبح الشخصية الإسلامية بوجه عام بعد حين لا ترى ضرورة في الاعتصام بما يدعو إليه دينها، ولا ترى كذلك بأساً في الأخذ بطرائق فكرية وسلوكية لا تمت إلى أصول ثقافتها بوشيجة ما[1].

وبهذا يحقق التبشير أهم غاياته في محو فاعلية الإسلام بين المسلمين، أو الانتماء الجوهري إليه، أو كسر قبضته الحديدية إنها حرب ضارية لا تعرف قيماً، حرب يشنها التبشير دون هوادة حرب تأخذ بكل وسيلة تكفل لها النصر إنها روح التعصب الأعمى ضد كل ما هو إسلامي، تلك الروح التي غذاها المبشرون ورجال الدين من معتنقي الصليبية القديمة[2].

وقد نجحت الحملات التبشيرية التي قامت بها مؤسسات الغزو الفكري في تحقيق أهدافها نجاحاً بعيداً، حين ضمت إليها فئات مثقفة من المسلمين، وجعلتها في صفها تحارب دينها وثقافتها، وأكثر من هذا، أن هؤلاء المثقفين صاروا...يستنكرون الثقافة الإسلامية إذا تناقضت مع الثقافة الغربية، وصاروا يستمرئون الثقافة الغربية ويتعشقونها ويتجهون في الحياة طبق مفاهيمها[3].

---

(1) الفكر الاستشراقي، ص136-137.

(2) الإسلام والقوى المضادة، نجيب الكيلاني، ص35.

(3) نظرات في الثقافة الإسلامية، عز الدين الخطيب التميمي وآخرين ص46، ط: دار الفرقان، 1404هـ

إن هناك حرباً تشن على العقائد الموروثة وعلى المسلمات التـي تتصـل بـالوحي والبعث، وهنـاك فلسفات مطروحة ترمي إلى إلغاء القيم الثوابت، وإقامة التطور المطلق، وتجـاوز الـروح وإقامة المـادة وحدها، وإلغاء الضوابط الأخلاقية والمسؤولية الفردية، ودعوة إلى رفع الوصاية عن الشباب، بـل هنـاك دعوة صريحة أعلنت خطتها بإخراج العرب والمسلمين من إطارات الدين، ودعوتهم إلى علمنة الـذات العربية، وهناك دعوات إلى إعادة طرح الأساطير والإباحيات في أفق الفكر الإسلامي عـن طريـق القصـة والمسرح والصحافة، وهناك دعوات تزين الباطل وتزخرفه[1].

12. هدم مفهوم الشريعة الإسلامية، وكان حجب الشريعة الإسلامية عن البلاد الإسلامية التي وقعت تحت الاحتلال الصليبي أو الصهيوني من أخطر الأعمال، فبعد أربع عشر قرناً مـن قيـام الشـريعة الإسلامية يوقف العمل بها، ويفرض القانون الوضعي الأجنبـي، ويقـام نظـام القضـاء والمعـاملات عـلى أسـاس الأنظمة السويسرية والفرنسية، حيث يقضي على الضوابط والحدود التي وضعتها الشريعة الإسلامية لبناء المجتمع في مجـال الأسرة والتعامـل، والعلاقـات بـين الرجـل والمـرأة، وعلاقـات التعامـل المـالي والاقتصادي...وقد كان للقوانين الوضعية إلى جانب نتائجها السياسـية والاقتصادية أثرها الاجتماعـي الخطير الذي أفسد المجتمعات الإسلامية وأشاع فيها روح الانحلال، ومكن للجريمـة والفسـاد، وحـال دون إقرار نظام الحدود الإسلامية الكفيلة بالقضاء على وجوه الشر[2].

(1) شبهات التغريب في غزو الفكر الإسلامي، ص48، وقارن: أصالة الفكر الإسلامي في مواجهـة الغـزو الفكـري، أ. أنور الجنـدي ص26-27، ط3: دار الصحوة، القاهرة، 1993م.

(2) التيارات الوافدة، ص33.

وقد قاوم الفكر الإسلامي منذ اليوم الأول تلك المحاولات التي عملت على حجب الشريعة الإسلامية، وجاهدت القوى الإسلامية وعلى رأسها رجال القانون المؤمنون بتطبيق الشريعة الإسلامية، للتحرر من نفوذ القانون الوضعي في مجال الأوضاع الاجتماعية، وفي مجال الاقتصاد بالتحرر من النظام الربوي.

ومهما يكن من أمر فقد شمل الغزو الفكري بمظاهره جميع جوانب الحياة، لقد خطط أعداء الإسلام وتدارسوا الأمر فيما بينهم، ووضعوا مخططات تنفذ بكل دقة وتوالت مظاهر الغزو الفكري تنتشر بين المسلمين، وقد نجح الغزو الفكري - التبشيري والاستشراقي - في إعداد بعض كوادر تتولى القيادة وإدارة أمور المجتمعات، وكانت الدعاية للنظم الغربية والتغرير بها تدفع الناس إلى قبول ما يصدره العدو من أفكار.

والمنظمات التبشيرية على الرغم من عدم نجاحها في تحويل عدد يذكر عن دينه الإسلامي لا يساوي شيئاً بالنسبة لإمكانات النفقات التي تبذلها حملات التبشير، فإننا لا يمكن أن نتجاهل أو ننكر أنها نجحت إلى حد كبير في إثارة الشكوك في نفوس القلة الضعفاء وفي إلصاق بعض الشبهات المفتراة بالدين، وفصل المسلمين عن الإسلام، ونشر المبادئ الهدامة واللادينية بينهم، وزرع القابلية للاستعمار في نفوسهم.

ومع ما حققه التبشير من نجاح في إثارة الشكوك والشبهات حول الإسلام وقضاياه، يسيطر عليه القلق من مزاحمة الإسلام له، وانتشاره بين الوثنيين أكثر من انتشار النصرانية، ولهذا عمل التبشير في إصرار غريب لمحاربة الإسلام في داره وهو في سبيل ذلك يعقد المؤتمرات ويقيم الدورات التدريبية، ويصدر النشرات التي توجه النشاط البشري نحو الغاية الأساسية وهي انحلال عرى الإسلام.

المبحث السادس

وسائله وأساليبه

لقد بذل المبشرون كل ما في وسعهم من جهد، لتحقيق أهدافهم التي ترمي إلى تنصير المسلمين أو إبعادهم عن دينهم واتخذوا لهذا الغرض وسائل وأساليب عديدة شملت كل نواحي التأثير في الإنسان، مما يجعل التبشير أكبر معوق لانتشار الإسلام، ومن أهم الوسائل والأساليب ما يلي:

أولاً: وسيلة التعليم:

لقد أدرك المبشرون قيمة التعليم ومدى تأثيره على المجتمع الذي يريدون القيام بعملهم فيه، فالتعليم أقوى وسائل التبشير لاشتماله على مخاطبة القلب والعقل، ولذلك لم يتركوا مرحلة من مراحل التعليم إلا وقد اندسوا داخلها، وقد اتخذ المبشرون وسيلة العلم اتخاذاً غير شريف، لأن الهدف من العلم أن يطلب لذاته، لا أن يتخذ وسيلة شريرة يقصد من ورائها تحقيق أهداف تتعارض مع عقائد المتعلمين، كفصلهم عن دينهم، وأبعادهم عن معتقداتهم بطرق ملتوية.

فالتبشير يرى أن التعليم وسيلة إلى غاية، هذه الغاية قيادة الناس إلى المسيح وتعليمهم حتى يصبحوا أفراداً مسيحيين وفي ذلك يقول المبشر هنري جسب: إن التعليم في مدارس الإرساليات المسيحية إنما هو واسطة إلى غاية فقط، هذه الغاية هي قيادة الناس إلى المسيح، وتعليمهم حتى يصبحوا أفراداً مسيحيين وشعوباً مسيحية، ولكن حينما يخطو التعليم وراء هذه الحدود ليصبح غاية في نفسه، وليخرج لنا خيرة علماء الفلك وطبقات الأرض، وعلماء النبات، وخيرة الجراحين، فإننا لا نتردد حينئذ أن نقول إن رسالة مثل هذه قد خرجت عن المدى التبشيري المسيحي إلى مدى علماني دنيوي، مثل هذا العمل يمكن أن تقوم به جامعات هايدلبرج وكمبرج

وهارفارد لا الجمعيات التي تسعى إلى أهداف روحية[1].

وهم بهذا يفسدون التعليم ويخرجونه عن هدفه الأساسي، وهو الوصول إلى الحقيقة سواء كانت هذه الحقيقة لمشارك لهم في الدين أم لمخالف.

وقد دأب التبشير على إنشاء المدارس والمعاهد والجامعات في أرجاء العالم الإسلامي، ولم تنج منها حتى عاصمة الخلافة[2] الإسلامية نفسها، وباشرت تلك المدارس التأثير على الطفولة البريئة والشبيبة الغضة من أبناء المسلمين، وكانت لها نتائج إيجابية محدودة لكنها إن لم تمح في المجموع عقائد التلاميذ فيكفي أنها بذرت فيها بذور الشك أو الانحراف، ولا تزال من آثار تلك المدارس الجامعة الأمريكية في مصر، والجامعة الأمريكية في بيروت، الأمر الذي لا ينكره رجالات الغرب أنفسهم[3].

لقد ضرب التبشير بالتعليم عرض الحائط مستغلاً الفطرة الإنسانية أسوأ استغلال، ولم يحفظ أمانة الصغار والنشئ، ولم يرع براءتهم، بل اتخذ من نفوسهم

---

(1) التبشير والاستعمار، فروخ والخالدي، ص66.

(2) قدم القسيس تردبريد، في مؤتمر لكنو للتبشير تقريراً عن نشاط التبشير وخص فيه دولة الخلافة العثمانية بنصيب أوفر فقال: عن الأعمال المدرسية أن في استطاعة المسلمين التردد على مدارس وكليات التبشير، وبين جدران الكلية الإنجليزية في بيروت - الجامعة الأمريكية - وكانت تسمى الكلية السورية الإنجيلية، 104 من المسلمين، وفي كلية الاستانة 50 مسلم وفي كلية المبشرين في كدك باشا في الأستانة أيضاً 80 مسلم، ومنذ بضع سنين صدر إذن خفي بجواز التردد على الكلية الأولى والثانية، وعن التأليف قال: كان طبع كتب التبشير مباحاً في تركيا منذ مدة طويلة، وعن الأعمال الطبية والخيرية قال: إنها منتشرة جداً في البلاد العثمانية، وعن الأعمال النسائية قال: إن الحكومة سمحت عقب إعلان القانون الأساسي لخمس فتيات مسلمات أن يتعلمن في كلية البنات الأمريكية، لتتهيأ لإدارة الأمور في مدارس الحكومة للتبشير.

(3) المصدر السابق، ص30-31.

وعقولهم أوعية يصب فيها سمومه وآراءه، وقد أكد أحد المبشرين وهو – دون موط – الهدف من اهتمام التبشير بتعليم الصغار والتركيز عليه فقال: يجب أن نؤكد في جميع ميادين البشر جانب العمل بين الصغار، وبينما يبدو مثل هذا العمل وكأنه فرعي ترانا مقتنعين لأسباب مختلفة، بأن نجعله عمدة عملنا في البلاد الإسلامية، إن الأثر المفسد في الإسلام يبدأ باكراً جداً، ومن أجل ذلك يجب أن يحمل الأطفال الصغار إلى المسيح قبل بلوغهم الرشد، وقبل أن تأخذ طباعهم أشكالها الإسلامية[1].

ويهتم المبشرون بالمدارس ذات القسم الداخلي وخاصة للبنات كما يهتمون بإنشاء دور لإيواء الطالبات المغتربات حيث يؤدي ذلك إلى انتزاعهن من بيئتهن المسلمة ووقوعهن تحت سيطرة التبشير مباشرة[2]. تقول المبشرة المسيحية أنا ميليفيان التي عاشت في القاهرة: يوجد في صفوف كلية البنات بالقاهرة بنات آباؤهن باشوات وباكوات وليس ثمة مكان آخر يمكن أن يجتمع فيه مثل هذا العدد من البنات المسلمات تحت النفوذ المسيحي، وليس ثمة طريق إلى دحض الإسلام أقصر ـ مسافة ـ من هذه المدرسة[3].

كما عمل المبشرون بعد حركات التحرر في العالم الإسلامي على بث تعاليمهم داخل التعليم المجاني الحكومي عن طريق المدرسين المسيحيين، حيث يقومون بمهمة مكلفون بها من قبل الكنيسة، والتي هي أساساً من أعمال المبشرين الغرب فيحاولون

---

(1) التبشير والاستعمار، ص37-38. وقارن: مقدمات العلوم والمناهج، أ. أنور الجندي، 214/1، ط: دار الأنصار القاهرة 1979م.
(2) حقيقة التبشير بين الماضي والحاضر، ص116، وقارن: التبشير والاستشراق، أ. الطهطاوي، ص14.
(3) التبشير والاستعمار، ص87، وقارن: الغارة على العالم الإسلامي، ص24، وقوى الشر المتحالفة ص102.

استقطاب بعض الطلاب المسلمين مستغلين ظروفهم المادية الضيقة، فيدفعوا لهم مثلاً المصاريف الدراسية، أو بعض المساعدات المادية، وفي ذلك يقول الأستاذ أنور الجندي: إن تأثير التبشير في مجال التعليم قائم على طريقين: الأول: التأثير في برامج المدارس الحكومية، وتوجيهها عن طريق النفوذ الاستعماري الصليبي الذي غزا المجتمعات سياسياً وفكرياً. والثانية: برامج المدارس والمعاهد والجامعات التابعة للمبشرين أنفسهم، فعن طريق التعليم اتخذ التنصير وسيلة إلى تغيير المفاهيم والقيم الإسلامية[1].

لقد لعبت المؤسسات التعليمية التي أقامها التبشير في البلاد الإسلامية، دوراً بارزاً في خدمة أهداف المبشرين، وقد حرص هؤلاء على توجيه التعليم في مراحله المختلفة، بالبلاد الإسلامية، ومن أشهر هذه المؤسسات التي كان لها دورها الخطير في مجال التبشير في الشرق العربي: جامعة القديس يوسف في لبنان وهي جامعة بابوية كاثوليكية، وتعرف الآن بالجامعة اليسوعية والجامعة الأمريكية ببيروت، التي كانت من قبل تسمى الكلية السورية الإنجيلية ثم كلية بيروت، وقد أنشئت في عام 1865، وهي جامعة بروتستانتية والكلية الأمريكية بالقاهرة، التي أصبحت فيما بعد الجامعة الأمريكية وقد كان القصد من إنشائها، أن تكون قريبة من المركز الإسلامي الكبير، وهو الجامع الأزهر وكلية روبرت في أستنبول التي أصبحت تسمى بالجامعة الأمريكية هناك. والكلية الفرنسية في لاهور، وأسست في لاهور باعتبار أن هذا البلد يكاد يكون البلد الإسلامي الفريد في تكوينه في شبه القارة الهندية[2].

ولكي نبرهن على أن هذه المؤسسات المذكورة إنما تعني بالتبشير وتحقيق الأهداف الاستعمارية بالدرجة الأولى، نذكر ما جاء في المنشور الذي أصدرته

---

(1) مقدمات العلوم والمناهج، 209/1.
(2) التبشير والاستعمار، ص108.

الجامعة الأمريكية في بيروت عام 1909م، رداً على احتجاج الطلاب المسلمين لإجبارهم على الدخول يومياً إلى الكنيسة، ومن هذا المنشور يتضح طابع هذه المؤسسة التعليمية وأضرابها.

ونص المنشور: إن هذه الكلية مسيحية، أسست بأموال شعب مسيحي، هم اشتروا الأرض، وهم أقاموا الأبنية، وهم أنشئوا المستشفى وجهزوه، ولا يمكن للمؤسسة أن تستمر إذا لم يسندها هؤلاء، وكل هذا قد فعله هؤلاء ليوجدوا تعليماً يكون الإنجيل من مواده، فتعرض منافع الدين المسيحي على كل تلميذ،...وكل طالب يدخل مؤسستنا يجب أن يعرف سابقاً ماذا يطلب منه[1]. كما أعلن مجلس أمناء الكلية في هذه المناسبة: أن الكلية لم تؤسس للتعليم العلماني، ولا لبث الأخلاق الحميدة، ولكن من أولى غاياتها أن تعلم الحقائق الكبرى التي في التوراة، وأن تكون مركزاً للنور المسيحي، وللتأثير المسيحي، وأن تخرج بذلك على الناس وتوصيهم به[2].

ولا يغيب عن أذهاننا ونحن نتكلم عن استغلال وسيلة التعليم في التبشير، أن ندرك أن المؤسسات – التعليمية – التبشيرية من أخطر الأساليب التنصيرية فتكاً بالمجتمع المسلم، وأكثر إبعاداً للإسلام من نفوس المتعلمين، لما لها من تأثير، وقد عانت المجتمعات الإسلامية، من هذه المؤسسات، وممن تخرجوا منها.

فالتعليم هو الجهد الذي يقوم به آباء الشعب ومربوه، لإنشاء الأجيال القادمة على أساس نظرية الحياة التي يؤمنون بها، يقول عالم سوفييتي: إن التعليم هو الحامض الذي يذيب شخصية الكائن الحي، ثم يكونها كيف يشاء، إن هذا الحامض هو أشد قوة وتأثيراً من أي مادة كيميائية، هو الذي يستطيع أن يحول جيلاً شامخاً إلى كومة تراب. ويقول في مكان آخر: إياك أن تكون آمناً من العلم الذي تدرسه،

---

(1) السابق.
(2) المصدر نفسه، ص109.

279

فإنه يستطيع أن يقتل روح أمة بأسرها. ثم يقول: يالبلادة فرعون الذي لم يصل تفكيره إلى تأسيس الكليات، وقد كان ذلك أسهل طريقة لقتل الأولاد، ولو فعل ذلك لم يلحقه العار وسوء الأحدوثة في التاريخ[1].

وقد كان التعليم في المشرق الإسلامي يقوم على المنهج الديني الذي يبني الشخصية المسلمة، ولم يكن من الممكن إبعاد المسلمين عن دينهم، في ظل هذه التعاليم، وقد تنبه لهذا اللورد كرومر المندوب السامي البريطاني - وهو من أخطر من حكموا مصر إبان فترة احتلالها المشئوم - فعندما قدم إلى مصر كان التعليم في قبضة الجامعة الأزهرية الشديدة التمسك بالدين، وقد بين موقفه من هذه الجامعة وتعاليمها بأن أساليبها جافة تقف حاجزاً ضد أي إصلاح تعليمي، وفي ذلك يقول كرومر: إن التعليم الوطني عندما قدم الإنجليز إلى مصر كان في قبضة الجامعة الأزهرية الشديدة التمسك بالدين، والتي كانت أساليبها الجافة القديمة تقف حاجزاً في طريق أي إصلاح تعليمي، وكان الطلبة الذين يتخرجون من هذه الجامعة يحملون معهم قدراً عظيماً من غرور التعصب الديني ولا يصيبون إلا قدراً ضئيلاً من مرونة التفكير والتقدير، فلو أمكن تطوير الأزهر عن طريق حركة تنبعث من داخله لكانت هذه خطوة جليلة الخطر، ولكن إذا بدا أن مثل هذا الأمر غير متيسر تحقيقه فحينئذ يصبح الأمل محصوراً في إصلاح التعليم اللاديني الذي ينافس الأزهر حتى يتاح له الانتشار والنجاح، وعندئذ فسوف يجد الأزهر نفسه أمام أحد أمرين: فإما أن يتطور وإما أن يموت ويختفي[2].

هذه كلمات اللورد كرومر الذي حكم مصر المسلمة ممثلاً للاحتلال الإنجليزي،

---

(1) الاتجاهات الفكرية المعاصرة، ص105، نقلاً عن الصراع بين الفكرة الإسلامية والفكرة الغربية لمؤلفه الأستاذ أبو الحسن الندوي.

(2) الاتجاهات الوطنية في الأدب المعاصر، د. محمد محمد حسين، 275/1، ط: القاهرة.

يساعده دنلوب وهو أحد خريجي كلية اللاهوت في لندن، تكملها كلمات للمستشرق جب: إن التعليم أكبر العوامل الصحيحة التي تعمل للاستغراب، والحق أنه العامل الوحيد إن فهمنا من كلمة التعليم ما تدل عليه،.....فقد انتشر في منتصف القرن التاسع عشر شبكة واسعة من المدارس في معظم البلاد الإسلامية ولا سيما تركيا وسوريا ومصر، يرجع غالباً إلى جهود جمعيات تبشيرية مسيحية مختلفة، هذه المدارس صاغت أخلاق التلاميذ وكونت ذوقهم، والأهم أنها علمتهم اللغات الأوروبية التي جعلت التلاميذ قادرين على الاتصال المباشر بالفكر الأوروبي، فصاروا في مستقبل حياتهم مستعدين للتأثير والمؤثرات التي فعلت فيهم فعلها أيام الطفولة، وفي أثناء الجزء الأخير من القرن التاسع عشر نفذت هذه الخطة إلى أبعد من ذلك بإنماء التعليم العلماني، تحت إشراف الإنجليز في مصر والهند[1].

وأخيراً تكمل هذا كلمات زعيم المبشرين زويمر يقول على جبل الزيتون في القدس إبان الاحتلال الإنجليزي لفلسطين سنة 1935م: لقد قبضنا أيها الإخوان في هذه الحقبة من الدهر، من ثلث القرن التاسع عشر إلى يومنا هذا على جميع برامج التعليم في الممالك الإسلامية، وأنكم أعددتم نشئاً في ديار الإسلام لا يعرف الصلة بالله ولا يريد أن يعرفها[2].

ويلحق بهذه الوسيلة البعثات الدراسية للطلبة المسلمين خارج البلاد الإسلامية، فالهيمنة والتأثير على البعثات المنبعثة من البلاد الإسلامية إلى الدول الغربية النصرانية من أخطر وسائل التنصير وأشدها ضراوة على الإسلام، وتتعرض هذه الفئة من الطلبة إلى حملات قوية من المنصرين عن طريق مكاتب الطلبة الأجانب في الجامعات حتى الجامعات المستقلة – غير المنتمية – في الغرب تقوم بهذه

---

(1) الاتجاهات الفكرية المعاصرة، ص106.

(2) أساليب الغزو الفكري، ص63.

الأنشطة، وتضع برامج للطلبة من زيارات للعائلات ونشاطات اجتماعية من حفلات ودعوات إلى الكنيسة أو ما يلحق بالكنيسة.

وفي خارج المدن الجامعية يتلقف المنصرون الطلبة المسلمين بعد التعرف على عناوينهم والوصول إليهم، وإبداء الرغبة في خدمتهم والوقوف إلى جانبهم والتعاطف معهم... ويستغل ضعف بعض الطلبة المسلمين مادياً لتبنى الكنيسة أو جمعية مدعومة من الكنيسة دعم هؤلاء الضعفاء من الطلبة، وتعمل على إيجاد فجوة بين الطلبة المسلمين الموسرين منهم والمعسرين تصل إلى حد الضغينة والحسد وترسيخ هذه المفهومات في الأذهان حتى لا تقوم بين المسلمين من الطلبة رابطة قوية.

كما يستغل ضيق بعض الطلبة المسلمين لعدم قدرتهم على العودة المباشرة إلى بلادهم بسبب سوء الأحوال السياسية والاقتصادية والبحث عن إقامة نظامية في البلاد الغربية التي تتم غالباً عن طريق الزواج بمواطنة من البلد المبعوث إليها الطالب، إما أن تكون ذات ميول نصرانية قوية، أو ينشأ عندها الميول عندما تدرك أنها اقترنت برجل يختلف عنها ديناً وثقافة، وتكون نتيجة هذا الزواج إنجاب الأطفال، ثم يحصل عادة فراق فتكون رعاية الأطفال نظاماً، لأمهم فتأخذهم إلى الكنيسة اقتناعاً أو قصد إلى كيد الأب، ويستمر الصراع على هذا الحال، وهذا على أفضل الأحوال، وربما يرضى الزوج بأخذ أولاده إلى الكنيسة، بل وذهابه هو معهم والانخراط في أنشطتها ولو لم يتم الإعلان الرسمي – التعميد – عن التنصير[1].

وقد حقق ذلك الابتعاث نتائجه الباهرة المقصودة فهو أولاً:

يزيد طالب التعليم العام جهالة بدينه وقيمه ومثله، ويزيده تعلقاً بقيم الغرب أو الشرق ومثله، وهو من ناحية أخرى يبدأ بتطبيعه بطباع غير إسلامية، ثم يصير

---

(1) التنصير أهدافه ووسائله، ص51، وما بعدها.

التطبيع مع الزمن طبعاً، وينسلخ الطالب من حيث لا يشعر حتى من تقاليده، في الملبس والمأكل والمشرب، وطريقة التعامل، ويغدو غريباً أو شرقياً، ربما أكثر من الغربي إلى الشرقي.

وأول مثل سيء لآثار تلك البعثات ما حدث لرفاعة الطهطاوي الـذي أقام في بـاريس مـن سـنة 1826-1831م، ثم عاد ذلك الشيخ بغير العقل الذي ذهب به، وأخذ يتحـدث عـن الـرقص الـذي رآه في باريس ويصفه بأنه نوع من الأناقة والفتوة، لا الفسق والفجور[1].

مع أن الشيخ رفاعة درس في الأزهر الشريف، وعرف حديث رسول اللـه صلى اللـه عليـه وسلم، الذي يقول: لكل بني آدم حظ من الزنى، فالعينان تزنيان وزناهما النظر، واليدان تزنيـان وزناهما البطش، والرجلان تزنيان وزناهما المشي، والفم يزني وزناه القبل، والقلـب يهـوى ويتمنى، والفرج يصدق ذلك أو يكذبه[2]، صدق رسول اللـه، صلى اللـه عليه وسلم، وكذب رفاعة رافع الطهطاوي.

ثم تحدث الشيخ رفاعة عن المشاعر الوطنيـة ليحلها محـل المشـاعر الدينيـة، وراح يثير الجاهليـة القديمة فيتحدث عن مصر الفرعونية، وينسى مصر الإسلامية، وأعجب الطهطاوي بالحرية لكنـه لم يفهمها الفهم الإسلامي، الذي تتحقق به عبودية المسلم لله وحده، ويتحقق تحرره من كل عبودية لسـوى اللـه – تعالى – لكنه فهمها الفهم الغربي الذي قد يؤدي إلى التحرر من الأخلاق ومن الدين نفسه[3].

ومن بعد رفاعة كان طه حسين وكتاباته في مستقبل الثقافة في مصر وفي

---

(1) أساليب الغزو، ص31.

(2) الحديث: رواه الإمام أحمد بن حنبل في المسند، 2/ 343 وقال عنه صحيح السند.

(3) أساليب الغزو الفكري ص31، نقلاً عن الإسلام والحضارة العربية، د. محمد محمد حسين، ط: 1932م.

مرآة الإسلام، ومن قبلها في الشعر الجاهلي، لا تحتاج إلى تعليق لكل ذي بصر إسلامي، فمن أقواله في مستقبل الثقافة: التعليم عندنا على أي نحو، قد أقمنا صروحه، ووضعنا مناهجه وبرامجه منذ القرن الماضي على النحو الأوروبي الخالص، ما في ذلك شك ولا نزاع، نحن نكون أبناءنا في مدارسنا الأولية والثانوية والعالية تكويناً أوروبياً لا تشوبه شائبة. ثم يمضي قائلاً: يجب أن نسير سيرة الأوروبيين ونسلك طريقهم ولنكون لهم أنداداً ولنكون لهم شركاء في الحضارة خيرها وشرها، حلوها ومرها، ما يحب منها وما يكره، وما يحمد منها وما يعاب[1]، ومع طه حسين، قاسم أمين الذي نادى في مصر بتحرير المرأة.

كل هؤلاء لم تكن ثقافتهم ولا تربيتهم محلية، ومن ثم فلم يكن غريباً ما صرحوا به وأذاعوه، بل كان ذلك جزءاً من مخطط رهيب لهدم قيم الإسلام ومثله، ولا يزال الابتعاث رغم ما خرج من أساتذة يقومون بنفس الدور، ولا يزال له دوره، وبخاصة في البلاد التي تسمى نامية والتي يخشى أن تتجه بصدق إلى الإسلام.

ومما يتصل بهذه الوسيلة أيضاً ما قام به التبشير من نشر الاختلاط بين الجنسين في مراحل التعليم، وقد بدأوا بها في الجامعات في أكثر البلاد الإسلامية، تحت دعوى التقدم والتمدين ونشر الروح الجامعية، وكأن التقدم والتمدن ونشر الروح الجامعية لا يتم إلا بإشعال نار الغرائز وتأجيج سعار الشهوة في سن الشباب الملتهب وتوسعوا في أمر الاختلاط، فجعلوه في المرحلة الابتدائية، وجعلوه في المرحلة الثانوية وهي أخطر ما يكون. وقد يسبق خطوة الاختلاط تعرية المرأة المسلمة، أو كشف الحجاب عنها، كذلك تحت دعاوي التحرر والتمدن. بالرغم من أن علماء النفس يقررون أن الغريزة لا يمكن قتلها أو إخفاؤها ولا التسامي بها عن طريق الاختلاط، مثل القط الذي ربى مع فأر منذ ميلادهما، يأكلان من طعام واحد ويشربان

---

(1) مستقبل الثقافة في مصر، د. طه حسين، ص38، وما بعدها، ط: القاهرة.

من شراب واحد فلما جاء موعد ظهور الغريزة ولكل غريزة ميعاد، انقض القط على الفأر فأكله، ولم تشفع له عشرة طالت ولا اختلاط دام[1].

وهكذا يسبق التحرر الاختلاط، ليزول الحياء قبل الاختلاط فيسقط آخر مانع يحول دون اشتعال النار، وهكذا ينزوي التعليم الديني، مع هذا الضجيج الهائل من حوله ومع ذلك التخريب الهائل من داخله، وهكذا مثلت الازدواجية في التعليم تكتيكاً مرحلياً مارسه أعداء الإسلام الصليبيين في الشرق الإسلامي.

ثانياً: المؤسسات التنصيرية المتعددة:

وهي التي ترعى حملات التبشير وتمكن لها، وتمدها بما تحتاجه من الموارد المالية والبشرية وتتلقى الدعمين المادي والمعنوي من الحكومات الغربية، ومن المؤسسات والأفراد، عن طريق المخصصات والتبرعات.

ومن أبرز هذه المؤسسات التنصيرية قيام الجمعيات المتعددة في أوروبا وأمريكا، أو في البلاد المستهدفة، ومن أمثلة ذلك الجمعيات التالية:

1. جمعية لندن التنصيرية، وتأسست سنة 1765م، وهي موجهة إلى إفريقيا.

2. جمعيات بعثات التنصير الكنسية، وتأسست في لندن سنة 1799م، وهي موجهة إلى الهند ومنطقة الخليج العربي.

3. جمعية تبشير الكنيسة الأنجيلكانية البريطانية، وتأسست سنة 1799م، وتدعم من الأسرة المالكة في بريطانيا.

4. جمعية طبع الإنجيل البريطانية، وتأسست سنة 1804م، وتهتم بالطبع والترجمة والتوزيع.

5. جمعية طبع الإنجيل الأمريكية، وتأسست سنة 1861م، ولها مطابع ومكتبات تجارية في البلاد العربية، كمطبعة النيل، ومكتبة الخرطوم.

---

(1) أساليب الغزو الفكري، ص67.

285

6. مجلس الكنيسة المشيخية الأمريكية، ونشأت سنة 1833م، وهي موجهة إلى العالم العربي.

7. جمعية الكنيسة التنصيرية، ونشأت سنة 1844م، وتركز على التعليم والخدمات العلاجية، ويسهم الألمان فيها بجهود.

8. جمعية الشبان النصارى، ونشأت سنة 1855م، وجمعية الشباب القوطيين للتنصير في البلاد الأجنبية.

9. الكنيسة الإصلاحية الأمريكية، وتأسست سنة 1857م، وهي موجهة إلى منطقة الخليج العربي.

10. جمعية الروح المقدس في زنجبار، وتأسست سنة 1863م، وهي كاثوليكية، وتهتم بالعلاج والتعليم الصناعي.

11. اتحاد البعثة التنصيرية الإنجيلية، وتأسست سنة 1980م، في الولايات المتحدة الأمريكية.

12. الإرساليات التبشيرية الأمرنكية، ونشأت سنة 1894م، في الولايات المتحدة الأمريكية، وتهتم بمنطقة الخليج.

13. حملة التنصير العالمية، وتأسست سنة 1913م، في الولايات المتحدة الأمريكية، وتهتم بالطب والتعليم والأدب والترجمة.

14. زمالة الإيمان مع المسلمين، وأنشئت سنة 1915م، في بريطانيا وكندا، وتهتم بالمطبوعات.

15. عمودية التعبئة، وتأسست سنة 1958م، وهي موزعة، وتعنى بتدريب الشباب على التنصير.

16. الامتداد النصراني في الشرق الأوسط، ونشأ سنة 1976م، وهو موزع ، ويهتم بالمطبوعات.

17. الإرساليات الجامعية لوسط أفريقيا، وقد قامت تلبية لنداءات المكتشفين الجغرافيين الانجليز في الجامعات والجمعيات البريطانية.

18. هذا بالإضافة إلى الجمعيات المحلية في العواصم والمدن الإسلامية، ويقوم عليها عاملون محليون مدعومون من جمعيات تنصيرية وأمريكية.

هذه نماذج فقط من الجمعيات التنصيرية المتعددة والمتنوعة الاتجاهات والتخصصات، وهناك موسوعة كاملة بالانجليزية ترصد المعلومات عن معظم الجمعيات التنصيرية في العالم.

وقد وفدت على مصر والعالم الإسلامي جمعيات تبشيرية دينية من مذاهب وجنسيات متعددة وكانت تحرص أولاً وقبل كل شيء على إنشاء الكنيسة، ثم قيام المدرسة فيها وتابعة لها، ويتولى رجال الدين فيها وحدهم أو هم مع غيرهم عند الضرورة مهمة التدريس والتوجيه فيها.

ويسجل تاريخ جمعيات التبشير ومؤسساتها هذه، أن العامل الديني كان هو الدافع الرئيسي لها، فهي على اختلاف مذاهبها مسيحية، يجمعها كلها عامل مشترك وهو عداؤها للإسلام والمسلمين. فقد وقفت الكنيسة النصرانية ورجالها من الإسلام موقفاً معادياً من أول يوم انتشر فيه الإسلام في جزيرة العرب، ويرجع هذا إلى عوامل أهمها:

أ. سرعة انتشار الإسلام، واعتناق كثير من النصارى إياه، وبخاصة في بلاد تعتبر مهد النصرانية كبلاد الشام ومصر.

ب. إنكار الإسلام لأصول العقيدة النصرانية، من القول بالتثليث والصلب والفداء.. الخ مما زاد في تعصب النصارى ضد الإسلام والمسلمين.

ج. ما قامت به الفتوحات الإسلامية في أوروبا والتفوق العسكري الحضاري للمسلمين من تحول أعداد كبيرة من الأمم الأوروبية إلى الإسلام، كما أن كثيراً

ممن بقوا على نصرانيتهم أعجبوا في قرارة أنفسهم بالإسلام والمسلمين، مما حمل الرهبان على قيادة حركة لدراسة اللغة العربية، وترجمة التراث الإسلامي بقصد تشويهه وحجب محاسنه عن الجماهير النصرانية الخاضعة لنفوذهم.

د. اشتدت الحاجة إلى الغارة على العالم الإسلامي في العصر ـ المتأخر بعد أن رأى رجال الكنيسة أن الحضارة الحديثة وما أفرزته من نظريات وعلوم قد زعزعت أسس العقيدة عند الغربيين فلم يجدوا خيراً من إعلان الهجوم على الإسلام بهدف صرف أنظار الغربيين عن نقد ما عندهم من عقيدة واهية وكتب محرفة، ومن ثم تأليب الحكومات الأوروبية لشن الحروب الصليبية على العالم الإسلامي، وما الحروب الصليبية 1097- 1195م إلا دليلاً مادياً على صدق ذلك[1].

كل هذه العوامل -وغيرها- دفعت الكنيسة ومؤسساتها وجمعياتها إلى أن تقود حملة قوية تستهدف تنصير العالم الإسلامي، ولا سيما بعد فشل الحروب الصليبية، وإذا عرفنا ذلك أدركنا السبب الكامن وراء دعم الجمعيات والحركات التبشيرية في العالم، إن القوة التي تكمن في الإسلام هي التي تخيف الغرب المسيحي.

ثالثاً: وسيلة التطبيب:

يعتمد التبشير بالمسيحية على الاتصال المباشر بكافة الشعوب في صورة إنسانية كريمة ظاهرها الخير، وباطنها السم الزعاف، تستهدف هذه الصورة التغلغل في النفوس وجلب الثقة بالمبشرين، ومن أهم هذه الوسائل المساعدة على ذلك وسيلة التطبيب، التي تستغل آلام وأوجاع المريض، وتدخل إليه وهو في حالة استسلام إلى ما يلقى إليه، وهو الذي يضحي بأشياء كثيرة عند افتراس الآلام له قصد التخلص

---

(1) من صور الغزو الفكري للإسلام، ص10-11.

منها، ولقد أدرك المبشرون هذه الحالة النفسية للمريض، فراحوا يزرعون فيه بذور الشك في دينه، ويلقنونه مبادئهم، ولا يعالجونه رحمة وإنسانية. فتفشى الأمراض والأوبئة في أي بيئة من البيئات يعد مرتعاً خصباً للتنصير والمنصرين، ولأية دعوة أو توجه، ويمكن أن يتصور امرؤ منظر أم تحمل فلذة كبدها، شاحب الوجه، بارز الأوداج، متضخم البطن، ليستقر في ذهن هذا المرء استعداد هذه الأم منح ابنها لأي جهة ستعمل على شفائه بأي اسم من الأسماء تستخدم هذه الوسيلة. والمبشرون يعرفون استغلال الموقف هذا فيعزون محاولات شفاء الطفل إلى عيسى -عليه السلام- فإذا شاء الله لهذا الطفل أن يشفى من مرضه، قيل لأهله أن هذا كان بفضل عيسى، فيكون لعيسى ما يريد له هؤلاء المبشرون وما لا يريده هو لنفسه عليه السلام.

فالتطبيب يعد واحداً من أخطر وسائل التنصير، لذا تحرص مؤتمرات التنصير على أن تكون توصياتها وقراراتها مؤكدة لخطورة استخدام العلاج الطبي في التنصير، ومن تلك التوصيات والقرارات: يجب الإكثار من الإرساليات الطبية، لأن رجالها يحتكون دائماً بالجمهور، ويكون لهم تأثير على عامة المسلمين[1].

وقد جاء على لسان المبشر "هاريسون" في مجلة العالم الإسلامي التبشيرية: "نحن متفقون بلا ريب على أن الغاية الأساسية في أعمال التنصير بين المرضى في المستشفيات أن نأتي بهم إلى المعرفة المنقذه، معرفة ربنا يسوع المسيح، وأن ندخلهم أعضاء عاملين في الكنيسة المسيحية[2]. وهنا يستطيع الطبيب أن يجد فرصته في نثر بذور التبشير على المرضى، فيقول لهم مثلاً: هذا الدواء من المسيح، وأن الذي يشفيك هو المسيح، ففي بلدة الناصرة بالسودان انشئوا مستوصفاً وكانوا لا يعالجون

---

(1) حقيقة التبشير بين الماضي والحاضر، ص180.

(2)التبشير والاستعمار،ص 60.

المريض أبداً إلا بعد أن يحملوه على الاعتراف بأن الذي يشفيه هو المسيح"(1).

ومما يوضح أن المبشرين اتخذوا العلاج الطبي وسيلة من الوسائل التبشيرية، ما جاء على لسان المبشرة "ايراهاريس" وهي تنصح الطبيب الذاهب بمهمة التبشير: "يجب أن تنتهز الفرص لتصل إلى آذان المسلمين وقلوبهم، فتكرز لهم بالإنجيل، وإياك أن تضيع التطبيب في المستشفيات والمستوصفات، فإنه أثمن تلك الفرص على الإطلاق، ولعل الشياطين يريدون أن يفتنونك فيقولون لك: إن واجبك التطبيب فقط لا التبشير، فلا تسمع منهم"(2).

ومن أجل ذلك عني المبشرون أول ما عنوا بالتطبيب على أنه واسطة إلى غاية، بل إن مراكز التبشير قد بدأت عندهم مراكز للتطبيب في أول الأمر، وفي هذه المراكز وجهوا غايتهم الأولى إلى كبار الموظفين والأعيان، وكانوا يستغلونهم من هذا الطريق، لمصالح تنصيرية خالصة.

ومما تأكد لدى الباحثين أن مستشفيات التنصير تقام فيها الصلوات المسيحية في كافة عنابر المرضى في الصباح والمساء، وتلقى المحاضرات بالفانوس السحري، ويقوم موظفون أخصائيون في التنصير بزيارة كل مريض في مكانه، وتتوالى الزيارات بعد الشفاء في المنازل"(3). وبذلك يكون المريض واسطة لجمع عدد غفير من المسلمين عنده في انتظار زيارة الطبيب، وحينئذٍ تكون الفرصة سانحة حتى يبشر هذا الطبيب بين أكبر عدد ممكن من المسلمين في سائر البلاد.

فبعثات التطبيب التي يبدو من ظاهرها الإسهام في مجالات الإغاثة الطبية والصحية، تعمل على خدمة النصرانية والتنصير، من خلال إنشاء المستشفيات

---

(1) السابق/ ص62.
(2) حقيقة التبشير، ص179، وقارن: التبشير والاستعمار، ص63-63.
(3) مقدمات العلوم والمناهج، 209/1.

والعيادات، المتنقلة، وتعمد إلى تشغيل فتيات المجتمع ممرضات ومشرفات اجتماعيات يتماشين مع سياسة هذه المؤسسات الطبية، وقد يكن من بنات المجتمع المنتصرات". وأقرب مثالا حي على هذا جهود المنصرة "يتريزا" التي تدعى بالأم والحائزة على جائزة "نوبل" وما تقوم به في مجال التطبيب من أنشطة على مستوى القارة الهندية خاصة، وعلى مستوى العالم الإسلامي بعامة، فقد تحركت في الآونة الأخيرة إلى شمال العراق حيث محنة المسلمين الأكراد ولا تزال قائمة، وفيها من المجال الخصب لهذه الأعمال ما لا يخطر على قلب من لم يقف على المشكلة بنفسه. وكذلك البعثات الطبية في منطقة الخليج العربية التي قدمت إليها منذ عام 1891م على يد الدكتور "شارون تومس" ثم الدكتور "آرثربينيت" بين عام 1910م، وعام 1915م.

وهكذا حول المنصرون مهنة الطب، وهي واحدة من أشرف المهن الإنسانية إلى وسيلة خداع وتمويه مستغلين حاجة المريض وضعفه وعوزه وألمه. ولا شك أن هذا الانحراف الجسيم الذي ابعد هذه المهنة عن أداء مهمتها السامية في الحياة، ارتكب إثمه المنصرون، خصوصاً الأمريكيين منهم، فهم الذين غيروا سنة "أبو قراط" الحكيم في قسمه الإنساني الذي يقر فيه: أن مهنة الطب مهنة إنسانية قبل كل شيء، وبعد كل شيء لكنهم سخروها لأغراضهم الحقيرة واستغلوها أسوأ استغلال[1].

ولا أدل على ذلك من أن أكثر الأطباء البروتستانت الذين جاءوا إلى بلاد العرب والشرق الإسلامي لم يأتوا لأداء رسالتهم الإنسانية في معالجة المرضى، بل جاءوا حباً في التبشير بالنصرانية ومن أمثال هؤلاء: "فورست فاتديك" و "جورج يوست" و "تشارلس كلهون" و "ماري أوى" وغيرهم كثير. فهؤلاء أطباء منصرون كانوا لا يبدءون بعلاج المرضى إلا بعد أن يكرزوا عليهم ولا يثنيهم عن غرضهم

---

(1) التبشير والاستشراق، أ/ عزت الطهطاوي، ص 10-11.

في هذه العملية أي شيء حتى ولو توفي المريض قبل أداء الكرازة[1]. أو خلالها يستمرون في أداء وظيفتهم الدينية[2].

وكذلك اليسوعيين في سوريا أسسوا أكثر أعمالهم التنصيرية إلى جانب مراكز التطبيب، وبعضهم بدأ مركزا للتطبيب ثم أفصح عن وجهه في النهاية على أنه مركز تبشير، وقلت أعمال التطبيب حتى أصبح في النهاية لا يعمل إلا التبشير المحض.

وفي عام 1924م، أقام المبشرون مؤتمراً عاماً، وعقدوا جلساته في القدس واستانبول وحلوان- مصر- وبرمانا- لبنان- وبغداد وقد اهتم المؤتمرون وخصوصاً في جلسة القدس بالتطبيب على أنه وسيلة إلى التبشير[3].

رابعاً: الأعمال الاجتماعية:

وإن شئت فقل الإنسانية، لقد فطن المنصرون إلى أهمية الخدمات الإنسانية التي تقدم للبشر- في وقت الأزمات، في صورة غذاء أو كساء أو مساعدة مالية، فاستغلوها كوسيلة من وسائل التنصير في العالم "ففي وقت الإغاثة يهب الجميع من رجال الصليب يجلبون معهم المؤن والملابس والخيام وغيرها، ويقدمونها على أنها نعمة من عيسى -عليه السلام- سواء كان هذا الإيحاء واضحاً بالرموز والشعارات، أو بطريق خفي يصلون إليه بحذر وخوف الابتعاد عنهم، يقول أحد الباحثين: أن ميزانيات المنصرين في هذا المجال تخطت المائة والثمانين مليار دولار سنوياً (180.000.000.000) بينما ميزانيات الهيئات الإغاثية الإسلامية العاملة في الساحة

---

(1) الكرازة: تعبير مسيحي معناه: إلقاء النصائح على الآتيين إلى الكنيسة، انظر: هامش 61 التبشير والاستعمار
(2) التبشير والاستعمار، ص60.
(3) التبشير والاستعمار، ص60.

لا تتخطى المليار دولار سنوياً"[1].

وقد جاء في كتاب "مؤتمر العاملين المسيحيين بين المسلمين، وهـو كتاب تبشـيري، مـا يظهـر حقيقـة أهدافهم ونواياهم من وراء هذه الأعمال الاجتماعية التي يقدمونها للبشر وقت الأزمات، والتي ظاهرها فيه الرحمة وباطنها من قبلة العذاب **ما نصه**: "ونحن نعني بالعمل الاجتماعي المسيحي تطبيـق مبادئ يسوع المسيـح في جميـع العلاقـات الإنسـانية، وأن المسلمين يـدعون أن في الإسلام كـل مـا يلبـي حاجـات البشر ـ الاجتماعية، فعلينا أن نقاوم الإسلام دينياً بالأسلحة الروحيـة، فالنشـاط الاجتماعـي يجب أن يرافق التعليـم المباشر للإنجيل ويساعده ويتمه، فلنبدأ بالصلات اليومية حتى نبلغ إلى المبادئ الواسعة التي أقرتها عصبة الأمم، فأمام الكنيسة اليوم مناسبات ممتازة للمبشر المسيحي تساعده على الاتصال برجال ونسـاء في البيئـة الإسلامية الراقية، لم يكن بإمكانه من قبل أن يتصل بهم"[2].

ومن أجل ذلك عملوا على تقديم خدمات اجتماعية على النحو التالي:

1. إيجاد بيوت الإيواء للطلبة والطالبات المغتربات.

2. إيجاد أندية للاعتناء بالتعليم الرياضي وأعمال الترفيه.

3. على المبشرين أن يتعرفوا على أحـوال المسلمين الاجتماعيـة والاقتصـادية حـولهم، ثـم يسـعون جاهدين إلى الإصلاح من أجل التأثير على الرأي العام وتعريفه بأن غايتهم شريفة، وبعيدة عـن الغرض التبشيري.

4. إصلاح الأحداث والحيلولة دون الزواج المبكر بـين المسـلمين، ومحاولـة إصلاح الأحـوال العامـة للعمال.

5. تشجيع جمعية الشبان والشابات المسيحيات لتتسع دائرة عملها فتشمل

---

(1) التنصير، أهدافه ووسائله ،ص49.

(2) السابق، ص183 بتصرف

الجماعات المؤولة من المسلمين، ومن الذين يرحبون بمثل هذه الجهـود، مـن غـير أن يفطنـوا للغرض التنصيري.

"إن جمعية الشبان المسيحيين قد جاءت إلى الشرق الأدنى لتعاون المؤسسـات المسـيحية، أمـا هـدفها الرئيسي فهو تنشئة الشبان على أسس مسيحية ولفروع هذه الجمعية منهاج دائم، ولهـا اجتماعات تعـرض فيها الدعوة بلا استحياء ولا تحوير، وهناك أيضاً سلسلة من الاجتماعات التنصيرية"[1].

وكان المبشرون يقدمون أعمالهم الاجتماعية على أنها من أعمال الغرب المتقدم في الشرق المتـأخر، وأنها نعمة مسيحية، ولم يترك المبشرون مأساة اجتماعية إلا واستغلوها في التبشير بالمسيحية فقد استغلوا كوارث الفيضانات في "بنجلاديش" التي أودت بحيـاة وتشريـد الكثيرين، وكذلك استغلوا الجفـاف في قارة إفريقيا لتنصير أبناء المسلمين في السودان ونيجيريا، مستغلين العوز والفقر الذي حل بهم.

ففي "نيجيريا" التي توجد مآذن المساجد بكثرة في قراها ومدنها، تواصل الكنيسـة التبشيرية لغـرب إفريقيا عملها بشكل دقيق ومنظم. ويصف الشيخ الزين إمام مسجد الفضل الختمي ما يتعرض له السودان حالياً بأنه: أكبر حركة تبشير عرفتها القارة الإفريقية منذ مجيء الإسلام وأن المبشرين في السـودان يسـلكون عشرات الطرق للوصول إلى أهدافهم، ويحاولون إيقاع المسلمين في حبائل الإغراءات المادية التي يحتاج إليها البعض، وتتلخص أهدافهم في عبارة محددة: "إذا لم تستطع أن تنصر مسلماً، فلا تمكنه من أن يكون مسلـماً حقيقياً"[2].

(1) التبشير والاستعمار، ص201.
(2) الغزو الفكري أبعاده ومواجهته، ص119-120، وقارن: مجلة المسلمون، العدد الحادي عشر، إبريل عام 1985م.

كما استغل المبشرون حوادث حرب الخليج وما نتج عنها من تشريد شعب مسلم، طالما غض المسلمون عنه الطرف، وهو الشعب الكردي بشمال العراق وما تعرض له على يد طاغية العراق.

من تشريد في الجبال وقتل وتعذيب، فمدت يد العون والمساعدة بالإيواء والغذاء وأقامت المخيمات له ما سمى بدول "التحالف" الغربي، وهو في حقيقة الأمر تحالف في الشر ضد الإنسانية.

يقول الأمين العام لرابطة العالم الإسلامي الشيخ "**عبد الله عمر نصيف**": اليوم تأتينا التقارير عن أحوال المسلمين في العالم وعن أطفال المسلمين من الأكراد الذين أخذتهم المنظمات الأجنبية إلى أوروبا.

ويضيف داعية كردي: "إن عدداً من الأطفال الأكراد قد وصلوا بالفعل إلى ملاجئ دور رعاية في أوروبا"[1].

وقد استغلت البعثات التبشيرية الفقر والحاجة التي نتجت عن الحرب الأهلية في لبنان وقامت بالتقاط أبناء المسلمين ودفعهم إلى أوروبا، ثم يعودون وقد ربو تربية حسب أغراضهم النصرانية وفي إفريقيا، وعلى وجه الخصوص في السنغال تقوم البعثة التبشيرية بإعطاء أحد الأسر حصة من الأرز شهرياً مقابل إعطاءها أحد أبناءها فتربيه لحسابها، وغالباً ما يكون الابن دون الخامسة من عمره، فتدفعه إلى إحدى المدارس ثم ترسله إلى فرنسا ليكمل تعليمه الجامعي ثم يعود إلى السنغال، وقد ربى تربية نصرانية حسب أغراض فرنسا، كما أن البعثة تشترط أثناء العقد على الأسرة، أن تدفع كل ما أخذته إجباريا إذا أخلت بشرط العقد"[2].

وقد كتب أحد المبشرين مقالاً بعنوان: "كيف نضم إلينا أطفال المسلمين في الجزائر قال فيه: "إن هناك ملاجئ قد أقيمت في عدد من أقطار الجزائر وشمال

(1) السابق، ص120. وقارن: مجلة المسلمون العدد 324 ابريل عام 1985م.

(2) نفس المصدر السابق، ص121، وقارن س

إفريقيا لا طعام الأطفال الفقراء وكسائهم وإيوائهم أحياناً، لكن هذه السبل، لا تجعل أطفال المسلمين نصارى، وعلى الأقل لا تجعلهم مسلمين كآبائهم.

وجاء في إحدى نشرات الأخبار سنة 1945م، مقالاً بعنوان: "جمعيات المتطوعين والخدمة الاجتماعية في مصر" جاء فيه ذكر أشياء كثيرة عن استغلال الحاجة الاجتماعية لبعض أفراد الشعب المصري بهدف التبشير والدخول في المسيحية، لذلك اقترح كاتب المقال أن تستأثر الجمعيات التبشيرية بكل نواحي الخدمة الاجتماعية بدلاً من أن تقوم بها الحكومة المصرية[1].

وهكذا يحاول المبشرون، بكل وسيلة انتهاز كل مناسبة اجتماعية ليدخلوا منها، أو يظهروا فيها، فهل يتنبه المسلمون إلى ما يخطط ضدهم من مؤتمرات، ويعلمون أن دينهم حذرهم من اليهود والنصارى وقد صدق الله إذ قال: ﴿وَلَن تَرْضَىٰ عَنكَ ٱلْيَهُودُ وَلَا ٱلنَّصَٰرَىٰ حَتَّىٰ تَتَّبِعَ مِلَّتَهُمْ ۗ قُلْ إِنَّ هُدَى ٱللَّهِ هُوَ ٱلْهُدَىٰ ۗ وَلَئِنِ ٱتَّبَعْتَ أَهْوَآءَهُم بَعْدَ ٱلَّذِى جَآءَكَ مِنَ ٱلْعِلْمِ ۙ مَا لَكَ مِنَ ٱللَّهِ مِن وَلِىٍّ وَلَا نَصِيرٍ﴾[2].

وقال: ﴿وَدَّ كَثِيرٌ مِّنْ أَهْلِ ٱلْكِتَٰبِ لَوْ يَرُدُّونَكُم مِّنۢ بَعْدِ إِيمَٰنِكُمْ كُفَّارًا حَسَدًا مِّنْ عِندِ أَنفُسِهِم مِّنۢ بَعْدِ مَا تَبَيَّنَ لَهُمُ ٱلْحَقُّ ۖ فَٱعْفُوا۟ وَٱصْفَحُوا۟ حَتَّىٰ يَأْتِىَ ٱللَّهُ بِأَمْرِهِۦٓ ۗ إِنَّ ٱللَّهَ عَلَىٰ كُلِّ شَىْءٍ قَدِيرٌ﴾[3].

خامساً: وسائل الإعلام من إذاعة وصحافة وتليفزيون وسينما ومسرح:

كلها تسهم في حملات التنصير، وهي من الوسائل

---

(1) أضواء على التبشير والمبشرين، د. سلمان سلامة، ص61، ط: الأمانة 1994م.

(2) سورة البقرة آية: 120.

(3) سورة البقرة آية:109.

المختفية، أما الوسائل الإعلامية الصريحة فهذه موجودة وكثيرة وتوجه إلى عدة لغات وتغطي عدداً كبيراً من ساعات البث "وقد أحصى أحد الباحثين أكثر من خمس وثلاثين محطة إذاعية منتشرة حول العالم، ومنها إذاعة "الفاتيكان". التي تبث إرسالها بأكثر من سبع وأربعين لغة، أربع وثلاثون منها أساسية، وثلاث عشرة لغة تستخدم في مناسبات خاصة، ويزيد عدد الساعات المبثوثة باللغة العربية على ألف وخمسمائة ساعة في الأسبوع"[1].

وتعد القاهرة وبيروت من أكبر المدن في المحيط الإسلامي في الإسهام في هذه الوسيلة الإعلامية، من خلال استغلال الصحف المأجورة في أكثر الأحيان، وغير المأجورة في أحوال نادرة، هذا عدا الصحف ووسائل الإعلام الأخرى والإذاعات الصريحة التي تنشر التنصير[2]. وقد أعلن المبشرون أنهم استغلوا الصحافة المصرية على الأخص، للتعبير عن الآراء المسيحية أكثر مما استطاعوا في أي بلد إسلامي آخر[3].

أما الوسائل الإعلامية غير الصريحة فتأتي ضمن المسلسلات والأفلام والبرامج الوثائقية والتعليمية التي تطبع دائماً بنمط العيش الغربي بما فيه من ثقافة وممارسات دينية لا تخلو منها المصطلحات والأمثال والسلوكيات، حتى أفلام الصور المتحركة -الكرتون- الموجهة للأطفال تصبغ بهذه الصبغة التي تشعر المتابع أحياناً أنها مقصودة متعمدة، وتعمد إلى تزييف المشاهدين والمستمعين والقراء على الثقافة

---

(1) الإذاعات التنصيرية الموجهة إلى المسلمين العرب، كرم شبلي، ص71 وما بعدها، ط: مكتبة التراث الإسلامي القاهرة، 1991م.
(2) التبشير والاستعمار، ص 213-214.
(3) السابق، وقارن: الإعلام الإسلامي وخطر التدفق الإعلامي الدولي، ص 61، د. مرعي مدكور، ط: القاهرة دار الصحوة 1988م.

الغربية التي لم تستطع التخلص من التأثير الديني عليها في معظم سلوكياتها ومثلها ومبادئها، بل ربما لا تريد التخلص من هذا التأثير الديني، بل تسعى إلى تعميقه وترسيخه ما دام سيحقق تبعية ثقافية تقود إلى تبعيات أخرى.

والإعلام يعد من الوسائل الحديثة -غير التقليدية- وبخاصة في مجالات استغلال تقنية الاتصال وتغذية المعلومات، بحيث يمكن من خلال استغلال البث المباشر بث المواعظ والخطب والبرامج التنصيرية الموجهة، التي يمكن تقنيا مشاهدتها في جميع المجتمعات التي وصلت إلى مستوى تقني متقدم، ولا يقتصر الأمر على هذه المجتمعات، بل تنتقل التقنية إلى المجتمعات الأقل تقدماً من خلال إحداث محطات محلية صغيرة تنصيرية تبث هذه الأنشطة الإعلامية[1].

وإذا كانت وسائل التبشير في الماضي والحاضر على تنوعها تعتمد على اللقاء المباشر، سواء في داخل العالم الإسلامي، أو في خارجه، فإن المستقبل القريب يحمل وسيلة جديدة لا تعتمد على ذلك الأسلوب، إذ أنها تقوم على البث المسموع والمرئي عن طريق الأقمار الصناعية التي تتسابق دول العالم في إطلاقها فهي وسيلة خطيرة جداً، لأنها ستقتحم علينا المنازل والمخادع، ولا يمكن منع الناس صغاراً وكباراً من مشاهدتها أو سماعها.

لقد حذر بعض الباحثين من البرامج التي ستهبط علينا من الفضاء عن طريق تلك الأقمار منبهاً إلى أنها تمثل تحدياً بالغ الخطر للثقافة الإسلامية، وأن علينا أن نعد من الآن لمواجهة هذا التحدي قبل فوات الأوان[2].

سادساً: تشويه عقائد الإسلام ومفاهيمه الفكرية:

اهتم أعداء الإسلام الصليبيين باستخدام هذه الوسيلة، اهتماماً كبيراً، لصد الناس

---

(1)التنصير أهدافه ووسائله، د. علي إبراهيم، ص58-59.

(2) الفكر الاستشراقي، ص136. وقارن: مجلة العربي العدد307، ص82.

عن الإسلام، وتنفير أبناء المسلمين منه، وإعطاء صورة غير صحيحة في أفكارهم ونفوسهم "فهنالك الدعوة إلى أن القرآن كتاب مسيحي يهودي نسخه محمد، صلى الله عليه وسلم، وأن الإسلام دين مادي لا روحية فيه، يدعو إلى الدنيا، وليس إلى صفاء النفوس والمحبة، وأنه يميل إلى الاعتداء والاغتيال ويحرض أتباعه على القسوة، على غير المسلمين عامة، وأنه دين انتشر بالسيف، كما انه دين يدعو إلى الحيوانية والاستغراق في الملذات الدنيا"[1]، هذا في وصف الإسلام ووصف مبادئه، أما نبيه ورسوله، صلى الله عليه وسلم، فيقول عنه "أديسون": "محمد لم يستطع فهم النصرانية ولذلك لم يكن في خياله منها إلا صورة مشوهة بنى عليها دينه الذي جاء به للعرب" وفي وصف المسلمين يقول "هنري جيست" المبشر الأمريكي: "المسلمون لا يفهمون الأديان ولا يقدرونها قدرها، إنهم لصوص وقتله ومتأخرون، وإن التبشير سيعمل على تمدينهم"[2].

وهكذا: الإسلام دين السيف، وليس دين الإيمان، وهو دين مادي وليس ديناً روحياً لأنه يسمح لأتباعه بالفجور والسلب والقتل، وهكذا المسلمون متأخرون ولصوص وقتله، ورسولهم سارق ومحرف فيما سرق، هذا ما يصور به التبشير الإسلام والمؤمنين به والتابعين لرسوله، صلى الله عليه وسلم، على أنه لم يفت المبشرين كذلك بجانب تشويه الإسلام والمسلمين بغية توهينهم وإضعاف وحدتهم، أن يثيروا للغاية نفسها النزعات الشعوبية، مثل الفرعونية في مصر، والفنينقية على ساحل فلسطين ولبنان، والآشورية في العراق، والبربرية في شمال أفريقيا، وإلى تفضيل الفارسية كلغة آرية على العربية كلغة سامية، وهكذا.

والسبب في ذلك أن أعداء الإسلام، قد عرفوا حقاً قوة الإسلام وقدرته على

(1) الفكر الإسلامي الحديث، ص 459-460.

(2) التبشير والاستعمار، ص37.

الانتشار والاتساع وما فيه من حق غلاب، ذي سطوة على الأفكار والنفوس، وما فيه من ملائمة للفطرة الإنسانية والمصالح البشرية[1].

وقد حدث هذا عندما ترجمت الكتب الفلسفية في العصر العباسي، وغزت الفكر الإسلامي بكثير من المنازع الفلسفية والمذاهب الملحدة في تفسيراتها للكون والمادة وما وراء الطبيعة.. الخ، مما أدى إلى ظهور بعض المتشككين، الذين كانوا ينزعون في الشك منزع السوفسطائيين من الفلاسفة، ولو وقف الأمر عند حد الاطلاع على أفكار الآخرين والإفادة منها في الرد على خصوم الإسلام، لما كان هناك من بأس، لكن الأمور كانت تستغل بخبث لإثارة الشك والفرقة بين المسلمين، بحيث تتمزق وحدتهم، ثم يكون بأسهم بينهم على الدوام.

وتشير المصادر التاريخية إلى أن "يوحنا الدمشقي" الذي كان يعمل في خدمة الأمويين إلى عهد "هشام بن عبد الملك" كان يعلم المسيحيين كيف يستدرجون المسلمين إلى التورط في مسألة" خلق القرآن" بأن يحاورهم على النحو التالي: يبدأ المسيحي فيقول للمسلم: بم سمي المسيح في القرآن؟ فإذا قال المسلم ما قاله الله تعالى: ﴿إِنَّمَا ٱلْمَسِيحُ عِيسَى ٱبْنُ مَرْيَمَ رَسُولُ ٱللَّهِ وَكَلِمَتُهُۥٓ أَلْقَىٰهَآ إِلَىٰ مَرْيَمَ وَرُوحٌ مِّنْهُ﴾[2] فيسأله النصراني: ماذا ترى في كلمة الله؟ أمخلوقة هي أم غير مخلوقة؟ وهكذا يجره إلى الموضوع الشائك الذي شغل به الناس زماناً مستدرجين جميعاً على شباك الأعداء، وكان من الممكن ألا تجوز مثل هذه الدسائس على المسلمين، وخاصة أولي الرأي منهم، ولكن أصابع التخريب الخارجي من ناحية، وعناصر الضعف والعمالة والخضوع لشهوات النفس بين المسؤولين من ناحية ثانية،

---

(1) غزو في الصميم، أ. عبد الرحمن حسن حنبكة، ص248، ط1: دار القلم، بيروت 1982م.

(2) النساء آية: 171.

هي التي هيأت المناخ الملائم لتفريخ الفتنة كي تبلغ مداها"⁽¹⁾".

ذلك أن الغزو الفكري كالمرض تماماً لا ينفذ إلى الجسم إلا إذا أصيب بالهزال وفقد مناعته، وطالما كانت العقيدة الإسلامية صحيحة في النفوس وقوية، والحفاظ عليها موجوداً، فإن جهود الغزاة تمضي۔ مع الرياح، لكن إذا ضعفت الغيرة وتمكن المخربون من الوصول إلى قلاع الدفاع فهنا تكون الكارثة.

ولهذا كان العصر العباسي واقعاً تاريخياً، من أخصب العصور للتلقيح ببذور الغزو الفكري، لأنه العصر الذي كانت فيه سيطرة النفوذ الفارسي بحضارته وتقاليده غالبة وممكنة، فأصبح الترف المفسد أمراً معروفاً، ونامت الغيرة على الدين، وتجرأ المفسدون على المحارم كما لم يحدث من قبل في تاريخ الدعوة الإسلامية ثم هو العصر الذي شاع فيه استخدام المجوس والنصارى ووصلهم إلى أرقى مراكز الدولة"⁽²⁾".

وإذا جاز لنا أن نقارن بين الليلة والبارحة، ونظرنا في مخطط الغزاة اليوم فسنلقيه استمراراً في المنهج، لما كان عليه المخربون الأقدمون الذين يعملون بوسائلهم لإضعاف سيطرة العقيدة الإسلامية على النفوس عن طريق التحلل وكسر حواجز الفضيلة في المجتمع، ومن ثم يسهل الانقضاض والغزو الفكري.

سابعاً: استغلال المرأة المسلمة كوسيلة من وسائل التبشير:

لقد اهتم المبشرون بالمرأة، لأن المرأة عليها مدار الحياة الاجتماعية، ولها تأثيرها على الحياة كلها، ولها من القدرات ما يمكن استغلالها في تحقيق أهداف المبشرين، إذ أن الوصول بالتبشير إليها وصول إلى الأسرة كلها، فهي أم ولها أثرها على أبنائها، وهي زوجة ولها أثرها على زوجها، وهي ابنة معرضة للتأثر والتأثير،

---

(1) الغزو الفكري، د. عبد الصبور مرزوق، ص58-59.
(2) السابق، ص59.

ولذلك رأت الهيئات التبشيرية العمل بـين النسـاء المسـلمات علـى أن ذلك يعجل بمهمة التبشير في البلاد الإسلامية.

ولهـذا السـبب أخـذ المبشـرون يأتون بالنساء المبشرات ليتصلن بالنساء المسلمات، ففـي خـلال الثلاثينيات من هذا القرن ظهرت في مصر حركـة تبشـيرية تمثلت في فتيـات مبشرات يـدعون إلى المسـيحية ويجتذبن الشباب بحسن مظهرهن[1]. وقد جاء في مؤتمر القاهرة المنعقد سنة 1906م علـى لسـان إحـدى المبشرات: لا سبيل إلا بجلب النساء المسلمات إلى المسيح، إن عدد النساء المسلمات عظيم جـداً لا يقل عـن مائة مليون، فكل نشاط مجدي للوصول إليهن يجب أن يكون أوسع مما بذل إلى الآن، نحن لا نقترح إيجاد منظمات جديدة ولكن نطلب من كل هيئة تبشيرية أن تحمل فرعها النسائي علـى العمـل، واضعة نصـب عينيها هدفاً جديداً وهو الوصول إلى نساء العالم المسلمات كلهن في هذا الجيل[2].

وقد اتبع المبشرون في سبيل الوصول إلى المرأة الأمور التالية:

1. جلب النساء الأجنبيات اللاتي يعملن بالتبشير ليتصلن بالنساء المسلمات.

2. إنشاء جمعيات الشابات المسيحيات بفروعها حتى تلجها النساء والفتيات المسلمات.

3. إنشاء معاهد التبشير الخاصة بالفتيات والمساكن الخاصة بإقامتهن.

4. يرى المبشرون أن الأثر الذي تحدثه الأم في أطفالها ذكوراً وإناثاً حتى سـن العـاشرة مـن عمـرهم بالـغ الأهمية وبمـا أن النسـاء مـن العنصر ـ المحـافظ في الـدفاع عـن العقيـدة، فـإنهم يعتقـدون أن الهيئـات التبشيرية يجب أن تؤكد جانب العمل بين

---

(1) معركة التبشير والإسلام، د. عبد الجليل شلبي، ص19، ط: القاهرة مؤسسة الخليج العربي 1989م.
(2) التبشير والاستعمار، ص204.

النساء المسلمات على أنه وسيلة مهمة في التعجيل بتنصير البلاد الإسلامية.

5. يرى أحد المبشرين أن تدرب المبشرات الأجنبيات نساء وطنيات مسلمات ثم على هـؤلاء الأجنبيات أن ينسحبن من ميدان التبشير ويتركن مكانهن لمبشرات وطنيات من أبناء البلاد ومـع ذلك فإن المبشرات الأجنبيات يجب أن يبقين مديرات للعمل ومبشرات من وراء الستار، لأن المبشرة المسيحية على كل حال امرأة ذات شخصية مشعة موحية.

6. العمل على زواج الشبان المسلمين من الفتيات المسيحيات[1].

فالمرأة المسلمة تعرضت وما زالت تتعرض لمحاولات تنصيرية دؤبة لإخراجها مـن سـمتها وحشـمتها بحجة التحضر والانطلاق، ثم إقحامها في أنشطة اجتماعية وسياسية ليست بالضرورة بحاجة إليها.

وإذا تذكرنا أن من أهداف التنصير بذر الشكوك لدى المسلمين المصرين على التمسك بالإسلام لأدركنا أن من أخصب المجالات في تحقيق هذا الهدف الحديث عن موقف الإسلام من المرأة فيما يتعلق بحقوقها وواجباتها من موازين ومنطلقات غربية وغريبة على طبيعة الإنسان بعامة، والمرأة فيه بخاصة، ولـذا نجـد مجموعة من الجمعيات النسائية التي تعمل على نقل المرأة من بيئة إسلامية إلى بيئـة غربية خالصة مـن خلال التبرج والسفور وخوض مجالات عملية في الفن والثقافة والآداب، وفي الأعمال المهنية والحرفية الأخرى، مما يدخل في محاولات التغريب التي تتعرض لها المجتمعات المسلمة.

وأقرب مثال على هذا جهود نوال السعداوي المستمرة في تغريب المرأة

---

(1) المرأة المسلمة وتحديات العصر المؤلمة، د. سلمان سلامة، مقال في حولية كلية أصول الدين والدعوة بأسيوط، ص470، ومـا بعدها، العدد السابع سنة 1989م.

المسلمة امتداداً للمحاولات السابقة على يد قاسم أمين[1] وغيره من دعاة التغريب[2].

والتغريب تيار كبير ذو أبعاد سياسية واجتماعية وثقافية وفنية يرمي إلى: صبغ حياة الأمم بعامة، والمسلمين بخاصة بالأسلوب الغربي، ليكونوا أسرى التبعية الكاملة للحضارة الغربية[3] فهو يعني: تغيير قيم الأمة ومثلها، تغيير ثقافتها وأخلاقها وعقيدتها، وبعبارة أوضح إبعاد المسلمين عن دينهم[4].

وقد اتخذت معركة التغريب أسلوب الإقناع القائم على تشكيك المسلمين في تعاليم ومبادئ دينهم، ومدى توافقها مع معطيات العصر، ذي التطور والرقي، حتى إذا تم ذلك استعمل أسلوب الإقناع بأخذ البديل من الحضارة الغربية الزائفة، وقد نجح هذا الأسلوب نجاحاً ليس له مثيل، حيث أخذ بحضارة الزيف والكفر، وتركت الحضارة الإسلامية.

فقد حاولوا التشكيك في إنصاف الإسلام للمرأة، حيث زعموا أن الإسلام ظلمها، وضيق الخناق عليها، وجعلها بمنزلة المتاع الساقط، أما الحضارة الغربية فقد فتحت لها باب الحياة وجعلتها إنساناً متكامل الحقوق.

وقد نسي أعداء الإسلام أو تناسوا أن الإسلام عندما جاء كانت الأوضاع التي تعيش المرأة في ظلها أوضاعاً سيئة فلم يكن لها حقوق تحترم أو رأي يسمع،

---

(1) قاسم أمين: تعلم في الأزهر، والقانون في فرنسا، وعمل قاضياً وهو من أصل كردي – 1865-1908م – شهر عنه تبنية الدعوة إلى تحرير المرأة وسفورها وتعليمها ومشاركتها الرجل في الحياة العامة، ومن آثاره العلمية كتابة "تحرير المرأة" و"المرأة الجديدة" انظر: الموسوعة العربية الميسرة، إشراف محمد شفيق غربال، ص361، ط: دار الشعب القاهرة.

(2) التنصير أهدافه ووسائله، ص50.

(3) الموسوعة الميسرة في الأديان والمذاهب، ص145.

(4) أساليب الغزو الفكري، ص56.

فانتشلها الإسلام من هذه الأوضاع السيئة وأعلى مكانتها، ورفع عنها الكثير من الظلم الذي كانت تتعرض له، وجعلها تشعر بكيانها كإنسان، مثل الرجل سواء بسواء، وضمن لها حقوقها المشروعة، وقد قرر الإسلام أن الناس جميعاً رجالاً ونساء قد خلقوا من نفس واحدة قال تعالى: ﴿ يَٰٓأَيُّهَا ٱلنَّاسُ ٱتَّقُواْ رَبَّكُمُ ٱلَّذِى خَلَقَكُم مِّن نَّفْسٍ وَٰحِدَةٍ ﴾[1]. فالرجل والمرأة متساويات تماماً في الاعتبار الإنساني، وليس لأي منهما ميزة على الآخر في هذا الصدد، وقد وصف رسول الله صلى الله عليه وسلم، العلاقة بين الرجل والمرأة بقوله: النساء شقائق الرجال لهن مثل الذي عليهن بالمعروف[2]. والوصف بكلمة شقائق يوضح لنا المساواة والندية والرجال والنساء أمام الله تعالى سواء، لا فرق بينهما إلا في العمل الصالح الذي يقدمه كل منهما.

ثامناً: استغلال العاملين النصارى في المجتمعات المسلمة:

على مختلف مستوياتهم العملية وتخصصاتهم من الأطباء والخبراء والممرضات والصيادلة والعمال المهنيين والحرفيين وتتضح هذه الوسيلة جيداً في مجتمع الخليج العربي، حيث تفد مئات الآلاف من الطاقات البشرية الخبيرة وغير الخبيرة، ويفد مع هؤلاء المنصرون بثياب الطبيب والممرضة والفني والعامل، ويعملون على تثبيت إخوانهم النصارى وحمايتهم من الإسلام، بإقامة الشعائر لهم سراً في بعض المناطق، وعلناً في مناطق أخرى.

كما يعملون على تنصير المسلمين من الشباب والشابات ورجال الأعمال الذين يتسم بعضهم أو جزء كبير منهم بالأمية الثقافية وعدم القدرة على إدراك خطر هؤلاء، كما يتسم بعضهم بعدم المبالاة ما دام هؤلاء القادمون من الخارج يقدمون

---

(1) النساء آية: 1.

(2) الحديث: رواه أبو داود في سننه، كتاب الطهارة 61/1 ط: القاهرة.

جواً ترفيهياً ينعكس إيجاباً على الإنتاج والعمل.

وكانت هذه الوسيلة من الموضوعات التي ركز عليها مؤتمر المنصرين السادس الذي عقد في الولايات المتحدة الأمريكية سنة 1980م، حيث أكد أحد رؤساء الجمعيات التنصيرية على ذلك بقوله: إن الباب أصبح مفتوحاً لدخول النصرانية إلى البلاد المغلقة، ولذلك من خلال الشركات الوطنية المتعددة، فهناك فرص لا حدود لها في هذا المجال بالنسبة للمنصرين، حيث الحاجة الملحة إلى مهماتهم لتطوير البلاد[1].

تاسعاً: الاستعمار الغربي للبلاد الإسلامية:

قد دعا التنصير الاستعمار إلى احتلال البلاد، وعندما احتلت البلاد ذلل المحتلون العقبات أمام المنصرين واستطاعوا أن يقيموا مؤسساتهم في بلاد المسلمين بكل سهولة، والتآزر بين المحتلين والمنصرين جانب فرضته الكنيسة وجعلته مجالاً للانتقام لأولئك الذين أخرجوا من فلول الحملات الصليبية، ولذا قيلت العبارة المشهورة في القدس: اليوم انتهت الحروب الصليبية في العقد الرابع من القرن الرابع عشر الهجري، الثاني من القرن العشرين[2]. وقريب من هذا ما قاله الجنرال غورو عندما دخل دمشق الشام، ووقف على قبر صلاح الدين الأيوبي وقال: ها قد عدنا يا صلاح الدين[3].

وقد وقف المنصرون ورجال السياسة المستعمرون وجهاً لوجه حول أي الفريقين يجب أن يتقدم الآخر، والمعروف في التاريخ أن المنصرين هم الذين يدخلون البلاد أولاً، ثم يتلوهم المستعمرون، إلا أن المنصرون رغبوا في تقدم الجيوش عليهم مع بداية القرن الثالث عشر الهجري، التاسع عشر الميلادي، وذلك

---

(1) ملامح من النشاط التبشيري في الوطن العربي، إبراهيم عكاشة، ص32-33.

(2) التنصير أهدافه ووسائله، ص73.

(3) قادة الغرب يقولون: دمروا الإسلام أبيدوا أهله، جلال العالم، ص27، ط2: طرابلس 1975م.

بعد أن أدرك الحكام المحليون أن دخول المنصرين يعني احتلال البلاد، فيجد المنصرون من ذلك عنتاً ومشقة[1].

وكان المنصر واطسون قد اقترح أن تتعاون الحكومات الغربية في سبيل منع انتشار الإسلام بين القبائل الوثنية في إفريقيا حتى تكون مهمة التنصير أهون عندما يزول المنافس، ولا يزال المنصرون يخشون هذه المنافسة خشية شديدة، ويرى المنصرون أن السيادة الغربية في قطر إسلامي ما معناها تسهيل انتقال المسلمين إلى النصرانية، أما فقدان هذه السيادة فينتج عنه حركة عكسية تماماً[2].

ولم يعد ثمة شك في ارتباط التبشير بالاستعمار، بعدما تكشف من وثائق ونشرات صدرت عن المستعمرين والمبشرين، فإن دعم الدول الغربية لهذا النشاط التبشيري في العالم لم يكن ليهدف في وقت من الأوقات نشر تعاليم المسيح – عليه السلام، أو هداية البشرية لدين يعتقدون – أي النصارى – صلاحيته ووجوب نشره، بقدر ما يهدفون إلى استعمار واستغلال البلدان التي للمبشرين فيها نشاط ملحوظ، وفي ذلك يقول المبشر الأمريكي: جاك مندلسون: لقد تمت محاولات نشيطة لاستعمال المبشرين، لا لمصلحة المسيحية، وإنما لخدمة الاستعمار والعبودية[3].

وإذا ما كانت الصلة بين الاستعمار والتبشير ثابتة لا يمكن إنكارها أو إغفالها، بل إن بعض المراجع تطلق على الكنيسة عبارة الشريك الكامل للإمبريالية الغربية، فإن أخطر ما يواكبها فعلاً هو عملية اقتلاع الهوية الحضارية، إذ نطالع في الموسوعة الفرنسية: فأينما تم غرس المسيحية تم هدم الحضارة القائمة من أجل إقامة حضارة مقلدة للنمط الغربي...لأن هذه الإرساليات التبشيرية قد نقلت البنيات،

---

(1) التنصير أهدافه ووسائله، ص73.

(2) التبشير والاستعمار، ص145-146.

(3) التبشير بين الماضي والحاضر، ص128.

والأساليب الذهنية الحياتية للحضارة الغربية، الأمر الذي حال دائماً دون وقوع أي انقطاع أيـديولوجي عنـد انقطاع السياسة الاستعمارية، أي عند التواجد الاستعماري[1].

ويقول الأب ميشيل ليلونج مؤكداً نفـس الفكـرة الرابطـة بـين الاستعمار والتبشـير: إن التـوجس في أعمال المبشرين في البلدان الإسلامية أصبح أكثر حدة منه في القرن الماضي.. فالكنائس كثيراً مـا استفادت مـن التوسع الاستعماري لمد تأثيرها في إفريقيا وآسيا[2].

وأخيراً يمكننا القول: أن كلاً من مصالح المبشرين والمستعمرين مرتبطة الواحدة بالأخرى، وليس مـن السهل أن نفصل بينهما.

هذا ما يمكن تصوره من أضواء تلقى على وسائل وأساليب الغزو الفكري التبشيري، وليس هـذا التصور هو التحليل الأخير، وإنما يمكن أن يضاف إليه كثير من التفصيلات والجزئيات التي نعرفها الآن وندرك آثارها، والتي يمكن أن تتفتق عنه عقول الغازين من وسائل أدهى، فالتبشير من أخطر الحـروب والمعوقات التي تواجه زحف الإسلام وانتشاره.

ولكن الإسلام كان وما يزال بمبادئه الحقة، ونظرياته الثابتة ومثله العليا، وقيمه الخلقية، حربـاً عـلى كل انحراف يزيغ بالبشرية عن الحق والميزان، لأن الحق والميزان يحـول بـينهم وبـين الاستغلال والعـدوان، لذلك فإن أصحاب المذاهب والاتجاهات المعادية للإسلام ما أقلعوا عن معاداته، وكيف يقلعون وفي الإسلام ومبادئه وعقيدته وشريعته الصالحة في كل زمان ومكان حرب عليهم، وعلى ما يمارسونه في المجتمعات مـن أعمال إرهابية.

---

(1) تنصير العالم – مناقشة لخطاب البابا يوحنا بولس الثاني، د. زينب عبد العزيز، ص97، ط: دار الوفاء المنصورة 1995م.

(2) السابق، ص96.

عاشراً: بعث القوميات:

أخذت أوروبا تغزو العالم الإسلامي غزواً استعمارياً عن طريق التبشير باسم العلم والإنسانية، ورصدت لذلك الميزانيات الضخمة وذلك لتمكين دوائر الاستخبارات السياسية، ودوائر الاستعمار الثقافي، وبهذا فتح باب العالم الإسلامي على مصراعيه، وانتشرت الجمعيات التبشيرية في كثير من البلدان الإسلامية، وكان معظمها جمعيات انجليزية وفرنسية وأمريكية، فتغلغل النفوذ البريطاني والفرنسي ـ عن طريقها، وأصبحت هذه الجمعيات مع الزمن هي الموجهة لحركات القومية، أصبحت هي المسيطرة على توجيه المتعلمين من المسلمين.

وذلك أنه لما ضعف شأن العصبيات القبلية أولاً بفعل الإسلام، وثانياً بفعل الثقافة والعلم، ورأى الأعداء أن ذلك يعني انصهار الدولة الإسلامية في إطار الوحدة المتجانسة، أخذوا في اصطناع عصبيات جديدة متطورة تتناسب ومستوى العصر ليصلوا ثانية إلى التمزق والتفرق، وكان سبيلهم إلى ذلك إذكاء النعرات الإقليمية والمحلية عن طريق الشعار الذي عرف في الغرب باسم القوميات، ثم بدأ تصديره إلى الشرق الإسلامي.

ولو كان القصد من ذلك إزكاء الروح الوطني وتنشيط الحماس للعمل من أجل الأمة الإسلامية لما كان هناك بأس، لكن له وجهة أخرى ظاهرها: تأكيد استقلال الشعوب وتمييز شخصياتها، وباطنها: تمزيق وحدة الشعوب الإسلامية وتحويلها إلى دويلات متناحرة ومتنافرة، وبعد أن كان الإسلام ذات يوم هو الجنسية التي ينطوي تحتها كل المسلمين سحبت هذه الهوية لتحل محلها النعرات والنزعات الإقليمية، التي لا يخفى ما تصيب به النفسية المسلمة من الإحساس بالعزلة وعدم التضامن مع بقية المسلمين، وهو أمر له أثره الخطير الذي لا نلمسه إلا عند الأزمات والمصاعب

بالإضافة إلى ما يصنعه التعارض بين القوميات من فتن وخلافات[1].

ولنأخذ على سبيل المثال موقف دولة الخلافة الإسلامية "تركيا" التي كانت قبل النعرة القومية تمثل العالم الإسلامي، وتظفر بولاية شعوبه وتعاطفها، فلما ولي أمرها دعاة "الطورانية" لم ينظروا إلى العالم الإسلامي باعتباره أمة كبرى هم جزء منها، وإنما نظروا إليه باعتباره مجموعة أخرى من القوميات يجب أن تسودها القومية "الطورانية" ومن هنا نزعة "التتريك" التي أدت بالطبع إلى الصدام الحاد مع طبائع القوميات الأخرى.

ففي سنة 1924م ألغى "مصطفى كامل أتاتورك" الخلافة من الدولة العثمانية بتأثير من المستعمر، وجعل تركيا جمهورية ديمقراطية، فقضى على الخلافة حتى يقضي على آخر أمل في رجوع الدولة الإسلامية. فالاستعمار قبل احتلاله أخذ يشيع بين شباب الترك ألفاظ القومية التركية، وأن تركيا تحمل عبء الشعوب غير التركية، وأنه آن لها أن تتخلى عن هذه الشعوب، وألفت أحزاب سياسية للعمل من أجل القومية التركية، واستقلال تركيا عن البلاد الأخرى، وأخذ يشيع الشباب العرب ألفاظ القومية العربية، وأن تركيا دولة مستعمرة، وأنه آن الأوان للعرب لأن يتخلصوا من نير الاستعمار التركي، وقد ألفت الأحزاب السياسية للعمل من أجل الوحدة العربية واستقلال العرب.

وما أن جاء الاحتلال، حتى أخذ المستعمر المحتل يشيع ألفاظ القومية، وأخذت تحل محل الإسلام، فاستقل الأتراك على أساس قومي وطني، وأخذ العرب يعملون للحكم الذاتي على أساس قومي وطني، وشاعت كلمة القومية والوطنية، وملأت الأجواء وصارت هي موضع الفخر والاعتزاز.

ولم يكتف الاستعمار بذلك، بل أشاع المفاهيم المغلوطة عن الحكم في الإسلام،

---

(1) الغزو الفكري، د. عبد الصبور مرزوق، ص67.

وعن الإسلام، حتى صار المسلمون يخجلون من ذكر كلمة خليفة، ووجد بين المسلمون عرف عام بأن أمر المطالبة بالخلافة تأخر وجمود، لا يجوز أن يصدر من مثقف ولا يقول به مفكر[1].

وفي هذه الأجواء القومية والوطنية قسم البلاد الإسلامية إلى دويلات، وجعل أهل كل بلد يركزون على هذا التقسيم، وعلى هذا الأساس قامت الدولة التركية، والدولة العراقية، والدولة المصرية، والدولة السورية... الخ ثم أقام في فلسطين وطناً قومياً لليهود، تحول فيما بعد إلى كيان مستقل تحت اسم الدولة، وبذلك ركز الوضع الجغرافي والأجواء العامة، تركيزا يحول دون تحرير المسلمين.

ولم يكتف العدو بذلك، بل جعل في نفوس أهل البلاد المحافظة على النظام الذي أقامه، إذ أعتبر أهل كل إقليم من هذه الأقاليم، إقليمهم فقط دولة، وصاروا يفهمون وجوب استقلاله عن غيره من الأقاليم، وصار المصري في تركيا أجنبياً، والعراقي في سوريا أجنبياً، وهلم جرا... الخ.

---

(1) عوامل ضعف المسلمين، سميح عاطف الزين، ص 46، وما بعدها ط: دار الكتاب اللبناني- بيروت.

المبحث السابع

نماذج من المؤتمرات التبشيرية الخطرة

المبشرون يسيرون في تحقيق أهدافهم وفق خطط معينة مدروسة يجتمعن من أجلها بين الحين والحين، ولذلك نرى أنهم عقدوا عدة مؤتمرات لهذه الغاية، وفي كل مؤتمر من هذه المؤتمرات تدرس المشروعات، وتوضع الخطط ثم يجري تنفيذها في سرية تامة وبهمة دائبة.

وإذا كان من المتعذر هنا الإلمام بكل المؤتمرات التي عقدها المبشرون في سائر بلدان العالم خدمة لأهدافهم، فإننا سنقتصر في هذه العجالة على نماذج من المؤتمرات التبشيرية الخطرة لنتعرف من خلالها على ما يكنه المبشرون للإسلام من كره وحقد وبغض، وما يدبروه له من خطط ومؤامرات للنيل منه.

أولاً: مؤتمر القاهرة 1906م:

انعقد هذا المؤتمر في القاهرة في منزل "أحمد عرابي" زعيم الثورة العرابية، في باب اللوق، تحت سمع الحكومة المصرية وبصرها، في 1906/4/4م، وبلغ عدد مندوبي إرساليات التبشير في هذا المؤتمر اثنين وستين مندوباً، بين رجال ونساء عن سائر أرجاء العالم، وقد انتخب المؤتمرون القس "زويمر" وهو كبير المبشرين، رئيساً للمؤتمر.

تناول المؤتمر وسائل التبشير بالمسيحية في كتاب خاص، كتب عليه نشرة خاصة، ليكون قاصراً على فئة من المبشرين وهو من إعداد القس الأمريكي "**فليمنج**" ثم تعرض المؤتمر للأزهر وأثره في الحفاظ على عقيدة المسلمين وتهديده لكنيسة المسيح -عليه السلام- بالخطر، وطالب سكرتير المؤتمر في مواجهة ذلك بإنشاء مدرسة جامعة نصرانية تقوم الكنيسة بنفقتها، وتكون مشتركة بين كل الكنائس

النصرانية في أرجاء العالم على اختلاف مذاهبها، لتتمكن من مزاحمة الأزهر بسهولة"[1].

ثم عرض المؤتمر لخريطة تنصير العالم الإسلامي في هذا العصر، وقدم القس "زويمر" رئيس المؤتمر بمعاونة بعض زملائه كتاباً تحت عنوان: "العالم الإسلامي اليوم" أشار فيه إلى صلابة عقيدة المسلمين- وهو ما يقتضي الاشتداد في حربها- وقال ما نصه: "لم يسبق وجود عقيدة مبنية على التوحيد أعظم من عقيدة الدين الإسلامي الذي اقتحم قارتي آسيا وأفريقيا، وبث في مائتي مليون من البشر- عقائده وشرائعه وتقاليده، وأحكم عروة ارتباطهم باللغة العربية".

ثم قدم القس "زويمر" بعض النصائح للمبشرين من بينها: وجوب إقناع المسلمين أن النصارى ليسوا أعدائهم كذلك يجب تبشير المسلمين بواسطة رسول من أنفسهم، ومن بين صفوفهم لأن الشجرة يجب أن يقطعها أحد أعضائها، وأخيراً طمئن المبشرين "ألا يقنطوا إذ من المحقق أن المسلمين قد نما في قلوبهم الميل الشديد إلى علوم الأوروبيين وإلى تحرير المرأة"[2].

ثانياً: مؤتمر لكنو المنعقد في الهند عام 1911م:

عقد مبشروا البلاد الإسلامية من البروتستانت هذا المؤتمر في مدينة "لكنوا" بالهند، في 1911/1/21م- 1911/1/29م. وهو ثاني مؤتمر خاص بالإسلام، واشترك في هذا المؤتمر 168 مندوباً، و113 عضواً مدعواً من 54 جمعية تبشيرية، ونزل كل هؤلاء ضيوفاً على مبشري "لكنوا" وكان على رأس المشتركين في المؤتمر القس "زويمر" الذي تقول عنه المجلة الفرنسية أنه: الرجل الذي لا يهزم: لأنه درس

---

(1) الغارة على العالم الإسلامي، ص28، وما بعدها بتصرف، وقارن: التبشير والاستشراق، ص 156-157.
(2) أساليب الغزو الفكري للعالم الإسلامي، ص33-34 نقلاً عن كتاب الغارة على العالم الإسلامي.

الإسلام سنين طويلة بعد أن عاش سنين أطول بين الشعوب الإسلامية التي يحبها حباً جماً، ولم يكن القس "زويمر" رئيساً للمؤتمر فقط، بل كان أيضاً مديره الروحي، ومنع الصحفيون من حضور جلسات المؤتمر، ولم ترسل لهم مذكراته إلا بعد أن عنيت لجنة القرارات بتنقيحها.

وكانت مجلة العالم الإسلامي الانجليزية التي يصدرها رئيس هذا المؤتمر، قد رأت ذكر ما جرى في "لكنو" تمخض الإسلام في السنوات الخمس التي أعقبت مؤتمر القاهرة عن حوادث خارقة لم يسبق لها نظير، ففيها حدث الانقلاب الفارسي، والانقلاب العثماني وفيها انتبهت مصر لحركاتها الحاضرة، وعني المسلمون بمد السكة الحجازية وتأسست في الهند مجالس إدارية وشورية، وكان من قوانين انتخاباتها امتيازات للمسلمين، ودخلت الأمور الإسلامية في قالب يلاءم العصر، ازداد به التمسك بمبادئ الإسلام: والمسلمون يحاولون إحياء دينهم في الصين، وانتشر الإسلام في أفريقيا والهند الغربية والجزائرية كل هذه الحوادث تحتم على الكنيسة أن تعمل بحزم وجد وتنظر في أمر التبشير والمبشرين بكل عناية[1].

وكانت مواد مؤتمر "لكنوا" كثيرة ومتشعبة أخطرها:

1. النظر في حركات الجامعة الإسلامية ومقاصدها والتأليف بينها وبين تنصير المسلمين.
2. النظر في الانقلابات السياسية في العالم الإسلامي، وعلاقاتها بالإسلام، ومركز المبشرين المسيحيين فيها.
3. موقف الحكومات إزاء إرساليات تبشير المسلمين.
4. الإسلام ووسائل منع اتساع انطلاقه بين الشعوب الوثنية.

(1) أضواء على التبشير، ص 124-125.

5. تربية المبشرين على ممارسة تبشير المسلمين، والمزايا النفسية اللازمة لذلك.

6. الارتقاء الاجتماعي والنفسي بين النساء المسلمات.

7. الأعمال النسائية التبشيرية [1].

وقد جاء في هذا المؤتمر على لسان أحد المبشـرين، بعد دراسـتهم للأحوال السياسية المضطربة في العالم الإسلامي: "إن الانقسام السياسي الحاضر في العالم الإسلامي، دليل بالغ على عمل يـد اللـه في التاريخ، واستثارة للديانة المسيحية كي تقوم بعمل، إذ أن ذلك يشير إلى كثرة الأبواب المفتحة في العـالم الإسلامي على مصراعيها. **ثم يمضي قائلاً:**"إن ثلاثة أرباع العالم الإسلامي يجب أن تعتبر الآن سهلة الاقتحام علـى الإرسـاليات التبشيرية، وأن في الإمبراطورية العثمانيـة وفي غربي شبه الجزيرة العربية وفي إيران والتركسـتان والأفغـان وجاوه والصين ومصر وتونس والجزائر، يمكن أن يصل إليهم التبشير المسيحي بشيء من السهولة [2].

وكانت من بين قرارات المؤتمر: "من الضروري العاجل تأسيس مدرسة في مصر خاصة بالتبشير، تكون عامة لكل الفرق المسيحية البروتستانتية كـذلك دخول النسـاء في أعمال التبشير لتنصير النساء المسلمات وأولادهن [3]. وهم الآن لا يدعون المسلمين إلى المسيحية بل يحاولون تشويه الإسلام وإضعاف قيمه."

ثالثاً: مؤتمر ادنبرج 1910م:

عقد هذه المؤتمر في سبتمبر 1910م، وكان للمسائل الإسلامية حظ كبير من مدلولات أعضائه، بـل إن لجنتين من أهم لجانه تفرغت للبحث في أمر الإسلام والمسلمين، وقد حضره عدد غفير يربو علـى 1000 مندوب من الانجليز

---

(1) الغارة على العالم الإسلامي، 78-79 بتصرف.
(2) السابق، ص51 بتصرف.
(3) أساليب الغزو الفكري للعالم الإسلامي، ص34.

والأمريكان، وكان من بين مندوبي التبشير الأمريكان "المستر" "زوزفات" رئيس الولايات المتحدة الأمريكية السابق، إلا انه اعتذر عن حضور المؤتمر لعدم تمكنه من ذلك، وقد تحدثت المجلة الألمانية التي نشرت أعمال هذا المؤتمر عن إرساليات التبشير الإنجليزية والايرلندية وما تنفقه من ملايين الدولارات في سبيل التبشير، كما أوردت هذه المجلة مستندات مؤتمر "ادنبرج" عن عدد جيش المبشرين البروتستانت وقالت أنه يبلغ 98/388 مبشراً تعضدهم لجان يبلغ عدد أعضائها 5.500.000 شخص، كما أحصت ما يرد من صناديق التبرعات لإرساليات التبشير، وأنه بلغ 140 مليون فرنك في السنة[1].

والواقع أن أعمال مؤتمر "ادنبرج" لم تكن حبراً على ورق بل أخذت حيز التنفيذ، بدليل أن المؤتمر الاستعماري الألماني الذي عقد عقب مؤتمر "ادنبرج" التبشيري أهتم بأمر الإرساليات التبشيرية الجرمانية، حتى خيل إلى الناس أن هذا المؤتمر الاستعماري السياسي تحول إلى مؤتمر تبشيري، ونشرت مجلة الشرق المسيحي الألمانية مقالة بقلم "فون ليسبوسي" الألماني عنوانها "دخول التبشير العام في طور جديد" ذكر فيها أهمية مؤتمر ادنبرج، وأنه أبان عن ارتقاء جاد في أعمال المبشرين[2].

وكان من بين ما نفذ من قرارات مؤتمر "ادنبرج" إصدار مجلة كل ثلاثة أشهر تقوم بالتبشير ونشر ـ أعماله، وإنشاء مدارس تبشيرية مشتركة بين كل الفرق البروتستانتية في فرنسا لقبول النساء والرجال، وتعلم فيها اللغة العربية والعلوم الإسلامية، وتاريخ الأوضاع الإسلامية، والأمور الاجتماعية التي تتعلق بأعمال المبشرين في البلاد الإسلامية[3].

---

(1) الغارة على العالم الإسلامي، ص65 ومابعدها.
(2) التبشير والاستشراق، ص176.
(3) السابق، ص 184-185.

رابعاً: مؤتمر جاوه 1962م:

انعقد هذا المؤتمر في مدينة "مالالج" بجاوه الشرقية في أكتوبر سنة 1962م، وأوصى بمشروع يستهدف إتمام تنصير "جاوه" في مدى عشرين سنة، وتنصير "**اندونيسيا**" كلها في مدى خمسين سنة وأوصى المؤتمر بالوسائل التي تتبع لتحقيق هذه الغاية **وهي تتلخص فيما يلي**:

1. التوسع في إنشاء المدارس المسيحية.
2. لا تقبل المدارس الإعدادية والثانوية المسيحية، إلا المسيحيين فقط.
3. افتتاح مدارس الكتاب المقدس في المدن التي يكثر فيها المسلمون.
4. أن يكثر المسيحيون من الزواج بفتيات مسلمات.
5. المسيحيات القويات الإيمان يتزوجن بشبان مسلمين ضعاف الإيمان.
6. محاولة إغراء أبناء المسلمين بمعونتهم وإدخالهم المسيحية، واجتذاب المسلمين عن طريق المستشفيات ودور الأيتام.
7. طبع الإنجيل باللغة العربية لنشره وتوزيعه على المسلمين المقلدين الذين يقرئون اللغة العربية.
8. إغراء المسلمين الذين يشتغلون بالسياسة وذلك بإسناد مناصب عالية ذات نفوذ إليهم.
9. إقامة الكنائس الفخمة بجوار المساجد المخصصة للمسلمين الذين لا يتبعون مذهب الجمعية المحمدية أو اتحاد المسلمين.
10. توجيه المسيحيين كي لا يدخلوا المدارس الحكومية التي أغلب تلاميذها مسلمون، لأن الإسلام يتحتم تدريسه في هذه المدارس[(1)].

(1) دفاع عن العقيدة والشريعة، ص244.

وهذه الحرب المستمرة للإسلام في اندونيسيا، كما يقول الشيخ "الغزالي"[1]. تتبعها حرب أخرى للكتاب العربي واللغة التي نزل بها القرآن الكريم، فإن أعداء الإسلام لا يقصرون حربهم على الدين نفسه، بل يمدونها إلى اللغة التي كانت ولا تزال خادمة لكتاب الله، ومن هنا كانت محاربتهم للكتاب العربي الذي يشتمل على الثقافة الإسلامية العربية الضرورية لكل مسلم، والتي لا يستغنى عنها في فهم دينه وإتمام يقينه.

ولقد كان لمصر منذ زمن بعيد دور الرائد في حركة نشر الثقافة الإسلامية العربية في "اندونيسيا" عن طريق الكتاب العربي، الذي كانت تصدره إليها حتى في عهد الاستعمار الهولندي، وكان لمصر ـ من وراء ذلك مقام أدبي كبير بالإضافة إلى دور الأزهر الذي يقوم برسالة الفكر الإسلامي منذ زمن بعيد، وقد لوحظ من واقع بيانات مصلحة الجمارك المصرية أن هبوطاً عظيماً طرأ على حركة تصدير الكتاب العربي في اندونيسيا ففي عام 1961م، صدرت مصر إلى اندونيسيا من الكتب العربية 135 طناً، وفي سنة 1962م، صدرت مصر إلى اندونيسيا من الكتب العربية طناً واحداً فقط.

ولا شك أن هذه المفارقة المذهلة بين العامين الأخيرين تدعو إلى التساؤل عن العلاقة بين هذا الهبوط المفاجئ وبين قرار مؤتمر الكنائس الذي اتخذ سنة 1962م، فإن أعداء الإسلام يعرفون سر قوة الكتاب العربي في نشر الوعي الإسلامي، ومن هنا يجيء حرصهم البالغ على منع انتشاره وصد تياره وهذا هو التعليل المعقول لهذا الانحدار الهائل في حركة تصدير الكتاب العربي، فإنها أول ضربة من ضربات المعول الذي يرمى إليه ذلك القرار الخطير.

---

(1) المصدر السابق، ص245.

خامساً: مؤتمر "كلورادو" عام 1978م:

عقد هذا المؤتمر في "كلورادو" بأمريكا، ضم هذا المؤتمر في "جلين أيوى" عدداً كبيراً ممن يمثلون الكثير من مختلف الاتجاهات والهيئات الكهنوتية المهتمة بتنصير المسلمين أساطين وأساتذة التبشير المسيحي والفطاحل من رجال الكهنوت، والعتاة من المبشرين العاملين، كذلك هيئة استشارية ضخمة، تتكون من أساتذة متخصصون في علم النفس وعلم الأنساب والسلالات البشرية، وخبراء متمرسين في شئون الدول النامية ومناطق العالم الثالث[1].

وقد ناقش هذا المؤتمر أكثر من أربعين بحثاً كلها تدور حول الهدف الذي اجتمعوا من أجله وهو تنصير المسلمين وضمهم إلى مملكة المسيح، بعد هدم الإسلام وشريعته في نفوسهم بالطرق المختلفة التي مارسها إخوانهم من قبلهم، وهم يزيدون عليها ما يقتضي تطور الوسائل المؤدية لهذا الهدف... وقد خطا هذا المؤتمر خطوة أوسع وأقرب إلى الصراحة والمواجهة في مهمته فعدل عن تعبير التبشير واستعمل بدلاً منها كلمة التنصير، لأنهم كما يقول الدكتور "**عبد المنعم النمر**": لم يجدوا أمامهم دفاعاً يردعهم، ثم أنه أشرك معه الكنائس القومية وحملها مسئولية العمل معه نحو الهدف المشترك، وتلك خطوة جريئة وخطيرة واستفزازية، وقد أعلن المؤتمرون خلال اجتماعاتهم أنهم جمعوا نحو مليار دولار للبدء في تنفيذ مهمتهم وخططهم فوراً، وأنهم فعلاً بدؤوا بإنشاء معهداً لتدريب المبشرين في الشرق كما بدءوا في إنشاء مؤسسة نسائية في كراتشي باكستان لتنصير النساء المسلمات هناك، وكان من توصيات المؤتمر أن تعمل الأقليات المسيحية في الدول الإسلامية على الإكثار من إنشاء الكنائس، ونشرها في أنحاء بلادهم، ولو كانت الحاجة إليها غير ملموسة

---

(1) الثقافة الإسلامية بين الغزو والاستغزاء، ص156.

ليظهر وجه المسيحية في هذه البلاد الإسلامية إن استجيب لهم، وإلا قامت بينهم وبين حكومات البلاد وشعوبها أزمات واصطدامات تشوه من سمعة هذه البلاد في المجتمعات المسيحية الغربية.

وقد انتقد المؤتمر الطرق التي اتبعتها الكنائس والمبشرون في تنصير المسلمين من قبل، ورأوا أنها كانت بليدة ومتغطرسة وقرروا إتباع سياسة تقوم على أساس التواضع والتحبب لدى المسلمين ومسايرتهم في بيئاتهم. والالتجاء بذلك إلى التحايل للوصول إلى قلب المسلم وإشعاره بأن ما يقدم له من مساعدات إنما هو تلبية لأمر يسوع المسيح، حتى يدخل في قلبه حب المسيح، ويستجيب لهم بالقول إلى النصرانية.

ومن أجل إعداد المبشرين على أعلى مستوى من معرفة اللغة العربية والإسلام، والعلوم الضرورية لعملهم قرروا إقامة معهداً أطلقوا عليه "**معهد زويمر**" تكريماً لهذا الزعيم الروحي عندهم، لتقديم الدراسات والتدريب على تنصير المسلمين، وقد انشأ فعلا في كاليفورنيا[(1)].

وبعد هذا التطواف والتجوال بين مؤتمرات التبشير التي عقدت سواء لهدف البحث في كيفية تنصير المسلمين ونشر الإنجيل بينهم، أم بهدف إبعادهم عن دينهم ومحاربة الوعي الإسلامي، سواء هذا أم ذاك فلا نستطيع أن نتصور مدى الخطر المحدق بالإسلام والمسلمين من جراء هذه المخططات الماكرة، ولا سيما أن الارتباط وثيق بين التبشير والاستعمار.

فهذه المؤتمرات هي أهم المؤسسات التنصيرية التي يعول عليها الاستعمار، في بسط نفوذه واقتلاع الإسلام من جذوره، وتفتيت الكيان الإسلامي إلى دويلات صغيرة، وبث الانحلال الخلقي والفكري والعقدي بين شعوبه والسيطرة على خيراته

---

(1) المصدر السابق،ص157، وما بعدها بتصرف.

وثرواته.

والاستعمار الغربي ببواعثه الصليبية القديمة، دأب على إيهان قوى الإسلام وتمزيق شمله وتضليل سعيه وبعثرة العوائق أمام أممه، وبذل الجهود الماكرة الذكية لجعل المنتمين إلى هذا الدين ينحرفون عنه ويضيقون به، ولا شك أن طور الاضمحلال الذي عرا المسلمين في القرنين الأخيرين أعان عدوهم إعانة ظاهرة، وانجح كثيراً من دسائسه.

والهدف الذي يعمل الاستعمار له على طول المدى هو اجتثاث الإسلام من أصوله وإزهاق روح الجماعات المتشبثة به. بيد أنه يلين ويشتد، وينكمش ويمتد، ويبدو ويختفي، في المراحل الطويلة التي تسبق هذا الغرض الهائل. وتتضافر جهود المبشرين والمستشرقين من ناحية وخطط الساسة في الميادين الاقتصادية والعسكرية والثقافية من ناحية أخرى كي تصل إلى هذه الغاية.

وإذا كنا قد لاحظنا ما أعده المبشرون لمستقبل الإسلام في سائر بلدان العالم الإسلامي، فلنحظ إلى جانبه أن الأجواء السياسية في داخل هذه البلاد وخارجها تساعد مساعدة فعالة على تحقيق أماني الصليبية وإبلاغها ما تريد. فقد رأت القوة التبشيرية الغازية أن تصلح ذات بينها، وأن تزيل الخلافات القديمة من بين صفوفها ومن ثم اصطلح الكاثوليك والبروتستانت والأرثوذكس على تنسيق أعمالهم وجعل كل كنيسة عوناً للأخرى في خدمة النصرانية أمام خصمها وعدوها الإسلام.

إن الظواهر كلها تؤكد أن هذا الالتقاء إعداد لمواجهة اليقظة الإسلامية المرتقبة، بعد أن تحررت دول الشرق من الاستعمار الغربي، وبعد أن صحت الجماهير الغافلة، وأخذت تتحسس ضميرها وعقلها بعد مكابدة مريرة للصوص الأموال والأعراض والعقائد.

فيا ليت قومي يعلمون ما يدبر لهم، ويحاك ضدهم من مؤامرات، ليذدوا عن

دينهم وعقيدتهم وأوطانهم وأمتهم عدوهم وبالوسائل التي تتمشى ـ مع هذا الغزو الفكري المسموم، وليتذكروا دائماً أن المسيحيين قد تناسوا الحروب الدينية التي اتقدت نارها بينهم خلال القرون الوسطى، واطرحوا الخلافات الكبيرة التي تباعد بينهم أحياناً في أصول العقيدة وقرروا أن يلقوا الإسلام وأهله صفاً واحداً، وقوى مشتركة أما المسلمون فإن الجامعة الإسلامية التي يجب أن تلم شملهم لا تزال حلماً، والصفاء الذي ينبغي أن ينير طريقهم لا يزال بعيداً

المبحث الثامن

آثار الغزو الفكري التبشيري

رأينا فيما سبق أن الإسلام منذ الاستعمار الغربي للبلاد الإسلامية في آسيا وأفريقيا من منتصف القرن التاسع عشر حتى اللحظة القائمة، يواجه صليبية هذا الاستعمار جنباً إلى جنب مع مواجهة سلطانه السياسي والاقتصادي وهذه الصليبية ليست النصرانية السمحة التي جاء بها المسيح -عليه السلام- وإنما هي روح الانتقام من الإسلام، تلك الروح التي بعثت فيما مضى على الحروب الصليبية الدامية، في القرون الميلادية الثلاثة: الحادي عشر والثاني عشر والثالث عشر، محاولة الاستيلاء على بيت المقدس، وبقيت منذ هزيمتها الكبرى على يد "الناصر صلاح الدين الأيوبي: مصاحبة لعقلية الغرب في عرضه للإسلام، وفي تصرفاته مع المسلمين على السواء، ولم تزل فيه باقية صحبة هذه العقلية حتى اليوم.

فالاستعمار في مدارسه قبل الاحتلال وبعده قد وضع بنفسه مناهج التعليم والثقافة على أساس فلسفته وحضارته، ثم جعل الشخصية الغربية الأساس التي تنتزع منه الثقافة، كما جعل تاريخه ونهضته وبيئته المصدر الأصلي لما نحشو به عقولنا، ولم يكتف بذلك بل تدخل في تفصيلات المناهج، حتى لا تخرج جزئية من جزيئاتها عن فلسفته وحضارته، وكان ذلك عاماً حتى في دروس الدين الإسلامي والتاريخ، فإن مناهجها بنيت على الأساس الغربي، فالدين الإسلامي يعلم في المدارس الإسلامية مادة روحية أخلاقية، كما هو مفهوم الغرب عن الدين، **فحياة الرسول**، صلى الله عليه وسلم، تدرس لأبنائنا منقطعة الصلة عن النبوة والرسالة، وتدرس كما تدرس حياة "**نابليون**" مثلاً ولا تثير في نفوسهم أية مشاعر أو أفكار، والعبادات والأخلاق، تعطى من وجهة النظر النفعية، والتاريخ الإسلامي تلصق به المثالب التي

يخترعها سوء القصد وسوء الفهم، ويوضع بإطار أسود تحت اسم النزاهة التاريخية والبحث العلمي.

ونبت من غرس المدارس التبشيرية نابتة من المسلمين المثقفين، تعلم التاريخ وتؤلف فيه الأسلوب والمنهج التبشيري، وبذلك صار أكثر المثقفين أبناء الثقافة الغربية وتلاميذها، وصار المسلمون يستمرئون هذه الثقافة ويتعشقونها ويتجهون في الحياة طبق مفاهيمها، حتى صار الكثيرون منهم يستنكرون الثقافة الإسلامية إذا تناقضت مع الثقافة الغربية، وصاروا يعتقدون إن الأسلام والثقافة الإسلامية هي سبب تأخرهم كما أوحي إليهم"[1]

وبهذا نجحت الحملات التبشيرية نجاحاً منقطع النظير حين ضمت إليها الفئة المثقفة من المسلمين، وجعلتها في صفوفها تحارب الإسلام وثقافته.

وقد تجاوز الحال أمر المثقفين في المدارس الأجنبية إلى أولئك الذين يحملون الثقافة الإسلامية، فقد هالهم أن يهاجمهم الاستعمار الغربي في الطعن على دينهم فصاروا يردون هذا الطعن مستعملين كل ما تصل إليه أيديهم، سواء أكان هذا الرد صحيحاً أم فاسداً، وسواء أكان ما يطعن به الأجنبي إسلامهم صدقاً أم مكذوباً عليه، وكانوا في ردهم قد سلموا بجعل الإسلام متهماً ثم أولوا نصوصه بما يتفق مع مفاهيم الغرب، وهكذا صاروا يردون الهجمات رداً مضطرباً كان مساعدا للغزو التبشيري أكثر مما كان رداً له، هذا بالنسبة لجمهور الشعب والمثقفين ثقافة إسلامية وأجنبية.

أما بالنسبة لرجال السياسة فإن البلاء أعم، والمصيبة أكبر، إذ أن هؤلاء الساسة منذ أن جمعهم الاستعمار وأغراهم بالقيام ضد الدولة العثمانية، ودولة الخلافة الإسلامية، ومناهم ووعدهم، فإنهم منذ ذلك الحين يسايرون الأجنبي ويسيرون وفق ما يرسم لهم من خطط، ففي أيام الدولة العثمانية، انحازوا إلى الأجنبي وظاهروه

---

(1) عوامل ضعف المسلمين/ ص 42-43.

على دولتهم وهو أمر لا يجيزه الإسلام ولا يقره ولكنهم فعلوه، وأنهم في ذلك الوقت بدل أن يحاربوا الفئة الحاكمة لإصلاح الدولة، ساروا مع عدوها وعدوهم، حتى كانت النتائج المريرة في استيلاء المستعمر على بلادهم، ثم صاروا بدل أن يستعينوا بالشعب على هذا المستعمر، استعانوا به على الشعب وقد تأثروا به إلى حد أفقدهم شخصيتهم الإسلامية، وسممت أفكارهم بآراء سياسية وفلسفية مما أفسد عليهم وجهة نظرهم في الحياة وفي الجهاد، وترتب على ذلك إفساد الجو الإسلامي برمته، وبلبلة الأفكار بلبلة ظاهرة في مختلف نواحي الحياة.[1]

وهكذا سممت الأفكار السياسيين بالآراء المغلوطة، والمبادئ الأجنبية، إذ قامت في البلاد الإسلامية حركات باسم القومية الاشتراكية، وباسم الوطنية والشيوعية وباسم الدين الروحي والأخلاقي، وباسم التعليم والإرشاد، وكانت هذه الحركات عقدة جديدة في المجتمع تضاف إلى العقد الأخرى التي يرزح تحت عبثها، وكانت نتيجتها الإخفاق والدوران حول نفسها، لأنها سارت وفق مفاهيم الحضارة الغربية، متأثرة بالغزو التبشيري.

والباحث في أساليب الغزو التبشيري التي أحاطت بالمسلمين، يجد أن هذه الأساليب أضرت بالمجتمعات الإسلامية وأصبحت عاملاً معوقاً لكل تقدم إسلامي، وقد نجح المبشرون في مواقع كثيرة، لأن إمكاناتهم هائلة ويتحملون ويعملون ويخططون ويتربصون، وإذا كنا تنبهنا أخيراً إلى الأخطاء المحدقة بالمسلمين والإسلام من جانب المبشرين، فإننا تنبهنا لم يأخذ بنا إلى الطريق السليم، وليس من الكياسة أن نكتفي بإنشاء مراكز للدعوة هنا وهناك، إن الأمر يقتضي قبل مراكز الدعوة أن نكون أقمنا مؤسسات الإغاثة والإعاشة والملاجئ والمستشفيات والمدارس والمعاهد.

(1) المصدر السابق، ص44.

المبحث التاسع

الإسلام في مواجهة الغزو التبشيري

إن قوة الفكرة الإسلامية المقرونة بطريقتها كافية لاستئناف الحياة الإسلامية، إذا غرست هذه الفكرة في القلوب، وتغلغلت في النفوس وتجسدت في المسلمين، فأصبحت إسلاماً حياً يعمل في الحياة، إلا أنه على الرغم من ذلك لا بد من أن تتم أعمال عظيمة، وأن تبذل جهود جبارة، فمجرد الرغبة والتفاؤل والحماسة والأمل ليس كافياً في مواجهة الغزو التبشيري.

فكان من المحتم أن تقدر العوائق الضخمة التي تقف في وجه الإسلام حق التقدير، للتمكن من إزالتها، وكان من ألزم الأشياء أن ينبه حاملي الدعوة إلى ثقل التبعة التي تنتظرهم وأن يلفت نظر المفكرين بوجه خاص إلى المسؤولية الكبرى لكل رأي يعطى في مثل هذا الأمر الهام، حتى يكون القول والعمل سائراً في طريقه السوي بوعي وإرادة وحزم وإقدام.

إن الحديث في مواجهة الغزو التبشيري في العالم الإسلامي يرتبط بداهة بالحديث عن الدعوة الإسلامية وفاعليتها، فحين تخبو تلك الدعوة أو تضعف يتسرب التبشير من مختلف المنافذ إلى العالم الإسلامي ليتمكن منه كما هو حادث الآن، والواقع أن مجهودات المبشرين في سبيل توحيد الهيئات التبشيرية وتكاملها، لكفيلة بأن تفتح عقول وآذان وأعين المسلمين على أيسر السبل لمواجهته بشتى الوسائل والطرق.

"ولا سيما إذا أدركنا أن الصليبيين يعرفون أن الإسلام هو الدين الوحيد الخطر عليهم، فهم لا يخشون البوذية ولا الهندوكية ولا اليهودية، إذ أنها جميعاً ديانات قومية، ولا تريد الامتداد خارج أقوامها وأهليها، وهي في الوقت ذاته أقل من

المسيحية رقياً، أما الإسلام فهو -كما يسمونه- دين متحرك زاحف، وهو يمتد بنفسه، وبلا أية قوة مساعدة، وهذا هو وجه الخطر فيه في نظرهم جميعاً ولهذا يجب أن يحترسوا منه، وأن يقاوموه ويكافحوه.[1]

وانك لتجد الغربي الصليبي يبحث المجوسية والهندوكية والشيوعية واليهودية، فلا تجد في بحثه أي تعصب أو بغضاء في حين أنك تجده حين يبحث الإسلام تظهر عليه علامات الحقد والكراهية، هذا العداء الموروث لا يزال هو الذي يؤجج نار الحقد في نفوس الغربيين الصليبين على المسلمين، ولا يخفى على أحد الدعم والتأييد التام لإسرائيل منذ زرعها من قبل بريطانيا في فلسطين حتى نشأتها التي أحرزت التأييد العالمي على أشلاء مئات ألوف المسلمين وبؤسهم وأخيراً ما حصل في 1967 من دعم وتأييد حكومات وشعوب أوروبا بأسرها، لا حباً في إسرائيل وفي اليهود بل كرهها للإسلام والمسلمين[2].

إن العمل الإسلامي تجاه التبشير يحتاج إلى العناصر الرئيسية التي يتطلبها العمل في مثل هذه المجالات، وهي المشروع والقوى البشرية والتمويل، وجميعها عناصر موجودة ومتوافرة في العالم الإسلامي، وإن السبيل لتحقيق ذلك ممكن ومستطاع ومن ثم فإن العمل الإسلامي يحتاج إلى كافة الجهود، ومن ثم تنسيقها وتكاملها.

إن المواجهة الحقة تتطلب عملاً ينفذ لا هتافات تقال، إن المبشرين يعملون ونحن لا نعمل، وإذا عزمنا على مواجهتهم فلا بد وأن يكون عملنا أزيد من عملهم، وتحركنا أسرع من تحركهم. وأن المواجهة تحتاج إلى تخطيط، وتنظيم، واتساع

---

(1) من صور الغزو الفكري للإسلام، ص36 نقلاً عن: عن معركة الإسلام والرأسمالية، أ- سيد قطب.

(2) عوامل ضعف المسلمين، ص41.

المواقع، والتعرف الدقيق، فإذا ما فعلنا ذلك، كان ذلك بداية في طريق طويل، أما أن نترك المسلمين في قارة آسيا وأفريقيا وغيرها تفترسها النصرانية، فإن ذلك أمر بالغ الخطورة.

وإذا كان للتبشير مؤتمرات دولية ومعاهد علمية، وجمعيات تبشيرية، فلماذا لا تكون للمسلمين مؤتمرات للدعوة والمواجهة؟ وهنا ربما يقول قائل: للمسلمين مؤتمرات للدعوة كثيراً ما سمعنا وقرأنا عنها، نعم للمسلمين مؤتمرات، ولكن الناس يجتمعون فيها لينفضوا فهي تساوي مظاهرة في الشارع العام، فيها تصفيق وكلام ثم يدخل كل واحد بيته، نحن نريد مؤتمرات لا تكون توصياتها وقراراتها حبراً على ورق، وإنما نريد عملاً يعمل في دقة وتخطيط وسرية.

إن المجتمعات الإسلامية تعاني من التسلط التبشيري في الصحافة وسائر وسائل الإعلام ووكالات الأنباء، وتعاني في البيت وفي الشارع وفي أمور كثيرة، قد يعرفها البعض ويسكت وما أكثر الساكتين لأنهم لا يملكون أن يقولوا شيئاً، إنك ترى برنامجاً في التلفزيون ينطلق من دولة إسلامية عربية فيشدك إلى مزارع وحدائق خضراء بإندونيسيا ومستشفيات ومدارس أخذت بيد الاندونيسي- يقال أنها: "من صنع وإدارة وأعمال الكنيسة الكاثوليكية" هكذا تسمع وترى ولا يخفى أن هذه الدعاية التبشيرية نصرانية[1].

إن أمتنا الإسلامية مطالبة بأن تتبصر العواقب، وتتعرف على خطواتها بحكمة وتدبر قبل أن يتسع الخرق على الراقع، إن التبشير نجح في تشويه صورة الإسلام في نفوس البعض، ونجح في أنه جعل المسلمين في موقف المدافع وهو موقف الضعيف، فهل نتدارك هذه المواقف ونتجاوزها إلى موقف المواجهة الحقة؟

ولعلنا بهذا نخرج من مجرد الشعور بأننا نتصدى للتحديات التي تواجهنا،

---

(1) الغزو الفكري في التصور الإسلامي، ص 83-84.

فنكتفي بالتنبيه لها والتحذير منها مما يدخل في انتظار الأفعال للرد عليها، إلى السعي إلى تقديم البديل الصالح الذي نعتقد أن فيه لا في غيره، صلاح البلاد والعباد، وأنه سر السعادة في الدنيا والآخرة، وهذا المفهوم لا يأتي بمجرد الترديد النظري في المجتمع المسلم، بل لا بد أن تنطلق القدوة التي تحمل الإيمان على أكتافها بعد أن استقر في صدورها فتقدم هذا الإيمان إلى الآخرين على أنه هو الخيار الوحيد في عالم ملئ بمحاولات البحث عن الحقيقة والسعادة والاستقرار الروحي والنفسي والذهني والفكري.

ومن أهم الصعوبات التي تعترض السائرين في طريق المواجهة في الوقت الحاضر الأمور التالية:

1. وجود الأفكار غير الإسلامية وغزوها للعالم الإسلامي، وتشبع عقلية المسلمين ولا سيما فئة المثقفين بهذه الأفكار فكونت عقلية سياسية مشبعة بالتقليد، بعيدة عن الابتكار، غير مستعدة لقبول الفكرة الإسلامية سياسياً، وغير مدركة لحقيقة هذه الفكرة وعلى الأخص من الناحية السياسية، ولذلك كان لزاماً أن تكون الدعوة الإسلامية: دعوة للإسلام، ودعوة إلى استئناف حياة إسلامية فيدعى غير المسلمين للإسلام، بشرح أفكاره، ويدعى المسلمون إلى العمل لاستئناف الحياة الإسلامية بتفهمهم الإسلام وهذا يقضي بان يبين ما في الأفكار الأخرى غير الإسلامية من زيف، وما في نتائجها من أخطار، وأن تأخذ الدعوة طريقها السياسي، وأن يسعى لتثقيف ثقافة إسلامية تبرز فيها الناحية السياسية وبهذا يمكن التغلب على هذه الصعوبة.

2. وجود البرامج التعليمية على الأساس الذي وضعه التبشير والطريقة التي تطبق عليها البرامج في المدارس والجامعات، وتخريجها لمن يتولى أمور الحكم والإدارة والقضاء والتعليم وسائر شئون الحياة بعقلية خاصة، وطريق

التغلب على هذه الصعوبة هو كشف هذه الأعمال لهؤلاء الحكام والموظفين وللناس جميعاً حتى تبرز بشاعة الناحية التبشيرية الموجودة فيها، ليتنازل هؤلاء عن الدفاع عنها حتى تجد الدعوة طريقها إلى هؤلاء الناس.

3. البرامج التعليمية جعلت جمهرة الشباب من المتخرجين وممن لا يزالون يتعلمون يسيرون باتجاه يناقض الإسلام، وأعنى هنا بالبرامج التعليمية، البرامج الثقافية التي تؤثر في سلوك الإنسان في الحياة، والثقافة تشمل التاريخ والأدب والفلسفة والتشريع وذلك لأن التاريخ هو التفسير الواقعي للحياة، والأدب هو التصوير الشعوري لها، والفلسفة هي الفكر الأصلي الذي تبنى عليه وجهة النظر في لحياة، والتشريع هو المعالجات العملية لمشاكل الحياة والإدارة التي يقوم عليها تنظيم علاقات الأفراد والجماعات، وهذه كلها قد كون بها التبشير عقلية أبناء المسلمين تكويناً خاصاً، جعل بعضهم لا يشعر بضرورة وجود الإسلام في حياته وحياة أمته، وجعل بعضهم يحمل عداء للإسلام منكراً عليه صلاحيته لمعالجة مشاكل الحياة، ولذلك لا بد من تغيير هذه العقلية، وذلك بتثقيف الشباب ثقافة مركزة وثقافة جماعية، بالأفكار الإسلامية والأحكام الشرعية، حتى يمكن التغلب على هذه الصعوبة[1].

علينا أن ندرك تماماً أن الصليبيين لا يبشرون بدينهم وعقائدهم هم، أو يعملون على تحويل المسلم عن الإسلام، إلا في حالة إدراكهم أن المسلمين غير مهتمين بالإسلام، سلوكاً وتطبيقاً ومن هنا كان علينا أن تكون مواجهتنا للتبشير عملاً يعمل، يهتم بإنشاء المدارس والمستشفيات والملاجئ ورعاية الأيتام والمسنين، ويصاحب ذلك توعية إسلامية وتبشيرية بالإسلام، فالمسلمون إذا أرادوا مواجهة التبشير مواجهة فعالة، عليهم أن يعملوا مثل ما يعمل المبشرون ويزيدون عليهم.

(1) عوامل ضعف المسلمين، ص52وما بعدها.

إن مواجهة التبشير هدفاً من أهداف الدعوة إلى الله في هذا العصر، وأنها لا تتوقف عند مجرد حماية المجتمعات المسلمة من غائلة التنصير، بل إنها تتعدى ذلك إلى درء الفتنة وأن التصدي للتنصير والمنصرين ليس غاية في حد ذاته، ولكن الدعوة إلى الله تعالى تقتضي العمل على لتغلب على الصعاب التي تعترض الطريق، والتي تعد حملات التنصير واحدة من أبرزها.

وتتحقق المواجهة الإسلامية للحملات التبشيرية بمجموعة من الوسائل التي هي خاضعة للتغيير والتبديل والتكييف بحسب البيئات التي تقوم فيها المواجهة، والمهم عند المسلمين أن هذه المواجهة بأساليبها ووسائلها المتعددة لا تخرج بحال من الأحوال عن الإطار المسموح به شرعاً مهما كانت قوة الحملات التبشيرية ومهما اتخذت هي من وسائل غير نزيهة لا يبرر لنا نحن المسلمين إتباع هذا المنهج وهذا يصدق على مجالات المواجهة بخاصة، وعلى مجالات الدعوة بعامة، فالغاية في الإسلام لا تبرر الوسيلة ولا ينتظر في سبيل الوصول إلى الأهداف أن تؤول الوسائل بحال من الأحوال.

بل إن وسائل المواجهة هي في حد ذاتها أساليب للدعوة، فقصدنا نحن المسلمين من هذه المواجهة ليس مجرد المواجهة والصد فحسب بل الدعوة إلى الله تعالى بهذه المواجهة، بحيث نسعى إلى هداية هؤلاء المنصرين، أو بعضاً منهم، في الوقت الذي نحمي فيه مجتمعنا المسلم من تلك الحملات، ولذا فإن روح المنافسة غير الشريفة في هذا المجال وفي غيره غير واردة في مواجهتنا للتبشير لأن الندية هنا غير متحققة بل إننا نعتقد أننا نصارع الباطل بما عندنا من الحق، وفي هذا الصراع بين الحق والباطل ضدية لا ندية.

مواجهة الإسلام للغزو التبشيري تتطلب عدة وسائل من أهمها:

1. الدعوة إلى الله تعالى على بصيرة، فالمواجهة العملية أن نقدم للآخرين من

مسلمين وغير مسلمين البديل الذي نعتقد أنه الحق وهو الإسلام الذي ختمت به الرسالات السماوية وأساليب الدعوة متعددة ومتنوعة، وبعضها يناسب مجتمعات ولا يناسب أخرى، فالدعوة المباشرة أسلوب، والدعوة بالإغاثة أسلوب، والدورات أسلوب، والمنح الدراسية أسلوب، وكل ما يحقق الهدف ولا يتعارض مع الشرع أسلوب يفرضه أحياناً الحال أو الزمان أو المكان.

2. الحكومات الإسلامية يمكن أن تمارس أثراً فاعلاً في التصدي للتبشير بعدم تقديم التسهيلات للمبشرين في المجتمعات الإسلامية، وبالتأكيد على الوافدين إلى بلاد الإسلام من غير المسلمين باحترام ثقافة البلاد وعدم اتخاذها أي إجراء عام يتعارض مع هذه الثقافة أو يتناقض معها، وبمراقبة البعثات الدبلوماسية الأجنبية وإشعارها دائماً بوضوح أنها مطالبة بالاقتصار على مهمتها المناطة بها والمحددة لها، وعدم الإخلال بهذه المهمات بالخروج إلى المجتمع ومحاولة تضليله دينياً وثقافياً واجتماعياً، كما أن البعثات الدبلوماسية المسلمة في البلاد المسلمة عليها مهمة المواجهة بالأساليب التي تراها مناسبة بحيث تحد من المد التبشيري في المجتمعات الإسلامية التي تعمل بها[(1)].

وقد ظهرت على الساحة الإسلامية مجموعة من الهيئات الإغاثية الإسلامية ولجانها وجمعياتها، وهي مع تواضع تجربتها وافتقارها إلى الخبرة والعراقة، إلا أنها قد اقتحمت الساحة بفاعلية مع قلة إمكاناتها، وهي تشكل تهديداً عملياً واضحاً للجمعيات التبشيرية، والمطلوب في هذه الوسيلة تكثيف أعمالها وتعددها النوعي وليس بالضروري الكمي.

3. العلماء وطلبة العلم يناط بهم عمل عظيم في هذا المجال، وتنبيه الناس لأخطار التبشير، ودعوة العامة والخاصة من المسلمين للإسهام في مواجهة

---

(1) التنصير مفهومه وأهدافه، ص 90-91.

الحملات التبشيرية، حسب القدرتين المادية والبشرية، وبحسب الخبرة وغيرها من الإمكانات،... ورجال الأعمال والتجار الموسرون مطالبون بالإسهام في التصدي للتبشير، وذلك بدعمهم للأعمال الخيرية الموثوقة، فهم بحق عصب الأعمال الخيرية والدعوية.

4. هناك مؤسسات علمية ومؤسسات تعليمية كالجامعات والمعاهد العليا ومراكز البحوث، وهذه منتشرة في أنحاء العالم الإسلامي، ويتوقع لها أن تسهم في مجال التركيز على الحملات التبشيرية، فتبين خطرها على الأمة عن طريق نشر الكتاب الذي يعالج هذه المشكلة، وعن طريق عقد الندوات والدعوة إلى المحاضرات والمؤتمرات المحلية والإقليمية والدولية لوضع الخطط والاستراتجيات لمواجهة التبشير، وعن طريق إصدار دورية علمية، وأخرى ثقافية تعنيان بالتبشير وتتبعان تحركاته.

5. قيام رابطة العالم الإسلامي بجهود مشهودة في سبيل الدعوة إلى الله تعالى، ويتطلع إليها المسلمون في بذل المزيد في مواجهة التبشير بما تملك من قدرة على التأثير وقدرة على الوصول إلى من يمكن فيهم التأثير، وإن لم تكن قادرة قدرة مباشرة على التصدي لهذه الحملات التبشيرية في المجتمع المسلم، ولكنها تسهم على أية حال في هذا المجال، وبخاصة أن أهدافها تنص على دحض الشبهات، والتصدي للأفكار والتيارات الهدامة التي يريد منها أعداء الإسلام فتنة المسلمين عن دينهم، وتشتيت شملهم وتمزيق وحدتهم والدفاع عن القضايا الإسلامية بما يحقق مصالح المسلمين وآمالهم، ويحل مشكلاتهم وينتظر منها المزيد في اتخاذ الوسائل التي أعلن عنها وذلك مثلاً بإقامة لجنة تحت مظلة الرابطة، تعنى بظاهرة التبشير وتعمل على متابعتها

ورصدها[1].

6. في كل دولة إسلامية توجد جماعات وهيئات إسلامية مختلفة الأنشطة متنوعة المجالات والاهتمامات، والمقترح أن تنتظم جميعها في إطار واحد، ليكن اسمه "المجلس الإسلامي الوطني" لتلك الدولة، ثم يعقد هذا "المجلس الإسلامي الوطني" مؤتمراً سنوياً يدرس موضوعاً واحداً هو: "الإسلام في مواجهة التبشير" ثم يختار مندوبين ليمثلاه في المجلس الإسلامي العالمي ثم يعقد بعد ذلك مؤتمر سنوي على مستوى العالم الإسلامي يضم ممثلين عن كل المجالس الإسلامية الوطنية، وذلك تحت اسم "الاتحاد الدولي للمجالس الإسلامية" ثم يقوم الاتحاد الدولي في مؤتمره السنوي بدراسة موضوعين أثنين هما: تدعم وحدة المسلمين، ثم مواجهة الإسلام للتبشير.

وإذا ما تمت هذه الخطوات وطبقت على الوجه الأكمل سوف يتمخض مؤتمر الاتحاد الدولي للمجالس الإسلامية عن خطة متكاملة لمواجهة التبشير، تقوم بتنفيذها كافة الحكومات الإسلامية على سواء[2].

هذا ولما كانت السنوات الأخيرة من القرن الماضي قد شهدت عدداً من المؤتمرات الإسلامية الدولية من أجل تنشيط الدعوة الإسلامية، والعمل الإسلامي على وجه العموم، ومن أجل مواجهة بعض التحديات والأخطار المحدقة والتي تهدد الإسلام والمسلمين، صار لزاماً علينا أن نعرض لما جاء في بعض هذه المؤتمرات من توصيات واقتراحات تدخل في إطار مواجهة الغزو التبشيري، والتي يفترض أن حكومات الدول الإسلامية تقوم بتنفيذها.

---

(1) المصدر السابق، ص91 وما بعدها بتصرف.

(2) حقيقة التبشير بين الماضي والحاضر، ص208-209 بتصرف وقارن: الإستشراق والخلفية الفكرية، ص131.

المؤتمر العالمي لتوجيه الدعوة وإعداد الدعاة 1977م:

عقد هذا المؤتمر بالجامعة الإسلامية بالمدينة المنورة في الفترة من 24-29 من صفر 1397هـ الموافق 12-17 من فبراير 1977م، وقد حضره أكثر من مائتي عضو يمثلون المسلمين في أكثر من سبعين دولة إسلامية وغير إسلامية، فجاء من هذه الدول غير الإسلامية مندوبون عن مسلمي: بريطانيا، فرنسا، ألمانيا الغربية، بلجيكا، هولندا، الدنمرك، إيطاليا، كندا، يوغسلافيا، اليونان، أسبانيا، البرتغال، الولايات المتحدة الأمريكية، الأرجنتين، شيلي اليابان، استراليا وغيرهم.

وقد اتخذ المؤتمر عدداً كبيراً من التوصيات والمقترحات منها:

أولاً: في مجال مناهج الدعوة الإسلامية وتطور أدائها:

1. تنقية مناهج التربية والتعليم، ووضعها على أسس إسلامية والعناية بكتابة التاريخ الإسلامي.

2. توجيه العناية الخاصة بالشباب المسلم، وتوفير كافة الأنشطة الثقافية والرياضية والاجتماعية، وإقامة المعسكرات التي تنميه داخل الإطار الإسلامي.

3. الاهتمام الخاص بالمرأة من حيث التربية الدينية والثقافة الإسلامية.

4. تعبئة أشرطة علمية تختار بعناية، لنشر العقيدة الصحيحة والتعاليم الإسلامية بين الشعوب، وخصوصاً في أفريقيا وجنوب آسيا، باللغات المحلية وبعض اللغات العالمية الشائعة.

5. حث الحكومات الإسلامية على تخصيص مبالغ من ميزانيتها لنشر الدعوة الإسلامية.

ثانياً: في مجال إعداد الدعاة:

1. العناية بالإعداد العلمي والثقافي للداعية.

2. العناية بالجانب الخلقي للداعية.

3. إنشاء كليات للدعوة في جهات متعددة من العالم.

4. التنسيق بين كليات الدعوة القائمة حالياً.

5. إدخال مادة الثقافة الإسلامية في جميع الكليات الجامعية في العالم الإسلامي.

6. تنظيم لقاءات إسلامية للدعاة للتعارف وتبادل الخبرات ودورات تدريبية.

7. دعم المراكز والهيئات الإسلامية الموجودة حالياً مع إنشاء مراكز جديدة.

8. الاهتمام بإعداد الداعيات من النساء المسلمات.

ثالثاً: في مجال وسائل الإعلام:

1. أن تهتم أجهزة الإعلام المختلفة برد الشبهات والدعاوي الباطلة الموجهة ضد الإسلام.

2. أن تنشأ في البلاد الإسلامية كليات للإعلام الإسلامي.

3. الحض على تقديم الدعم الكامل للصحافة الإسلامية وكذلك وكالات الأنباء الإسلامية والإذاعات الإسلامية المتخصصة وإنشاء إذاعات عالمية إسلامية.

4. العمل على رعاية الإعلام الإسلامي المتخصص للناشئة نشراً وصحافة وإذاعة وتلفاز، رعاية إسلامية كاملة.

5. الدعوة إلى إنشاء اتحاد عام للصحافة الإسلامية.

6. مواجهة خطر الكنائس والمدارس التبشيرية.

7. نظراً لما يقوم به الإعلام الغربي من تعتيم كامل على أخبار العالم الإسلامي، رأى المؤتمر أن تقوم رابطة العالم الإسلامي بإنشاء مركز إعلامي لرصد الأخبار والمعلومات وتوزيعها على المنظمات والجمعيات الإسلامية.

رابعاً: في مجال الدعوات المعادية للإسلام:

1. الدعوة إلى تحقيق مبدأ التكافل الاجتماعي الذي جاء به الإسلام، عملاً

بشرعه، وإغلاقاً للأبواب أمام الدعوات المادية المضادة للإسلام.

2. توعية المسلمين لإخراجهم من موقف الضعف والمدافعة إلى موقف القوة والمجابهة.

3. تشجيع الجمعيات الإسلامية التي تعنى بتربية ناشئة المسلمين ودعوتها إلى تنسيق جهودها لصد التيارات المعادية للإسلام.

4. مطالبة الحكومات الإسلامية بأن تسعى لدى الدول التي لم تعترف بالإسلام ديناً، بأن تعترف به لتأمين حقوق المسلمين والمقيمين بها.

5. حث الجامعات الإسلامية على تتبع افتراءات المستشرقين على الإسلام والرد عليها.

6. إطلاق حرية العمل للجماعات الإسلامية لسد الفراغ الملموس في بلاد العرب والمسلمين، وهو فراغ تعمل على ملئِهِ الحركات الهدّامة المؤيدة من أعداء الإسلام.

7. التحري عند تقديم المساعدات المالية والمنح، والعمل على تنظيمها وتوفير الضمانات ليستفيد المسلمون المحتاجون إليها[1].

هذه التوصيات وتلك المقترحات لو دخلت حيز التنفيذ العملية لكانت كفيلة بمواجهة الغزو التبشيري ورده على أعقابه والحقيقة أن طاقات المسلمين تتسع لتنفيذ هذا العمل على خير وجه وإن التاريخ خير شاهد على أن المسلم حين يستشعر الخطر على دينه أو عرضه أو ماله فإنه يتحول إلى طاقة هائلة وهذا ما يؤكد ظني بان مقاومة الغزو التبشيري ممكنة ويسيره.

(1) حقيقة التبشير بين الماضي والحاضر، ص209 وما بعدها، وأيضاً: الإستشراق والخلفية الفكرية، ص 137 وما بعدها وأيضاً: قوى الشر المتحالفة، ص202 وما بعدها، وأيضا: من صور الغزو الفكري، ص39 وما بعدها وأيضاً أضواء على التبشير، ص181 وما بعدها.

في نهاية المطاف أقول: إنه لا يوجد حل لأزمتنا الراهنة سوى الوحدة الإسلامية، والعمل بكتاب الله وسنة رسوله، صلى الله عليه وسلم، إن الوحدة الإسلامية هي قدر أمتنا الذي لا مفر منه، ولا يتحقق ذلك إلا على أساس مقومات الوحدة الصادقة والقائمة على التطبيق الحقيقي والشامل لتعاليم الإسلام على الساحات المحلية والإقليمية والعالمية، وفي شتى المجالات.

علينا جميعاً أن نرفض الولاء الفكري للقوى المعادية ونصحح مناهجنا الدراسية ونبلور جامعاتنا ومؤسساتنا وفق الشريعة الإسلامية حفاظاً على ذاتنا الإسلامية المتميزة وعلينا أن نعي أن الاستعمار قد خدعنا حين دعانا إلى مناهجه ومفاهيمه بهدف حجب الشريعة الإسلامية والتربية الإسلامية، واللغة العربية، وتغريب فكرنا الإسلامي.

إنها حرب ضارية لا تعرف قيماً، حرب يشنها التبشير دون هوادة، حرب تأخذ بكل وسيلة تكفل لها النصر، حرب تشرع أسلحتها نحو المسلمين كافة.

وآخر دعوانا أن الحمد لله رب العالمين،،،

المؤلف

محمد المهدي

الخاتمة

تقوم قوة المسلمين على مبدأ الإسلام، ففيه وحده بقاؤهم، وبه وحده ارتقائهم، فهو إذاً قوام وجودهم، وقد أدرك ذلك أعدائهم من الصليبيين والصهاينة وعرفوا أنهم لن يستطيعوا إضعافهم ما دام الإسلام قوياً في النفوس، فعمدوا إلى إيجاد الوسائل التي تضعف فهم المسلمين له، وتضعف تطبيقهم لأحكامه.

ولا يخفى على أحد من المسلمين أن الاتجاهات الغازية تعمل بكل ما تملك من إمكانات على غزو المجتمعات الإسلامية غزوا يفتت الأمة ويضعف من انطلاقها ويقيد حركتها ويبعدها عن الواقع، ولا زال الغزو الفكري يستهدف الجذور ويركز على تشويه الأصول.

ولقد كان الغزو الثقافي من الغرب لبلاد المسلمين حاملاً حضارة تناقض حضارة الإسلام، موهماً المسلمين أنه أخذها عنهم ويعطيهم قوانين تناقض الأحكام الشرعية ويظهر لهم أنها لا تخالف الإسلام، فكان أن أثر ذلك في المسلمين تأثيراً كبيراً، مما أدى إلى أن تتحكم فيهم الحضارة الغربية الزائفة.

وقد لا يكون المرء مجانباً للصواب إذا تأكد لديه: أن ما تعانيه الأمة الإسلامية من هزائم فكرية واقتصادية وسياسية هو نتيجة حتمية لتغلغل الغزو الفكري بما يشتمل عليه من مذاهب وتيارات واتجاهات هدامة كالماسونية، والعلمانية، والوجودية، والإستشراق، والتبشير، فكل هذه الاتجاهات تنخر في عظام الأمة الإسلامية، وهي بمثابة المعوقات التي تعوق المسيرة الإسلامية من الانطلاق "إذ أن سوق الأفكار أخطر أسواق المنتجات، وأكثرها تقبلاً للتزييف والإفساد، ومن ثم حفلت أسواقنا بما هو أشد فتكاً من السموم، أفكار ترتدي أثواباً أو تحمل شعارات أو ترفع مشاعل، ليس الثوب فيها أو الشعار أو المشتعل، إلا قناعاً يستر الزيف

والخطر"[1]

ويحدثنا أحد الباحثين عن أثر الحملات الصليبية في تشويه الإسلام، وعن دراسة الاستشراق لتعاليمه فيقول: "إلا أن الشر الذي بعثه الصليبيون لم يقتصر على صليل السلاح، ولكنه كان قبل كل شيء وفي مقدمة كل شيء شراً ثقافياً، لقد نشأ تسميم العقل الأوروبي عما شوهه قادة الأوروبيين من تعاليم الإسلام ومثله العليا أمام الجموع الجاهلة في الغرب، في ذلك الحين استقرت تلك الفكرة المضحكة في عقول الأوروبيين: من أن الإسلام دين شهواني وعنف حيواني، وأنه تمسك بفروق شكلية، وليس تزكية للقلوب وتطهيراً لها، ثم بقيت هذه الفكرة حيث استقرت[2]".

ويقول في وصفه لعمل **المستشرقين**: "لا تجد موقف الأوروبي عن الإسلام موقف كره في غير مبالاة فحسب، بل هو كره عميق الجذور، يقوم في الأكثر على صدود من التعصب الشديد، وهذا الكره ليس عقلياً فقط، ولكنه أيضاً يصطبغ بصبغة عاطفية قوية. قد لا تقبل أوروبا تعاليم الفلسفة البوذية أو الهندوكية، ولكنها تحتفظ دائماً فيما يتعلق بهذين المذهبين بموقف عقلي متزن ومبني على التفكير إلا أنها حالما تتجه إلى الإسلام، يختل التوازن، ويأخذ الميل العاطفي في التسرب، حتى أن أبرز المستشرقين الأوروبيين جعلوا من أنفسهم فريسة التحزب غير العلمي في كتاباتهم عن الإسلام، ويظهر في جميع بحوثهم على الأكثر، كما لو أن الإسلام لا يمكن أن يعالج على انه موضوع بحت في البحث العلمي، بل إنه متهم يقف أمام قضاته.

وعلى الجملة، فإن طريقة الاستقراء والاستنتاج التي يتبعها أكثر المستشرقين، تذكرنا بوقائع "**دواوين التفتيش**" تلك الدواوين التي أنشأتها الكنيسة الكاثوليكية

(1) الإسلام يتحدى، وحيد الدين خان، ص7، ط: دار البحوث العلمية للكويت، 1970م.

(2) الإسلام على مفترق الطرق، محمد أسد، ص58 ،ط3، 1951م.

لخصومها في العصور الوسطى، أي أن تلك الطريقة لم يتفق لها أبداً أن نظرت في القرائن التاريخية بتجرد وغير تحزب، ولكنها كانت في كل دعوى تبدأ باستنتاج متفق عليه من قبل، قد أملاه عليها تعصبها لرأيها، ويختار المستشرقون شهودهم حسب الاستنتاج الـذي يقصـدون أن يصـلوا إليـه مبـدئياً، وإذا تعـذر عليهم الاختيار العرفي للشهود عمدوا إلى اقتطاع أقسام من الحقيقة التي شهد بها الشهود الحاضرون، ثم فصلوها عن المتن، وتأولوا الشهادات بروح غير علمى، من سوء القصد، من غير أن ينسبوا قيمة ما إلى عرض القضية من وجهة نظر الجانب الآخر، أي من قبل المسلمين أنفسهم"[1].

فالمستشرقون إذن لا يقيمون الإسلام من نفس تعاليمه ومبادئه ومن علاقة هـذه التعاليـم بطبيعـة الإنسان وتوجيهه كفرد، وتوجيه مجتمعه، كما يقيم كل دين أو مذهب فلسفي عند تقريره والحكم عليه، إنهم لا يريدون أن يسلكوا هذا الطريق، رغم أنهم يدعون أن بحـثهم في الإسـلام يقوم على أسـاس علمـي، وربما يرون أن الطريق العلمي في بحث الإسلام، هو إنكار قيمته مقدماً، وليس تقديره مـن ذاتـه ولذاتـه، بغض النظر عن الشروح الإنسانية التي جمعت حوله وليست من مقوماته الذاتية في شيء.

إن هؤلاء المستشرقين هـم أهـل كتـاب، مـن قساوسـة المسيحيين أو عـلماء اللاهوت مـن اليهـود، ويواجهون بهذه الدراسات مسلمين لم يزل القرآن يتداول بينهم، فإن نسيـ المسلمون مـاضي أسـلاف هـؤلاء القوم مع المسلمين على عهد ظهور الإسلام، ونسوا اتهاماتهم لرسـول الإسلام ولكتابه إذ ذاك، فإن المسلمين اليوم لا يزالون يتلون هذه الاتهامات ولا يزالون يقفون منها مـا وقفـه مـن قبـل رسـولهم، صلى الله عليـه وسلم، وصحابته الكرام، وسيستمرون على هذا النحو طالما هناك قرآن، وطالما هناك من يتلوه.

---

(1) المصدر السابق، ص51-52.

وإذا كنا عرفنا كيفية مواجهة الاستشراق والتبشير، فإن هذه المواجهة لا تتم إلا إذا قامت أجهزة الإعلام في المجتمعات الإسلامية بأمرين: "الأمر الأول: أن تتوقف أجهزة الإعلام -من صحافة، وإذاعة، وتلفزيون، ومسرح، وسينما، وفيديو- عن تقديم أي شيء يتنافى مع مبادئ الإسلام، لأنه لا فائدة من مواجهة الفكر الإستشراقي والتبشيري في الوقت الذي نجد فيه أجهزة الإعلام، تمور بكل ما هو مخالف للإسلام من عري وخلاعة وتقاليد غربية، والأمر الثاني: أن تواكب مؤسسات الإعلام هذه المواجهة فتتناولها وتقف من ورائها، وتعمل على مساعدتها بالتوجيه"(1).

وقد لا يكون المرء مجانباً للصواب إذا تأكد لديه أن مؤسسات الإعلام في بعض المجتمعات الإسلامية قد نجح الاختراق الإستشراقي والتبشيري في الوصول إليها، عن طريق عملائه الذين يديرون شئونها، ولذا كان لا بد من تطهير مؤسسات الإعلام من هؤلاء العملاء الذين وقعوا فريسة الغزو الفكري، تربوا في مدارسه ومعاهده وجامعاته.

وبعد هذا التطواف والتجوال بين مباحث الغزو الفكري الاستشراقي والتبشيري، يجمل بنا أن نختم حديثنا **بأهم النتائج والتوصيات التي توصلنا إليها من خلال تتبعنا ودراستنا لهذا الموضوع في النقاط التالية:**

1. إن الاستشراق والتبشير صورة من صور الغزو الفكري المسموم الذي هدفه الأول القضاء على الإسلام عقيدة وشريعة وسلوكاً.

2. الفكر الاستشراقي يمثل قوة باغية من القوى المضادة للإسلام والمسلمين، فمنذ نشأته قد وضع نفسه في خدمة الأهداف المشبوهة التي تعمل لإذابة المسلمين وانسلاخهم عن شخصيتهم الإسلامية، وما فتئت مدارس الاستشراق تعد التقارير والدراسات لكل ما هو إسلامي ويتصل بالمسلمين، وتضع كل

---

(1) الغزو الفكري في التصور الإسلامي، ص86.

ذلك أمام المعاهـد التبشـيرية والصهيونية، ليكون القـرار السـياسي الـذي يتخـذ حيـال القضـايا الإسلامية قائماً على ما جاء بها.

3. إن الفكر الاستشراقي كان من وراء كل المواقف المعادية للإسلام والمسلمين، فهو الذي زرع الخوف من هذا الدين والمؤمنين به في نفوس الغربيين، فتمالؤا جميعاً عـلى قهـره في عقـر داره واقتسـموا أقطاره وشعوبه، وحاولوا احتلاله عقلياً وثقافياً بعـد أن احتلـوه عسكرياً، حتـى يزحزحوه مـن أصالته وأسباب قوته فيظل تابعاً لهم، وإن كان من الناحية الشكلية متمتعاً بالاستقلال والحرية.

4. هناك قلة من المستشرقين يبحثون في قضايا الإسلام بغية الوصول إلى الحقيقة، والبعض مـنهم قـد هداه اللـه إلى الإسلام.

5. إن الاستشراق والتبشير وجهان لعملة واحدة وأنهما لا يختلفان في الغاية، وإذا كان بينهما اخـتلاف في الوسائل التي يسلكها كل واحد منهما لبلوغ الهدف الواحد والغاية المشتركة.

6. لم يكن عمل المبشرين منفصلاً عن عمل المستشرقين، فالاستشراق في نشأته مـا هـو إلا آداه مـن أدوات التبشير فقد نزل كثير من أساقفة الكنيسة الكاثوليكية إلى ميدان الاستشراق بقصد التبشير وتدريب المبشرين على العمل في بلاد الشرق.

7. إن الاستشراق والتبشير يبغيان محاربة الإسلام في ديـاره، كـما يبغيـان محاربتـه لـدى مـن يجهلون حقيقته أو يحاولون التفكير في اعتناقه، والغاية هي: أن يتوارى الوجود الإسلامي بأصالته وشموخه وعزته وقوته، ويحل محله الوجود النصراني.

8. إن الاستشراق والتبشير كانا تمهيداً للاستعمار فالاستشراق هو المنجم

والمصنع الفكري الذي يمد المبشرين والمستعمرين وأدوات الغزو الفكري بالمواد التي يسوقونها في العالم الإسلامي، لتحطيم عقيدته، وتخريب عالم أفكاره.

9. إن الاستشراق والتبشير معاً أداة مؤامرة باغية لم يعرف العالم مثلها، إنها مؤامرة بدأ التخطيط لها منذ أكثر من عشرة قرون وهي اليوم تتشعب وتتغلغل في كل الأوساط العالمية.

10. لوحظ أن التبشير اليوم أقوى نشاطاً وأكثر خطراً من الاستشراق، فهو يمثل هجمة عاتية على الإسلام، ويكاد بنشاطه يغطي العالم الإسلامي كله، ويلجأ إلى أحدث الوسائل في القيام بمهمته.

11. إن المنظمات التبشيرية على الرغم من عدم نجاحها في تحويل عدد يذكر عن دينه الإسلامي، فإننا لا يمكن أن نتجاهل أو ننكر أنها نجحت نجاحاً كبيراً في إثارة الشكوك في نفوس القلة والضعفاء وفي إلصاق بعض النقائص المفتراة بالدين الإسلامي، واستطاعت أن تعزل الدين في نفوس بعض المرضى عن الحياة.

12. إن ما يعاني منه الفكر الإسلامي المعاصر من بلبلة ومتناقضات ترجع إلى ما قدمه الغزو الفكري الاستشراقي والتبشيري من مفاهيم خاطئة، وأفكار مزورة عن الإسلام وتاريخه، لأن هذه الأفكار وتلك المفاهيم راجت سوقها بين المثقفين وأشباه المتعلمين في المجتمع الإسلامي بعد أن خضع للاحتلال الغربي.

هذه بعض النتائج المستخلصة من هذا البحث وليست كلها، أما فيما يتعلق بالتوصيات والمقترحات فنجمل بعضها في النقاط التالية:

1. أن العدوان الفكري الذي يتجلى في الغزو الثقافي وهو غزو بدأ في ركاب

الغزو المسلح والذي كان الاستشراق والتبشير في طليعة جنوده يقتضى منا التعاون العلمي المنظم الذي يحق الحق ويبطل الباطل، والذي يقدم الإسلام إلى التائهين في ظلمات المادية والعلمانية، علهم يعرفون طريقهم الصحيح للخلاص من هذا التخبط الذي يعيشون فيه، ولن يكون ذلك التعاون محققاً للغاية منه إلا إذا كان بمنأى عن أهواء السياسة، فهو عمل خالص لوجه الحق، ووضعت له مع هذه البرامج الدقيقة التي تجعل عطاءه مستمراً لا يتوقف ومتدفقاً لا ينضب مهما تغيرت الأسماء أو اختلفت الأشخاص.

2. أن تتوجه النقود إلى أي أثر من آثار الغزو الفكري الموجود بالمجتمعات الإسلامية دون مجاملة لهذه المجتمعات، وأقول هذا لأن كل مجتمع إسلامي يجب أن يمدح فقط، وقد يكون فيه من البلاء ما فيه. يجب أن نضع في الحساب أن أي مجتمع إسلامي هو مجتمعنا دون عنصرية أو إقليمية أو قومية أو حزبية، وبهذا نستطيع أن نتمكن من المواجهة ونقدم النصيحة.

3. لا بد وأن تتجه جهود المصلحين في المجتمعات الإسلامية إلى التربية، لأن المبادئ الإسلامية بمفاهيمها الأساسية ومناهجها التربوية تصنع شخصية متميزة لها سماتها وغاياتها الخاصة ولعل أخطر ما استهدفه الغزو الفكري في برامجه التخريبية هو هدم شخصيتنا الإسلامية: عقدياً وثقافياً وسلوكياً وعاطفياً. ولهذا كان لا بد من اتجاه فريق من المصلحين إلى تربية الأجيال تربية إسلامية، تتولى المسئولية والإدارة.

4. يجب علينا أن نكون في يقظة تامة ونحن نتعامل مع الموسوعات والدوائر التي قام المستشرقون بإعدادها كدائرة المعارف الإسلامية مثلاً لما تشتمل عليه من أخطاء ومغالطات وتشويه الحقائق الإسلامية، وهذا يستلزم إنشاء دائرة معارف إسلامية يكتبها علماء مسلمون متخصصون باللغة العربية

واللغات الأجنبية الرئيسية، تقف على الأقل في مستوى دائرة المعارف الإسلامية التي خطت بأقلام المستشرقين.

5. نشر الثقافة الدينية النابعة من الكتاب والسنة، في جميع أطوار التعليم، وجعل هذه الثقافة أساساً لكل ما يدخل إلى العقل المسلم، حتى لا يقع المسلم فريسة للغزو الفكري المسموم.

6. يجب علينا إعادة النظر في جميع مناهج التعليم في ديار المسلمين، بحيث نغلق فيها جميع النوافذ التي تهب منها سموم الغزو الفكري، والتي يكون غايتها إعداد المسلم المثقف ثقافة إسلامية صافية.

7. من الأهمية بمكان أن تكون لنا وكالة أنباء إسلامية يشرف عليها رجال مخلصون على قدر من النضج الكافي والإلمام بالتيارات الهدامة والقدرة على استشفاف الخطر المبثوث فيما ينشر من أخبار.

8. إذا كانت الأمم الناهضة تنشئ بين أجهزتها إدارات لمكافحة المخدرات ولمقاطعة بضائع الأعداء فقد آن الأوان لتأسيس هيئه على مستوى كبير لمكافحة الغزو الفكري تكون مهمتها الدائمة رصد تحركات الغزاة واتخاذ الوسائل لمواجهتها، وأن يكون لها من النفوذ والفاعلية ما يعينها على ذلك.

9. من الأهمية بمكان أن تنهى حالة تغييب الفكر الإسلامي الأصيل عن مجالات الصراع الدائر في الحياة وأن تطرح المبادئ والأسس الإسلامية بوعي وتفتح أمام جماهير أمتنا حتى لا تجد نفسها مضطرة دائماً إلى الاستيراد.

10. من الضروري جداً أن يتم التنسيق بين حملة الأقلام الإسلامية وجميع الهيئات العاملة في حقل الدعوة الإسلامية وتنظيم اللقاءات الدورية بينها لمتابعة حركة الغزو الفكري ورصد تطوراته لاتخاذ الخطوات الواجبة

لمواجهته[1].

وهذه مهمة الأمانة العامة لرابطة العالم الإسلامي بمكة المكرمة، وكذا الأمانة العامة للمؤتمر الإسلامي بجدة، والمجلس الأعلى للشئون الإسلامية بمصر، وغيرها من المنظمات والهيئات العاملة في الحقل الإسلامي، ولتي تستطيع أن تنهض بالكثير.

وأخيراً أقول إن مواجهة الغزو الفكري الإستشراقي والتبشيري مع ضراوته، ومع ما يتوفر له من الإمكانيات الكبيرة، ومع وقوف الدول الطامعة في أمتنا وراءه بكل إمكانياتها، ومع هذا كله فإن مواجهته ميسورة، وليست مما يستعصى علينا القيام به ولا ينقصنا سوى الاعتصام بهذا الدين، وأن نعيد بناء الشخصية الإسلامية على أساس مبادئه وتعاليمه، وهذا وحده هو المناعة العظمى ضد كل ألوان الغزو والتخريب، بل هو وحده السبيل لكي تستعيد هذه الأمة ما كان لها من الأمجاد ذات يوم، وتحرر نفسها بنفسها من كل الطواغيت والضغوط.

وبعد: فهذا ما هداني الله تعالى إليه في بحثي هذا، فإن كنت قد وفقت فذلك بفضل الله تعالى، وإن تكن الأخرى فعذري أنني بشر أخطئ، وأصيب، والكمال لله وحده، وكل كلام يؤخذ منه ويرد عليه إلا كلام المعصوم محمداً، صلى الله عليه وسلم، وأسأل الله تعالى أن يجعل هذا العمل خالصاً لوجهه، إنه نعم المجيب.

وآخر دعوانا أن الحمد لله رب العالمين

دكتور محمد بن الحسن المهدي

الثلاثاء الموافق 15 شعبان 1420هـ

23 نوفمبر 1999م

---

(1) الغزو الفكري أهدافه ووسائله ص129-130.

قائمة المصادر والمراجع

1. القرآن الكريم جلّ من أنزله.

2. أضواء على الثقافة الإسلامية، د. نادية شريف العمري بيروت 1406هـ

3. أجنحة المكر الثلاثة- التبشير والاستشراق والاستعمار، عبد الرحمن حبنكة -دمشق- دار القلم 1985م.

4. الإسلام يتحدى -وحيد الدين خان- دار البحوث العلمية بالكويت 1970م، القاهرة 1397هـ

5. أصالة الفكر العربي الإسلامي في مواجهة الغزو الثقافي أ: أنور الجندي/ 3 دار الصحوة القاهرة 1993م.

6. الإسلام والغرب- د. محمود حمدي زقزوق- المجلس الأعلى للشئون الإسلامية 1994م.

7. الاستشراق والخلفية الفكرية للصراع الحضاري- د. محمود حمدي زقزوق- قطر كتاب الأمة 1404هـ ز.

8. الاستشراق في ميزان نقد الفكر الإسلامي- د. أحمد عبد الرحيم السايح، الدار المصرية اللبنانية 1996م.

9. الاستشراق والمستشرقون ما لهم وما عليهم-/ مصطفى السباعي المكتب الإسلامي 1985م.

10. الاستشراق والمستشرقون وجهة نظر- د. عدنان محمد وزان رابطة العالم الإسلامي 1984م.

11. أساليب الغزو الفكري الإسلامي- د. على جريشة ومحمد الزيبق- دار الاعتصام القاهرة 1978م.

12. الإسلام في وجه التغريب- أ. أنور الجندي- دار الصحوة القاهرة.

13. أضواء على الاستشراق والمستشرقون- د. محمد احمد دياب دار المنار القاهرة 1989م.

14. الاستشراق في ميزان الفكر الإسلامي- د. محمد إبراهيم الفيومي- المجلس الأعلى للشئون الإسلامية 1994م.

15. أيام مع طـه حسين- د. محمد الدسوقي- بيروت المؤسسة العربية للدراسات والنشر.

16. الاستشراق وأثره على الثقافة العربية- مجلة رسالة الخليج العربي- د. محمد إبراهيم حسن.

17. الإسلام على متفرق الطرق- أ/ محمد أسـد- ترجمـة عمـر فـروخ 1951/3م- بـيروت دار العلـم للملايين 1978م.

18. أضواء على الاستشراق- د. محمد عبد الفتاح عليان- دار البحوث العلمية الكويت 1980م.

19. الإسلام والحضارة العربية- محمد كرد علي- 2 لجنة التأليف والترجمة والنشر القاهرة.

20. الاستشراق والدراسات الإسلامية، د. عبد القهار العاني بغداد 1973م.

21. أغراض المستشرقين- د. محمد روحي فيصل- مجلة الرسالة 1935م.

22. الإسلام في مواجهة التحديات المعاصرة- أ/ أبو الأعلى المودودي- ترجمـة أحمـد الحامـدي- بـيروت دار القلم.

23. الإسلام والمستشرقين- الشيخ أبو الحسن الندوى- مجلة المنهل السعودية- السعودية 1409هـ

24. إنتاج المستشرقين -مالك بن نبي- القاهرة 1970م.

25. أوروبا والإسلام- د. عبد الحليم محمود- دار المعارف 1979م.

26. أخطار الغزو الفكري على العالم الإسلامي، د. صابر طعيمة دار الكتب 1984م.

27. الأدب الجاهلي -د. طـه حسين- دار المعارف.

28. الاتجاهات الوطنية في الأدب المعاصر- محمد محمد حسين القاهرة.

29. أصالة التفكير الفلسفي في الإسلام- د. عبد المقصود عبد الغني- القاهرة 1985م.

30. الإسلام في مواجهة الأيديولوجيات المعاصرة -د. عبد العظيم المطعنى- السعادة 1987م.

31. الإسلام والعرب- أ. روم لاندو- ترجمة منير البعلبكي بيروت 1977م.

32. الإسلام في قفص الاتهام- د. شوقي أبو خليل- دار الفكر دمشق 1977م.

33. أسلوب الدعوة في القرآن- محمد حسين فضل الـلـه- 2 بيروت 197م.

34. الإسلام -د. أحمد شلبي- 5 مكتبة النهضة المصرية 1977م.

35. الإسلام في مواجهة حملات االتشكيك- محمود حمدي زقـزوق المجلـس الأعـلى للشـئون الإسـلامية 1998م.

36. الإسلام في مرآة الفكر الغربي- د. زقزوق- دار الفكر العربي 1994م.

37. الاتجاهات الفكرية المعاصرة- د. علي جريشة- دار الوفاء المنصورة 1990م.

38. أهداف التغريب في العالم الإسلامي- أنور الجندي- الأمانة العامة للجنة العليا للدعوة.

39. الإسلام والقوى المضادة- نجيب الكيلاني- مؤسسة الرسالة 1987م.

40. الإعلام الإسلامي وخطر التدفق الإعلامي الدولي- مرعي مدكور- دار الصحوة القاهرة 1988م.

41. الإسلام والحضارة العربية -محمد محمد حسين- القاهرة 1932م.

42. أضواء على التبشير والمبشرين -سلمان سلامة- الأمانة 1994م.

43. الإذاعات التنصيرية الموجهة إلى المسلمين العرب -كرم شبلي- مكتبة التراث الإسلامي القاهرة 1991م.

44. بين البهائية والماسونية نسب- أ/ محمد إبراهيم- البحوث الإسلامية 1986م.

45. بين الشريعة الإسلامية والقانون الروماني- صوفي أبو طالب القاهرة.

46. تراثنا الفكري في ميزان الشرع والعقل- الشيخ محمد الغزالي دار الشروق بيروت.

47. تاريخ بغداد -الخطيب البغدادي- الخانجي 1931م.

48. التيارات الفكرية المعاصرة وخطرها على الإسلام -محمد حسن المهدي- الصفا والمروة أسيوط 1998م.

49. التبشير والاستشراق أحقاد وحملات- عزت الطهطاوي مجمع البحوث الإسلامية 1977م.

50. تاريخ الشعوب الإسلامية -كارل بروكلمان- ترجمة نبيه فارس 6 بيروت دار العلم للملايين 1974م.

51. التبشير والاستعمار في البلاد العربية- عمر فروخ ومصطفى الخالدي- بيروت 1970م.

52. تمهيد لتاريخ الفلسفة- الشيخ مصطفى عبد الرزاق- مكتبة الثقافة العربية القاهرة 1944م.

53. تاريخ الفلسفة في الإسلام- دي بيور- ترجمة محمد عبد الهادي أبو ريده- النهضة المصرية 1948م.

54. تاريخ الإسلام- حسن إبراهيم- مكتبة النهضة المصرية 1975م.

55. تفسير القرآن العظيم- للحافظ ابن كثير- بيروت دار الفكر 1970م.

56. التنصير مفهومه وأهدافه ووسائله- علي إبراهيم النملة- القاهرة- دار الصحوة 1993م.

57. تاج العروس- الزبيدي- الحلبي.

58. تاريخ تطور الفكر العربي بالترجمة والنقل من الثقافة اليونانية إسماعيل مظهر- 1925م.

59. التغريب طوفان من الغرب- أحمد عبد الوهاب- القاهرة 1990م.

60. تنصير العالم- زينب عبد العزيز- دار الوفاء- المنصورة 1995م.

61. الثقافة الإسلامية بين الغزو والاستغزاء- عبد المنعم النمر- دار المعارف 1987م.

62. ثقافة المسلم في وجه التيارات المعاصرة- عبد الحليم عويس- القاهرة.

63. الجانب الإلهي من التفكير الإسلامي- محمد البهى- 6 القاهرة 1982م.

64. الحضارة الإسلامية مقارنة بالحضارة الغربية- توفيق يوسف الواعي- المنصورة دار الوفاء 1408هـ

65. حقائق التبشير- عماد الدين شرف- القاهرة المحتار الإسلامي.

66. حقيقة العلمانية بين الخرافة والتخريب- يحيى هاشم فرغل دار الصابوني 1989م.

67. حقيقة الفلسفات الإسلامية- جلال العشري- دار الكتاب العربي.

68. حاضر العالم الإسلامي- لوتروب ستودارد- ترجمة عجاج نويهض- دار الفكر العربي.

69. حياة محمد (صلى الله عليه وسلم)- محمد حسين هيكل- الهيئة العامة للكتاب 1996م.

70. حقائق الإسلام وأباطيل خصومه- عباس محمود العقاد المؤتمر الإسلامي 1957م.

71. الدعوة إلى الإسلام- السير توماس ارنولد- ترجمة حسين إبراهيم وآخرين- النهضة المصرية 1970م.

72. دراسة الكتب المقدسة في ضوء المعارف الحديثة- موريس بوكاي- دار المعارف 1979م.

73. دفاع عن السنة ورد شبه المستشرقين والكتاب المعاصرين د. محمد أبو شهبة- القاهرة.

74. دفاع عن العقيدة والشريعة ضد مطاعن المستشرقين- الشيخ محمد الغزالي- القاهرة دار الفضيلة 1988م.

75. الدراسات العربية والإسلامية في أوروبا- ميشال جحا- بيروت.

76. الرسول في كتابات المستشرقين- نذير حمدان- السعودية 1986م.

77. السنة ومكانتها في التشريع الإسلامي- د. مصطفى السباعي المكتب الإسلامي- بيروت 1358هـ

78. السيرة النبوية- لابن هشام- تحقيق مصطفى السقا- الحلبي 1955م.

79. شبهات التغريب في غزو الفكر الإسلامي- أنور الجندي بيروت المكتب الإسلامي 1403هـ

80. شبهات حول القرآن والرد عليها- جميل الشوادفي- الأمانة 1989م.

81. صور استشراقية- عبد الجليل شلبي- مجمع البحوث الإسلامية1978م.

82. الظاهرة الاستشراقية وأثرها على الدراسات الإسلامية سياسي سالم الحجاج- مركز دراسات العالم الإسلامي 1991م.

83. ظاهرة انتشار الإسلام- محمد فتح الله الزيادي- طرابلس 1983م.

84. عوامل ضعف المسلمين- سميح عاطف- دار الكتاب اللبناني بيروت.

85. العقائد والمذاهب- عباس محمود العقاد- دار الكتاب اللبناني بيروت.

86. العقيدة والشريعة في الإسلام- جولد تسهير- ترجمة محمد يوسف موسى وآخرين- دار الكتاب المصري 1946م.

87. علم الحديث ومصطلحه- صبحي الصالح- دار العلم للملايين بيروت.

88. الغزو الفكري أهدافه ووسائله- عبد الصبور مرزوق- رابطة العالم الإسلامي 1394م.

89. الغزو الفكري في التصور الإسلامي- أحمد عبد الرحيم السايح- الأزهر 1414هـ

90. الغرب في مواجهة الإسلام- مازن المطبقاني- المدينة المنورة 1409هـ

91. غزو في الصميم- عبد الرحمن حنبكة- بيروت- دار القلم 1982م.

92. الغزو الفكري والتيارات المعادية للإسلام- علي عبد الحليم محمود -السعودية- جامعة الإمام 1401هـ

93. الغزو الفكري أبعاده ومواجهته- عبد العزيز تمام- دار الطباعة المحمدية 1990م.

94. الغزو الفكري الاستشراقي- محمد عبد الصبور- دار الطباعة المحمدية 1991م.

95. الغارة على العالم الإسلامي- شاتليه- ترجمة محب الدين الخطيب ومساعد اليافي- بيروت.

96. في الغزو الفكري- أحمد السائح- كتاب الأمة قطر 1994م.

97. الغزو الفكري وأثره على المجتمع الإسلامي المعاصر- علي عبد الحليم محمود- دار البحوث العلمية، الكويت 1979م.

98. الفكر الاستشراقي تاريخه وتقويمه- د. محمد الدسوقي- المنصورة- دار الوفاء1995م.

99. الفكر الإسلامي الحديث وصلته بالاستعمار الغربي- محمد البهي- القاهرة دار غريب 1975م.

100. الفلسفة الإسلامية بين الأصالة والتقليد- محمد حسن مهدي الصفا والمروة أسيوط 1997م.

101. في الغزو الفكري المفهوم والوسائل- نذير حمدان- السعودية الطائف.

102. الفكر الإسلامي- علي سامر النشار- الخانجي 1967م.

103. الفلسفة الإسلامية والأخلاق- محمد كمال جعفر- دار الكتب الجامعية 1968م.

104. فجر الإسلام- أحمد أمين- النهضة المصرية 1975م.

105. فتح الباري بشرح صحصح البخاري- لابن حجر العسقلاني الحلبي 1959م.

106. القاموس المحيط- للفيرزو أبادي- بيروت 1989م.

107. قوى الشر المتحالفة وموقفها من الإسلام والمسلمين- محمد الدهاط- المنصورة- دار الوفاء.

108. قصة الحضارة ول ديورانت- ترجمة محمد فتح الـله بدران وآخرين- جامعة الدول العربية.

109. قادة الغرب يقولون: دمروا الإسلام أبيدوا أهله- جلال العالم طرابلس 1979م.

110. لمحات في الثقافة الإسلامية- عمر عودة الخطيب- بيروت مؤسسة الرسالة 1977م.

111. لسان العرب- ابن منظور- دار المعارف.

112. مختار الصحاح، للرازي- بيروت 1989م.

113. المسلمون أمام تحديات الغزو الفكري- إبراهيم النعمة- العراق 1986م.

114. المد الإسلامي في القرن الخامس عشر- أ. أنور الجندي دار الاعتصام القاهرة 1982م.

115. الماركسية بين الدين والعلم- جميل أبو العلا- الأمانة 1979م.

116. المستشرقون والتاريخ الإسلامي- علي حسني الخربوطي المجلس الأعلى للشئون الإسلامية 1970م.

117. من زلات المستشرقين- عبد الوهاب حمودة- مجلة لواء الإسلام 1950م.

118. المستشرقون- نجيب العقيقي- دار المعارف 1946م.

119. مفتريات على الإسلام- أحمد محمد جمال- القاهرة 1975م.

120. المستشرقون وترجمة القرآن- محمد صالح البنداق- دار الأوقاف بيروت 1983م.

121. موسوعة المستشرقين- عبد الرحمن بدوي- بيروت، دار العلم للملايين.

122. المبشرون والمستشرقون في موقفهم من الإسلام- محمد البهي- القاهرة.

123. المستشرقون والإسلام- عرفان عبد الحميد- الإرشاد بغداد 1969م.

124. المستشرقون- إبراهيم اللبان- الأزهر 1390هـ

125. المستشرقون والتراث- عبد العظيم الديب- دار الوفاء للطباعة المنصورة 1988م.

126. المستشرقون والإسلام- حسين الهواري- مصر 1936م.

127. من عبر التاريخ في الكيد للإسلام- الشيخ محمد زاهر الكوثري، القاهرة- دار مرجان للطباعة 1981م.

128. مناهل العرفان في علوم القرآن- محمد عبد العظيم الزرقاني عيسى الحلبي.

129. الموافقات- للإمام الشاطبي- السلفية القاهرة.

130. المقدمة- لابن خلدون- تحقيق على عبد الواحد- لجنة البيان العربي 1960م.

131. منهج البحث في العلوم الإسلامية- محمد الدسوقي- دار الاوزاعي 1984م.

132. مناهج المستشرقين- في الدراسات العربية والإسلامية- المنظمة العربية للتربية والثقافة- تونس 1985م.

133. المستشرقون والإسلام- زكريا هاشم- المجلس الأعلى للشئون الإسلامية 1965م.

134. معاول الهدم والتدمير في النصرانية والتبشير- إبراهيم سليمان- الرياض السعودية.

135. مائة سؤال عن الإسلام- الشيخ الغزالي- القاهرة دار ثابت 1987م.

136. مصادر الدراسة الأدبية- يوسف أسعد داغر- بيروت.

137. من صور الغزو الفكري للإسلام- سلطان عبد الحميد- الأمانة 1990م.

138. الموسوعة الميسرة في الأديان والمذاهب المعاصرة- الندوة العالمية للشباب الإسلامي- الرياض 1989م.

139. ما يجب أن يعرفه المسلم من حقائق عن النصرانية والتبشير إبراهيم السليمان- الرياض 1404هـ

140. ملامح من النشاط التنصيري في الوطن العربي- إبراهيم عكاشة الرياض 1987م.

141. مقدمات العلوم والمناهج- أنور الجندي- دار الأنصار القاهرة 1979م.

142. مستقبل الثقافة في مصر- طه حسين- القاهرة.

143. المرأة المسلمة وتحديات العصر المؤلمة- حولية كلية- أصول الدين أسيوط 1989م.

144. الموسوعة العربية الميسرة- إشراف محمد شفيق غربال دار الشعب، القاهرة.

145. نظريات في الثقافة الإسلامية- عز الدين الخطيب- دار الفرقان 1404هـ

146. نحن والمستشرقون- حسين الهواري- مجلة المعرفة 1933م.

147. نظرات استشراقية- محمد غلاب- دار الكتاب العربي القاهرة.

148. نشأة التفكير الفلسفي في الإسلام- علي سامي النشار- دار المعارف.

149 النصرانية والإسلام- عزت الطهطاوي- التقدم مصر 1977م.

150. يهوذا الأسخريوطي على الصليب- محمد أميريكن- مالطا دار أقرأ 1990م.

كتب للمؤلف

1. الجمهورية المثالية في فلسفة أفلاطون وموقف الإسلام منها.
2. المدينة الفاضلة في فلسفة الفارابي وموقف الإسلام منها.
3. ابن رشد وفلسفته الإلهية.
4. القول السديد في أهم قضايا علم التوحيد.
5. الفلسفة الإسلامية بين الأصالة والتقليد.
6. الفلسفة الإغريقية من طاليس إلى أيرقلوس.
7. التيارات الفكرية المعاصرة وخطرها على الإسلام.
8. الأخلاق الإسلامية وأثرها على الفرد والمجتمع.
9. قضية الإمامة نشأتها وتطورها بين الفرق الإسلامية.
10. الإباضة نشأتها وعقائدها.
11. الإسلام في مواجهة الغزو الفكري الاستشراقي والتبشيري.
12. المنطق الأرسطي بين القبول والرفض.
13. القول المبين في أهم قضايا علم أصول الدين.
14. العقيدة وأثرها في سلوك الإنسان.
15. المنهاج القويم في منطق العلم الحديث ومناهج البحث.
16. لمحات من الفلسفة الحديثة والمعاصرة.
17. ظاهرة الشك بين الغزالي وديكارت.
18. إخوان الصفاء وفلسفتهم الدينية.
19. الروح بين الإيمان والإلحاد المعاصر.
20. عقيدة المؤمن في النبوات والسمعيات.
21. المنهج السليم في توضيح مفاهيم المنطق الأرسطي القديم.

22. تأملات في الفلسفة العامة والأخلاق.

23. وقفات حول أهم الأديان الوضعية القديمة.

24. بهجة المجالسة حول آداب البحث والمناظرة.

25. الإسلام في مواجهة الاتجاهات الفكرية المعاصرة.

26. التصوف الإسلامي بين الاعتدال والتطرف.

Printed in the United States
By Bookmasters